EDITION MARITIM

BIBLIOTHEK DER MEERE

Joseph Conrad

ERZÄHLUNGEN

Das Ende vom Lied

Der geheime Teilhaber

Die Schattenlinie

EDITION MARITIM

Bibliografische Information Der Deutschen Nationalbibliothek
Die Deutsche Nationalbibliothek verzeichnet diese Publikation in der Deutschen Nationalbibliografie; detaillierte bibliografische Daten sind im Internet über http://dnb.d-nb.de abrufbar.

1. Auflage
ISBN 3-89225-554-7
ISBN 978-3-89225-554-3
2006 Edition Maritim GmbH
Raboisen 8, 20095 Hamburg

Umschlag: Buchholz/Hinsch/Hensinger, Hamburg
Übersetzungen aus dem Englischen:
Das Ende vom Lied, Der geheime Teilhaber: Gunter Riedel
Die Schattenlinie. Eine Beichte: Elli Berger
Satz: Hans Kock Buch- und Offsetdruck GmbH, Bielefeld
Druck: GGP Media GmbH, Pößneck

Printed in Germany 2006

Vertrieb: Delius Klasing Verlag, Siekerwall 21, 33602 Bielefeld
Tel.: 0521/55 90, Fax: 0521/55 91 15
E-Mail: info@delius-klasing.de · www.delius-klasing.de

Inhalt

Das Ende vom Lied

1

Noch lange, nachdem der Dampfer *Sofala* Kurs auf Land genommen hatte, behielt die flache, sumpfige Küste das Aussehen eines bloßen dunklen Schmutzflecks jenseits eines Glitzerstreifens. Heftig fielen die Sonnenstrahlen über die ruhige See her und schienen auf einer diamantenen Oberfläche in blitzenden Staub zu zerspringen, in einen funkelnden Lichtdunst, der das Auge blendete und mit seiner unsteten Helligkeit den Kopf ermüdete.
Kapitän Whalley sah nicht hin. Als sein Serang sich dem geräumigen Rohrsessel, den er völlig ausfüllte, genähert und ihn leise davon informiert hatte, dass der Kurs geändert werden müsse, hatte er sich sofort erhoben und war, das Gesicht nach vorn gerichtet, stehen geblieben, während der Bug seines Schiffes um neunzig Grad herumschwang. Er hatte kein einziges Wort geäußert, nicht einmal den Befehl, das Ruder zu stützen. Es war der Serang, ein lebhafter kleiner älterer Malaie mit sehr dunkler Haut, der dem Rudergänger den Befehl zumurmelte. Und dann setzte sich Kapitän Whalley langsam wieder in den Sessel auf der Brücke und heftete den Blick auf das Deck zwischen seinen Füßen.
Er konnte nicht hoffen, auf dieser Route irgendetwas Neues zu sehen. An diesen Küsten hatte er die letzten drei Jahre zugebracht. Von Low Cape bis Malantan waren es fünfzig Meilen, für das alte Schiff sechs Stunden Fahrt mit der Flut oder sieben Stunden dagegen. Dann steuerte man direkt aufs Land zu, und nach und nach erschienen am Himmel drei Palmen, groß und schlank, deren zerzauste Kronen sich zu einem Büschel gefügt hatten, als

übten sie insgeheim Kritik an den dunklen Mangroven. Die *Sofala* würde auf den düsteren Küstenstreifen zuhalten, der, da sich das Schiff schräg näherte, in einem bestimmten Augenblick mehrere hell leuchtende Stellen zeigen würde – die randvolle Mündung eines Flusses. Dann weiter durch eine braune Flüssigkeit – drei Teile Wasser und ein Teil schwarze Erde –, weiter und weiter zwischen den niedrigen Ufern – drei Teile schwarze Erde und ein Teil Brackwasser – würde die *Sofala* ihren Weg stromauf furchen, so wie sie es in diesen sieben oder mehr Jahren jeden Monat einmal getan hatte – lange bevor er von ihrer Existenz wusste, lange bevor er je daran gedacht hatte, dass er etwas mit ihr und ihren ewig gleichen Reisen zu tun haben würde. Das alte Schiff sollte eigentlich den Weg besser kennen als seine Mannschaft, die nicht so lange dabei geblieben war, besser als der treue Serang, den er von seinem letzten Schiff mit herübergebracht hatte, damit er die Wache des Kapitäns übernahm, besser als er selbst, der er erst die letzten drei Jahre sein Kapitän war. Man konnte sich immer darauf verlassen, dass das Schiff seinen Kurs hielt. Seine Kompasse hatten niemals versagt. Es zu führen war überhaupt keine Mühe, als hätte das hohe Alter dem Schiff Wissen, Weisheit und Beständigkeit verliehen. Es steuerte das Lanf auf den Kompassstrich genau und fast auf die Minute der festgesetzten Zeit an. In jedem Augenblick, ob er, ohne aufzusehen, auf der Brücke saß oder schlaflos im Bett lag, konnte er sagen, wo er war, konnte er die genaue Position nennen – indem er einfach die Tage und Stunden abzählte. Er kannte sie auch gut, diese eintönige Hökerrunde die Straße von Malakka hinauf und hinunter, er kannte den Zweck, die Umgebung und die Menschen. Um mit Malakka zu beginnen: bei Tageslicht hinein und in der Dämmerung hinaus, um dann diese Heerstraße des Fernen Ostens mit starrem, phosphoreszierendem Kielwasser zu queren. Dunkelheit und Funkeln auf dem Wasser, helle Sterne an einem schwarzen Himmel, dazu vielleicht die Lichter eines heimfahrenden Dampfers, der unbeirrbar seinen Kurs in der Mitte der Straße hielt, oder möglicherweise der flüchtige Schatten eines Eingeborenenkanus, das mit seinen Mattensegeln schweigend vorbeihuschte – und dann das Niederungsland auf der anderen Seite, das bei Tagesanbruch in Sicht kam. Am Mittag die drei Palmen der nächsten Anlegestelle am Oberlauf eines trägen Flusses. Der einzige Weiße, der dort wohnte, war ein junger Seemann, der den Dienst quittiert hatte und mit dem er sich im Laufe vieler Reisen angefreundet hatte. Sechzig Meilen weiter war eine zweite Anlegestelle, eine tiefe Bucht mit nur ein paar Häusern am Strand. Und so ging es weiter, hinein und hinaus, hier und dort längs der Küste Ladung übernehmend, und zum Schluss der Tour eine hundert Meilen lange, gleichmäßige Fahrt durch das Labyrinth eines Archipels von kleinen Inseln zu einer großen Eingeborenenstadt hinauf. Dort fand das alte Schiff drei Tage Ruhe, ehe sie in umgekehrter Richtung wieder ausliefen und dieselben Ufer aus der anderen Perspektive sahen, dieselben Stimmen an denselben Orten hörten – zurück in den Heimathafen der *Sofala*, an der großen Heerstraße nach dem Osten, wo er das Schiff fast gegenüber dem großen Steingebäude des Hafenamtes festmachte, bis es an der Zeit war, wieder auf die alte Tour von sechzehnhundert Meilen in dreißig Tagen zu gehen. Kein sehr unternehmungsreiches Leben für Kapitän Whalley, Henry Whalley, oder anders gesagt: für den Teufelskerl Harry Whalley von der *Condor*, einem seinerzeit berühmten Klipper. Nein. Kein sehr unternehmungsreiches Leben für einen Mann, der berühmten Firmen gedient, berühmte Schiffe geführt (von denen mehr als eins ihm gehört hatte), der berühmte Fahrten unternommen hatte, der Pionier neuer Routen und neuer Handelsbereiche gewesen, der kreuz und quer durch unvermessene Gegenden der Südsee gefahren war und den Sonnenaufgang auf Inseln erlebt hatte, die auf keiner Karte verzeichnet waren. Fünfzig Jahre auf See und vierzig draußen im Osten (»eine ziemlich gründliche Lehrzeit«, pflegte er lächelnd zu bemerken) hatten ihn für eine Generation von Schiffseignern und Kaufleuten in allen Häfen von Bombay bis dort hinüber, wo an der Küste der beiden Amerika Osten und Westen miteinander verschmelzen, in Ehren bekannt werden lassen. Sein Ruhm blieb – nicht gerade groß, aber deutlich genug – auf den Karten der Admiralität verzeichnet. Gab es da nicht irgendwo zwischen Australien und China eine Whalley-Insel und ein Condor-Riff? Auf diesem gefährlichen Korallengebilde hatte der gefeierte Klipper drei Tage lang festgesessen, sein Kapitän und die Mannschaft warfen gleichsam mit einer Hand die Ladung über Bord und wehrten mit der anderen eine Flottille von Kriegskanus ab. Zu dieser Zeit existierten offiziell weder die Insel noch das Riff. Später erkannten die Offiziere von Ihrer Majestät Dampfschiff *Fusilier*, das zur Vermessung der Route ausgesandt worden war, mit der Annahme dieser beiden Namen die Kühnheit des Mannes und die Zuverlässigkeit des Schiffes an. Außerdem beginnt, wie jeder sehen kann, der sich dafür interessiert, im ›Allgemeinen Handbuch‹, Band II, Seite 410, die Beschreibung der ›Malotuor-Whalley-Passage‹ mit den Worten: ›Diese vorteilhafte Route, zuerst im Jahre 1850 von Kapitän Whalley mit dem Schiff *Condor* entdeckt ...‹, und endet damit, dass die Route den Segelschiffen wärmstens empfohlen wird, die in den Monaten von Dezember bis einschließlich April aus chinesischen Häfen nach der Südsee auslaufen.

Das war der deutlichste Gewinn, den er im Leben hatte. Von dieser Art Ruhm konnte ihm nichts geraubt werden.

Der Durchstich der Landenge von Suez hatte wie ein Dammbruch eine Flut von neuen Schiffen, neuen Männern, neuen Handelsmethoden in den Osten eingelassen. Das hatte das Gesicht der östlichen Meere und sogar den Geist ihres Lebens verändert, sodass seine früheren Erfahrungen der neuen Generation von Seeleuten nichts mehr bedeuteten.

In diesen entschwundenen Tagen hatte er viele tausend Pfund in den Händen gehabt – Geld seiner Auftraggeber und eigenes. Wie es das Gesetz von einem Kapitän erwartet, hatte er den widerstreitenden Interessen der Eigner, Befrachter und Versicherungsgesellschaften ehrlich gedient. Niemals hatte er ein Schiff verloren oder einer zweifelhaften Transaktion zugestimmt, und er hatte gut bestanden, hatte am Ende die Bedingungen überdauert, die ihm seinen Ruf eingebracht hatten. Er hatte seine Frau begraben (im Golf von Petschili), hatte seine Tochter an den Mann ihrer unglücklichen Wahl verheiratet und hatte ein mehr als stattliches Guthaben beim Bankrott der berüchtigten Travancore-und-Deccan-Bankgesellschaft verloren, deren Zusammenbruch den Osten wie ein Erdbeben erschüttert hatte. Und er war siebenundsechzig Jahre alt.

2

Sein Alter war ihm keine Last, und seines Ruins schämte er sich nicht. Er war nicht der Einzige gewesen, der an die Stabilität der Bank geglaubt hatte. Männer, deren Urteil in Finanzfragen ebenso sachverständig war wie seine Seemannskunst, hatten die Klugheit seiner Geldanlage gelobt und selbst viel Geld bei dem großen Zusammenbruch verloren. Der einzige Unterschied zwischen ihm und ihnen war, dass er alles verloren hatte. Und doch nicht alles. Von seinem verlorenen Vermögen war ihm eine sehr hübsche kleine Bark verblieben, die *Fair Maid*, die er gekauft hatte, um damit die Muße eines pensionierten Seemanns auszufüllen, »um damit zu spielen«, wie er selbst es ausdrückte.

In dem Jahr vor der Heirat seiner Tochter hatte er in aller Form erklärt, er sei der See müde. Aber nachdem das junge Paar abgereist war, um sich in Melbourne niederzulassen, merkte er, dass er an Land nicht glücklich werden konnte. Er war zu sehr Kapitän eines Handelsschiffs, als dass ihn bloßes Sportsegeln befriedigen konnte. Er brauchte die Illusion von Geschäften, und der Erwerb der *Fair Maid* bewahrte ihm die Kontinuität seines Lebens. Bei seinen Bekannten in verschiedenen Häfen führte er sie als ›mein letztes Kommando‹ ein. Wenn er so alt geworden sei, dass man ihm kein Schiff mehr anvertrauen könne, würde er sie abtakeln und an Land gehen, um beerdigt zu werden. Er würde die letztwillige Verfügung hinterlassen, dass die Bark am Tage der Beisetzung hinausgeschleppt und im tiefen Wasser auf anständige Weise versenkt werden solle. Seine Tochter würde ihm die Genugtuung, dass kein Fremder nach ihm sein letztes Kommando führen werde, nicht missgönnen. Bei dem Vermögen, das er ihr hinterlassen konnte, hatte der Wert einer Fünfhunderttonnen-Bark nichts zu bedeuten. Das alles wurde mit einem fröhlichen Augenzwinkern vorgebracht: Der kräftige alte Mann hatte zu viel Vitalität, um Trübsal zu blasen. Zugleich wurde es aber auch ein wenig nachdenklich gesagt, denn er stand mit beiden Beinen im Leben und hatte ein ehrliches Vergnügen an dessen Empfindungen und Besitztümern, an der Würde seines Rufes und seines Wohlstands, an der Liebe zu seiner Tochter und an der Genugtuung, die ihm sein Schiff bot – das Spielzeug seines einsamen Müßiggangs.

Die Kammer hatte er nach seinem schlichten Ideal von Bequemlichkeit auf See eingerichtet. Ein großer Bücherschrank (er war ein eifriger Leser) nahm die eine Seite seiner Kapitänskammer ein, das Porträt seiner verstorbenen Frau, ein geschmackloses schwärzliches Ölgemälde en profil, und die lange, schwarze Locke einer jungen Frau hingen seiner Koje gegenüber. Drei Chronometer tickten ihn in den Schlaf und begrüßten ihn beim Aufwachen mit dem kleinen Wettlauf ihres Takts. Er stand jeden Morgen um fünf Uhr auf. Der Steuermann der Morgenwache, der achtern neben dem Steuerrad seinen Frühkaffee trank, hörte durch die weite Öffnung des kupfernen Lüfters das Plätschern, Schnaufen und Prusten der Morgentoilette seines Kapitäns. Diesen Geräuschen folgte das gleichmäßige, versunkene Gemurmel des Vaterunsers, das mit lauter, ernster Stimme gesprochen wurde. Fünf Minuten später tauchten Kopf und Schultern von Kapitän Whalley in der Niedergangsluke zur Kajüte auf. Stets verharrte er eine Weile auf der Treppe und sah ringsum nach dem Horizont, aufwärts nach der Stellung der Segel und atmete in tiefen Zügen die frische Luft. Erst dann trat er auf das Achterdeck hinaus und grüßte, die Hand am Mützenschirm, mit einem würdevollen und gütigen ›Guten Morgen‹. Gewissenhaft ging er bis acht Uhr auf Deck hin und her. Manchmal, aber nicht mehr als zweimal im Jahr, musste er wegen einer Versteifung der Hüfte – einem leichten Rheumaanfall, wie er vermutete – einen dicken Knotenstock benutzen. Sonst wusste er nichts von den Krankheiten des Leibes. Beim Läuten der Frühstücksglocke ging er hinunter, um seine Kanarienvögel zu füttern, die Chronometer aufzuziehen und am Kopfende des Tisches Platz zu nehmen. Von dort aus hatte er die großen Fotografien seiner Tochter, ihres Mannes und zweier dickbeiniger Babys – seiner Enkel – vor Augen, die schwarz gerahmt in die Schotts aus Ahornholz in der Kajüte eingelassen waren. Nach dem Frühstück staubte er selbst das Glas dieser Porträts mit einem Tuch ab und fuhr über das Ölbild seiner Frau mit einem Federbusch, der an einem kleinen Messinghaken neben dem schwarzen goldenen Rahmen hing. Dann pflegte er sich bei geschlossener Kajütentür auf das Sofa unter das Porträt zu setzen, um ein Kapitel aus einer dicken Taschenbibel zu lesen – aus ihrer Bibel. An manchen Tagen aber saß er nur eine halbe Stunde lang da, den Finger zwischen den Seiten, das geschlossene Buch auf den Knien. Vielleicht erinnerte er sich plötzlich daran, wie gern sie immer gesegelt war.

Sie war ein echter Schiffskamerad und auch eine treue Frau gewesen. Es war für ihn wie ein Glaubensartikel, dass es nie ein helleres, fröhliches Heim irgendwo auf See oder an Land gegeben hatte oder geben konnte als sein Heim unter dem Achterdeck der *Condor*, mit der großen Messe, ganz in Weiß und Gold, wie für ein ewiges Fest mit einem immergrünen Kranz geschmückt. Sie hatte die Mitte eines jeden Paneels mit einem Strauß heimischer Blumen bemalt. Es kostete sie zwölf Monate, um mit diesem Werk ihrer Liebe in der Messe herumzukommen. Für ihn war es ein Wunder der Malerei geblieben, die höchste Vollendung von Geschmack und Kunstfertigkeit; und der alte Swinburne, sein Steuermann, stand jedes Mal, wenn er zu den Mahlzeiten herunterkam, von Bewunderung durchdrungen vor dem Fortschritt der Arbeit. Man könne die Rosen fast riechen, erklärte er, den leichten Terpentingeruch schnüffelnd, der zu dieser Zeit die Messe durchzog und ihn (wie er hinterher bekannte) beim Essen etwas weniger kräftig zulangen ließ als gewöhnlich. Nichts aber konnte ihm die Freude an ihrem Gesang nehmen. »Mrs. Whalley ist durch und durch eine Nachtigall, Sir«, pflegte er mit Kennermiene zu verkünden, nachdem er sich durch das Decklicht das Lied still bis zu Ende angehört hatte. Bei schönem Wetter konnten die beiden Männer während der zweiten Hundewache ihre Triller und Läufe hören, die vom Klavier in der Messe begleitet wurden. Er hatte das Instrument an dem Tag, an dem sie sich verlobten, in London bestellt, aber sie waren schon länger als ein Jahr verheiratet, ehe es sie – um das Kap herum – erreichte. Die große Kiste bildete einen Teil der ersten direkten Stückgutladung, die im Hafen von Hongkong gelöscht wurde – ein Ereignis, das die Leute, die über die geschäftigen Kais von heute gehen, so nebelhaft fern anmutet wie die dunklen Jahrhunderte der Geschichte. Kapitän Whalley aber konnte in einer einsamen halben Stunde sein ganzes Leben noch einmal durchleben, mit seiner Romantik, seiner Idylle und seinen Sorgen. Er selbst musste ihr die Augen zudrücken. Unter der Flagge ging sie davon wie eine Seemannsfrau – im Herzen selbst ein Seemann. Ohne dass ihm die Stimme erstickte, hatte er das Gebet für sie gelesen, aus ihrem eigenen Gebetbuch. Wenn er die Augen hob, konnte er den alten Swinburne sehen, der ihm gegenüberstand, die Mütze an die Brust gepresst und das gefurchte, wetterharte, unbewegte Gesicht von Tränen überströmt, wie ein behauener roter Granitblock im Regen. Diesem alten Seebären tat es gut, zu weinen. Er aber musste bis zum Ende weiterlesen. Doch an das, was in den nächsten paar Tagen nach dem Aufklatschen geschah, erinnerte er sich nicht mehr. Ein älterer Matrose aus der Mannschaft, der mit Nadel und Faden umgehen konnte, nähte aus einem ihrer Röcke ein Trauerkleid für das Kind.

Schwerlich würde er das vergessen. Aber man kann das Leben nicht eindämmen wie einen trägen Strom. Es würde ausbrechen und die Nöte eines Mannes überschwemmen, es würde das Leid umschließen wie die

See einen toten Körper, gleichgültig, wie viel Liebe da versunken ist. Und die Welt ist nicht schlecht. Die Leute waren sehr freundlich zu ihm gewesen, besonders Mrs. Gardner, die Frau des Seniorpartners von Gardner, Patteson & Co., den Eignern der *Condor*. Sie war es, die sich erbot, für die Kleine zu sorgen, und die sie zusammen mit ihren eigenen Mädchen zu gegebener Zeit nach England mitnahm (eine ziemliche Reise in jenen Tagen, selbst auf der Poststraße zu Lande), um ihre Erziehung abzuschließen. Es vergingen zehn Jahre, ehe er sie wiedersah.

Als kleines Kind hatte sie sich nie vor schlechtem Wetter gefürchtet. Sie bettelte, unter seinem Ölzeug geborgen mit an Deck genommen zu werden, um zu sehen, wie sich die großen Wogen auf die *Condor* stürzten. Das Wirbeln und Krachen der Sturzseen schien ihre kleine Seele mit atemlosem Entzücken zu erfüllen. »Ein richtiger Junge ist an ihr verloren gegangen«, pflegte er im Spaß von ihr zu sagen. Er hatte sie Ivy genannt – wegen des Wortklangs und weil er von einer unklaren Gedankenverbindung dunkel fasziniert war. Sie hatte sich fest um sein Herz gerankt, und er wollte, dass sie sich an ihren Vater wie an einen Turm der Stärke klammerte. Dabei vergaß er, solange sie klein war, dass sie es naturgemäß einmal vorziehen werde, sich an irgendjemand anderen zu klammern. Aber er liebte das Leben so sehr, dass ihm selbst dieser Umstand – abgesehen von einem mehr angedeuteten Gefühl des Verlusts – eine gewisse Befriedigung gab.

Nachdem er die *Fair Maid* erworben hatte, um sein Alleinsein auszufüllen, beeilte er sich, eine wenig einträgliche Fracht nach Australien zu übernehmen, einfach wegen der Gelegenheit, seine Tochter in ihrem eigenen Heim zu besuchen. Was ihm dort missfiel, war nicht, dass sie sich jetzt an jemand anderen klammerte, sondern dass die Stütze, die sie sich ausgesucht hatte, bei näherer Prüfung ›ein ziemlich dürftiger Stecken‹ zu sein schien – auch hinsichtlich seiner Gesundheit. Die gekünstelte Höflichkeit seines Schwiegersohns missfiel ihm vielleicht noch mehr als dessen Art, mit dem Geld umzugehen, das er Ivy bei ihrer Hochzeit geschenkt hatte. Aber er sagte nichts von seinen Befürchtungen. Nur am Abschiedstag, als die Flurtür schon offen stand, hatte er, während er ihre Hände hielt und ihr ruhig in die Augen sah, bemerkt: »Du weißt, mein Liebes, alles, was ich habe, ist für dich und die Kinder. Schreib mir nur ganz offen.« Sie hatte ihm mit einer kaum wahrnehmbaren Kopfbewegung geantwortet. Sie glich ihrer Mutter in der Farbe der Augen, im Charakter und auch darin, dass sie ihn ohne viele Worte verstand.

Sie musste in der Tat schreiben, und einige dieser Briefe veranlassten Kapitän Whalley, die weißen Augenbrauen hochzuziehen. Im Übrigen dachte er, dass er den wahren Lohn seines Lebens ernte, da er auf diese Weise in der Lage war, bei Bedarf herbeizuschaffen, was immer gebraucht wurde. Seit seine Frau gestorben war, hatte er sich über nichts mehr so gefreut. Die Promptheit der Misserfolge seines Schwiegersohns veranlasste ihn charakteristischerweise, aus der Ferne eine Art Wohlwollen für den Mann zu empfinden. Der Bursche saß so beständig am Leggerwall fest, dass es ganz offensichtlich unfair gewesen wäre, das alles seiner leichtsinnigen Navigation zur Last zu legen. Nein, nein! Er wusste wohl, was das bedeutete. Es war Pech. Sein eigenes Glück war einfach ein Wunder, aber er hatte zu viele gute Männer in seinem Leben gesehen – Seeleute und andere –, die nur an dem Pech zugrunde gingen, dass sie verhängnisvolle Zeichen nicht erkannten. Trotzdem sann er über die beste Art nach, jeden Penny, den er zu hinterlassen hatte, ganz fest anzulegen, als nach einem anfänglichen

Durcheinander von Gerüchten (deren erstes ihn in Schanghai erreichte) der Schock des großen Bankrotts kam. Und als er die Phasen der Betäubung, der Ungläubigkeit, der Entrüstung durchlaufen hatte, musste er sich mit der Tatsache abfinden, dass er nichts Nennenswertes zu hinterlassen hatte.

Daraufhin, als habe er nur auf diese Katastrophe gewartet, gab der vom Pech verfolgte Mann dort in Melbourne sein wenig gewinnbringendes Spiel auf und ruhte sich aus – noch dazu in einem Rollstuhl. ›Er wird nie wieder gehen können‹, schrieb die Frau. Zum ersten Mal in seinem Leben verlor Kapitän Whalley ein wenig die Fassung.

Die *Fair Maid* musste nun ernsthaft arbeiten. Es ging nicht mehr darum, die Erinnerung an den Teufelskerl Harry Whalley in den östlichen Meeren wach zu halten oder einen alten Mann mit Taschengeld und Kleidung zu versorgen, wozu am Jahresende vielleicht noch eine Rechnung für ein paar hundert erstklassige Zigarren kam. Er musste sich rühren und das Schiff bei kärglichem Aufwand für die Vergoldung der Pfefferkuchenverzierungen an Vorsteven und Heck fleißig in Gang halten.

Diese Notlage öffnete ihm die Augen für die fundamentalen Veränderungen in der Welt. Aus seiner Vergangenheit waren nur die vertrauten Namen hier und da geblieben, aber die Dinge und die Menschen, wie er sie gekannt hatte, waren verschwunden. Der Name von Gardner, Patteson & Co. prangte noch an den Mauern der Lagerhäuser am Ufer, auf den Messingschildern und Fensterscheiben der Geschäftsviertel in mehr als einem östlichen Hafen, aber in der Firma gab es keinen Gardner oder Patteson mehr. Es gab für Kapitän Whalley keinen Sessel und kein Willkommen mehr im Privatkontor zusammen mit einem kleinen Geschäft, zu dem man einem alten

Freund um früherer Dienste willen verhalf. In diesem Raum, zu dem er zu Zeiten des alten Herrn – lange noch, nachdem er den Dienst quittiert hatte – stets Zutritt gehabt hatte, saßen hinter den Schreibtischen die Ehemänner der Gardner-Töchter. Ihre Schiffe hatten jetzt gelbe Schornsteine mit schwarzen Kappen und einen festen Fahrplan wie eine verdammte Straßenbahnlinie. Die Dezember- und Juniwinde waren ihnen einerlei; ihre Kapitäne (vortreffliche junge Männer, er bezweifelte es nicht) waren gut mit der Whalley-Insel vertraut, weil die Regierung in den letzten Jahren ein weißes Leuchtfeuer an der Nordspitze (mit einem roten Gefahrensektor über dem Condor-Riff) errichtet hatte, aber die meisten von ihnen wären höchst überrascht gewesen, hätten sie gehört, dass ein Whalley aus Fleisch und Blut noch immer existierte – ein alter Mann, der durch die Welt zog und versuchte, hier und da für seine kleine Bark eine Ladung zu ergattern.
Und überall war es das Gleiche. Verschwunden die Männer, die bei der Erwähnung seines Namens anerkennend genickt und es sich als Ehre angerechnet hätten, etwas für den tollkühnen Harry Whalley zu tun. Verschwunden die Gelegenheiten, die er zu ergreifen gewusst hätte, und verschwunden mit ihnen die weiß geflügelte Schar der Klipper, die sich in den rauen, ungewissen Winden hielten und aus dem Gischt der See große Vermögen schöpften. In einer Welt, die die Gewinne auf ein absolutes Minimum beschränkte, in einer Welt, die ihre freie Tonnage jeden Tag zweimal nachrechnen konnte und in der armselige Charterverträge drei Monate im Voraus telegrafisch weggeschnappt wurden, gab es keine Erfolgschancen für einen Einzelgänger, der mit einer kleinen Bark aufs Geratewohl herumzog – gab es tatsächlich kaum noch eine Existenzmöglichkeit.
Es wurde von Jahr zu Jahr schwieriger für ihn. Er litt sehr darunter, dass er seiner Tochter nur geringfügige

Summen überweisen konnte. Die guten Zigarren hatte er inzwischen aufgegeben, und auch bei den minderwertigen Stumpen beschränkte er sich auf sechs Stück am Tage. Nie schilderte er ihr seine Schwierigkeiten, und sie ließ sich nie über ihren Existenzkampf aus. Ihr Vertrauen zueinander brauchte keine Erklärungen, und ihr vollkommenes Verständnis hielt auch ohne die Versicherung von Dankbarkeit oder Bedauern an. Er wäre erschrocken gewesen, wenn sie es sich hätte einfallen lassen, ihm mit vielen Worten zu danken, aber er fand es ganz natürlich, dass sie ihm sagte, sie brauche zweihundert Pfund.

Er war mit der *Fair Maid* in Ballast in den Heimathafen der *Sofala* eingelaufen, um sich nach einer Fracht umzusehen, und dort erreichte ihn ihr Brief. Sein wesentlicher Inhalt war, dass es keinen Zweck habe, die Dinge zu beschönigen. Ihre einzige Hoffnung sei die Eröffnung einer Pension, wofür die Aussichten, wie sie meine, gut seien. Auf jeden Fall gut genug, um ihm frei heraus zu sagen, dass sie mit zweihundert Pfund einen Anfang machen könne. Er hatte das Kuvert hastig aufgerissen, noch an Deck, wo es ihm durch den Boten des Schiffslieferanten ausgehändigt worden war, der ihm, während sie vor Anker gingen, seine Post gebracht hatte. Zum zweiten Mal in seinem Leben war er entsetzt und blieb mit dem zwischen seinen Fingern zitternden Papier stocksteif an der Kajütentür stehen. Eine Pension eröffnen! Zweihundert Pfund für einen Anfang! Die einzige Hoffnung! Und er wusste nicht, wo er zweihundert Pennys hernehmen sollte.

Die ganze Nacht ging Kapitän Whalley auf dem Achterdeck seines vor Anker liegenden Schiffs hin und her, als steuere er bei grobem Wetter Land an und sei sich nach einer Seereise von vielen bedeckten Tagen, ohne Sonne, Mond oder Sterne, seiner Position nicht sicher. In der schwarzen Nacht blinkten die Richtfeuer der Seeleute und die unbeweglichen, geraden Reihen der Lichter an der Küste; und rund um die *Fair Maid* warfen die Ankerlaternen der Schiffe zitternde Spuren auf das Wasser der Reede. Kapitän Whalley sah nirgendwo einen Schimmer, bis die Dämmerung anbrach, und er merkte, dass seine Kleidung vom Tau durchgeweicht war.

Sein Schiff war wach. Er blieb plötzlich stehen, strich sich den nassen Bart und stieg mit müden Füßen rückwärts die Treppe hinunter; bei seinem Anblick blieb dem Ersten Steuermann, der schläfrig auf dem Achterdeck herumschlenderte, mitten in einem großen frühmorgendlichen Gähnen der Mund offen stehen.

»Guten Morgen«, sagte Kapitän Whalley würdevoll und ging in die Kajüte. Aber in der Tür blieb er plötzlich stehen und sagte, ohne sich umzudrehen: »Übrigens müsste da im Lazarett eine leere Holzkiste verstaut sein. Sie ist nicht zerhackt worden, oder?«

Der Steuermann schloss seinen Mund und fragte dann wie betäubt: »Was für eine leere Kiste, Sir?«

»Eine große, flache Packkiste, die zu diesem Bild in meiner Kammer gehört. Lassen Sie sie an Deck bringen und sagen Sie dem Zimmermann, er soll sie sich ansehen. Es ist möglich, dass ich sie bald brauche.«

Der Erste Steuermann rührte kein Glied, bis er in der Kajüte die Tür zur Kapitänskammer zuschlagen hörte. Dann winkte er mit dem Zeigefinger den Zweiten Steuermann nach achtern, um ihm zu sagen, dass etwas ›in der Luft‹ liege.

Als die Glocke läutete, dröhnte Kapitän Whalleys gebieterische Stimme durch die geschlossene Tür: »Setzen Sie sich, und warten Sie nicht auf mich.« Und seine beeindruckten Offiziere nahmen Platz und wechselten Blicke und Geflüster über den Tisch hinweg. Was? Kein Frühstück? Und noch dazu, nachdem er sich offensichtlich die ganze Nacht an Deck herumgetrieben hatte! Klar, da lag etwas in der Luft. Im Deckslicht über ihren Köpfen, die eifrig über die Teller gebeugt waren, schaukelten und klirrten vom ruhelosen Umherspringen der hungrigen Kanarienvögel drei Drahtkäfige; und sie konnten die Geräusche der behutsamen Bewegungen ihres ›Alten‹ in seiner Kammer verfolgen. Methodisch zog Kapitän Whalley die Chronometer auf, staubte das Porträt seiner verstorbenen Frau ab, holte ein sauberes weißes Hemd aus der Kommode und machte sich in seiner peinlich genauen, langsamen Art fertig, um an Land zu gehen. Er hätte an diesem Morgen keinen Bissen herunterbekommen. Er hatte sich entschlossen, die *Fair Maid* zu verkaufen.

3

Gerade zu dieser Zeit suchten die Japaner weit und breit nach Schiffen europäischer Bauart, und er hatte keine Schwierigkeiten, einen Käufer zu finden – einen Spekulanten, der tüchtig feilschte, aber mit der Aussicht auf einen vorteilhaften Wiederverkauf bar bezahlte. So kam es, dass Kapitän Whalley an einem gewissen Nachmittag die Stufen eines der bedeutendsten Postämter des Ostens mit einem Stückchen bläulichen Papiers in der Hand hinunterstieg. Das war die Quittung für einen eingeschriebenen Brief, der eine Zahlungsanweisung auf zweihundert Pfund enthielt und nach Melbourne adressiert war. Kapitän Whalley steckte das Papier in seine Westentasche, nahm den Stock unter dem Arm hervor und ging die Straße hinunter.

Es war eine kürzlich freigegebene unsaubere Fahrstraße mit unvollständigen Bürgersteigen und einer weichen

Staubschicht, die die Straße in ihrer ganzen Breite bedeckte. Ein Ende mündete in der Nähe des Hafens in die schmutzige Gasse der Chinesenläden, das andere, ohne Häuser, führte einige Meilen geradeaus, durch Stellen mit dschungelartiger Vegetation, bis zu den Hintertüren der neuen Consolidated Docks Company. Die unverputzten Fassaden der neuen Regierungsgebäude wechselten mit den rohen Einzäunungen unbebauter Grundstücke ab, und der Anblick des Himmels schien der weiten Aussicht noch mehr Raum zu bieten. Die Straße war leer und wurde von den Eingeborenen nach den Geschäftsstunden gemieden, als befürchteten sie, einer der Tiger aus der Umgebung der Neuen Wasserwerke auf dem Hügel könne in langen Sprüngen über die Fahrbahn setzen, um sich einen chinesischen Ladenbesitzer zum Abendbrot zu holen. Kapitän Whalley schrumpfte angesichts der Einsamkeit dieser großartig geplanten Straße nicht zusammen. Dafür war seine Erscheinung zu eindrucksvoll. Er war nur eine einsame, gewichtig dahinschreitende Gestalt mit dem großen weißen Bart eines Pilgers und einem dicken Stock, der einer Waffe glich. Auf der einen Straßenseite lag der niedrige, schmucklose Portikus des neuen Gerichtsgebäudes mit seinen plumpen Säulen, die von einigen alten Bäumen an der Auffahrt halb verdeckt wurden. Auf der anderen reichten die Seitenflügel des neuen Kolonialschatzamtes bis an die Straße heran. Kapitän Whalley, der jetzt kein Schiff und kein Heim mehr hatte, erinnerte sich aber im Vorbeigehen, dass in dieser Gegend, als er zum ersten Mal von England herübergekommen war, ein Fischerdorf gestanden hatte, ein paar Strohhütten, auf Pfählen errichtet zwischen einer schlammigen Gezeitenbucht und einem morastigen Pfad, der sich in eine verwachsene Wildnis ohne irgendwelche Docks oder Wasserwerke hineinschlängelte.

Kein Schiff – kein Heim. Und seine arme Ivy dort in der Ferne hatte ebenso wenig ein Heim. Eine Pension ist kein Heim, wenn sie einem auch den Lebensunterhalt einbringen mag. Der Gedanke an die Pension verletzte seine Gefühle empfindlich. Bei seiner Position im Leben besaß er jene wahrhaft aristokratische Gesinnung, die von einer Verachtung vulgärer Vornehmtuerei und von Vorurteilen gegenüber gewissen entwürdigenden Beschäftigungen geprägt ist. Er seinerseits hatte immer die Handelsschifffahrt (die eine ehrliche Beschäftigung ist) dem Kaufen und Verkaufen von Waren vorgezogen, kommt es doch hierbei im Wesentlichen darauf an, irgendjemanden zu übervorteilen – und das ist bestenfalls ein niedriger Beweis geistiger Fähigkeiten. Oberst Whalley (a. D.), sein Vater, hatte im Dienst der ehrenwerten Ost-Indischen Kompanie gestanden und außer seiner Pension nur sehr geringe Mittel, aber hervorragende Verbindungen besessen. Er konnte sich erinnern, wie in seiner Kindheit Kellner in den Gasthäusern, Händler und andere kleine Leute dieser Art den alten Krieger wegen seiner Erscheinung oft mit ›my Lord‹ anredeten.

Kapitän Whalley (er wäre zur Marine gegangen, wenn sein Vater nicht gestorben wäre, ehe er vierzehn Jahre alt war) hatte selbst etwas von dem vornehmen Wesen, das zu einem alten, ruhmreichen Admiral gepasst hätte; aber wie ein Strohhalm im Wirbel eines Bachs verlor er sich in dem Schwarm brauner und gelber Menschen, die eine Straße bevölkerten, die im Gegensatz zu der weiten, leeren Allee, die er verlassen hatte, so schmal wie eine Gasse wirkte und von Leben geradezu brodelte. Die Häuserwände waren blau; die Chinesenläden gähnten wie Tierhöhlen; Haufen schwer zu beschreibender Waren überschwemmten die Dunkelheit der langen Arkadenreihe, und die glühende Klarheit des Sonnenuntergangs überzog mit ihrer Glut die Straßenmitte vom einen Ende bis zum andern wie mit dem Widerschein eines Feuers. Die Glut fiel auf die hellen Farben und die dunklen Gesichter der barfüßigen Menge, auf die blassgelben Rücken der halb nackten drängelnden Kulis, auf die Uniform eines großen Sikh mit geteiltem Bart und grimmigem Schnurrbart, der vor dem Tor des Polizeigebäudes Wache stand. Die Köpfe hoch überragend, steuerte in einer roten Staubwolke der voll besetzte Wagen einer Straßenbahn vorsichtig den Menschenstrom hinauf, sein Horn gellte unablässig wie bei einem Dampfer, der sich im Nebel vorwärts tastet.

Kapitän Whalley kam auf der anderen Seite wie ein Taucher wieder hervor und nahm im verlassenen Schatten zwischen den Mauern geschlossener Lagerhäuser den Hut ab, um die Stirn zu kühlen. Dem Gewerbe einer Pensionswirtin haftete nicht der beste Ruf an. Es hieß von diesen Frauen, sie seien habgierig, skrupellos, falsch; und obgleich er keine Schicht seiner Mitmenschen verurteilte – Gott bewahre! –, waren das Verdächtigungen, denen sich auszusetzen für eine Whalley unschicklich war. Er hatte ihr jedoch keine Vorhaltungen gemacht. Er war sicher, sie teilte seine Empfindungen; sie tat ihm leid; er vertraute ihrem Urteilsvermögen; er betrachtete es als gnädige Fügung, dass er ihr noch einmal helfen konnte – aber im Innersten seines aristokratischen Herzens wäre es ihm leichter gefallen, sich mit dem Gedanken anzufreunden, sie würde Näherin. Vage erinnerte er sich, vor Jahren ein rührendes Stück gelesen zu haben, das ›Lied vom Hemd‹ hieß. Es war ganz schön, Lieder über arme Frauen zu verfassen. Die Enkelin von Oberst Whalley, Wirtin einer Pension! Puh! Er setzte seinen Hut wieder auf, suchte in zwei Taschen, blieb einen Augenblick stehen, um ein flackerndes Streichholz an das Ende eines billigen Stumpens zu halten, und blies erbittert eine Rauchwolke gegen eine Welt, die solche Überraschungen bereithielt. Eins war gewiss – dass sie das Kind einer klugen Mutter war. Jetzt, da er den Schmerz der Trennung von seinem Schiff verwunden hatte, empfand er deutlich, dass solch ein Schritt unvermeidlich gewesen war. Vielleicht war ihm das allmählich bewusst geworden, ohne dass er sich diese Erkenntnis bisher eingestanden hatte. Aber sie, dort in der Ferne, musste das intuitiv gefühlt, musste das Herz gehabt haben, dieser Wahrheit ins Gesicht zu sehen, und den Mut, sie auszusprechen – all die Eigenschaften, die ihre Mutter zu einem so trefflichen Ratgeber gemacht hatten.

Am Ende wäre es doch dazu gekommen! Es war ein Glück, dass sie ihn genötigt hatte. In ein oder zwei Jahren wäre es ein äußerst unvorteilhafter Verkauf gewesen. Um das Schiff zu unterhalten, hatte er sich von Jahr zu Jahr mehr verschuldet. Er war wehrlos gegen die Heimtücke des Missgeschicks, dessen offeneren Angriffen er entschlossen gegenübertreten konnte; wie eine Klippe, die dem offenen Anrennen der See standhält – in stolzer Missachtung des trügerischen Rückstroms, der ihren Grund unterspült. Wie die Dinge lagen, verblieb ihm, wenn jede Verbindlichkeit abgedeckt, ihre Bitte erfüllt und er niemandem einen Penny schuldig war, von dem Handel eine Summe von fünfhundert Pfund, die er sicher beiseite legte. Außerdem hatte er noch einige vierzig Dollar bei sich – genug, um seine Hotelrechnung zu bezahlen, falls er sich nicht zu lange in dem bescheidenen Zimmer aufhielt, in dem er Zuflucht gesucht hatte.

Spärlich möbliert, mit gebohnertem Fußboden, ging es auf eine der Seitenveranden hinaus. Das weitläufige Backsteingebäude, luftig wie ein Vogelkäfig, hallte wider vom unablässigen Klappern der Rohrjalousien, die vom Wind geschüttelt wurden, der zwischen die weiß getünchten viereckigen Säulen der Seefront fuhr. Die Zimmer waren hoch, das Sonnenlicht huschte über die Decken, und die Touristen von irgendeinem Passagierdampfer im Hafen durchwanderten mit dem Lärm ihrer fremden Stimmen und ihrer flüchtigen Gegenwart in periodischer Invasion das vom Wind durchwehte Halbdunkel der Zimmerflucht wie umherziehende Geister, die einander ablösen und dazu verdammt sind, Hals über Kopf um die Erde zu hasten, ohne eine Spur zu hinterlassen. Das Geschwätz ihrer Überfälle verebbte so plötzlich, wie es ausgebrochen war, und die zugigen Korridore und die Liegestühle auf den Veranden wussten nichts mehr von ihrer Besichtigungswut oder ihrem erschöpften Schlaf; und Kapitän Whalley, der, angesehen und würdevoll, nach jedem heiteren Aufruhr fast allein in dem großen Hotel zurückblieb, fühlte sich mehr und mehr wie ein gestrandeter Tourist ohne Ziel, wie ein verlorener Reisender ohne Heim. In der Einsamkeit seines Zimmers rauchte er gedankenverloren und starrte auf die beiden Seekisten, die alles enthielten, was er auf dieser Welt sein Eigen nennen konnte. In einer Ecke lehnte eine dicke Kartenrolle in einem Futteral aus Segeltuch, die flache Kiste, die das Porträt und die drei Fotografien enthielt, war unter das Bett geschoben worden. Er war es müde, Bedingungen auszuhandeln, an Besichtigungen teilzunehmen, er war der ganzen Routine des Geschäfts überdrüssig. Was für die anderen Parteien nur der Verkauf eines Schiffes gewesen war, das war für ihn ein bedeutsames Ereignis, das eine grundlegend neue Lebensform mit einschloss. Er wusste, dass es nach diesem Schiff kein anderes mehr geben würde. Und die Hoffnungen seiner Jugend, der Gebrauch seiner Fähigkeiten, jedes Empfinden und jede Leistung seines Mannesalters waren unlösbar mit Schiffen verbunden gewesen. Er hatte auf Schiffen gedient, er hatte Schiffe besessen, und selbst die Jahre, in denen er sich von der See zurückgezogen hatte, waren durch die Vorstellung erträglich geworden, dass er bloß die Hand voller Geld auszustrecken brauchte, um ein Schiff zu bekommen. Es hatte ihm frei gestanden, sich als Eigner aller Schiffe der Welt zu fühlen. Der Verkauf dieses einen war eine leidige Angelegenheit gewesen, aber als es ihm schließlich nicht mehr gehörte, als er die letzte Quittung unterzeichnete, war es, als wären alle Schiffe zusammen aus der Welt entschwunden und hätten ihn mit siebenhundert Pfund in der Hand an der Küste unzugänglicher Meere zurückgelassen.

Fest und ohne Hast den Kai entlangschreitend, wandte Kapitän Whalley seine Blicke von der vertrauten Reede ab. Zwei Generationen von Seeleuten, seit seinem ersten Tag auf See geboren, standen zwischen ihm und all diesen Schiffen auf dem Ankerplatz. Sein eigenes war verkauft, und er hatte sich gefragt: Was nun?

Dem Gefühl des Alleinseins und der inneren Leere – auch dem des Verlustes, als wäre ihm seine Seele wie gewaltsam herausgerissen worden – war zunächst der Wunsch entsprungen, geradewegs zu seiner Tochter aufzubrechen. ›Hier sind die letzten Pennys‹, würde er ihr sagen, ›nimm sie, meine Liebe. Und hier ist dein alter Vater, du musst auch ihn nehmen.‹

Seine Seele schauderte zurück, als fürchte sie das, was diesem Impuls zugrunde lag. Aufgeben! Niemals! Wenn man völlig erschöpft ist, geht einem allerhand Unsinn durch den Kopf. Es wäre ein hübsches Geschenk für eine arme Frau – diese siebenhundert Pfund und als Zugabe einen rüstigen alten Burschen, der sehr wahrscheinlich noch viele Jahre leben wird. Taugte er nicht ebenso gut dazu, in den Sielen zu sterben, wie jeder dieser jungen Burschen, die auf den Schiffen dort draußen dienten? Er war so zuverlässig wie eh und je. Aber wer ihm Arbeit geben würde, das war eine andere Frage.

Suchte er, mit seiner Erscheinung und seinem Vorleben, nach einem untergeordneten Posten, würden ihn die Leute, so fürchtete er, nicht ernst nehmen; oder möglicherweise erregte er, falls er Eindruck auf sie machte, ihr Mitleid, und das wäre so, als würde man sich nackt ausziehen, um geprügelt zu werden. Er war nicht darauf versessen, sich für weniger als nichts auszuliefern. Für irgendjemandes Mitleid hatte er keine Verwendung. Andererseits wartete ein Kommando – das Einzige, worum er sich unter gebührender Wahrung der Schicklichkeit bewerben konnte – vermutlich nicht an der nächsten Straßenecke auf ihn. Kommandos gehen heutzutage nicht betteln. Seit er an Land gekommen war, um den Verkauf abzuwickeln, hatte er die Ohren offen gehalten, aber keinen Hinweis gehört, dass etwas im Hafen frei sei. Und selbst wenn es an dem gewesen wäre, so stand ihm seine erfolgreiche Vergangenheit im Wege. Zu lange war er sein eigener Arbeitgeber gewesen. Das einzige Empfehlungsschreiben, das er vorweisen konnte, war das Zeugnis seines ganzen Lebens. Welch bessere Empfehlung hätte jemand verlangen können? Aber undeutlich fühlte er, dass dieses einzigartige Dokument als altertümliche Kuriosität der östlichen Meere gelten würde, als Plunder, der in veralteten Worten abgefasst war – in einer halb vergessenen Sprache.

4

Während er diesen Gedanken nachhing, schlenderte er an den Schienen des Kais dahin, breitbrüstig, ungebeugt, als hätten seine kräftigen Schultern nie die Bürde gespürt, die zwischen Wiege und Grab getragen werden muss. Keine einzige verräterische Runzel, keine Sorgenfalte entstellte die ruhigen Linien seines Gesichts. Es war voll und ungebräunt, und der obere Teil sprang, massig und schlicht, mit der überraschenden Feinheit seiner hellen Haut und der mächtigen Breite der Stirn unter einer Flut silberweißen Haars hervor. Sein erster Blick begegnete einem offen und schnell wie der eines Jungen, aber durch die wilden, buschigen schneeweißen Augenbrauen bekam seine leutselige Aufmerksamkeit den Ausdruck eines strengen, eindringlichen Forschens. Mit zunehmendem Alter hatte er ein wenig Fleisch angesetzt, hatte an Umfang zugenommen wie ein alter Baum, der keine Anzeichen von Verfall offenbart. Und selbst das üppige, leuchtende Gekräusel seiner weißen Brusthaare schien ein Attribut unvergänglicher Vitalität und Kraft zu sein.

Einst ziemlich stolz auf seine große Körperstärke und sogar auf seine Erscheinung, seines Wertes bewusst und in seiner Redlichkeit unbeirrbar, war ihm wie dem Erben eines dahingegangenen Wohlstands die gelassene Haltung eines Mannes verblieben, der sich in jeder Hinsicht im Leben seiner Wahl bewährt hatte. Fest schritt er unter der vorspringenden Krempe eines alten Panamahuts aus. Der Hut war flach, über die ganze Breite eingeknifft und mit einem schmalen schwarzen Band versehen. Mit dieser unverwüstlichen und ein wenig verblichenen Kopfbedeckung war er auf den gedrängt vollen Kais und geschäftigen Straßen schon aus der Ferne leicht herauszufinden. Er hatte nie die verhältnismäßig neue Mode der geweißten Korkhelme akzeptiert. Ihm missfiel die Form, und er hoffte, ohne all diese Einrichtungen zur hygienischen Belüftung bis ans Ende seines Lebens einen kühlen Kopf zu behalten. Sein Haar war kurz geschnitten, seine Wäsche stets von makelloser Reinheit; ein Anzug aus dünnem, grauen Flanell, abgetragen, aber sorgfältig gebürstet, hing locker um seine

kräftigen Glieder und vergrößerte durch den weiten Schnitt seinen Umfang. Die Jahre hatten die gutmütige, unerschütterliche Kühnheit seiner Jugend zu einer heiteren Gelassenheit reifen lassen; das gemächliche Klopfen des eisenbeschlagenen Stocks auf den Steinplatten begleitete seine Schritte mit einem selbstbewussten Geräusch. Es war unmöglich, eine solch vornehme Erscheinung und dieses glatte Gesicht mit den demütigenden Sorgen der Armut in Verbindung zu bringen; das ganze Leben des Mannes schien an einem vorbeizuziehen - leicht und frei und unabhängig vom Einkommen, das so großzügig bemessen war wie der Anzug auf seinem Leibe.
Die unsinnige Furcht, seine fünfhundert Pfund für persönliche Ausgaben im Hotel angreifen zu müssen, störte das ruhige Gleichgewicht seines Gemüts. Da war keine Zeit zu verlieren. Die Rechnung wuchs an. Er hegte die Hoffnung, diese fünfhundert Pfund könnten vielleicht - wenn alles andere fehlschlug - dazu dienen, eine Arbeit zu finden, die Leib und Seele zusammenhielt (was keine große Ausgabe bedeutete) und es ihm ermöglichte, für seine Tochter von Nutzen zu sein. Seiner Ansicht nach war es ihr Geld, das er verwendete - sozusagen als Unterstützung ihres Vaters und lediglich zu ihrem Vorteil. Hatte er erst einmal Arbeit, würde er ihr mit dem größeren Teil seines Verdienstes helfen. Er konnte noch viele Jahre durchhalten, und diese Sache mit der Pension, sagte er sich, konnte, wie es sich auch anließe, keine Goldgrube sein. Aber was für Arbeit? Er war bereit, alles anzunehmen, wenn es ehrliche Arbeit war und sich schnell bot, denn die fünfhundert Pfund mussten für eine eventuelle Verwendung unangetastet bleiben. Das war die Hauptsache. Mit den vollen fünfhundert Pfund spürte man einen Rückhalt; ließe er aber den Betrag auf vierhundertfünfzig oder auch vierhundertachtzig zusam-

menschrumpfen, so schien ihm, das Geld würde alle Wirksamkeit verlieren, als ob in der runden Summe gleichsam eine gewisse magische Kraft stecke. Aber welche Art Arbeit?

Vor diese quälende Frage wie vor ein lästiges Gespenst gestellt, für das er keine Beschwörungsformel wusste, hielt Kapitän Whalley plötzlich auf dem Scheitelpunkt einer kleinen Brücke an, die sich steil über das Bett eines kanalisierten Flüsschens mit Ufermauern aus Granit spannte. Zwischen den Quadern vertäut, halb unter dem Bogen des Mauerwerks verborgen, lag eine seetüchtige malaiische Prau mit heruntergefierten Spieren, ohne ein Lebenszeichen und von Bug bis Heck mit Matten aus Palmblättern bedeckt. Er hatte das überhitzte Pflaster hinter sich gelassen, das von Steinfronten gesäumt war, die wie nackte Felsklippen der Krümmung der Kais folgten, und vor ihm öffnete sich eine unbegrenzte Weite von gepflegtem, ländlichem Aussehen, mit breiten, kurz gehaltenen Rasenflächen wie glatt abgesetzte Felder eines grünen Teppichs, mit langen Baumreihen, die zu kolossalen Säulenhallen aus dunklen Schäften formiert waren, überdacht mit einem Gewölbe aus Ästen.

Einige dieser Alleen endeten am Meer. Es war ein terrassenförmiges Ufer, und jenseits, auf der ebenen Fläche, die tiefer lag und strahlte wie der Blick eines dunkelblauen Auges, dehnte sich durch die Bresche zwischen zwei zusammengehörenden grünen Inselchen hindurch in unendliche Ferne ein schräger Streifen von hingetüpfeltem Purpur. Die Masten und Spieren einiger Schiffe weit draußen unter dem Horizont auf der Außenreede erhoben sich unmittelbar aus dem Wasser, in einem feinen Gewirr rosiger Linien, die auf den deutlichen Schatten des östlichen Ufers gestrichelt waren. Lange sah Kapitän Whalley darauf hin. Dort draußen lag das Schiff, das einmal ihm gehört hatte, vor Anker. Es war bestür-

zend, daran zu denken, dass es ihm nicht mehr freistand, am Landeplatz ein Boot zu nehmen und sich, wenn es Abend wurde, hinüberrudern zu lassen. Zu keinem Schiff. Vielleicht nie wieder. Bevor der Verkauf abgeschlossen und der Kaufpreis bezahlt worden war, hatte er täglich einige Zeit an Bord der *Fair Maid* verbracht. An diesem Morgen war das Geld bezahlt worden, und auf einmal gab es schlechterdings kein Schiff mehr, das er besteigen konnte, wenn er wollte, kein Schiff, das seine Anwesenheit erforderte, um die Arbeit zu tun - um zu leben. Es schien unglaublich - zu seltsam, um anzudauern. Und das Meer war voller Schiffe aller Art. Da lag diese Prau, so still in ihr Gewand aus zusammengehefteten Palmblättern gehüllt - auch sie hatte ihren unentbehrlichen Mann. Sie lebten einer durch den anderen, dieser Malaie, den er nie gesehen hatte, und dieses unbedeutende Ding mit dem hohen Heck, das nach einer langen Reise zu ruhen schien. Und von all den Schiffen, die nah und fern zu sehen waren, war jedes mit einem Mann besetzt, mit dem Mann, ohne den das schönste Schiff ein totes Ding ist, ein nutzloser schwimmender Klotz.
Nach diesem einen Blick zur Reede ging er weiter, da es nichts gab, wonach er sich hätte umwenden können, und da die Zeit irgendwie herumgebracht werden musste. Die Alleen mit den hohen Bäumen führten geradewegs über die Esplanade und schnitten sich in verschiedenen Winkeln - unten Säulenreihen und oben ein üppig wucherndes Gewölbe. Die verschlungenen Zweige der hohen Bäume schienen zu schlummern, nicht ein Blatt bewegte sich; und die schilfrohrähnlichen gusseisernen Laternenpfähle in der Mitte der Straße, golden wie Zepter, wurden in der langen Perspektive immer kleiner und erinnerten mit ihren weißen Porzellanglocken an eine barbarische Dekoration aus reihenweise aufgestellten Straußeneiern. Der flammende Himmel entzündete

auf der Oberfläche jeder Glocke einen winzigen karmesinroten Diamanten.

Das Kinn ein wenig gesenkt, die Hände auf dem Rücken, überlegte Kapitän Whalley, während das Stockende eine leichte Wellenlinie in den Kies hinter ihm furchte, dass, wenn ein Schiff ohne Mann wie ein Körper ohne Seele war, ein Seemann ohne Schiff nicht mehr Bedeutung in dieser Welt hatte als ein Stück Holz, das ziellos auf See treibt. Der Klotz selbst kann gut erhalten sein, zähfasrig und schwer zu zerstören – aber was half das schon! Und ein plötzliches Gefühl unabänderlicher Nutzlosigkeit ließ wie eine große Erschöpfung seine Füße schwer werden.

Eine Reihe offener Kutschen kam die kürzlich freigegebene Uferstraße entlanggerollt. Man konnte über die weiten Rasenflächen hinweg die flirrenden Scheiben der Speichen sehen. Die hellen Kuppeln der Sonnenschirme schwankten leicht nach außen wie voll erblühte Blumen über den Rand einer Vase, und die ruhige Fläche des dunkelblauen Wassers, von einem purpurnen Streifen durchkreuzt, bildete den Hintergrund für die wirbelnden Räder und die raschen Bewegungen der Pferde, während die turbanbedeckten Köpfe der indischen Diener ein Stück über der Linie des Seehorizonts auf dem helleren Blau des Himmels rasch vorbeiglitten. Auf einem offnen Platz nahe der kleinen Brücke trabte jedes Gefährt munter in einer weiten Kurve vom Sonnenuntergang fort, wurde dann scharf zurückgehalten und bog in einer langen, langsam fahrenden Reihe, die große rote Stille des Himmels hinter sich, in die Hauptallee ein. Die Stämme der mächtigen Bäume waren alle auf derselben Seite mit Rot übergossen, die Luft unter dem hohen Laubwerk schien in Flammen zu stehen; sogar der Boden unter den Pferdehufen war rot. Die Räder drehten sich feierlich; einer nach dem anderen sanken die Sonnenschirme herab und falteten ihre Farben zusammen, so wie prächtige Blumen am Abend ihre Blüten schließen. In der eine halbe Meile langen Reihe von menschlichen Wesen äußerte keine Stimme ein deutliches Wort, nur ein schwaches, dumpfes Summen war zu hören, vermischt mit leise klirrenden Geräuschen, und die reglosen Köpfe und Schultern der Männer und Frauen, die paarweise zusammensaßen, tauchten gleichmütig über den heruntergeschlagenen Verdecken auf – als wären sie aus Holz. Ein Zweispänner aber, der später kam, schloss sich der Reihe nicht an.

In geräuschloser Fahrt flog er dahin. Als er jedoch in die Allee einbog, schnaubte einer der Dunkelbraunen, wölbte den Hals und scheute gegen die stahlbeschlagene Deichsel. Eine Schaumflocke fiel von der Trense auf die seidige Schulter, und auf einmal beugte sich das dunkle Gesicht des Kutschers über die Hände, die die Zügel fester packten. Es war ein dunkelgrüner langer Landauer, der sich zwischen den scharf geschweiften C-Federn würdevoll und schwingend bewegte und in seiner äußersten Eleganz eine Art streng offizieller Hoheit besaß. Er schien geräumiger zu sein als üblich, seine Pferde wirkten ein wenig größer, die Ausrüstung um eine Kleinigkeit vollkommener, die Diener saßen etwas höher auf dem Bock. Die Kleider der drei Frauen – zwei jung und hübsch, die dritte ansehnlich, groß, in reifem Alter – schienen den niedrigen Innenraum der Kutsche vollständig auszufüllen. Das vierte Gesicht, mit schweren Lidern, vornehm und bleich, mit einem schwermütigen, vollen, eisengrauen Knebelbart und einem Schnurrbart, der wie ein Anhängsel wirkte, gehörte einem Mann. Seine Exzellenz ...

Die rasche Fahrt dieser einen Equipage ließ alle anderen unterlegen erscheinen, wie vernichtet und dazu verurteilt, mühsam im Schneckentempo zu kriechen. In gleichmäßigem Dahinstürmen überholte der Landauer die ganze Reihe; die Gesichter der Insassen wirbelten vorbei und hinterließen starre Blicke und teilnahmslose Leere. Und nachdem er sozusagen in voller Flucht verschwunden war, schien die ganze stattliche Allee, ungeachtet der langen Reihe von Fahrzeugen, die im Schritt dicht an der Bordkante dahinfuhren, offen und ohne Leben in erhabener Einsamkeit dazuliegen.

Kapitän Whalley hatte den Kopf gehoben, um hinzuschauen, und sein Verstand, in seinen Betrachtungen gestört, wandte sich verwundert (wie es Menschenverstand tut) belanglosen Dingen zu. Ihm fiel ein, dass er in diesen Hafen, wo er soeben sein letztes Schiff verkauft hatte, mit dem allerersten eingelaufen war, das er je besessen hatte, im Kopf einen Plan für die Eröffnung einer neuen Handelsverbindung mit einem entlegenen Teil des Archipels. Der damalige Gouverneur hatte ihm sehr viel Unterstützung gewährt: Er war keine Exzellenz – dieser Mr. Denham –, dieser Gouverneur ohne Rock; ein Mann, der sozusagen Tag und Nacht den wachsenden Wohlstand der Niederlassung im Auge hatte – mit der selbstvergessenen Aufopferung einer Kinderfrau für das Kind, das sie liebt; ein einsamer Junggeselle, der mit den wenigen Dienern und seinen drei Hunden wie in einem Camp in dem Haus lebte, das man damals den Regierungsbungalow nannte: ein Gebäude mit niedrigem Dach auf dem halb gerodeten Abhang eines Hügels, mit einem neuen Fahnenmast davor und einem Polizisten als Ordonanz auf der Veranda. Er erinnerte sich daran, wie er sich unter einer sengenden Sonne diesen Hügel zu einer Audienz hinaufschleppte; er erinnerte sich an das kahle Aussehen des kühlen, schattigen Raums, an den langen Tisch, der an einem Ende mit Stößen von Papier bedeckt war und auf dessen anderem zwei Gewehre, ein Messingfernrohr und eine kleine Ölflasche mit einer Feder im Hals zu sehen waren – und er erinnerte sich der schmeichelhaften Aufmerksamkeit, die ihm der mächtige Mann schenkte. Es war ein riskantes Unternehmen, das zu erklären er gekommen war, aber ein zwanzigminütiges Gespräch im Regierungsbungalow auf dem Hügel ließ es von Anfang an glatt gehen. Und als er sich zurückzog, hatte ihm Mr. Denham, schon hinter den Papieren sitzend, nachgerufen: »Nächsten Monat geht die *Dido* dorthin auf Kreuzfahrt. Ich werde ihren Kapitän offiziell auffordern, Ihnen einen Besuch zu machen, um zu sehen, wie Sie vorankommen.« Die *Dido* war eine der schnellen Fregatten der China-Station – und fünfunddreißig Jahre sind eine lange Zeit. Vor fünfunddreißig Jahren hatte ein Unternehmen wie dieses immerhin so viel Bedeutung für die Kolonie, dass sich ein Schiff der Königin darum kümmerte. Eine lange Zeit. Damals galt der Einzelne etwas. Männer wie er selbst, auch Männer wie der arme Evans zum Beispiel, mit seinem roten Gesicht, dem kohlschwarzen Backenbart und den rastlosen Augen, der in einer einsamen kleinen Bucht, drei Meilen die Küste hinauf, am Waldrand die erste Patent-Helling zur Reparatur kleiner Schiffe errichtet hatte. Mr. Denham hatte auch dieses Unternehmen gefördert, und doch endete der arme Evans irgendwie, indem er verdammt ärmlich zu Hause starb. Sein Sohn, hieß es, presste auf irgendeinem gottverlassenen Inselchen im Indischen Ozean Öl aus Kokosnüssen, um sein Auskommen zu haben. Aber aus dieser Patent-Helling in einer einsamen bewaldeten Bucht waren die Werkhallen der Consolidated Docks Company hervorgegangen, mit ihren drei Trockendocks, die aus dem soliden Fels herausgemeißelt waren, mit ihren Kais, ihren Piers, ihrer Stromerzeugungsanlage, ihren Kesselhäusern – mit ihrem gigantischen Mastenkran, der die schwerste Last heben konnte, die jemals verschifft worden war, und dessen oberer Teil wie die Spitze eines sonderbaren weißen Denkmals anzusehen war, das über die buschigen Landspitzen und sandigen Vorgebirge lugte, wenn man sich dem Neuen Hafen von Westen her näherte.

Es war eine Zeit gewesen, als Männer noch etwas zählten; damals gab es nicht so viele Kutschen in der Kolonie, obgleich Mr. Denham, so meinte er, einen Einspänner besaß. Und Kapitän Whalley schien durch den Strudel seiner wie eine Welle zurückflutenden Gedanken aus der großen Allee hinausgespült zu werden. Er erinnerte sich an schlammige Ufer, an einen Hafen ohne Kais, an die einzige hölzerne Pier (ein öffentlicher Bau), die krumm war, an die ersten Kohlenschuppen auf Monkey Point, die auf rätselhafte Weise Feuer fingen und tagelang qualmten, sodass verwunderte Schiffe auf eine Reede voll Schwefeldunst kamen und die Sonne mittags blutrot war. Er erinnerte sich an Dinge, an Gesichter und außerdem an etwas, das wie der leichte Duft eines bis zum Grund geleerten Bechers war, wie ein feines Funkeln in der Luft, das in der Atmosphäre von heute nicht zu finden war.

In dieser Beschwörung, die rasch wie ein Magnesiumblitz den Nischen einer dunklen Gedächtnishalle alle Einzelheiten entriss, sann Kapitän Whalley über Dinge nach, die einst bedeutsam waren – die Anstrengungen kleiner Leute, das Anwachsen eines großen Ortes –, die aber jetzt durch die Größe des Vollbrachten, durch noch größere Hoffnungen aller Bedeutung beraubt waren, und für einen Augenblick gaben sie ihm solch eine fast physische Gewalt über die Zeit, solch ein Verständnis für unsere unwandelbaren Gefühle, dass er plötzlich anhielt, mit seinem Stock auf den Boden schlug und innerlich ausrief: ›Was, zum Teufel, tue ich hier!‹ Er schien in eine Art Überraschung versunken zu sein; aber er hörte, wie eine keuchende Stimme seinen Namen rief, einmal, zweimal – und langsam drehte er sich auf dem Absatz herum.

Da erblickte er einen Mann von altmodischem und gichtbrüchigem Aussehen, der selbstherrlich auf ihn zuwatschelte, mit Haaren, die so weiß wie seine eigenen waren, aber mit rasierten blühenden Wangen, der eine Halsbinde – fast ein Halstuch – trug, deren steife Enden weit unter seinem Kinn abstanden. Mit seinen rundlichen Beinen, rundlichen Armen, einem rundlichen Leib und einem rundlichen Gesicht machte er im allgemeinen den Eindruck, als sei seine kurze Gestalt mit einer Luftpumpe so weit aufgeblasen worden, wie es die Nähte seiner Kleidung gestatteten: Das war der Hafenkapitän. Ein Hafenkapitän ist eine Art höherer Hafenmeister, eine Person, die draußen im Osten ein gewisses Ansehen in ihrem Bereich genießt; ein Regierungsbeamter, ein Friedensrichter für die Hafengewässer, mit umfassender, aber ungenau abgegrenzter Disziplinargewalt über die Seeleute aller Grade. Von diesem Hafenkapitän hier wurde erzählt dass er seine Stellung für jämmerlich unzulänglich hielt, weil sie nicht die Macht über Leben und Tod einschloss. Das war eine scherzhafte Übertreibung. Kapitän Eliott war mit seiner Stellung vollkommen zufrieden und hielt seine Macht durchaus nicht für unbeträchtlich. Seine selbstgefällige, tyrannische Art erlaubte ihm nicht, diese Macht aus Mangel an Gebrauch unter den Fingern zerrinnen zu lassen. Die lärmende, cholerische Offenheit seiner Bemerkungen über Charakter und Verhalten der Leute bewirkte, dass er im Grunde gefürchtet war. Obgleich viele in der Unterhaltung vorgaben, sich nicht im Geringsten um ihn zu kümmern, lächelten andere bei der Erwähnung seines Namens nur säuerlich, und es gab sogar einige, die es wagten, ihn als ›lästigen alten Grobian‹ zu bezeichnen. Aber einen der Ausbrüche Kapitän Eliotts zu erleben war für fast jeden beinahe ebenso schrecklich wie die Aussicht auf völlige Vernichtung.

5

Als er nahe genug war, sagte er mit einem affektierten Knurren: »Was höre ich, Whalley? Ist das wahr, Sie verkaufen die *Fair Maid*?«
Kapitän Whalley blickte zur Seite und sagte, dass die Sache erledigt sei – das Geld sei heute Morgen bezahlt worden; und sogleich drückte der andere seine Zustimmung zu solch höchst vernünftigem Tun aus. Er sei aus der Kutsche gestiegen, erklärte er, um sich auf dem Heimweg zum Abendessen die Beine zu vertreten. Sir Frederick sehe zu Ende seiner Amtszeit gut aus, nicht wahr?
Kapitän Whalley konnte nichts dazu sagen, er hatte nur die vorbeifahrende Kutsche bemerkt.
Leicht hinkend, die Hände tief in den Taschen eines Alpakajacketts vergraben, das für einen Mann seines Alters und seiner Erscheinung unpassend kurz und eng war, stolzierte der Hafenkapitän dahin, und sein Kopf reichte nur bis zur Schulter von Kapitän Whalley, der gemächlich weiterging, den Blick geradeaus gerichtet. Sie waren vor Jahren gute Kameraden gewesen, Vertraute fast. Zu der Zeit, als Whalley die berühmte *Condor* kommandierte, führte Eliott die fast ebenso bekannte *Ringdove*; und als die Stellung des Hafenkapitäns geschaffen wurde, wäre Whalley der einzige andere ernsthafte Kandidat gewesen. Aber Kapitän Whalley, damals in seinen besten Jahren, war entschlossen, niemandem zu dienen außer seinem eigenen Glück. Dort in der Ferne, so er seine Eisen im Feuer hatte, freute er sich, als er hörte, dass der andere erfolgreich gewesen war. Der schroffe Ned Eliott hatte eine seinem Vorteil sehr dienliche Geschmeidigkeit, die ihm in dieser Art offiziellem Amt zugute kam. Und sie waren im Grunde so verschieden, dass es Whal-

ley, als sie langsam ans Ende der Allee vor die Kathedrale kamen, gar nicht eingefallen war, dass er an der Stelle dieses Mannes sein könnte – versorgt bis ans Ende seiner Tage.

Der ehrwürdige Bau, der in feierlicher Einsamkeit zwischen den zusammenlaufenden Alleen mit riesigen Bäumen stand, so als sollte er in die Stunden des Müßiggangs ernste Gedanken an den Himmel bringen, bot dem Licht und der Pracht des Westens ein geschlossenes gotisches Portal dar. Das Glas der Rosette über dem Spitzbogenfenster leuchtete zwischen den tief liegenden Ornamenten eines steinernen Rades wie glühende Kohle. Die beiden Männer wandten sich um.

»Ich will Ihnen sagen, was sie als Nächstes tun sollten, Whalley«, knurrte Kapitän Eliott plötzlich.

»Nun?«

»Sie sollten uns, wenn Sir Fredericks Zeit um ist, einen echten Lord herschicken. Nicht?«

Kapitän Whalley sah nicht ein, warum ein echter Lord nicht genauso gut sein sollte wie jeder andere. Aber das war nicht Eliotts Standpunkt.

»Nein, ncin. In der Stadt läuft alles von selbst. Jetzt kann uns nichts mehr aufhalten. Für einen Lord gerade richtig«, knurrte er in kurzen Sätzen. »Sehen Sie sich die Veränderungen in unserer Zeit an. Wir brauchen jetzt einen Lord hier. In Bombay haben sie einen Lord.«

Ein- oder zweimal im Jahr diniere er im Regierungssitz – einem vierfenstrigen, mit Arkaden versehenen Palast auf einem Hügel, zwischen Straßen und Gärten. Und neulich habe er einen Herzog in seiner Hafenkapitänsbarkasse herumgefahren, der den Hafenausbau besichtigen wollte. Vorher sei er ›zuvorkommenderweise‹ persönlich hinausgefahren, um für die herzogliche Jacht einen guten Liegeplatz ausfindig zu machen. Danach sei er zum Mittagessen an Bord geladen worden. Die Herzogin hätte selbst mit ihnen gespeist. Eine große Frau mit rotem Gesicht. Haut ganz von der Sonne verbrannt. Ruiniert, würde er meinen. Sehr freundliches Benehmen. Sie gingen nach Japan ...

Er stieß diese Einzelheiten zu Kapitän Whalleys Erbauung hervor, hielt inne, um, wie mit dem gewaltsam zurückgehaltenen Gefühl der Wichtigkeit, die Luft aus den Backen zu blasen, schob wiederholt die dicken Lippen vor, bis die plumpe hochrote Nasenspitze in den weißen Schnurrbart zu stippen schien. In der Stadt laufe alles von selbst, sie sei das Richtige für einen Lord; es gäbe keinen Ärger, außer im Seefahrtsamt – ›im Seefahrtsamt‹ wiederholte er zweimal und begann nach einem tiefen Schnaufen zu erzählen, wie dieser Tage Ihrer Majestät Generalkonsul in Französisch-Cochin-China ihm – in seiner amtlichen Eigenschaft – telegrafiert und darum ersucht habe, einen qualifizierten Mann hinüberzuschicken, der das Kommando auf einem Glasgower Schiff übernehmen könne, dessen Kapitän in Saigon gestorben war.

»Ich habe den Offizieren im Seemannsheim Bescheid gegeben«, fuhr er fort, während sich das Hinken mit der wachsenden Erregung seiner Stimme zu verstärken schien. »Die Stadt ist voll von ihnen. Zweimal so viel Männer, wie es Stellen hier gibt. Alle auf einen leichten Job aus. Zweimal so viel ... und ... Was glauben Sie, Whalley ... ?«

Er blieb plötzlich stehen. Seine Hände, geballt und tief hinuntergestoßen, schienen die Taschen seines Jacketts sprengen zu wollen. Kapitän Whalley entfuhr ein leichter Seufzer.

»Na? Man sollte meinen, die würden übereinander herfallen. Nichts dergleichen. Haben Angst, nach Hause zu gehen. Nett und warm hier draußen, da kann man auf einer Veranda herumliegen und auf einen Job warten.

Ich sitze und warte in meinem Büro. Keiner. Was haben die sich gedacht? Dass ich da wie eine Puppe sitze, mit dem Telegramm des Generalkonsuls vor mir? Wohl kaum. Also bin ich eine Liste von ihnen durchgegangen, die ich bei mir aufbewahre, und habe nach Hamilton geschickt – dem übelsten Herumtreiber von allen – und hab ihn eben gezwungen zu gehen. Hab gedroht, den Steward vom Seemannsheim anzuweisen, ihn mit Sack und Pack hinauszuwerfen. Er hat gemeint, der Posten sei nicht gut genug – ich bitte Sie. ›Ich habe ein paar Aufzeichnungen über Sie‹, hab ich gesagt. ›Sie sind vor achtzehn Monaten hier an Land gegangen, und Sie haben seitdem keine sechs Monate gearbeitet. Sie schulden jetzt dem Heim Ihr Kostgeld, und ich vermute, Sie rechnen damit, dass schließlich das Seefahrtsamt bezahlen wird. Was? Das wird es auch, aber wenn Sie diese Gelegenheit nicht wahrnehmen, dann arbeiten Sie sich auf dem ersten Dampfer, der abgeht, nach England hinüber. Sie sind nichts anderes als ein Almosenempfänger. Wir wollen keine weißen Almosenempfänger hier.‹ Ich habe ihm einen Schreck eingejagt. Aber da sehen Sie den Ärger, den ich mit so etwas habe.«
»Sie hätten keinen Ärger gehabt«, sagte Kapitän Whalley fast unwillkürlich, »wenn Sie nach mir geschickt hätten.«
Kapitän Eliott war ungeheuer amüsiert; im Weitergehen schüttelte er sich vor Lachen. Aber plötzlich hielt er inne. Eine vage Erinnerung schoss ihm durch den Kopf. Hatte er nicht während des Travancoreund-Deccan-Bankrotts sagen hören, der arme Whalley sei völlig ruiniert? ›Beim Himmel, der Bursche ist in Verlegenheit!‹, dachte er und warf seinem Begleiter einen Seitenblick zu. Aber Kapitän Whalley lächelte herb vor sich hin, mit einer Kopfhaltung, die bei einem armen Mann unvorstellbar war, und Eliott beruhigte sich wieder. ›Unmöglich. Er konnte nicht alles verloren haben. Dieses Schiff

war nur ein Steckenpferd von ihm gewesen.‹ Und die Überlegung, dass ein Mann, der zugegeben hatte, heute Morgen erst eine wahrscheinlich große Geldsumme erhalten zu haben, ihn wohl kaum mit der Bitte um eine kleine Anleihe überfallen würde, gab ihm seine Ruhe zurück. In ihrer Unterhaltung war jedoch eine lange Pause eingetreten, und da er nicht wusste, wie er wieder anfangen sollte, knurrte er schlicht: »Wir alten Burschen sollten uns jetzt ausruhen.«

»Für einige von uns wäre es das Beste, am Riemen zu sterben«, sagte Kapitän Whalley gleichgültig.

»Ach was. Sind Sie nicht inzwischen das ganze Theater ein bisschen leid?«, murmelte der andere verdrießlich.

»Sind Sie es?«

Kapitän Eliott war es. Höllisch leid. Er klammere sich nur deshalb so lange an seinen Posten, um die Pension möglichst hochzutreiben, ehe er nach Hause fahre. Trotzdem erwarte ihn kaum etwas anderes als Ärmlichkeit; und doch sei die Pension das Einzige, was ihn vor dem Armenhaus bewahre. Und er habe Familie. Drei Mädchen, wie Whalley wisse. Er gab ›Harry, dem alten Jungen‹, zu verstehen, die drei Mädchen seien die Quelle größter Besorgnis und Unruhe für ihn. Genug, um einen Mann verrückt zu machen.

»Warum? Was haben sie denn getan?«, fragte Kapitän Whalley in einer Art amüsierter Zerstreutheit.

»Getan! Nichts tun sie! Das ist es ja. Tennis und alberne Romane von früh bis abends …«

Wenn wenigstens eine von ihnen ein Junge wäre! Aber alle drei! Und wie es das Unglück wolle, scheine es keine anständigen jungen Burschen mehr auf der Welt zu geben. Wenn er sich im Klub umschaue, sähe er nur einen Haufen eingebildeter Windhunde, die zu egoistisch seien, um daran zu denken, eine gute Frau glücklich zu machen. Absolute Armut drohe ihm, wenn er das ganze Volk im

Hause behalten müsse. Er habe mit dem Gedanken geliebäugelt, sich ein kleines Haus auf dem Lande zu bauen – in Surrey –, um seine Tage darin zu beenden, aber er fürchte, das komme nicht mehr in Frage, und seine stieren Augen rollten mit solch pathetischer Besorgnis hin und her, dass Kapitän Whalley nachsichtig zu ihm hinunternickte und den quälenden Wunsch unterdrückte zu lachen.

»Sie müssen doch selber wissen, wie das ist, Harry. Mädchen machen verteufelt viel Unruhe und Sorgen.«

»Ja! Aber meins nicht«, erklärte Kapitän Whalley langsam und starrte zum Ende der Allee.

Der Hafenkapitän war froh, das zu hören. Ungewöhnlich froh. Er erinnere sich gut an sie. Ein hübsches Mädchen.

Gedankenvoll ausschreitend, stimmte Kapitän Whalley wie im Traum zu: »Sie war hübsch.«

Der Zug der Kutschen löste sich auf. Eine nach der anderen verließ die Reihe, um im Trab davonzufahren, Lärm und Bewegung erfüllten die weite Allee mit Leben. Aber bald war die erhabene Einsamkeit wiederhergestellt und ergriff von der geraden, breiten Straße Besitz. Ein Pferdeknecht in Weiß stand neben dem Kopf eines Burma-Ponys, das vor einen lackierten zweirädrigen Wagen gespannt war; das ganze Ding, das an der Bordkante wartete, schien nicht größer als ein Kinderspielzeug zu sein, das unter den hochragenden Bäumen vergessen worden war. Kapitän Eliott watschelte hin und machte Anstalten hineinzuklettern, unterließ es dann aber. Und während er die eine Hand leicht auf der Deichsel ruhen ließ, lenkte er das Gespräch von seiner Pension, seinen Töchtern und seiner Armut wieder auf das einzige andere Thema in der Welt – das Seefahrtsamt, die Männer und die Schiffe im Hafen.

Er fuhr fort, Beispiele dafür zu nennen, was von ihm erwartet wurde, und seine undeutliche Stimme tönte in der Stille so einschläfernd wie das hartnäckige Brummen einer riesigen Hummel. Kapitän Whalley wusste nicht, welche Kraft oder Schwäche ihn davon abhielt, gute Nacht zu sagen und wegzugehen. Es war, als sei er zu müde, um diese Anstrengung auf sich zu nehmen. Wie sonderbar. Sonderbarer als irgendeins von Neds Beispielen. Oder war es allein das überwältigende Gefühl der Untätigkeit, das ihn da stehen und diesen Geschichten zuhören ließ? Ned Eliott hatte nie wirkliche Sorgen gehabt, und nach und nach schien Whalley tief drinnen, gleichsam eingehüllt in das grobe, schnaufende Dröhnen, etwas von der klaren, herzlichen Stimme des jungen Kapitäns der *Ringdove* zu entdecken. Er hätte gern gewusst, ob auch er sich so verändert hatte, und dann schien es ihm, dass sich die Stimme seines alten Kameraden gar nicht so sehr verändert hatte – dass der Mann derselbe war. Kein übler Bursche, der vergnügte, frische Ned Eliott, freundlich, gut beschlagen in seinem Beruf – und immer ein bisschen ein Aufschneider. Er erinnerte sich, wie sich seine arme Frau über Ned zu amüsieren pflegte. Sie konnte in ihm lesen wie in einem offenen Buch. Wenn die *Condor* und die *Ringdove* zufällig zusammen im Hafen lagen, bat sie ihn häufig, Kapitän Eliott zum Abendbrot mitzubringen. Seit jenen alten Zeiten hatten sie sich nicht oft getroffen. In fünf Jahren vielleicht nicht einmal. Unter seinen weißen Augenbrauen hervor betrachtete er den Mann, den ins Vertrauen zu ziehen er in diesem kritischen Augenblick nicht über sich bringen konnte. Und der andere fuhr in seinen vertraulichen Ergüssen fort, und zwar so, als sei er von seinem Hörer weit entfernt, als spreche er von einer Bergspitze herunter, eine Meile weit weg.

Er sei jetzt wegen des Dampfers *Sofala* ein wenig in Verlegenheit. Letztlich müsse er jede Schwierigkeit im Hafen beheben. Man würde ihn vermissen, wenn er in achtzehn Monaten fort sei und höchstwahrscheinlich irgendein pensionierter Offizier der Marine auf diesen Posten geschoben worden wäre – ein Mann, der nichts verstehen und sich noch weniger kümmern würde. Dieser Dampfer, ein Küstenfahrzeug, habe eine feste Handelsroute, die im Norden bis Tenasserim führe; aber der Ärger sei, dass das Schiff keinen Kapitän für seine regelmäßige Tour bekommen könne. Niemand wolle auf ihm fahren. In Wirklichkeit stehe es natürlich nicht in seiner Macht, jemandem zu befehlen, eine Stellung anzunehmen. Auf Ansuchen eines Generalkonsuls hin könne man schon einmal etwas tun, aber…

»Was ist mit dem Schiff?«, unterbrach ihn Kapitän Whalley gemessenen Tones.

»Nichts. Gut erhaltener alter Dampfer. Der Eigner ist heute Nachmittag bei mir im Büro gewesen und hat sich die Haare gerauft.«

»Ist er Weißer?«, fragte Kapitän Whalley interessiert.

»Er nennt sich Weißer«, antwortete der Hafenkapitän verächtlich, »aber wenn er's ist, dann nur äußerlich. Ich habe ihm das auch ins Gesicht gesagt.«

»Aber wer ist er dann?«

»Er ist der Erste Maschinist. Verstehen Sie das, Harry?«

»Ich verstehe«, sagte Kapitän Whalley nachdenklich. »Der Maschinist. Ich verstehe.«

Wie der Bursche dazu kam, gleichzeitig Schiffseigner zu sein, sei eine ganze Geschichte. Vor fünfzehn Jahren sei er als Dritter Maschinist auf einem englischen Schiff hergekommen, erinnerte sich Kapitän Eliott, und sei, nach einem üblen Streit sowohl mit seinem Kapitän als auch mit seinem Ersten Maschinisten, abgemustert worden. Jedenfalls schienen sie sehr froh zu sein, ihn um jeden Preis loszuwerden. Offenbar ein rebellischer Bursche. Nun, er sei hier draußen geblieben, eine ausgemachte Plage, immer wieder angeheuert und abgemustert, unfä-

hig, eine Stellung lange zu behalten. Er sei beinahe durch jeden schwimmenden Maschinenraum gegangen, der zur Kolonie gehöre. Dann plötzlich … »Was glauben Sie, was passierte, Harry?«
Kapitän Whalley, der geistig davon beansprucht zu sein schien, eine Kopfrechenaufgabe zu lösen, schrak leicht zusammen. Er konnte es sich wirklich nicht vorstellen. Vor heiserer Emphase bebte die Stimme des Hafenkapitäns dumpf. Der Mann habe tatsächlich das Glück gehabt, in der Manila-Lotterie den zweiten Preis zu gewinnen. All diese Maschinisten und Offiziere auf den Schiffen kauften Lose. Es scheine eine richtige Manie bei ihnen zu sein.
Jedermann habe nun erwartet, dass er sich mit seinem Geld nach Hause scheren und auf seine Art zum Teufel gehen würde. Keineswegs. Die *Sofala*, die für ihren Linienverkehr als zu klein und als nicht modern genug galt, sei von ihren Eignern, die einen neuen Dampfer in Europa bestellt hatten, für einen mäßigen Preis zu haben gewesen. Er sei hingestürzt und habe sie gekauft. Dieser Mann habe nie irgendein Anzeichen von jenem geistigen Rausch gezeigt, den die bloße Tatsache erzeugen kann, dass man eine große Summe Geld besitzt – nie, bis er sein eigenes Schiff hatte. Dann aber habe er mit einem Mal sein Gleichgewicht verloren: Prahlerisch sei er wegen irgendeiner Geschäftsübertragung ins Seefahrtsamt gekommen, den Hut über dem linken Auge und in der Hand ein kleines Stöckchen schwingend, und habe jedem Schreiber einzeln erzählt, ›jetzt könne ihn niemand mehr abschieben. Das sei seine Gelegenheit. Auf Erden gebe es keinen mehr über ihm und werde es auch keinen mehr geben.‹ Er habe geprahlt und sei zwischen den Schreibtischen herumstolziert, die ganze Zeit über aus voller Kehle redend und wie Espenlaub zitternd, sodass das laufende Geschäft im Büro unterbro-

chen worden sei und jeder in dem großen Raum seinen Possen mit offnem Mund zugesehen habe. Danach konnte man ihn während der heißesten Tagesstunden mit feuerrotem Gesicht auf den Kais hin und her eilen sehen, um sein Schiff aus den verschiedensten Blickwinkeln zu betrachten. Er schien geneigt, jeden Fremden, auf den er stieß, anzuhalten, um ihn wissen zu lassen, ›dass es keinen mehr über ihm gebe; er habe ein Schiff gekauft; niemand auf Erden könne ihn nun aus seinem Maschinenraum verdrängen‹.
Obgleich es ein günstiger Kauf gewesen sei, habe der Preis der *Sofala* fast den ganzen Lotteriegewinn verschlungen. Er habe kein Kapital übrig behalten, um damit zu arbeiten. Das sei nicht weiter schlimm gewesen, denn damals waren noch die ruhigen Tage der Küstenschifffahrt, ehe einige englische Reedereien daran dachten, örtliche Zubringerflotten für ihre Hauptlinien zu gründen. Als diese erst einmal eingerichtet waren, hätten sie natürlich die größten Stücke aus dem Kuchen geschnitten; und nach und nach sei östlich vom Suezkanal ein Haufen von diesen verdammten deutschen Trampschiffen aufgetaucht und habe die Krümel zusammengefegt. Für billiges Geld streiften sie die Küste auf und ab und zwischen den Inseln herum wie ein Haufen Haie im Wasser, bereit, alles aufzuschnappen, was man fallen lässt. Und dann seien die guten alten Zeiten für immer dahin gewesen; jahrelang habe die *Sofala*, wie er meine, nicht mehr als ein annehmbares Auskommen erwirtschaftet. Kapitän Eliott sehe es als seine Pflicht an, ein englisches Schiff auf jede Weise zu unterstützen, damit es sich behaupten könne, und es verstehe sich von selbst, dass die *Sofala* sehr bald ihre Route verlieren würde, wenn sie in Ermanglung eines Kapitäns ihre Fahrten nicht mehr machen könne. Das sei die Lage. Der Mann sei zu wenig lenkbar. »Von Anfang an zu sehr Bettler zu Pferde«, erklärte er. »Je mehr

Zeit verging, umso schlimmer schien es zu werden. In den letzten drei Jahren hat er elf Kapitäne gehabt; er hat es mit jedem einzelnen Mann hier außerhalb der regulären Linien versucht. Ich hatte ihn vorher gewarnt, dass das nicht gut gehen würde. Und jetzt will natürlich keiner auf die *Sofala*. Ich habe ein oder zwei Männer in mein Büro kommen lassen und mit ihnen gesprochen. ›Was nützt es‹, sagten sie, ›den Posten anzunehmen und einen Monat lang ein regelrechtes Hundeleben zu führen, wenn man dann am Ende der ersten Reise den Laufpass bekommt?‹ Natürlich hat mir der Bursche erzählt, das sei alles Unsinn; seit Jahren sei eine Verschwörung gegen ihn im Gange. Und nun sei sie ausgebrochen. Alle diese verdammten Seeleute im Hafen hätten sich verabredet, ihn auf die Knie zu zwingen, weil er Maschinist sei.« Kapitän Eliott stieß ein kehliges Glucksen aus.
»Und es ist Tatsache, wenn er noch ein paar Reisen versäumt, dann braucht er sich keine Sorgen mehr zu machen, wie er wieder anfangen kann. Er würde auf seiner alten Route keine Fracht mehr finden. Es gibt heutzutage zu viel Konkurrenz, als dass die Leute mit ihrem Kram auf ein Schiff warten, das nicht kommt, wenn es erwartet wird. Schlechte Aussicht für ihn. Er schwört, er wolle sich an Bord einschließen und eher in seiner Kammer vor Hunger sterben als das Schiff verkaufen – selbst wenn er einen Käufer finden könne. Und das ist kaum wahrscheinlich. Nicht einmal die Japaner würden dafür den Versicherungswert geben. Das ist nicht so wie beim Verkauf von Segelschiffen. Dampfer *veralten*, abgesehen davon, dass sie alt werden.«
»Er muss trotzdem ein gutes Stück Geld beiseite gelegt haben«, bemerkte Kapitän Whalley ruhig.
Der Hafenmeister blies seine purpurroten Wangen zu erstaunlichem Umfang auf. »Keinen Pfifferling, Harry. Keinen – einzigen – Pfiffer – ling.«

Er wartete, aber als sich Kapitän Whalley langsam den Bart strich und wortlos zu Boden sah, tippte er ihm auf den Arm, stellte sich auf die Zehenspitzen und sagte in heiserem Flüsterton: »Die Manila-Lotterie hat ihn aufgefressen.«

Er runzelte die Stirn ein wenig und nickte mehrmals bestätigend. Sie hätten alle daran Gefallen gefunden; ein Drittel der Heuer, die den Schiffsoffizieren gezahlt würde (»in meinem Hafen«, schnaubte er), gehe nach Manila. Es sei eine Manie. Dieser Bursche Massy sei wie die anderen von Anfang an darauf hereingefallen; aber nachdem er einmal gewonnen habe, scheine er sich eingeredet zu haben, er brauche es nur noch einmal zu versuchen, um erneut groß zu gewinnen. Er habe seitdem für jede Ziehung Lose über Lose genommen. Teils durch dieses Laster und teils durch seine Unkenntnis in geschäftlichen Dingen sei er, seit er leichtsinnigerweise diesen Dampfer gekauft habe, immer mehr oder weniger knapp bei Kasse gewesen.

Das gab nach Kapitän Eliotts Meinung einem gescheiten Seemann mit ein paar hundert Pfund hinter sich Gelegenheit, in die Sache einzusteigen und diesen Narren vor den Konsequenzen seiner Torheit zu bewahren. Es sei dessen Verrücktheit, sich mit seinen Kapitänen zu streiten. Er habe auch einige wirklich gute Leute gehabt, die nur zu gern geblieben wären, wenn er sie in Ruhe gelassen hätte. Aber nein. Er scheine zu glauben, er sei kein richtiger Eigner, wenn er nicht am Morgen jemanden hinauswerfe und am Abend mit dem Neuen einen Streit habe. Was er brauche, sei ein Kapitän mit ein paar hundert Pfund, der sich zu anständigen Bedingungen an dem Schiff beteilige. Man entlasse einen Mann nicht so ohne weiteres nur aus Spaß daran, dass man ihm sagen kann, er möge seine Siebensachen packen und sich an Land scheren, wenn man weiß, dass man in diesem Fall gezwungen ist, den Anteil zurückzukaufen. Andererseits werfe ein Bursche mit einem Anteil am Schiff seine Arbeit wahrscheinlich nicht wegen einer Kinderei hin. Er habe das Massy auch gesagt. Er habe gesagt: »›Das geht nicht gut, Mr. Massy. Wir hier im Seefahrtsamt haben es mit Ihnen satt. Sie sollten jetzt versuchen, ob Sie einen Seemann als Partner kriegen können. Das scheint der einzige Weg zu sein.‹ Und das war ein vernünftiger Rat, Harry.«

Kapitän Whalley, auf seinen Stock gestützt, stand unbeweglich; seine Hand strich den Bart nicht mehr – sie umkrampfte ihn. Und was habe der Bursche dazu gesagt?

Der Bursche habe die Frechheit besessen, über den Hafenkapitän wütend zu werden. Er habe sich den Rat auf höchst unverschämte Art angehört. »Ich bin nicht hierher gekommen, um mich auslachen zu lassen«, habe er gekreischt. »Ich appelliere an Sie als Engländer und Schiffseigner, der durch eine ungesetzliche Konspiration Ihrer lumpigen Seeleute an den Rand des Ruins gebracht wurde, und alles, wozu Sie sich herablassen, ist, mir zu sagen, dass ich gehen und einen Partner suchen soll!« ... Der Bursche habe es gewagt, im Privatbüro vor Wut auf den Boden zu stampfen. Wo er einen Partner finden solle? Ob er denn als Dummkopf angesehen werde? Nicht einer von diesem jämmerlichen Haufen hier im ›Heim‹ könne sich rühmen, auch nur zwei Pennys in der Tasche zu haben. Das wüssten selbst die Eingeborenenköter auf dem Basar ... »Und das ist nur zu wahr, Harry«, polterte Kapitän Eliott unzufrieden. »Viel eher sind sie samt und sonders den Chinesen in der Denham Road Geld für das Zeug schuldig, das sie am Leibe haben. ›Nun‹, habe ich gesagt, ›Sie machen für meinen Geschmack zu viel Lärm darum, Mr. Massy. Guten Morgen.‹ Er knallte die Tür hinter sich zu, er hat es gewagt, meine Tür zu knallen, verdammte Unverschämtheit!«

Der Leiter des Seefahrtsamtes war vor Entrüstung außer Atem. Dann fasste er sich wieder: »Ich werde noch zu spät zum Abendessen kommen, wenn ich hier mit Ihnen schwatze … Die Frau mag das nicht.«
Schwerfällig kletterte er in die Kutsche, lehnte sich seitlich heraus und wollte erst dann keuchend wissen, was in aller Welt Kapitän Whalley in der letzten Zeit gemacht habe. Sie hätten sich viele Jahre nicht gesehen, bis neulich, als er ihn unerwartet im Büro getroffen habe.
Was in aller Welt…
Kapitän Whalley schien in seinen weißen Bart zu lächeln.
»Die Welt ist groß«, sagte er vage.
Wie um diese Behauptung zu überprüfen, starrte der andere von seinem Kutschbock in die Runde. Die Esplanade war sehr still, nur von fern, von sehr fern, weit von der Küste her, über die Rasenflächen, durch die langen Reihen der Bäume hindurch, kam leise das Tut-tut-tut der Straßenbahn, die vor dem leeren Säulengang der öffentlichen Bibliothek ihre drei Meilen lange Fahrt zu den Docks des Neuen Hafens angetreten hatte.
»Es scheint gar nicht so viel Platz auf ihr zu sein«, knurrte der Hafenkapitän, »seit diese Deutschen hergekommen sind und uns mit jeder Runde weiter hinausdrängen. Zu unserer Zeit war das nicht so.«
Er versank in tiefes Nachdenken und atmete schnarchend, als mache er mit offenen Augen ein Nickerchen. Vielleicht hatte auch er bei der schweigenden, pilgerähnlichen Gestalt, die neben dem Rad stand wie ein aufgehaltener Wanderer, die verborgenen Gesichtszüge des jungen Kapitäns der *Condor* entdeckt. ›Guter Kerl, der Harry Whalley – nie sehr gesprächig. Man wusste nie, worauf er aus war – ein bisschen zu ungezwungen wichtigen Leuten gegenüber und geneigt, die Handlungsweise eines Burschen ungerecht zu beurteilen. Tatsache war, dass er von sich selbst eine zu gute Meinung hatte.‹

Er hätte ihm gern gesagt, er solle einsteigen und mit ihm nach Hause zum Abendessen fahren. Aber man wusste nie. Die Frau würde es nicht gern sehen.

»Und es ist komisch, zu denken, Harry«, fuhr er mit lautem, dumpfem Dröhnen fort, »dass von all den Leuten auf der Welt anscheinend nur Sie und ich übrig geblieben sind, die sich an diesen Teil der Welt, so wie er einmal war, erinnern ...«

Schon wollte er sich der Süße einer sentimentalen Stimmung hingeben, als ihm plötzlich auffiel, dass Kapitän Whalley, der ungerührt und ohne ein Wort dastand, etwas zu erwarten schien – vielleicht glaubte ... Sogleich ergriff er die Zügel und brach in ein derbes, herzliches Knurren aus ...

»Ha, mein Lieber! Die Männer, die wir gekannt haben – die Schiffe, die wir gesegelt haben – ach ja, und die Sachen, die wir gemacht haben ...«

Das Pony schlug aus, der Pferdeknecht sprang aus dem Weg. Kapitän Whalley hob den Arm.

»Auf Wiedersehen.«

6

Die Sonne war untergegangen. Und als er, nachdem er mit seinem Stock ein tiefes Loch in den Boden gebohrt hatte, weiterging, hatte die Nacht ihre Schattenarmee aufmarschieren lassen. Die Schatten füllten das östliche Ende der Allee, als warteten sie nur auf ein Signal zum gemeinsamen Vorrücken gegen die freien Räume der Welt; sie zogen sich unten zwischen den tiefen steinernen Ufern des Kanals zusammen. Die malaiische Prau, halb unter dem Brückenbogen verborgen, hatte ihre Lage nicht um einen Viertelzoll verändert. Lange starrte Kapitän Whalley über das Geländer nach unten, bis schließlich die schwimmende Unbeweglichkeit dieses verhüllten Dinges zu etwas Unerklärlichem und Alarmierendem anzuwachsen schien. Das Zwielicht wich aus dem Zenit, sein reflektierter Schimmer verließ die Welt, und das Wasser des Kanals schien zu Pech zu werden. Kapitän Whalley schritt darüber hin.

Die Querstraße nach rechts, die zu seinem Hotel führte, lag nur ein paar Schritte weiter. Er blieb wieder stehen (alle Häuser auf der Seeseite waren verschlossen, die Kais verlassen, bis auf ein oder zwei Eingeborene, die in der Ferne dahingingen) und begann, den Betrag seiner Hotelrechnung zu überschlagen. Soundso viele Tage im Hotel zu soundso viel Dollar pro Tag. Er benutzte die Finger, um die Tage zu zählen; eine Hand in die Tasche versenkend, klimperte er mit ein paar Silbermünzen. Genug für drei Tage noch, und dann musste er, wenn sich nichts anderes fand, die fünfhundert Pfund anreißen – Ivys Geld, das in ihren Vater investiert war. Ihm schien, dass ihm die erste Mahlzeit aus dieser Reserve den Hals zuschnüren würde – ganz bestimmt. Vernunft war zwecklos. Es war eine Sache des Gefühls. Seine Gefühle hatten ihn nie getrogen.

Er wandte sich nicht nach rechts. Er ging weiter, als ob es noch immer ein Schiff auf der Reede gebe, zu dem er sich am Abend hinrudern lassen könnte. Weit weg, jenseits der Häuser, auf dem Abhang eines indigoblauen Vorgebirges, das den Blick auf die Kais abschloss, stieg aus der schlanken Säule eines Fabrikschornsteins der Rauch ruhig und gerade in die klare Luft auf. Ein Chinese, der im Heck eines der Sampans kauerte, die in Höhe des Molenendes schwammen, erblickte eine winkende Hand. Er sprang auf, wand sich den Zopf rasch um den Kopf, krempelte mit zwei schnellen Bewegungen seine weite dunkle Hose bis zu den gelben Oberschenkeln auf und ließ mit der Leichtigkeit und Präzision eines schwimmenden Fischs den Sampan mit einer einzigen geräuschlosen, flossenartigen Bewegung der Riemen neben die Stufen gleiten.

»Sofala«, artikulierte Kapitän Whalley von oben herunter, und der Chinese, vermutlich ein neuer Einwanderer, starrte mit gespannter Aufmerksamkeit nach oben, als erwarte er, das wunderliche Wort sichtbar von den Lippen des Weißen fallen zu sehen. »Sofala«, wiederholte Kapitän Whalley. Und plötzlich sank ihm der Mut. Er zögerte. Die Ufer, die Inselchen, die Anhöhe, die niedrigen Landspitzen waren dunkel: Der Horizont hatte sich verdüstert; und über der östlichen Krümmung der Küste stand der weiße Obelisk, der den Endpunkt des Telegrafenkabels markierte, wie ein fahles Gespenst vor den zwischen Palmen dunkel hingebreiteten ungleichen Dächern der Eingeborenenstadt. Kapitän Whalley begann erneut: »Sofala. Verstehen, John? So-fa-la.«

Diesmal hatte der Chinese den bizarren Laut verstanden und grunzte tief hinten in seinem nackten Hals eine linkische Zustimmung. Mit dem ersten gelben Blinzeln eines Sterns, der wie der Kopf einer Stecknadel aussah, die tief in das glatte, fahle, schimmernde Gewebe des Himmels gebohrt ist, schien eine schneidende Kälte die warme Luft auf der Erde zu durchdringen. In dem Augenblick, in dem er in den Sampan stieg, um hinüberzufahren und sich um das Kommando der *Sofala* zu bemühen, erschauerte Kapitän Whalley leicht.

Als er bei seiner Rückkehr wieder am Kai anlegte, warf die Venus, die wie ein kostbarer Edelstein auf den Saum des Himmels gesetzt war, eine schwache goldene Spur auf die Reede hinter ihm, die so eben war wie ein Fußboden aus einer einzigen dunklen und polierten Steinplatte. Die hohen Gewölbe der Alleen waren schwarz, ganz und gar schwarz, und die Porzellankugeln auf den

Laternenpfählen ähnelten eiförmigen Perlen, riesig und leuchtend in einer Reihe aufgezogen, deren fernes Ende weit hinten bis auf Kniehöhe herabzusinken schien. Er legte die Hände auf den Rücken. Nun würde er in Ruhe erwägen, ob der Schritt klug sei, ehe er morgen das letzte Wort sprach. Laut knirschten seine Schritte auf dem Kies. Es wäre leichter abzuschätzen gewesen, wenn es eine brauchbare Alternative gegeben hätte. Die Redlichkeit war nicht zu bezweifeln: Er meinte es gut mit dem Burschen; und in gleichmäßigen Abständen sprang sein Schatten neben ihm lebhaft an den Baumstämmen hinauf, verlängerte sich schräg und undeutlich weit über das Gras – hielt mit ihm Schritt.

War es klug? Gab es denn eine Wahl? Er schien schon etwas von sich verloren zu haben, schien dem Hungergespenst etwas von seiner Wahrhaftigkeit und Würde ausgeliefert zu haben, nur um zu leben. Aber sein Leben war notwendig. Mochte es die Armut so schlimm wie möglich treiben, wenn sie ihm ihren Tribut an Demütigung abpresste. Es war sicher, dass ihm Ned Eliott, ohne es zu wissen, einen Dienst erwiesen hatte, um den zu bitten unmöglich gewesen wäre. Er hoffte, Ned würde nicht glauben, dass an seiner Handlungsweise irgendetwas Hinterhältiges sei. Er vermutete, dass er ihn jetzt, wenn er davon hörte, verstehen würde – oder Whalley vielleicht nur für einen exzentrischen alten Narren hielte. Was hätte es genutzt, ihm etwas zu erzählen? Ebenso wenig, als wenn er diesem Mann Massy gegenüber die ganze Geschichte ausgeplaudert hätte. Fünfhundert Pfund sofort zu investieren. Mochte er alle möglichen Vorteile davon haben. Mochte er sich wundern.

›Sie brauchen einen Kapitän – ich brauche ein Schiff.‹ Das ist genug. B-r-r-r. Was für einen unangenehmen Eindruck dieser leere, dunkle, hallende Dampfer auf ihn gemacht hatte …

Ein aufgelegter Dampfer war ohne Zweifel ein totes Ding. Ein Segelschiff schien immer irgendwie bereit zu sein, unter dem Atemhauch des unvergänglichen Himmels zum Leben zu erwachen. ›Aber ein Dampfer‹, dachte Kapitän Whalley, ›mit gelöschten Feuern, ohne die warmen Luftstöße von unten, die einen auf den Decks treffen, ohne das Zischen des Dampfes, das Getöse des Eisens in seinem Inneren – der liegt so kalt und still und ohne Pulsschlag da wie eine Leiche.‹
In der Einsamkeit der Allee, die oben ganz schwarz und unten erleuchtet war, überfiel Kapitän Whalley – als er die Klugheit seines Schritts erwog – wie zufällig der Gedanke an den Tod. Mit Missvergnügen und Verachtung schob er ihn beiseite. Fast lachte er darüber, und in der unbeugsamen Vitalität seines Alters dachte er beinahe mit einer Art Triumph daran, wie wenig er brauchte, um Leib und Seele zusammenzuhalten. Keine schlechte Investition für die arme Frau, dieser solide Kadaver ihres Vaters. Und im Übrigen sollte – für alle Fälle – die Vereinbarung klar sein: Die ganzen fünfhundert Pfund waren innerhalb von drei Monaten vollständig an sie zurückzuzahlen. Vollständig. Jeder Penny. Er wollte nichts von ihrem Geld einbüßen, was sonst auch immer verloren gehen mochte – ein bisschen Würde, etwas von seiner Selbstachtung. Niemals zuvor hatte er zugelassen, dass jemand von ihm einen falschen Eindruck bekam. Nun, mochte das verloren gehen – um ihretwillen. Schließlich hatte er nie etwas Irreführendes *gesagt* – und Kapitän Whalley fühlte sich verderbt bis ins Mark seiner Knochen. Er lachte ein bisschen vor innerer Verachtung seiner Lebensklugheit. Ohne Zweifel wäre es bei einem Burschen dieses Schlages und bei der besonderen Beziehung, in der sie zueinander stehen würden, nicht gut gewesen, alles auszuplaudern. Er mochte den Burschen nicht. Er mochte seine Anfälle von kriecherischer Ge-

schwätzigkeit und die Ausbrüche von Empfindlichkeit nicht. Am Ende war es ein armer Teufel. Er hätte nicht in seiner Haut stecken wollen. Die Menschen waren nicht schlecht, trotz allem. Er mochte sein glatt gekämmtes Haar nicht, nicht seine merkwürdige Art, halb abgewandt dazustehen, die Nase in der Luft, und einen über die Schulter anzublicken. Nein, im Ganzen waren die Menschen nicht schlecht – sie waren nur einfältig oder unglücklich.
Kapitän Whalley hatte seine Überlegungen abgeschlossen – und die ganze lange Nacht lag vor ihm. Im vollen Licht der Laternen glänzte sein langer Bart wie ein silberner Brustpanzer, der sein Herz bedeckte. In den Räumen zwischen den Lampen erschien seine kräftige Gestalt weniger deutlich, sehr groß, umherstreifend und geheimnisvoll. Nein, die Menschen hatten nicht viel wirklich Böses an sich; und die ganze Zeit über marschierte ein Schatten neben ihm, schräg nach links geneigt – und das ist im Osten ein Vorzeichen des Unheils.

»Kannst du jetzt die Palmengruppe erkennen, Serang?«, fragte Kapitän Whalley von seinem Sessel auf der Brücke der *Sofala* aus, die sich der Barre von Batu Beru näherte.
»Nein, Tuan. Später sehen.« Der alte Malaie im blauen Baumwollanzug, der auf seinen knochigen dunklen Füßen unter dem Sonnensegel der Brücke stand, legte die Hände auf den Rücken und starrte aus den zahllosen Runzeln seiner Augenwinkel voraus.
Kapitän Whalley saß still, er hob nicht den Kopf, um sich selbst zu überzeugen. Drei Jahre – sechsunddreißigmal. Er hatte sechsunddreißigmal diese Palmen von Süden her angesteuert. Sie würden zur rechten Zeit auftauchen. Gott sei Dank, das alte Schiff hielt Reise für Reise Kurs und Entfernungen so genau wie ein Uhrwerk ein. Schließlich murmelte er wieder: »Schon in Sicht?«

»Die Sonne blendet sehr, Tuan.«
»Gut Acht geben, Serang.«
»Ja, Tuan.«
Ein Weißer war geräuschlos die Treppe vom Deck heraufgestiegen und hatte ruhig diesem kurzen Gespräch zugehört. Dann trat er auf die Brücke hinaus und begann hin- und herzugehen, wobei er den langen Pfeifenstiel aus Kirschbaumholz hochhielt. Sein schwarzes Haar lag angeklatscht in langen, dünnen Strähnen auf der kahlen Wölbung seines Schädels; er hatte eine gefurchte Stirn, gelbe Haut und eine dicke, unförmige Nase. Ein dürftiger Backenbart konnte die Form seiner Kinnlade nicht verbergen. In seiner Miene lag brütende Sorge; und während er an dem gekrümmten schwarzen Mundstück sog, zeigte er ein solch massig hervorspringendes Profil, dass selbst der Serang manchmal nicht umhinkonnte, über die außerordentliche Hässlichkeit mancher Weißer nachzudenken.
Kapitän Whalley schien sich in seinem Sessel zu spannen, beachtete den anderen aber nicht. Dieser paffte Qualmwolken vor sich hin, dann sagte er ganz plötzlich: »Ich habe diese neue Manie von Ihnen, den Malaien hier als Schatten um sich zu haben, nie verstehen können, Partner.«
Kapitän Whalley stand in seiner ganzen imponierenden Größe aus dem Sessel auf und schritt so unbeirrbar zur Kompasssäule hinüber, dass der andere eilig zurückweichen musste und wie eingeschüchtert dastand, während die Pfeife in seiner Hand zitterte. »Geh nur über mich weg«, murrte er in einer Art erstauntem und fassungslosem Flüstern. Dann sagte er langsam und deutlich: »Ich – bin – kein – Dreck.« Und fügte herausfordernd hinzu: »Wie Sie zu denken scheinen.«
Der Serang stieß hervor: »Sehe die Palmen jetzt, Tuan.«
Kapitän Whalley trat nach vorn an die Reling, aber seine Augen wanderten – anstatt sich mit dem sicheren, scharfen Blick eines Seemanns gerade auf den Punkt zu rich-

ten – unentschlossen im Raum umher, als ob er, der Entdecker neuer Routen, in dieser Meerenge seinen Kurs verloren hätte.
Ein anderer Weißer, der Steuermann, kam auf die Brücke. Er war groß, jung, hager, mit einem Schnurrbart wie ein Soldat und mit etwas Gehässigem in den Augen. Er stellte sich neben den Maschinisten. Mit dem Rücken zu ihnen fragte Kapitän Whalley: »Was zeigt das Log?«
»Fünfundachtzig«, antwortete der Steuermann schnell und stieß den Maschinisten heimlich mit dem Ellbogen an.
Kapitän Whalleys muskulöse Hände pressten die Eisenreling mit außergewöhnlicher Kraft, seine Augen starrten angestrengt voraus; er zog die Brauen zusammen, unter seinem Hut tropfte der Schweiß hervor – und mit leiser Stimme murmelte er: »Stützen, Serang – wenn wir die genaue Richtung haben.«
Der schweigende Malaie trat zurück, wartete ein wenig und gab dem Rudergänger mit erhobenem Arm ein Zeichen. Schnell wirbelte das Rad herum, um der Drehung des Schiffes entgegenzuwirken. Wieder stieß der Steuermann den Maschinisten an. Aber Massy fuhr herum.
»Mr. Sterne«, sagte er heftig, »gestatten Sie mir – als Schiffseigner – Ihnen zu sagen, dass Sie nichts anderes sind als ein verdammter Narr.«

7

Sterne ging grinsend und offensichtlich überhaupt nicht verletzt nach unten, Massy aber, der Maschinist, blieb auf der Brücke und schritt mit gespreizter Anmaßung hin und her. Jeder an Bord war sein Untergebener – jeder, ohne Ausnahme. Er bezahlte ihre Heuer und kam für ihre Verpflegung auf. Sie aßen mehr von seinem Brot und steckten mehr von seinem Geld ein, als sie wert waren; und sie hatten keine Sorgen auf dieser Welt, während er allein alle Schwierigkeiten eines Schiffseigners auf sich nehmen musste. Wenn er seine Lage in ihrem ganzen bedrohlichen Umfang bedachte, schien es ihm, dass er seit Jahren die Beute einer Bande von Parasiten war; und seit Jahren hatte er jeden scheel angesehen, der mit der *Sofala* zu tun hatte, ausgenommen vielleicht die chinesischen Heizer, die dazu da waren, das Schiff vorwärts zu bewegen. Ihr Nutzen war offenkundig: Sie waren ein unentbehrlicher Teil der Maschinen, deren Herrscher er war.

Wenn er über seine Decks ging, rempelte er brutal jeden an, der ihm in die Quere kam; aber die malaiischen Matrosen hatten gelernt, ihm aus dem Weg zu gehen. Er musste sie wohl oder übel dulden, um der notwendigen körperlichen Arbeit willen, die auf dem Schiff zu tun war. Er musste kämpfen und planen und intrigieren, um die *Sofala* in Gang zu halten – und was hatte er davon? Nicht einmal genügend Respekt. Sie hätten ihm auch nicht genug davon zollen können, selbst wenn all ihr Denken und Handeln darauf gerichtet gewesen wäre. Die Eitelkeit des Besitzens, der Hochmut der Macht waren inzwischen vergangen, und nur die materiellen Schwierigkeiten waren geblieben, die Furcht, seine Position zu verlieren, die sich als wertlos erwiesen hatte, und ein unruhiges Bangen, wofür eine gemeine Unterwürfigkeit der Männer nicht entschädigen konnte.

Er schritt auf und ab. Schließlich gehörte die Brücke ihm. Er hatte dafür bezahlt. Den Pfeifenstiel in der Hand, blieb er von Zeit zu Zeit plötzlich stehen, als lausche er mit tiefer und konzentrierter Aufmerksamkeit dem gedämpften Klopfen der Maschinen (seiner Maschinen) und dem leisen Schleifen der Ruderketten neben dem stetigen leisen Plätschern des Wassers an der Bordwand. Wären diese Geräusche nicht gewesen, hätte das Schiff so still dagelegen, als sei es an einem Ufer vertäut, und so schweigend, als sei es von jeder lebenden Seele verlassen. Nur die Küste, die flache Küste aus Schlick und Mangroven, mit den drei Palmen im Hintergrund, wurde allmählich mit ihrer langen geraden Linie deutlicher, aber ohne ein einziges Merkmal, das die Aufmerksamkeit in Anspruch nahm. Die eingeborenen Passagiere der *Sofala* lagen auf Matten unter den Sonnensegeln herum. Der Rauch aus dem Schornstein schien das einzige Lebenszeichen des Schiffes und auf geheimnisvolle Weise mit seinem Dahingleiten verknüpft zu sein.

Kapitän Whalley, ein Fernglas in der Hand und den kleinen malaiischen Serang neben sich – wie ein alter Riese, den ein runzliger Zwerg begleitet –, steuerte das Schiff über die Untiefe der Barre.

Dieser unterseeische Sattel aus Schlick, den die Strömung aus dem weichen Flussbett herausgespült und weit draußen auf dem harten Meeresgrund aufgehäuft hatte, war schwer zu überwinden. Da die Schwemmlandküste keine deutlich unterscheidbaren Kennzeichen besaß, musste die Peilung für die Übergangsstelle nach dem Umriss der Berge im Landesinneren vorgenommen werden. Die Anhaltspunkte – ein abgeplatteter, oben wie ein Backenzahn unebener Berg und ein zweiter, glatter, sattelförmiger Gipfel – mussten in dem gewaltigen, wolkenlosen Glast gesucht werden, der sich zu verschieben und zu schweben schien wie ein trockener, glühender Dunstschleier, der vom Wasser aufstieg, die Luft erfüllte, die Ferne verbarg und in den Augen brannte. In diesem Lichtschleier hob sich nur die naheliegende Linie der Küste mit dunkler, regloser Festigkeit fast kohlschwarz ab. Dreißig Meilen weiter erstreckte sich die gezackte Gebirgskette des Landesinneren quer über den Horizont, ihre Umrisse und blauen Schatten waren schwach und

schwankend wie ein auf das luftige und bebende Altweibersommergespinst eines unfassbar feinen Vorhangs gemalter Hintergrund, der auf die Schwemmlandebene niedergelassen war; und weiß schimmernd tauchten die Mündungsarme auf, wie Silberstücke, die in die quadratischen, sauber und scharf aus dem mit Mangroven besetzten Land ausgeschnittenen Stücke eingesetzt sind.
Der Riese und der Zwerg auf dem Vorderteil der Brücke murmelten häufig leise miteinander. Seitlich hinter ihnen stand Massy mit einem Ausdruck von Widerwillen und Unentschiedenheit auf dem Gesicht. Seine Kugelaugen blickten ganz starr, und er schien die lange Pfeife, die er in der Hand hielt, vergessen zu haben.
Auf dem mit einem weißen Sonnensegel steil überdachten Vordeck unterhalb der Brücke war ein junger Laskar über die Reling geklettert. Rasch legte er sich ein breites Segeltuchband unter die Achseln, stemmte die Brust dagegen und lehnte sich weit über das Wasser hinaus. Da der Ärmel seines dünnen Baumwollhemds dicht an der Schulter abgeschnitten war, zeigte sich ein entblößter brauner Arm, voll gerundet wie der einer Frau und mit matt glänzender Haut. Ausgestreckt schwang er ihn mit der kreisenden und bedrohlichen Bewegung eines Schleuderers: Das Vierzehnpfundgewicht wirbelte durch die Luft und flog dann plötzlich nach vorn bis zur Krümmung des Bugs. Als die dünne, feuchte Leine durch die dunklen Finger des Mannes glitt, rauschte sie wie zerreißende Seide, und das eintauchende Lot schlug in das golden glitzernde Wasser nahe der Schiffswand eine silbrige Wunde, die sich schnell wieder schloss; dann rief nach einer Pause die erhobene und lang gezogene Stimme des jungen Malaien in seiner Muttersprache die Wassertiefe aus.
»Tiga stengah«, rief er einige Zeit nach jedem Eintauchen des Lots und holte die Leine für einen neuen Wurf

geschäftig wieder ein. ›Tiga stengah‹, das bedeutete drei und einen halben Faden. Für ungefähr eine Meile bis zur Barre war die Wassertiefe unverändert. »Halb-drei. Halb-drei. Halb-drei«, – und sein melodischer Schrei, der wie ein Vogelruf gemächlich und gleichmäßig wiederkehrte, schien im Sonnenlicht zu verwehen und im weiten Schweigen der leeren See und der leblosen Küste zu verschwinden, der Küste, die nach Norden und Süden, Osten und Westen hin offen dalag, ohne die Regung eines einzigen Wolkenschattens oder das Geflüster irgendeiner anderen Stimme.

Der Eigner und Maschinist der *Sofala* verharrte sehr still hinter den beiden Seeleuten verschiedener Rasse, Religion und Farbe; der Europäer mit der der Zeit trotzenden Stärke seines alten Körpers, der Malaie, gleichfalls alt, aber klein und zusammengeschrumpft wie ein verwelktes braunes Blatt, das von einem zufälligen Windstoß unter den mächtigen Schatten des anderen geweht worden war. Vollauf damit beschäftigt, die Augen auf das Land voraus zu halten, hatten sie keinen Blick zu verschwenden; und Massy, der sie von hinten anstarrte, schien ihnen ihren Pflichteifer übel zu nehmen, als sei er eine Nichtachtung seiner Person.

Das war unvernünftig; aber er hatte viele Jahre in seiner Welt unvernünftiger Empfindlichkeit gelebt. Schließlich begann er langsam zu sprechen, während er sich mit der feuchten Hand über die spärlichen, dünnen, ungepflegten Haarsträhnen auf seinem gelben Schädel strich.

»Einen Mann zum Loten brauchen Sie! Ich nehme an, das ist Ihre korrekte Postdampferart. Haben Sie nicht genug Urteilsvermögen, um zu sagen, wo Sie sind, wenn Sie das Land betrachten? Nun, noch bevor ich ein Jahr auf dieser Route gefahren war, habe ich dieses Kunststück beherrscht – und ich bin nur Maschinist. Ich kann Ihnen von hieraus zeigen, wo die Barre ist, und außerdem könnte ich Ihnen sagen, dass Sie das Schiff in ungefähr fünf Minuten wahrscheinlich im Schlick festfahren werden; nur würden Sie das vermutlich Einmischung nennen. Und da gibt es diese schriftliche Vereinbarung zwischen uns, die besagt, dass ich mich nicht einmischen darf.«

Seine Stimme verstummte. Ohne die gemessene Strenge seiner Züge zu mildern, bewegte Kapitän Whalley die Lippen, um rasch murmelnd zu fragen: »Wie nahe, Serang?«

»Sehr nahe jetzt, Tuan«, flüsterte der Malaie schnell.

»Ganz langsame Fahrt voraus«, sagte der Kapitän vernehmlich und mit fester Stimme.

Der Serang ergriff hastig den Hebel des Maschinentelegrafen. Unten erklang ein Gong. Massy ging mit spöttischem Gekicher davon und steckte den Kopf in das Deckslicht des Maschinenraums.

»Sie können für die Maschinen ein paar seltene Dummheiten erwarten, Jack«, brüllte er. Der Raum, in den er starrte, war tief und dunkel; und der graue Schimmer des Stahls dort unten erschien nach dem blendenden Funkeln des Meeres rings um das Schiff kühl. Die Luft jedoch stieg ihm feucht und heiß ins Gesicht. Ein kurzes Geheul, das unmöglich zu deuten war, kam hohl vom Grund herauf. Das war die Art, in der der Zweite Maschinist seinem Chief antwortete.

Er war ein Mann mittleren Alters mit nachlässigen Manieren und offenbar mit solch wortkargem Interesse in seine Maschinen vernarrt, dass er die Sprache verloren zu haben schien. Wenn er direkt angesprochen wurde, pflegte seine einzige Antwort ein Grunzen oder ein Heulen zu sein, je nach der Entfernung. Die ganzen Jahre über, die er auf der *Sofala* war, hatte man nie erlebt, dass er zu einem seiner Schiffskameraden geradeheraus ›guten Morgen‹ gesagt hätte. Er schien nicht zu merken, dass in der Welt Menschen kamen und gingen; er schien sie überhaupt nicht zu sehen. Tatsächlich erkannte er an Land nie seine Schiffskameraden. Bei Tisch (die vier Weißen auf der *Sofala* aßen zusammen) saß er da und blickte gleichgültig auf seinen Teller, aber am Ende der Mahlzeit sprang er auf und stürzte hinunter, als ob ihn ein plötzlicher Gedanke antrieb nachzusehen, ob etwa jemand die Maschinen gestohlen hatte, während er aß. Im Hafen ging er am Ende der Reise regelmäßig an Land, aber niemand wusste, wo oder wie er seine Abende verbrachte. In der Küstenschifffahrt hatte sich eine wilde, zusammenhanglose Geschichte über seine Liebschaft mit der Frau eines Sergeanten in einem irischen Infanterieregiment erhalten. Das Regiment hatte jedoch schon vor einer Ewigkeit seine Garnisonszeit beendet und war irgendwohin auf die andere Seite des Erdballs versetzt worden. Zwei- oder vielleicht dreimal im Laufe des Jahres betrank er sich. Bei solchen Gelegenheiten kehrte er früher als gewöhnlich an Bord zurück, rannte mit ausgebreiteten Armen, wie ein Seiltänzer balancierend, über das Deck und sprach und disputierte, nachdem er seine Kammertür verschlossen hatte, die liebe lange Nacht in erstaunlich abwechslungsreichem Tonfall mit sich selbst; er wütete, höhnte und winselte mit unermüdlicher Hartnäckigkeit. Massy, der sich in seiner Koje nebenan auf die Ellbogen stützte, entdeckte, dass sich sein Zweiter an den Namen jedes einzelnen Weißen erinnerte, der in den vielen Jahren auf der *Sofala* gewesen war. Er erinnerte sich an die Namen der Männer, die gestorben, die heimgekehrt oder nach Amerika gegangen waren; in seinem Rausch erinnerte er sich an die Namen von Männern, deren Verbindung mit dem Schiff so kurz gewesen war, dass Massy die Einzelheiten fast vergessen hatte und sich lediglich ihre Gesichter ins Gedächtnis zurückrufen konnte. Mit außergewöhnlichem und erfinderischem Groll äußerte die betrunkene Stimme

auf der anderen Seite des Schotts über alle diese Männer skandalöse Lügen. Es schien, als hätten sie ihn alle auf irgendeine Weise beleidigt und als habe er sie zur Vergeltung ertappt. Er murmelte böse, er lachte hämisch, er vernichtete sie einen nach dem andern; aber von Massy, seinem Chief, plapperte er mit neidischer und naiver Bewunderung. »Geriebener Halunke! Solche wie den trifft man nicht alle Tage. Sieh ihn dir an. Ha! Großartig! Eigenes Schiff. *Der* lässt sich nicht erwischen. Keine Bange – das Biest!« Und nachdem Massy mit befriedigtem Lächeln diesen aufrichtigen Schmeicheleien zugehört hatte, fing er an, mit beiden Fäusten gegen das Schott zu trommeln und zu brüllen: »Halt 's Maul, du Idiot! Willst du mich wohl schlafen lassen, du Narr!«
Aber um seine Lippen spielte ein halbes Lächeln des Stolzes. Draußen stand der zur Nachtwache im Hafen eingeteilte Laskar – vielleicht ein Junge, frisch aus einem Dschungeldorf – einsam und reglos im Schatten des Decks und lauschte dem endlosen betrunkenen Geschwätz. Sein Herz klopfte in atemloser Furcht vor den Weißen, den launischen, eigensinnigen Männern, die unerschütterlich ihre unbegreiflichen Ziele verfolgten – Wesen mit einem unheimlichen Klang in der Stimme, von unerklärlichen Gefühlen bewegt, angetrieben von unergründlichen Motiven.

8

Nach dem Antwortgeheul seines Zweiten hing Massy noch eine Weile verdrießlich über dem Maschinenraum. Man hätte Kapitän Whalley, der kraft der fünfhundert Pfund seit drei Jahren sein Kommando innehatte, verdächtigen können, diese Küste noch nie zuvor gesehen

zu haben. Er schien außerstande, sein Fernglas abzusetzen, als sei es unter seinen zusammengezogenen Brauen festgeleimt. Dieses beständige Stirnrunzeln verlieh seinem Gesicht einen Ausdruck unüberwindlicher, gerechter Strenge; aber sein erhobener Ellbogen zitterte leicht, und unter seinem Hut strömte der Schweiß hervor, als sei plötzlich am Zenit eine zweite Sonne aufgeflammt – neben dem feurigen, reglosen Ball, der schon dort stand und in dessen weiß glühender Hitze die Erde wie ein Staubkörnchen leuchtete und herumwirbelte.
Während er das Glas an die Augen hielt, hob er von Zeit zu Zeit die andere Hand, um sich das triefende Gesicht abzuwischen. Die Tropfen rollten ihm über die Wangen, fielen wie Regen auf seinen weißen Bart, und auf einmal, wie von einem unwiderstehlichen, ängstlichen Impuls geleitet, streckte er den Arm nach dem Maschinentelegrafen aus.
Unten ertönte die Glocke. Die gleichmäßige Vibration der langsamen Fahrt ließ zusammen mit jedem Geräusch und jedem Beben im Schiff nach, als habe sich die tiefe Stille, die die Küste beherrschte, durch die eisernen Wände ins Schiff eingeschlichen und von seinen innersten Winkeln Besitz ergriffen. Von der leuchtend blauen Kuppel, die sich makellos über die glatte, reglose See wölbte, schien sich vollkommene Unbeweglichkeit über das Schiff zu senken. Die leichte Brise, die es selbst erzeugt hatte, erstarb, als sei auf einmal die Luft zu dick geworden, um sich zu regen; sogar das leise Zischen des Wassers am Vorsteven wurde allmählich schwächer. Der schmale, lange Rumpf, der seinen Weg ohne ein Plätschern fortsetzte, schien sich unvermerkt dem flachen Wasser der Barre zu nähern. Das Aufklatschen des Lots und der traurige, mechanische Schrei des Laskars kamen in immer längeren Abständen, und die Männer auf der Brücke schienen den Atem anzuhalten. Der Malaie am

Steuerrad blickte starr auf die Kompassrose, der Kapitän und der Serang starrten zur Küste hinüber.
Massy hatte das Deckslicht verlassen und war, plattfüßig einhergehend, leise an die gleiche Stelle zurückgekehrt, die er vorher auf der Brücke eingenommen hatte. Ein einfältiges, unschlüssiges Grinsen entblößte seine großen weißen Zähne: Gleichmäßig schimmerten sie im Schatten des Sonnensegels wie die Tasten eines Klaviers in einem dämmrigen Raum.
Nicht sehr laut sagte er schließlich, indem er so tat, als spreche er in höchstem Erstaunen zu sich selbst: »Stoppen Sie die Maschinen jetzt! Was denn noch, möchte ich wissen.«
Er wartete, leicht gebeugt, den Kopf gesenkt, mit hinterhältigem Blick. Dann sagte er, die Stimme etwas erhebend: »Wenn ich mir erlauben dürfte, eine dumme Bemerkung zu machen, würde ich sagen, Sie haben nicht den Mut, um ...«
Aber eine ungestüme Erregung, die wie eine besessene Seele in der gewaltigen Stille der Küste umherirrte, hatte den Körper des Laskars am Lot ergriffen. Die träge Monotonie seines Singsangs ging in ein rasches schrilles Geschrei über. Das Gewicht flog nach einer einzigen Bewegung davon, die Leine pfiff, eilig folgte ein Aufklatschen nach dem anderen. Das Wasser war seichter geworden, und der Mann rief nun statt der einschläfernden Fadenzählung die Wassertiefe in Fuß aus.
»Fünfzehn Fuß. Fünfzehn, fünfzehn! Vierzehn, vierzehn ...«
Kapitän Whalley nahm den Arm herunter, der das Glas hielt; er senkte sich langsam wie durch sein eigenes Gewicht; kein anderes Glied seines mächtigen Körpers regte sich, und die raschen Schreie mit dem eifrig warnenden Unterton schwirrten an ihm vorüber, als sei er taub.
Still und aufmerksam lauschend, hatte Massy seine Augen auf den silbrigen, kurz geschorenen und uner-

schütterlichen alten Hinterkopf geheftet. Man hätte meinen können, das Schiff stehe still, wäre nicht allmählich die Wassertiefe unter seinem Kiel geschwunden.
»Dreizehn Fuß ... Dreizehn! Zwölf!«, rief der lotende Matrose ängstlich unter der Brücke. Und plötzlich trat der barfüßige Serang geräuschlos zur Seite, um einen Blick über die Bordwand zu werfen.
Schmalschultrig, in einem ausgeblichenen blauen Baumwollanzug, einen alten grauen Filzhut auf den Kopf gestülpt, eine tiefe Grube im Nacken, wirkte er mit seinen schmächtigen Gliedern von hinten nicht größer als ein vierzehnjähriger Junge. Eine kindliche Impulsivität lag in der Neugier, mit der er die sich ausbreitenden gelblichen Wirbel beobachtete, die von unten zur blauen Wasserfläche aufstiegen, wie schwere Wolken, die langsam am unermesslichen Himmel aufziehen.
Er war nicht im Geringsten von diesem Anblick erschrocken. Nicht der Zweifel daran, sondern die Gewissheit, dass der Kiel der *Sofala* jetzt den Schlick aufwühlte, ließ ihn über die Bordwand blicken.
Seine suchenden Augen, die schräg in einem Gesicht von chinesischem Aussehen standen, in einem kleinen alten Gesicht, das unbeweglich war, als sei es aus alter, dunkler Eiche geschnitzt, seine suchenden Augen hatten ihm längst offenbart, dass das Schiff die Barre nicht richtig angesteuert hatte.
Als er nach dem Verkauf zusammen mit der übrigen Mannschaft von der *Fair Maid* abgemustert worden war, hatte er sich in seinem ausgeblichenen blauen Anzug und mit dem grauen Schlapphut vor dem Hafenamt herumgetrieben, bis er eines Tages Kapitän Whalley daherkommen sah, der eine Mannschaft für die *Sofala* suchte, und sich diesem ruhig in den Weg stellte – die bloßen Füße im Staub und mit einem schweigenden, aufwärts gerichteten Blick. Die Augen seines alten Kapi-

täns hatten freundlich auf ihm geruht – es muss ein glücklicher Tag gewesen sein –, und in weniger als einer halben Stunde hatten ihn die weißen Männer im ›Ofiss‹ auf einem Dokument als Serang des Feuerboots *Sofala* eingetragen. Seit der Zeit hatte er wiederholt von dieser Brücke und dieser Seite der Barre auf die Flussmündung und auf die Küste geblickt. Das Bild der sichtbaren Welt fiel durch seine Augen auf seinen wirklichkeitsbezogenen Verstand wie durch das Objektiv einer Kamera auf eine lichtempfindliche Platte. Sein Wissen war umfassend und präzise; trotzdem hätte er das Zögern der Unwissenheit gezeigt, wenn er nach seiner Meinung gefragt worden wäre – besonders dann, wenn er in der direkten, beunruhigenden Art der Weißen zur Rede gestellt worden wäre. Er war seiner Sache sicher – aber eine solche Sicherheit zählte wenig gegenüber dem Zweifel, welche Antwort genehm sein würde. Vor fünfzig Jahren, in einem Dschungeldorf, hatte ihm sein Vater (der gestorben war, ohne je ein weißes Gesicht gesehen zu haben), noch ehe er einen Tag alt war, von einem weisen, in der Astrologie bewanderten Mann das Horoskop stellen lassen, weil in der Konstellation der Sterne das letzte Wort über das menschliche Schicksal zu lesen ist. Sein Schicksal war es gewesen, durch die Gunst verschiedener weißer Männer sein Glück auf dem Meer zu suchen. Er hatte Schiffsdecks gescheuert, hatte gesteuert, sich um die Vorräte gekümmert und war schließlich zum Serang aufgestiegen; und sein ruhiges Gemüt war ebenso unfähig geblieben, die einfachsten Motive jener zu durchschauen, denen er diente, wie diese wiederum unfähig waren, durch die Erdkruste hindurch das Geheimnis des Erdinneren zu entdecken – mochte es Feuer oder Stein sein. Er zweifelte aber nicht daran, dass die *Sofala* nicht auf dem richtigen Kurs über die Barre von Batu Beru war.

Es war ein unbedeutender Fehler. Das Schiff konnte nicht mehr als zwei Schiffslängen zu weit nach Norden abgekommen sein, und ein Weißer, um eine Entschuldigung dafür verlegen (da es unmöglich war, Kapitän Whalley grober Unwissenheit, mangelnder Kenntnisse oder gar der Nachlässigkeit zu verdächtigen), wäre geneigt gewesen, seinen Sinneswahrnehmungen zu misstrauen. Solch ein Gefühl war es, das Massy - die Zähne in ängstlichem Grinsen entblößt - reglos abwarten ließ. Nicht so den Serang. Ihn beunruhigte kein verstandesmäßiges Misstrauen an seinen Sinneswahrnehmungen.
Wenn es seinem Kapitän beliebte, den Schlick aufzuwühlen, dann war es gut so. Er hatte in seinem Leben Weiße gekannt, die ähnlich seltsamen Regungen nachgaben. Er war nur wirklich gespannt, was dabei herauskommen würde. Schließlich trat er, offenbar befriedigt, von der Reling zurück.
Er hatte keinen Laut von sich gegeben, aber Kapitän Whalley schien die Bewegungen seines Serangs beobachtet zu haben. Den Kopf starr erhoben, fragte er mit einer bloßen Lippenbewegung: »Machen wir noch Fahrt, Serang?«
»Noch ein bisschen, Tuan«, antwortete der Malaie. Dann fügte er beiläufig hinzu: »Es ist drüber.«
Das Lot bestätigte seine Worte; die Wassertiefe nahm bei jedem Wurf zu, und plötzlich wich die Aufregung von dem Laskar, der im Segeltuchgurt über der Bordwand der *Sofala* hing. Kapitän Whalley ließ das Lot einholen, die Maschinen langsam voraus laufen und wies, während er die Augen von der Küste abwandte, den Serang an, auf die Mitte der Einfahrt zuzuhalten.
Massy schlug sich mit der Hand laut klatschend auf den Oberschenkel.
»Sie haben die Barre gestreift. Sehen Sie doch achteraus, ob's stimmt. Sehen Sie sich die Spur an, die wir hinter uns

herziehen. Sie können sie deutlich ausmachen. Bei meiner Seele, ich hab mir's gedacht! Warum haben Sie das getan? Warum in aller Welt haben Sie das getan? Ich glaube, Sie sind drauf aus, mir einen Schreck einzujagen.«

Er sprach langsam, sozusagen behutsam, und hielt seine vorquellenden schwarzen Augen auf den Kapitän gerichtet. In seinem aufsteigenden Zorn lag auch etwas Lamentierendes, denn es war in der Hauptsache das klare Gefühl eines unverdient erlittenen Unrechts, das ihn den Mann hassen ließ, der für lumpige fünfhundert Pfund in einem Dreijahresvertrag ein Sechstel der Gewinne beanspruchte. Wann immer sein Unwille den Respekt überwand, den ihm die Person Kapitän Whalleys einflößte, begann er vor Wut schlechterdings zu winseln.

»Sie wissen nicht, was Sie sich noch ausdenken sollen, um mich zu Tode zu quälen. Ich hätte nicht gedacht, dass sich ein Mann wie Sie dazu hergeben würde …«

Jedes Mal, wenn Kapitän Whalley in seinem Deckstuhl die leiseste Bewegung machte, hielt er inne – halb hoffnungsvoll, halb mutlos –, als erwarte er, entweder durch sanfte Worte beschwichtigt oder von der Brücke gejagt zu werden.

»Ich wundere mich«, fuhr er wieder fort und entblößte lauernd seine großen Zähne. »Ich weiß nicht, was ich denken soll. Ich glaube, Sie legen's drauf an, mir Angst zu machen. Beinahe hätten Sie das Schiff für wenigstens zwölf Stunden auf die Barre gesetzt, ganz abgesehen davon, dass Schlamm in die Maschinen gekommen wäre. Heutzutage können es sich Schiffe nicht mehr leisten, auf einer Fahrt zwölf Stunden zu verlieren – wie Sie recht gut wissen sollten und sicher auch recht gut wissen, nur …«

Sein langsames Geschwätz, der zur Seite gereckte Hals, die mürrischen Blicke aus den Augenwinkeln ließen Kapitän Whalley ungerührt. Mit strengem Stirnrunzeln

schaute er aufs Deck. Massy wartete ein Weilchen und fing dann an, jammernd zu drohen.
»Sie denken, Sie haben mir mit diesem Vertrag die Hände gebunden. Sie denken, Sie können mich quälen, wie es Ihnen gefällt. Ah! Aber erinnern Sie sich daran, dass der Vertrag noch sechs Wochen läuft. Ich habe Zeit, Sie zu entlassen – bevor die drei Jahre um sind. Sie werden schon noch was tun, was mir Gelegenheit gibt, Sie zu entlassen, und dann dürfen Sie ein Jahr auf Ihr Geld warten, ehe Sie sich zurückziehen und Ihre fünfhundert Pfund herausnehmen können und mich ohne einen Penny dasitzen lassen, mit dem ich neue Kessel für das Schiff kaufen könnte. An dieser Vorstellung weiden Sie sich – was? Ich glaube wirklich, Sie sitzen hier und weiden sich daran. Es ist, als hätte ich für fünfhundert Pfund meine Seele verkauft, um am Ende für immer verdammt zu sein ...«
Er hielt ohne sichtliche Erbitterung inne und fuhr dann ruhig fort: »... Mit den verrotteten Kesseln und der Inspektion, die mir bevorsteht, Kapitän Whalley ... Kapitän Whalley, hören Sie, was machen Sie mit Ihrem Geld? Irgendwo müssen Sie haufenweise Geld haben – ein Mann wie Sie muss Geld haben. Aller Wahrscheinlichkeit nach. Sie wissen, ich bin kein Dummkopf, Kapitän Whalley – Partner.«
Wieder unterbrach er sich, als wollte er es nun genug sein lassen. Er fuhr sich mit der Zunge über die Lippen und warf einen Blick nach hinten auf den Serang, der das Schiff mit ruhigem Geflüster und leichten Handbewegungen leitete. Das Plätschern der Schraube ließ rasche, von dunklem Schaum gekrönte Wellen über die lange, flache Landzunge aus schwarzem Schlick spülen. Die *Sofala* war in den Fluss eingelaufen; die Spur, die sie an der Barre aufgewühlt hatte, lag jetzt eine Meile hinter ihr, außer Sicht, war gänzlich verschwunden. Und die

glatte, leere See längs der Küste blieb in der glitzernden Einöde des Sonnenscheins zurück. Auf beiden Seiten bedeckten dunkle, verschlungene Mangroven die schlammigen Ufer bis tief hinunter; und Massy fuhr in seinem alten Tonfall fort – in einem plötzlichen Ausbruch, als werde die Rede aus ihm herausgedreht wie die Melodie aus einer Spieldose.

»Wirklich, wenn mich je einer übervorteilt hat, dann sind Sie es. Es macht mir nichts aus, das zu sagen. Ich habe es gesagt – bitte! Was wollen Sie mehr? Reicht das Ihrem Stolz nicht, Kapitän Whalley? Sie haben mich von Anfang an übertölpelt. Wenn ich zurückdenke, war es immer dasselbe. Ohne etwas zu sagen, haben Sie mir gestattet, die Klausel über Trunksucht einzufügen. Sie haben nur sehr elend dreingeschaut, als ich darauf bestand, es schwarz auf weiß festzuhalten. Wie konnte ich wissen, was bei Ihnen nicht stimmte? Im Allgemeinen stimmt immer irgendwo etwas nicht. Und siehe da! Als Sie an Bord kommen, stellt sich heraus, dass Sie seit Jahren gewöhnt sind, nichts anderes als Wasser zu trinken.«

Sein anmaßendes, vorwurfsvolles Gewinsel verstummte. In der Art gerissener und unintelligenter Menschen dachte er gründlich nach. Es schien unbegreiflich, dass Kapitän Whalley über den Ausdruck von Widerwillen, der sich über das schwere gelbe Gesicht ausbreitete, nicht lachen musste. Aber Kapitän Whalley hob die Augen nicht – er saß in seinem Lehnstuhl, beleidigt, würdevoll und unbeweglich.

»Hat mir viel genützt«, führte Massy mit monotoner Stimme aus, »eine Entlassungsklausel wegen Trunksucht einzufügen – bei einem Mann, der außer Wasser nichts trinkt. Und Sie sahen auch so fassungslos aus, Kapitän Whalley, als ich an jenem Morgen im Anwaltsbüro meinen Entwurf vorlas – Sie sahen so niedergeschlagen aus, dass ich sicher war, auf Ihren wunden Punkt gestoßen zu sein. Ein Schiffseigner kann gegenüber dem Kapitän, den er kriegt, nicht vorsichtig genug sein. Sie müssen sich die ganze Zeit über ins Fäustchen gelacht haben Eh? Was wollen Sie sagen?«

Kapitän Whalley hatte nur ein wenig seine Füße zurechtgeschoben. In Massys Seitenblick äußerte sich dumpfe Erbitterung.

»Aber vergessen Sie nicht, dass es auch andere Kündigungsgründe gibt. Zum Beispiel gewohnheitsmäßige Fahrlässigkeit, bis hin zur Untauglichkeit, oder grobe und wiederholte Pflichtverletzungen. Ich bin nicht ganz so dumm, wie Sie mich machen möchten. Sie sind in letzter Zeit nachlässig gewesen – Sie haben alles diesem Serang überlassen. Nun ja! Ich habe gesehen, wie Sie diesen alten Narren von Malaien an Ihrer statt die Peilungen machen ließen, als wären Sie zu fein, Ihre Arbeit selbst zu tun. Und wie nennen Sie die dumme und leichtfertige Art, in der Sie eben das Schiff über die Barre gebracht haben? Erwarten Sie von mir, dass ich so etwas hinnehme?«

Den Ellbogen gegen die Treppe hinter der Brücke gestützt, versuchte Sterne, der Steuermann, zuzuhören und blinzelte dabei von fern dem Zweiten Maschinisten zu, der für einen Augenblick heraufgekommen war und im Maschinenraumniedergangsluk stand. Er wischte sich die Hände an einem baumwollenen Putzlappen ab und blickte teilnahmslos nach rechts und links auf die Flussufer, die gleichförmig an der *Sofala* vorbeiglitten.

Massy wandte sich voll dem Stuhl zu. Sein Gewinsel wurde wieder drohend.

»Nehmen Sie sich in Acht. Ich kann Sie noch entlassen und ihr Geld ein Jahr lang zurückhalten. Ich kann ...«

Aber vor der schweigenden, strengen Reglosigkeit des Mannes, dessen Geld zur rechten Zeit gekommen war,

um ihn vor dem völligen Ruin zu bewahren, erstarb ihm die Stimme im Hals.
»Nicht, dass ich Sie los sein möchte«, nahm er nach einem Schweigen den Faden mit lächerlich einschmeichelndem Ton wieder auf. »Ich wünsche nichts mehr, als mit Ihnen befreundet zu sein und den Vertrag zu erneuern, wenn Sie bereit sind, noch ein paar hundert Pfund aufzubringen, um beim Kauf der neuen Kessel zu helfen, Kapitän Whalley. Ich habe es Ihnen schon gesagt. Das Schiff braucht neue Kessel, Sie wissen es so gut wie ich. Haben Sie sich's überlegt?«
Er wartete. Der dünne Pfeifenstiel mit dem plumpen Kopf am Ende hing von seinen dicken Lippen herab.
Die Pfeife war ausgegangen. Plötzlich nahm er sie aus den Zähnen und rang leicht die Hände.
»Glauben Sie mir nicht?« Er stieß den Pfeifenkopf in die Tasche seiner speckigen schwarzen Jacke. »Es ist wie ein Handel mit dem Teufel«, sagte er. »Warum reden Sie nicht? Erst taten Sie mir gegenüber so stolz und mächtig, dass ich kaum über mein eigenes Deck zu schleichen wagte. Jetzt kriege ich kein Wort aus Ihnen heraus. Sie scheinen mich überhaupt nicht zu sehen. Was soll das heißen? Bei meiner Seele, Sie machen mir Angst mit diesem Taubstummentrick. Was geht in Ihrem Kopf vor? Was führen Sie gegen mich im Schilde, dass Sie nicht ein Wort reden können? Sie machen mir nicht weis, dass Sie … Sie … nicht wissen, wie Sie an ein paar hundert Pfund herankommen. Sie lassen mich den Tag verfluchen, an dem ich geboren worden bin …«
»Mr. Massy«, sagte Kapitän Whalley plötzlich, ohne sich zu rühren. Der Maschinist fuhr heftig zusammen. »Wenn es so ist, kann ich Sie nur um Verzeihung bitten.«
»Steuerbord«, murmelte der Serang dem Rudergänger zu, und die *Sofala* schwenkte um die Flussbiegung herum in den zweiten geraden Stromabschnitt ein.

»Uff!« Massy schüttelte sich. »Sie lassen mir das Blut erstarren. Was hat Sie hierher getrieben? Was hat Sie dazu gebracht, an jenem Abend plötzlich an Bord zu kommen mit Ihrem stolzen Gerede und Ihrem Geld – wollten Sie mich in Versuchung führen? Ich habe mich immer gefragt, was der Grund war. Sie haben sich an mich gehängt, um es sich leicht zu machen und sich an meinem Herzblut zu mästen, sage ich. Ist's so? Ich glaube, Sie sind der größte Knicker auf der Welt, sonst ...«

»Nein. Ich bin bloß arm«, unterbrach Kapitän Whalley frostig.

»Recht so«, murmelte der Serang. Massy wandte sich ab, das Kinn auf der Schulter.

»Das glaube ich nicht«, sagte er in seinem anmaßenden Ton. Kapitän Whalley machte keine Bewegung. »Da sitzen Sie wie ein überfressener Geier – genau wie ein Geier.«

Er sandte einen leeren, blinden, irrenden Blick über die Mitte der Flussstrecke und beide Ufer und verließ dann langsam die Brücke.

9

Als er sich umwandte, um hinunterzugehen, bemerkte Massy den Kopf von Sterne, dem Steuermann, der mit seinem listigen, vertraulichen Lächeln, seinem roten Schnurrbart und blinzelnden Augen am Fuß der Treppe herumlungerte.

Sterne war bei einer der größeren Schifffahrtsgesellschaften Zweiter Steuermann gewesen, ehe er auf die *Sofala* kam. Er hatte seinen Posten aufgegeben – ›aus allgemeinen Grundsätzen‹, wie er sagte. Die Beförderung bei dieser Linie sei sehr langsam vorangegangen, klagte er, und er habe gedacht, dass es für ihn an der Zeit sei, in der Welt ein bisschen vorwärts zu kommen. Es habe den Anschein gehabt, als wolle nie jemand sterben oder die Firma verlassen, alle hätten fest an ihren Posten geklebt, bis sie vermoderten. Er sei des Wartens müde gewesen und habe befürchtet, dass, wenn wirklich eine Stelle frei werden sollte, die besten Leute durchaus nicht sicher sein könnten, ordentlich behandelt zu werden. Außerdem sei der Kapitän, unter dem er gedient habe – Kapitän Provost –, ein seltsamer Mann gewesen, der aus dem einen oder anderen Grund eine Abneigung gegen ihn hatte. Wahrscheinlich, weil er eher mehr als nur seine Pflicht getan habe. Wenn er irgendetwas falsch gemacht habe, könne er wie ein Mann einen Tadel einstecken; aber er erwarte auch, wie ein Mann behandelt und nicht ständig wie ein Hund angeschnauzt zu werden. Er habe Kapitän Provost rundheraus gefragt, was er falsch mache, und Kapitän Provost habe ihm in der verächtlichsten Weise gesagt, dass er ein vollkommener Offizier sei und dass, wenn ihm die Art, wie man mit ihm rede, nicht gefalle, dort die Gangway sei – er könne sich sofort an Land scheren. Aber jedermann wisse, was für ein Mann Kapitän Provost sei. Es sei zwecklos gewesen, sich ans Kontor zu wenden. Kapitän Provost habe zu großen Einfluss bei der Reederei gehabt. Gleichviel, sie hätten ihm ein gutes Zeugnis geben müssen. Er nehme sich die Freiheit zu sagen, dass nichts auf der Welt gegen ihn einzuwenden sei, und da er zufällig gehört habe, dass der Steuermann der *Sofala* an diesem Morgen mit einem Sonnenstich ins Hospital eingeliefert worden war, habe er gedacht, es würde nichts schaden, nachzufragen, ob er nicht geeignet sei …

Er war, frisch rasiert, rotgesichtig, dünn, die schmale Brust herausgedrückt, zu Kapitän Whalley gekommen und hatte seine kleine Geschichte mit offenem, männlichem Selbstvertrauen vorgetragen. Dann und wann zuckten seine Augenlider leicht, die Hand stahl sich zu den Enden seines flammend roten Schnurrbarts hinauf; seine Augenbrauen waren gerade, buschig, kastanienbraun, und die Direktheit seines starren Blicks schien auf der Grenze zur Unverschämtheit zu balancieren. Kapitän Whalley hatte ihn vertretungsweise eingestellt; da aber der andere Mann von den Ärzten nach Hause geschickt wurde, war er für die nächste Reise und dann für die folgende geblieben. Nun hatte er eine feste Anstellung erhalten, und seine Führung im Dienst zeichnete sich durch ernstes, redliches Bemühen aus. Wurde er angesprochen, lächelte er höflich, wobei seine ganze Haltung großen Respekt ausdrückte. Aber in dem raschen Blinzeln, das die ganze Zeit über anhielt, war etwas Spöttisches, als kenne er das Geheimnis irgendeines Riesenspaßes, mit dem man die ganze Schöpfung anführen könnte und der für andere Sterbliche unergründlich sei.

Ernst und lächelnd beobachtete er, wie Massy Stufe für Stufe herunterstieg. Als der Erste Maschinist an Deck war, drehte er sich herum, und sie standen einander gegenüber. In der Größe gleich, sonst aber einander gar nicht ähnlich, begegneten sie sich, als hätte es irgendetwas zwischen ihnen gegeben - etwas anderes als den hellen Streifen des Sonnenlichts, der durch die weite Verschnürung von zwei Sonnensegeln schräg über die schmalen Decksplanken fiel und ihre Füße voneinander trennte, als wäre er ein tiefes Wasser - etwas Dunkles, Niederträchtiges und Unberechenbares, ein geheimes Misstrauen oder irgendeine Art von Angst.

Schließlich blinzelte Sterne mit seinen tief liegenden Augen, schob das geschabte, scharf geschnittene Kinn vor, das ebenso hochrot war wie sein übriges Gesicht, und murmelte: »Haben Sie gesehen? Er hat sie gestreift! Haben Sie gesehen?«

Geringschätzig und ohne sein gelbes fleischiges Gesicht zu heben, antwortete Massy in demselben Ton: »Kann sein. Aber mit Ihnen als Kapitän hätten wir im Schlick festgesessen.«
»Verzeihung, Mr. Massy. Ich möchte das in Abrede stellen. Natürlich kann ein Schiffseigner auf seinem Deck sagen, was ihm Spaß macht. Das ist in Ordnung. Aber ich bitte, zu …«
»Gehen Sie aus dem Weg!«
Der andere fuhr leicht zusammen, vielleicht ein Impuls unterdrückter Entrüstung, blieb aber auf seinem Platz. Massys nach unten gerichteter Blick wanderte nach rechts und links, als wäre das Deck rund um Sterne mit Eiern besät, die nicht zertreten werden dürften, und als suche er gereizt nach Stellen, auf die er seine Füße setzen könnte, um sich aus dem Staube zu machen. Schließlich rührte auch er sich nicht, obgleich genug Platz war, um vorbeizukommen.
»Ich hörte Sie dort oben sagen – und das war auch eine sehr richtige Bemerkung –, dass immer irgendetwas nicht stimmt …«, fuhr Sterne fort.
»Horchen ist das, was bei *Ihnen* nicht stimmt, Mr. Sterne.«
»Nun, wenn Sie mir nur einen Augenblick zuhören wollten, Mr. Massy, Sir, könnte ich …«
»Sie sind ein Schnüffler«, unterbrach Massy rasch und konnte sogar noch wiederholen, »ein ganz gewöhnlicher Schnüffler«, ehe der Steuermann streitsüchtig dazwischenredete: »Nun, Sir, was wollen Sie denn? Sie wollen …«
»Ich will … ich will«, stammelte Massy wütend und erstaunt, »was ich will? Woher wissen Sie, dass ich irgendetwas will? Wie können Sie es wagen? … Was meinen Sie? … Worauf wollen Sie hinaus – Sie …«
»Beförderung.« Mit seiner offenen Herausforderung brachte ihn Sterne zum Schweigen. Die runden, weichen Wangen des Maschinisten bebten noch, aber schon etwas

ruhiger sagte er: »Sie fallen über mich her, dass mir ganz schwindlig wird«, und Sterne begegnete ihm mit einem vertraulichen kleinen Lächeln.

»Ein geschickter, flinker Bursche, den ich kenne (er hat es jetzt zu etwas gebracht in der Welt), pflegte zu sagen, dass das der richtige Weg sei. ›Immer nach vorn drängen‹, sagte er. ›Stell dich mit deinem Boss gut. Misch dich ein, wann immer es geht. Zeig ihm, was du weißt. Setz ihm zu, bis er dich bemerkt.‹ Das war sein Rat. Nun kenne ich hier keinen anderen Boss als Sie. Sie sind der Eigner, und verglichen damit, zählt kein anderer in meinen Augen. Verstehen Sie, Mr. Massy? Ich möchte weiterkommen. Ich mache kein Geheimnis daraus, dass ich einer von denen bin, die vorwärts kommen möchten. Das sind die Leute, die man brauchen kann, Sir. Sie können doch im Leben nicht so hoch hinaufgestiegen sein, Sir, ohne das herausgefunden zu haben – wage ich zu behaupten.«

»Dem Boss zusetzen, um vorwärts zu kommen«, wiederholte Massy, von der unehrerbietigen Originalität dieser Idee erschüttert. »Ich würde mich nicht wundern, wenn es gerade das war, weshalb man Sie bei der Blauen-Anker-Gesellschaft hinausgeworfen hat. Nennen Sie das Vorwärtskommen? Sie werden auf die gleiche Art hier vorwärts kommen, wenn Sie nicht aufpassen – das kann ich Ihnen versprechen.«

Daraufhin ließ Sterne gedankenvoll und bestürzt den Kopf hängen und blinzelte das Deck an. Alle Versuche, mit dem Eigner in ein vertrauliches Verhältnis zu kommen, hatten bisher zu nichts geführt als zu diesen dunklen Drohungen mit der Entlassung; und die Androhung der Entlassung ließ ihn sogleich in unschlüssiges Schweigen verfallen, so als wäre er nicht sicher, ob es an der Zeit sei, so etwas herauszufordern. Diesmal schien er für einen Augenblick die Sprache verloren zu haben,

und Massy, der sich in Bewegung setzte, ging schwerfällig an ihm vorbei und machte den vergeblichen Versuch, ihn anzurempeln. Sterne vereitelte das, indem er zur Seite trat. Dann wandte er sich eilig um, öffnete weit den Mund, als wolle er dem Maschinisten etwas hinterherrufen, schien sich aber eines Besseren zu besinnen.
Immer – wie er bereitwillig zugab – auf der Suche nach einer Möglichkeit vorwärts zu kommen, belauerte er instinktiv das Verhalten seiner unmittelbaren Vorgesetzten, um etwas herauszufinden, ›wo man ansetzen könnte‹. Es war seine Überzeugung, dass kein Kapitän auf der ganzen Welt sein Kommando auch nur einen Tag lang behalten würde, wenn man den Eignern ›reinen Wein einschenken könnte‹. Diese abenteuerliche und naive Theorie hatte ihm mehr als einmal Ärger eingebracht, aber er blieb unbelehrbar. Und sein Charakter war instinktiv so unredlich, dass ihm, wann immer er eine Stelle auf einem Schiff annahm, als selbstverständlicher Hintergedanke stets die Absicht gegenwärtig war, seinen Kapitän aus der Stellung zu verdrängen und selbst dessen Platz einzunehmen. Diese Absicht erfüllte die Muße seiner Wachstunden mit den Fantastereien von sorgfältigen Plänen und kompromittierenden Entdeckungen, erfüllte seine Träume mit Bildern von glücklichen Wendungen und günstigen Zufällen. Man wusste von Kapitänen, die krank geworden und auf See gestorben waren, und nichts konnte besser geeignet sein, um einem tüchtigen Steuermann eine Chance zu geben, um zu zeigen, was für ein Kerl er war. Manchmal auch stürzten Kapitäne über Bord – er hatte von ein oder zwei solchen Fällen gehört. Andere wieder … Aber er glaubte – als wäre es ganz natürlich – fest daran, dass das Verhalten keines Einzigen der sorgfältigen Beobachtung durch einen Mann standhalten würde, der ›Bescheid wusste‹ und der die ganze Zeit seine Augen ›hübsch offen hielt‹.

Nachdem er auf der *Sofala* Fuß gefasst hatte, ließ er seine ausdauernde Hoffnung hoch ins Kraut schießen. Einmal war es ein großer Vorteil, einen alten Mann zum Kapitän zu haben, einen Mann überdies, der – das lag in der Natur der Sache – seinen Posten aus dem einen oder anderen Grund wahrscheinlich bald aufgeben würde. Sterne erkannte jedoch höchst verärgert, dass der Kapitän davon noch weit entfernt zu sein schien. Dennoch, manchmal klappten diese alten Leute ganz plötzlich zusammen. Und dann war der Eigner und Maschinist gleich bei der Hand, um durch Eifer und Pflichttreue beeindruckt zu werden. Sterne zweifelte keinen Augenblick daran, dass seine Vorzüge offenkundig waren (er war wirklich ein ausgezeichneter Offizier); nur, berufliche Verdienste allein genügten heutzutage nicht, einen Mann weit genug voranzubringen. Ein Bursche musste eine gewisse Energie haben und auch mit dem Verstand bei der Sache sein, um sich vorwärts zu bringen. Er beschloss, den Befehl über diesen Dampfer zu erringen, falls es überhaupt zu machen war; nicht, weil er tatsächlich das Kommando der *Sofala* als eine sehr gute Gelegenheit ansah, sondern weil ein Anfang – speziell im Osten draußen – alles bedeutete, und ein Kommando führt zum anderen.
Er gelobte sich, am Anfang sehr vorsichtig zu sein – Massys düstere und seltsame Launen schüchterten ihn ein, da sie außerhalb der Erfahrungen lagen, die man gewöhnlich auf See macht. Aber er war intelligent genug, um fast von Anfang an zu begreifen, dass er hier einer außergewöhnlichen Situation gegenüberstand. Seine eigentümlich neugierige Einbildungskraft hatte diese Situation rasch durchschaut, das Gefühl, dass sie ein Element enthielt, das sich seinem Zugriff entzog, reizte seine Ungeduld voranzukommen. Und so ging eine Reise zu Ende, dann die nächste, und er hatte seine dritte be-

gonnen, bevor er eine Gelegenheit sah, bei der er sich mit einiger Aussicht auf Erfolg vorwagen konnte. Alles war ganz sonderbar und sehr undurchsichtig gewesen; irgendetwas war neben ihm vorgegangen - wie durch eine Kluft vom täglichen Leben und von der Routine der Schiffsarbeit getrennt, die genau wie das Leben und die Routine auf jedem anderen Küstendampfer dieser Klasse waren.

Dann machte er eines Tages seine Entdeckung.

Nach all diesen Wochen wachsamen Beobachtens und verwirrender Mutmaßungen fiel sie ihm plötzlich zu wie die lang gesuchte Lösung eines Rätsels, die sich dem Verstand wie ein Blitz offenbart. Freilich nicht mit dem gleichen Gewicht. Großer Gott! Konnte es das sein? Und nachdem er ein paar Sekunden wie vom Donner gerührt war, versuchte er, die Entdeckung mit Selbstbeschimpfung abzuschütteln, als sei sie das Produkt einer krankhaften Neigung zum Unglaublichen, zum Unerklärlichen, Unerhörten - zum Wahnsinnigen!

Das - dieser erleuchtende Augenblick - hatte sich auf der vorherigen Reise ereignet, auf der Rückfahrt. Sie hatten gerade einen Zwischenhafen auf dem Festland, namens Pangu, verlassen und dampften geradewegs aus einer Bucht hinaus. Nach Osten hin begrenzte ein massives Vorgebirge den Blick - durch den knorrigen Bewuchs mit üppig wuchernden Büschen und stachligen Schlingpflanzen hindurch zeigten sich schräge Gesteinsschichten. In der Takelage hatte der Wind zu singen angefangen; die See entlang der Küste, grün und über die Linie des Horizonts angestiegen, schien sich von Zeit zu Zeit mit langsamem und donnerndem Gewoge in den Schatten des in Lee liegenden Kaps zu ergießen, und vor der weiten Mündung war die nächste von einer Gruppe kleiner Inseln in das dunstige, gelbe Licht eines windigen Sonnenaufgangs gehüllt; noch weiter draußen lugten die

hügeligen Spitzen anderer Inseln reglos über die dazwischenliegenden Wasserrinnen, die von der Brise zerwühlt wurden.
Die gewöhnliche Route der *Sofala* führte sowohl auf der Hin- wie auf der Rückfahrt jeder Reise ein paar Meilen an dieser durch die Riffe unsicheren Region vorbei. Das Schiff folgte einer breiten Wasserstraße und ließ sie eines nach dem anderen hinter sich, diese Krümel der Erdkruste, die an ein Geschwader mastenloser Hulks erinnerten, die bunt durcheinander auf die Felsen und Untiefen aufgelaufen waren. Einige dieser festen Bruchstücke wirkten tatsächlich nicht größer als ein gestrandetes Schiff; andere, ganz flache, lagen unter Wasser wie verankerte Flöße, wie schwerfällige, schwarze Flöße aus Stein; verschiedene dicht bewaldete Inseln mit runder Grundfläche erhoben sich als flache Kuppeln aus tiefgrünem Blattwerk, das unter der flüchtigen Berührung der von den plötzlichen Böen der stürmischen Jahreszeit dahingetriebenen Wolkenschatten dunkel erschauerte. Häufig brachen Küstengewitter über diese Inselgruppe herein, die sich dann in ihrer ganzen Ausdehnung verdüsterte; sie wurde dunkler, schien im Spiel der Blitze noch unbeweglicher und beim Rollen des Donners noch undurchdringlicher still zu werden; ihre verschwommenen Umrisse verschwanden, lösten sich im strömenden Regen zuweilen völlig auf, um dann in der stürmischen Dämmerung klar umrissen und schwarz vor dem Hintergrund der grauen Wolken wieder aufzutauchen – über die schiefergraue runde Tafel der See verstreut. Von den Stürmen unversehrt, dem Werk der Jahre trotzend, von Zank und Hader der Welt nicht zerfressen – so lag diese Inselgruppe unverändert da, wie an dem Tag vor vierhundert Jahren, als zum ersten Mal europäische Augen sie vom Deck einer hochbordigen Karavelle erblickten.

Es war einer dieser einsamen Flecken, die man auf dem geschäftigen Meer ebenso finden kann, wie man an Land manchmal auf die zusammengeduckten Häuser eines Dörfchens stößt, das von der Rastlosigkeit der Menschen unberührt geblieben ist – unberührt von ihrer Not, ihrem Denken, wie von der Zeit selbst vergessen. Das Leben ungezählter Generationen war an ihnen vorübergezogen, und die Scharen der Seevögel, die aus allen Himmelsrichtungen herbeidrängten, um auf den äußeren Felsen der Gruppe zu schlafen, entfalteten unter der Glut des Himmels ihre zueinander strebenden Züge zu langen, düsteren Bändern. Die zuckende Wolke ihrer Flügel schwang sich auf und stieß über den Felsgipfeln hernieder, über den Felsen, die schlank wie Turmspitzen oder flach gedrückt wie Küstenforts waren, über den pyramidenförmigen Gesteinshaufen, die zusammengestürzten Ruinen glichen, über den Reihen kahler Felsblöcke, die wie eine Mauer aus zertrümmerten und vom Blitz ausgeglühten Steinen aussahen, mit dem schläfrigen, klaren Glitzern des Wassers in jeder Lücke zwischen ihnen. Der Lärm des anhaltenden, ungestümen Kreischens erfüllte die Luft.

Dieser ungeheure Lärm pflegte der *Sofala* entgegenzuschlagen, wenn sie von Batu Beru heraufkam; er pflegte ihr an den stillen Abenden entgegenzuschallen – ein gnadenloser, wüster, durch die Entfernung gedämpfter Tumult, das Gekreisch der Seevögel, die sich am Ende des Tages zur Ruhe niederließen und um einen Platz stritten. Niemand an Bord schenkte dem besondere Beachtung; es war das Zeichen, dass sich ihr Schiff untrüglich dem Lande näherte und die gerade Strecke von hundert Meilen hinter sich gebracht hatte. Es hatte gute Fahrt gemacht, hatte seine Strecke zurückgelegt, bis die punktförmigen Inseln eine nach der anderen aufzutauchen begannen, die Felsspitzen, die kleinen Erdhügel ... bis die Wolke der Vögel sie umkreiste – die rastlose Wolke, von der ein schneidender und unmenschlicher Lärm ausging, der Laut eines vertrauten Bildes, der lebende Teil des wüsten Landes, der ausgedehnten See und des hohen, wolkenlosen Himmels.

Aber wenn sich die *Sofala* nach Sonnenuntergang dem Land näherte, war dort alles sehr still unter dem Mantel der Nacht. Alles war reglos, stumm, fast unsichtbar – wären nicht die tiefstehenden Sternbilder gewesen, die abwechselnd von den undeutlichen Schemen der Inseln verdeckt wurden, deren wahre Umrisse sich unter dem dunklen Himmelsraum dem Auge entzogen; hätte es nicht die drei Laternen des Schiffs gegeben, die drei Sternen ähnelten – die rote und die grüne mit der weißen darüber –, die drei Lichter, die wie drei Satelliten, die über die Erde wandern, ihren unbeirrbaren Kurs auf die Durchfahrt am südlichen Ende der Gruppe zusteuerten. Manchmal waren da Menschenaugen, die das Näherkommen der ruhig in der düsteren Leere dahinfahrenden Laternen beobachteten, die Augen eines nackten Fischers, der in seinem Kanu über ein Riff glitt. Schläfrig dachte er: ›Ha! Das Feuerboot, das jeden Monat einmal nach der Pangu-Bai kommt und wieder abfährt.‹ Mehr wusste er über das Schiff nicht. Und gerade wenn er den schwachen Rhythmus der Schraube wahrgenommen hatte, die anderthalb Meilen entfernt das ruhige Wasser aufwirbelte, war für die *Sofala* der Moment gekommen, den Kurs zu ändern; die Laternen drehten ihren dreifachen Lichterglanz von ihm fort – und verschwanden.

Ein paar elende, halb nackte Familien, gleichsam ein ausgestoßener Stamm langhaariger, magerer Menschen mit wilden Augen, kämpften um ihr Leben in dieser einsamen Inselwildnis, die wie ein verlassener Ausläufer des Festlands am Eingang der Bucht lag. Innerhalb der Zacken und Spalten der Felsen blieb das Wasser durchsichtiger als Kristall unter ihren krummen und lecken Kanus, die aus Baumstämmen herausgehauen waren: Der Meeresgrund erbebte leicht unter dem Schlag der Paddel, und die Männer schienen in der Luft zu hängen, schienen, von den Fasern eines dunklen, durchweichten Holzklotzes umschlossen, dazuhängen und geduldig in einem seltsamen, unbeständigen, durchscheinenden, grünen freien Raum über den Untiefen zu fischen.

Ihre Leiber schlichen braun und ausgemergelt herum, wie vom Sonnenschein ausgetrocknet; ihr Leben verrann stumm; ihre Häuser, in denen sie geboren wurden, zur Ruhe gingen und starben - armselige Hütten aus Binsen und rauem Gras, an die sie ein paar zerfetzte Matten angestückelt hatten -, waren dem Blick vom offenen Meer her verborgen. Niemals entzündete die Glut ihrer Herdstätten für den Seemann einen roten Funken in der blinden Nacht über der Inselgruppe, und die Windstillen der Küste, die heiß lodernden, langen Windstillen des Äquators, die leblosen Windstillen, konzentriert wie die versunkene Selbstbetrachtung einer leidenschaftlichen Natur, brüteten tage- und wochenlang schrecklich über dem unveränderlichen Erbe ihrer Kinder, bis schließlich die Steine, heiß wie glimmende Kohlen, die nackten Fußsohlen verbrannten, bis das Wasser warm und widerlich und gleichsam eingedickt um die Beine magerer Männer mit gegürteten Lenden schwappte, die bis zu den Oberschenkeln im fahlen Schimmer der Untiefen wateten. Und dann und wann geschah es, dass die *Sofala* wegen einer Verzögerung in einem der Zwischenhäfen erst gegen Mittag in Sicht kam.

Zuerst nur eine verschwommene Wolke, stieg die dünne Rauchfahne geheimnisvoll von einem leeren Punkt auf der klaren Trennungslinie zwischen Meer und Himmel auf. Die schweigenden Fischer zwischen den Riffen pflegten dann ihre dünnen Arme zur offenen See hin auszu-

strecken, und die braunen Gestalten, die sich auf den winzigen Stränden bückten, die braunen Gestalten von Männern, Frauen und Kindern, die im Sand nach Schildkröteneiern wühlten, richteten sich auf, hoben die gekrümmten Ellbogen empor und legten die Hand über die Augen, um diese monatliche Erscheinung zu beobachten, die geradeaus dahinglitt, abbog und vorbeifuhr. Ihre Ohren nahmen das Keuchen des Schiffes wahr, ihre Augen folgten ihm, bis es zwischen den beiden Kaps des Festlands mit voller Kraft hindurchfuhr, als hoffe es, ungehindert bis ins Herz der Erde einzudringen.
An solchen Tagen gab die leuchtende See keinerlei Anzeichen von den Gefahren, die auf beiden Seiten der Fahrrinne lauerten. Alles blieb still, von der überwältigenden Macht des Lichts erdrückt; und die ganze Gruppe, im Sonnenschein dunkel – die Felsen, die Zinnen glichen, die Felsen, die Turmspitzen glichen, die Felsen, die Ruinen glichen, die Umrisse der Inseln, die Bienenkörben ähnelten, Maulwurfshügeln, die Inseln, die an Heuhaufen erinnerten, an die Konturen efeuumrankter Türme –, die ganze Gruppe stand, vom glatten Wasser widergespiegelt, auf dem Kopf, wie aus Ebenholz geschnitztes Spielzeug auf dem versilberten Glas eines Spiegels.
Das erste Anzeichen stürmischen Wetters hüllte das Ganze sogleich in den Gischt der Sturzseen wie in einen plötzlichen wolkenähnlichen Dampfausbruch, und das klare Wasser in all den Durchfahrten schien förmlich zu kochen. Die aufgewühlte See umriss die weite Grundfläche der Gruppe mit einem deutlichen Muster wütenden Schaums; der versunkene Grund aus zertrümmerten Brocken und Abfällen, die bei der Formung der nahen Küste übrig geblieben waren, streckte seine gefährlichen Ausläufer, alle überspült und wie mit bösen, oft eine Meile langen Spießen gespickt, mit tödlichen Spießen aus Schaum und Stein, weit in die Fahrrinne hinein.

Und schon eine frische Brise – wie an dem Morgen auf der Reise zuvor, als die *Sofala* die Pangu-Bai früh verließ und Mr. Sternes Entdeckung aus dem winzigen Samenkorn instinktiven Verdachts zu einer Blume von unglaublichem und bösartigem Aussehen erblühte –, schon solch eine Brise genügte, um der See die sanftmütige Maske vom Gesicht zu reißen. Für Sterne, der gleichgültig hinsah, war es wie eine Offenbarung gewesen, zum ersten Mal die Gefahren zu erblicken, die durch die zischenden, bleifarbenen Flecken auf dem Wasser ebenso deutlich markiert wurden wie auf dem bedruckten Papier einer Karte. Ihm kam in den Sinn, dass ein Tag wie dieser für den Fremden, der die Durchfahrt versucht, äußerst günstig war: ein klarer Tag, gerade windig genug, damit sich die See an jeder Klippe brechen konnte und sozusagen das Fahrwasser wie mit Bojen deutlich absteckte; wohingegen man sich bei Windstille auf nichts als den Kompass und das geschulte Urteil des Auges verlassen konnte. Und doch hatten die verschiedenen Kapitäne der *Sofala* das Schiff mehr als einmal bei Nacht hindurchbringen müssen. Heutzutage konnte man es sich nicht erlauben, sechs oder sieben Stunden Fahrzeit zu verschwenden. Das konnte man nicht.

Aber andererseits ist Übung alles, und mit der rechten Sorgfalt … Die Fahrrinne war breit und sicher genug; die Hauptsache war, in der Dunkelheit die Einfahrt richtig zu treffen, denn wenn einer in diese Brandung dort drüben geriet, würde er niemals mit einem ganzen Schiff wieder herauskommen – wenn er überhaupt herauskam.

Das war Sternes letzter Gedankengang, der nicht mit der großen Entdeckung zusammenhing. Er hatte gerade nach der Zurring des Ankers gesehen und dann einen oder zwei Augenblicke vorn herumgetrödelt. Der Kapitän war auf der Brücke. Mit leichtem Gähnen hatte er sich von der See abgewandt und mit den Schultern gegen das Ankerdavit gelehnt.

Das waren, genau gesagt, die allerletzten Momente des Wohlbefindens, die er an Bord der *Sofala* erleben sollte. Alle Stunden danach waren voller Pläne und in ihrer Verwirrung unerträglich. Keine nutzlosen, umherschweifenden Gedanken mehr; die Entdeckung spannte sie auf die Folter, bis er sich manchmal um des Himmels willen wünschte, er wäre zu dumm gewesen, um sie überhaupt zu machen. Und doch, wenn seine Chance, vorwärts zu kommen, davon abhing, entdeckt zu haben, dass ›etwas nicht stimmte‹, dann hätte er auf keinen glücklicheren Zufall hoffen können.

10

Das Wissen war wirklich zu beunruhigend. Da ›stimmte etwas nicht‹, ganz gehörig nicht, und zuerst war es einfach schrecklich, über diese innerliche Gewissheit nachzudenken. Sterne hatte in einer so trägen Stimmung achteraus geschaut, dass er für diesmal von niemandem etwas Böses erwartete. Der Kapitän auf der Brücke bot sich seinem Blick ganz ungezwungen dar. Wie unbedeutend, wie beiläufig war der Gedanke, der die Entdeckung ausgelöst hatte – wie ein zufälliger Funke, der genügt, um die Ladung einer furchtbaren Mine zu entzünden!

Von der Brise gepackt, bauschten sich die Sonnensegel auf dem Vordeck hoch auf und sanken langsam in sich zusammen, und über ihrem schwerfälligen Klatschen flatterte Kapitän Whalleys weiter grauer Mantel unablässig um seine Arme und den Leib. Im vollen Licht wandte er das Gesicht dem Winde zu, und sein großer silberweißer Bart wurde ihm heftig gegen die Brust geweht; schwer

hingen ihm die Augenbrauen über die tiefen Höhlen, aus denen sein Blick durchdringend voraus zu starren schien. Sterne konnte eben noch das paarweise Leuchten des Weißen sehen, das sich unter den borstigen Bögen der Brauen bewegte. Auf kurze Entfernung schienen einen diese Augen, trotz der umgänglichen Art des Mannes, völlig zu durchschauen. Sterne konnte sich nie dieses Gefühls erwehren, wenn er Gelegenheit hatte, mit seinem Kapitän zu sprechen. Es war ihm unangenehm. Wie groß und schwer erschien der Mann dort oben neben dem kleinen Knirps von Serang dicht neben ihm – wie es auf diesem außergewöhnlichen Dampfer üblich war! Ein verdammt alberner Brauch war das. Er entrüstete sich darüber. Zweifellos hätte der alte Bursche auch ohne diesen herumlungernden Eingeborenen neben sich auf sein Schiff achten können. Angewidert zuckte Sterne mit den Schultern. Was war das? Trägheit oder was?
Dieser alte Kapitän musste mit den Jahren träge geworden sein. Hier draußen im Osten wurden alle träge (Sterne war sich seiner eigenen unverminderten Rührigkeit sehr bewusst); sie wurden ganz und gar nachlässig. Aber der Kapitän stand sehr gerade auf der Brücke, und tief neben ihm, wie ein kleines Kind, das über die Tischkante schaut, spähte das braune Gesicht des Serangs mit dem zerdrückten weichen Hut über das weiße Brückenkleid der Reling.
Zweifellos stand der Malaie weiter zurück, dem Steuerrad näher; aber der beträchtliche Größenunterschied auf so engem Raum amüsierte Sterne wie die Beobachtung eines merkwürdigen Naturschauspiels. Außerhalb wie innerhalb des Meeres gab es gleichermaßen wunderliche Fische.
Er sah, wie Kapitän Whalley rasch den Kopf drehte, um mit seinem Serang zu sprechen. Der Wind peitschte die ganze weiße Flut des Bartes zur Seite. Er wies den Bur-

schen wohl an, für ihn auf den Kompass zu sehen oder etwas Ähnliches. Natürlich. Zu viel Mühe, den Schritt zu machen und selbst hinzugucken. Sternes Verachtung für diese körperliche Trägheit, die die Weißen im Osten befällt, wuchs beim Nachdenken noch. Manche von ihnen wären tatsächlich verloren, wenn ihnen nicht all diese Eingeborenen zu Gebote stünden; sie wurden gänzlich schamlos. Gott sei Dank war er nicht so! Es war nicht seine Art, sich in seiner Arbeit von irgendeinem zusammengeschrumpften kleinen Malaien wie dem da abhängig zu machen. Als ob man jemals einem blöden Eingeborenen in irgendeiner Sache vertrauen könnte! Aber dieser feine alte Herr dachte anders, wie es schien. Da standen sie beieinander, niemals weit entfernt; ein Paar, das an einen alten Wal erinnerte, der von einem kleinen Lotsenfisch begleitet wird.

Dieser wunderliche Vergleich machte ihn lächeln. Ein Wal mit einem unzertrennlichen Lotsenfisch! Das war's – so sah der alte Mann aus! Man konnte nicht sagen, dass er wie ein Hai aussah, obgleich Mr. Massy ihn so genannt hatte. Aber Mr. Massy kümmerte sich nicht darum, was er in seinen Wutanfällen sagte. Sterne lächelte vor sich hin – und allmählich kamen ihm die Vorstellungen zu Bewusstsein, die durch den Klang, durch das mit dem Wort ›Lotsenfisch‹ verbundene Bild heraufbeschworen wurden, die Vorstellungen von Beistand, von Führung, die benötigt und angenommen wird. Das Wort Lotse erweckte die Vorstellung von Vertrauen, von Abhängigkeit, die Vorstellung von willkommener, scharfäugiger Hilfe, die dem Seemann erwiesen wird, der im Dunkeln nach Land sucht, der blind im Nebel herumirrt, der seinen Weg bei stürmischem Wetter ertastet, bei einem Wetter, das, indem es die Luft mit dem Salzdunst der See erfüllt, das Blickfeld aus allen Seiten zu einem Horizont verengt, der auf Reichweite zusammengeschrumpft erscheint.

Ein Lotse sieht besser als ein Fremder, weil seine Ortskenntnis wie ein schärferes Sehvermögen die Formen der flüchtig erfassten Dinge vervollständigt, die Dunstschleier durchdringt, die von den Stürmen der See über das Land gebreitet werden, die Umrisse der Küste sicher bestimmt, die unter dem Mantel des Nebels liegt, und die Formen der Landmarken, die in einer sternenlosen Nacht wie in einem flachen Grab halb verborgen sind. Er erkennt sie, weil er mit ihnen schon vertraut ist. Nicht mit seinem weitreichenden Auge, sondern mit seinen umfangreichen Kenntnissen sucht der Lotse nach Gewissheit, denn diese Gewissheit über die Schiffsposition, von der der gute Ruf und das ruhige Gewissen eines Mannes abhängen, ist die Rechtfertigung des ihm entgegengebrachten Vertrauens, auch mit dem Einsatz seines eigenen Lebens, das er selten einfach wegwerfen kann, und des bescheidenen Lebens anderer, was sich aus einer unklaren Zuneigung erklärt und unter der Last des künftigen Geheimnisses so gewichtig wird wie das Leben von Königen. Das Wissen des Lotsen bringt dem Kapitän eines Schiffes Erleichterung und Sicherheit. Dem Serang jedoch, der in so lächerlicher Weise an den einen Wal begleitenden Lotsenfisch erinnerte, konnte keinesfalls höheres Wissen zugetraut werden. Warum sollte er es haben? Diese beiden Männer – der weiße und der braune – waren gemeinsam auf die Reise gegangen, am gleichen Tag: Und natürlich lernte ein Weißer in einer Woche mehr als der beste Eingeborene in einem Monat. Der Kapitän hielt an ihm fest, als ob er von Nutzen wäre – wie der Lotsenfisch für den Wal. Aber wie – es war sehr bemerkenswert –, worin? Ein Lotsenfisch – ein Lotse – ein … Und wenn schon kein höheres Wissen, dann …

Sternes Entdeckung war gemacht. Sie widerstrebte seinem Vorstellungsvermögen, verletzte seinen Ehrbegriff,

beleidigte seine Auffassung von der Menschheit. Diese Ungeheuerlichkeit beeinflusste den Ausblick auf das, was in dieser Welt möglich war: Es schien, als wäre die Sonne zum Beispiel blau geworden und werfe ein neues, unheilvolles Licht auf Menschen und Natur. Wirklich, im ersten Moment hatte er sich so elend gefühlt, als hätte er einen Schlag unter die Gürtellinie bekommen. Für eine Sekunde änderte sich sogar die Farbe der See – sie erschien seinem umherirrenden Auge seltsam; und in all seinen Gliedern verspürte er ein vorübergehendes Gefühl der Unsicherheit, als hätte die Erde angefangen, sich in umgekehrter Richtung zu drehen.
Eine sehr natürliche Skepsis, die diesem Gefühl eines Umsturzes folgte, brachte ihm eine gewisse Erleichterung. Er hatte tief durchgeatmet – es war vorbei. Aber hinterher, während des ganzen Tages, packten ihn mitten in seiner Beschäftigung plötzlich Anfälle von Verwunderung. Er hielt dann inne und schüttelte den Kopf. Der Widerstand seiner Skepsis war fast so schnell vorübergegangen wie die erste Erregung bei der Entdeckung, und in den nächsten vierundzwanzig Stunden fand er keinen Schlaf. Das konnte so nicht weitergehen. Bei den Mahlzeiten (er saß am Ende der Tafel, die für die Weißen auf der Brücke gedeckt wurde) konnte er nicht umhin, sich wie fasziniert in die Betrachtung Kapitän Whalleys zu verlieren, der ihm gegenübersaß. Er beobachtete die behutsamen Aufwärtsbewegungen des Arms; der alte Mann nahm seine Nahrung zu sich, als erwarte er keinerlei Geschmack von seinem täglichen Brot, als wisse er gar nichts davon. Er aß wie ein Schlafwandler. ›Ein entsetzlicher Anblick‹, dachte Sterne und beobachtete die lange, kummervolle, schweigende Reglosigkeit, mit der eine große braune Hand locker geschlossen neben dem Teller lag – bis er merkte, dass die beiden Maschinisten rechts und links ihn erstaunt ansahen. Schnell

schloss er dann den Mund, senkte die Augen und zwinkerte rasch gegen seinen Teller. Es war entsetzlich, den alten Kerl dort sitzen zu sehen; es war sogar entsetzlich, daran zu denken, dass er ihn mit drei Worten völlig erledigen könnte. Er brauchte nur die Stimme zu erheben und einen einzigen kurzen Satz zu sagen, und doch schien diese einfache Handlung so unmöglich zu sein, als wollte er versuchen, die Sonne von ihrem Platz am Himmel fortzuschieben. Der alte Bursche konnte in seiner fürchterlich mechanischen Art essen, Sterne aber brachte es vor innerer Erregung nicht fertig – wenigstens nicht an diesem Abend.

Er hatte seitdem reichlich Zeit gehabt, sich an den Zwang der Mahlzeiten zu gewöhnen. Nie hätte er das geglaubt. Aber Übung ist alles; nur die Größe seines Erfolges verhinderte jeden Übermut. Er fühlte sich wie ein Mann, der auf seiner legitimen Suche nach einem geladenen Gewehr, das ihm auf seinem Weg durch die Welt helfen soll, zufällig auf einen Torpedo stößt – auf einen lebenden Torpedo, mit einer Sprengladung in der Spitze und einem Druck von vielen Atmosphären dahinter. Das ist die Art Waffe, die ihren Besitzer ängstlich und nervös macht. Er wollte nicht selber in die Luft gehen, und er wurde den Gedanken nicht los, dass die Explosion auf irgendeine Weise auch ihn zerschmettern würde.

Diese vage Befürchtung hatte ihn zuerst zurückgehalten. Jetzt war er imstande, mit dieser gefährlichen Waffe neben sich, mit der stets gegenwärtigen Überzeugung von ihrer Durchschlagskraft zu essen und zu schlafen. Er hatte das nicht durch Überlegung erreicht, sondern die Überzeugung war, als ihm erst einmal die Idee gekommen war, mit überwältigender Kraft aus einer Vielzahl geringfügiger Beobachtungen entstanden, denen er vorher nur flüchtige Aufmerksamkeit geschenkt hatte.

Die abrupte und stockende Redeweise der tiefen Stimme, die Schweigsamkeit, die er wie einen Panzer angelegt hatte, die vorsichtigen, wachsamen Bewegungen, die langen Augenblicke der Reglosigkeit, als hätte der Mann, den er beobachtete, Angst, die Luft aufzurühren: Jede vertraute Geste, jedes Wort, das in Hörweite geäußert wurde, jeder erlauschte Seufzer hatte eine besondere Bedeutung, hatte den Sinn einer Bestätigung bekommen.
Jeder Tag, der über die *Sofala* hinging, schien Sterne mit Beweisen angefüllt – mit unbestreitbaren Beweisen. Nachts, wenn er keinen Dienst hatte, pflegte er sich im Pyjama aus seiner Kammer zu stehlen (um weitere Beweise zu finden) und vielleicht eine ganze Stunde barfuß unter der Brücke zu stehen, ebenso völlig reglos wie die Stütze des Sonnensegels in ihrem Deckschuh. Auf den leicht befahrbaren Strecken ist es für einen Kapitän der Küstenschifffahrt nicht üblich, während seiner ganzen Wache an Deck zu bleiben. Es ist Brauch, dass an seiner Stelle der Serang die Wache übernimmt; auf offener See und bei geradem Kurs verlässt man sich gewöhnlich darauf, dass er das Schiff selbstständig führen kann. Aber dieser alte Mann schien unfähig, ruhig unten zu bleiben. Zweifellos konnte er nicht schlafen. Kein Wunder. Das war ebenfalls ein Beweis. In dem Schweigen über dem Schiff, das auf der stillen, dunklen See dahinschnaufte, konnte Sterne plötzlich eine leise Stimme über sich hören, die nervös hervorstieß: »Serang!«
»Tuan!«
»Gibst du gut auf den Kompass Acht?«
»Ja, ich gebe Acht, Tuan.«
»Liegt der Kurs an?«
»Ja, Tuan. Ganz genau.«
»Gut, und denk dran, Serang, du hast Befehl, auf den Rudergänger aufzupassen und sorgsam Ausschau zu halten – genauso, als ob ich nicht an Deck wäre.«

Dann, wenn der Serang geantwortet hatte, verstummten die leisen Stimmen auf der Brücke, und alles um Sterne herum schien noch stiller zu werden, noch schweigsamer. Leicht fröstelnd und mit einem nach der langen Bewegungslosigkeit etwas schmerzenden Rücken stahl er sich fort in seine Kammer auf der Backbordseite des Decks. Er hatte schon lange den letzten Rest seiner Skepsis verloren; von den ursprünglichen Gefühlen, die seine Entdeckung erregt hatte, war nur eine Spur der ersten Scheu zurückgeblieben. Nicht die Scheu vor dem Mann selbst – er konnte ihn mit sechs Worten erledigen –, es war eher die scheue Entrüstung über die rücksichtslose Verderbtheit des Geizes (was konnte es sonst sein?), über die wahnsinnige und finstere Entschlossenheit, die wegen ein paar zusätzlicher Dollar das allgemeine Gesetz des Gewissens in den Wind zu schlagen schien und sich anmaßte, sogar gegen den Ratschluss der Vorsehung anzukämpfen.

So einen Mann gibt es auf der ganzen Erde nicht noch einmal – Gott sei Dank. Es war etwas teuflisch Verwegenes in einer solchen Täuschung, das einen zögern ließ.

Andere Erwägungen, die er in seiner Vorsicht anstellte, lähmten ihm von Tag zu Tag die Zunge. Es schien ihm jetzt, dass es doch leichter gewesen wäre, in der ersten Stunde der Entdeckung alles zu sagen. Fast bedauerte er, nicht sofort Lärm geschlagen zu haben. Aber andererseits hätte die Ungeheuerlichkeit der Enthüllung … Ja, er selbst konnte ihr kaum ins Gesicht sehen, geschweige denn irgendjemanden darauf hinweisen. Außerdem konnte man bei einem Desperado dieser Art nie wissen. Es kam nicht darauf an, ihn zu vertreiben (das war schon so gut wie getan), sondern an seine Stelle zu treten. So seltsam der Gedanke auch schien, er konnte sich immerhin zur Wehr setzen. Ein Bursche, der einen solchen Betrug beging, mochte zu allem fähig sein; ein Bursche, der sozusagen gegen Gottes Allmacht antrat. Er war ein gräuliches Wundertier – das war er. Er wäre tatsächlich imstande, die Sache unverschämt und verleumderisch zu verteidigen, bis er ihn (Sterne) vom Schiff vertrieben und seine Aussichten in diesem Teil des Ostens für immer vernichtet hätte. Aber wenn man vorwärts kommen will, muss man etwas riskieren. Manchmal dachte Sterne, er sei in der Vergangenheit zu übertrieben ängstlich gewesen, um die Sache ins Rollen zu bringen; und was noch schlimmer war, es war dahin gekommen, dass er jetzt nicht mehr zu wissen schien, wie er es anstellen sollte.

Massys wütendes, verdrossenes Wesen brachte ihn zu sehr aus der Fassung. Das war ein unkalkulierbarer Faktor in der Situation. Man konnte nicht wissen, was hinter dieser beleidigenden Wildheit steckte. Wie sollte man solch einem Charakter trauen? Sterne fürchtete nicht für sein Leben, aber außerordentlich für seine Aussichten.

Obgleich er natürlich dazu neigte, sich selbst eine außergewöhnliche Beobachtungsgabe zuzutrauen, hatte er jetzt schon zu lange mit seiner Entdeckung gelebt. Er hatte auf nichts anderes mehr geachtet, bis ihm schließlich eines Tages aufstieß, dass die Sache so offensichtlich war, dass sie jeder sehen musste. Vier Weiße gab es insgesamt an Bord der *Sofala*. Jack, der Zweite Maschinist, war zu träge, um irgendetwas wahrzunehmen, was außerhalb seines Maschinenraums vor sich ging. Blieb Massy, der Eigner – die interessierte Person, die geradezu verrückt wurde vor Sorgen. Sterne hatte an Bord mehr als genug gesehen und gehört, um zu wissen, was ihn quälte; aber seine Verbitterung schien ihn für vorsichtige Angebote taub zu machen. Wenn er nur gewusst hätte, dass der Grund, den er brauchte, vorhanden war. Aber wie kann man mit einem Mann dieser Art handelseinig werden? Es war, als ginge man mit einem Stück rohen

Fleisches in die Höhle des Löwen. Wahrscheinlich würde er einen für die Mühe, die man sich machte, zerreißen. Tatsächlich drohte er ja immer damit. Die Dringlichkeit der Sache und die Unmöglichkeit, sie unbeschadet anzupacken, ließen Sterne sich unten in seiner Koje hin und her werfen und mit offenen Augen stundenlang vor sich hin murmeln, als glühe er vor Fieber.

Solche Ereignisse, wie das Passieren der Barre eben, waren für seine Aussichten höchst beunruhigend. Er wollte nicht von einer schnellen Katastrophe überrascht werden. Da Massy auf der Brücke war, musste sich der alte Mann wohl zusammenreißen und so tun, als ob. Aber es wurde jetzt schlimm mit ihm, tatsächlich sehr schlimm. Selbst Massy hatte sich erkühnt, diesmal etwas auszusetzen. Sterne, der am Fuß der Treppe lauschte, hatte das Gewinsel und die ungeschickten Drohungen des anderen gehört. Glücklicherweise war der Kerl sehr dumm und konnte den Grund für all das nicht erkennen. Doch war er dafür kaum zu tadeln; es brauchte einen klugen Kopf, um draufzukommen. Nichtsdestoweniger war es höchste Zeit, etwas zu unternehmen. Das Spiel des alten Mannes konnte nicht mehr lange so weitergehen.

»Ich werde bei dieser Posse noch mein Leben verlieren – von meiner Chance ganz zu schweigen«, murmelte Sterne ärgerlich vor sich hin, als der gebeugte Rücken des Ersten Maschinisten um die Ecke des Deckslichts verschwunden war. ›Ja, zweifellos‹ – dachte er; aber es würde seinen Aussichten nicht dienlich sein, wenn er sein Wissen ausschwatzte. Im Gegenteil, das würde sie höchstwahrscheinlich zunichte machen. Er befürchtete einen zweiten Misserfolg. Er hatte die vage Gewissheit, bei seinen Kameraden in diesem Teil der Welt nicht sehr beliebt zu sein; unbegreiflicherweise, denn er hatte ihnen nichts getan. Neid, vermutete er. Die Leute fielen

immer über einen gescheiten Burschen her, der kein Hehl aus seiner Entschlossenheit machte, vorwärts zu kommen. Seine Pflicht zu tun und auf die Dankbarkeit von diesem Grobian Massy zu rechnen, wäre blanker Unsinn gewesen. Er war ein übler Kerl. Unmännlich! Ein giftiger Bursche! Übel! Übel! Ein Vieh! Ein Vieh ohne einen Funken von etwas Menschlichem an sich; sogar ohne simpelste Neugier, denn sonst wäre er irgendwie auf all die Andeutungen eingegangen, die er gemacht hatte ... Solcher Stumpfsinn war beinahe rätselhaft. Massys Zustand der Verbitterung hatte ihn, wie es Sterne erschien, über das bei Schiffseignern übliche Maß an Dummheit hinaus blöde gemacht.
Sterne, der über die Schwierigkeiten dieser Dummheit nachdachte, vergaß sich dabei völlig. Sein versteinerter, starrer Blick war auf die Decksplanken gerichtet.
Das leichte Beben, das die ganze Konstruktion des Schiffes erschütterte, war auf dem schweigenden Fluss, der schattig und still wie ein Waldpfad war, deutlicher wahrzunehmen. Die *Sofala*, die in gleichmäßiger Bewegung dahinglitt, hatte den Küstenstreifen aus Schlick und Mangroven hinter sich gelassen. Die Ufer stiegen höher an, wurden feste Böschungen, und der Wald mit den mächtigen Bäumen reichte bis ans Wasser heran. Wo die Erde von der Gezeitenflut zerrieben worden war, zeigte sich ein steiler brauner Absatz, der eine wie in unterirdischem Kampf verschlungene Wurzelmasse freilegte; und in der Luft setzten die miteinander verwobenen, von Schlingpflanzen umwundenen und überwucherten Äste den Kampf ums Dasein fort, verschmolzen ihr Laub zu einer festen Blätterwand, in der hier und da die Form einer riesigen dunklen Säule aufstieg oder eine gezackte, wie von einer Kanonenkugel gerissene Öffnung das undurchdringliche Dunkel enthüllte, den jahrhundertealten, unverletzbaren Schatten des Urwalds. Das Stamp-

fen der Maschinen wurde so regelmäßig zurückgeworfen wie die Schläge eines Metronoms, das den Takt des unermesslichen Schweigens schlägt; der Schatten der westlichen Blätterwand war quer über den Fluss gefallen, und der Rauch, der aus dem Schornstein nach achtern strömte, wirbelte hinter dem Schiff herunter und breitete einen dünnen dunklen Schleier über das düstere Wasser, das – von der Gezeitenflut aufgehalten – in der ganzen Länge der geraden Flussstrecken still dazuliegen schien.

Sternes Körper, der auf seinem Platz wie angewurzelt war, erzitterte bei den inneren Vibrationen des Schiffs von Kopf bis Fuß. Unter ihm ertönte manchmal ein plötzliches Eisengeklirr, ein lärmender Ruf. Zur Rechten fingen die Blätter in den Baumwipfeln die Strahlen der tief stehenden Sonne ein und schienen in einem eigenen goldgrünen Licht um die höchsten Äste herum zu schimmern, die schwarz gegen einen milden blauen Himmel standen, der sich wie ein Zeltdach über das Flussbett herabzusenken schien. Die Passagiere nach Batu Beru knieten auf den Planken und waren eifrig damit beschäftigt, ihre Schlafmatten zusammenzurollen; sie verschnürten Bündel und schnappten die Schlösser ihrer Holzkisten zu. Ein pockennarbiger Hausierer warf den Kopf zurück, um sich aus einer irdenen Flasche die letzten Tropfen in den Hals laufen zu lassen, bevor er sie in eine Deckenrolle steckte. Gruppen fahrender Kaufleute standen auf dem Deck herum und unterhielten sich leise. Die Begleiter eines kleinen Rajahs von der Küste unten, breitgesichtige, einfache junge Burschen in weißen Hosen und mit runden weißen Baumwollmützen, die farbigen Sarongs um ihre bronzefarbenen Schultern gewickelt, hockten auf der Luke und kauten Betel mit so leuchtend roten Mündern, als hätten sie Blut getrunken; ihre Spieße, die innerhalb des Kreises ihrer nackten Zehen auf einem Haufen lagen, ähnelten einem Bündel trockner Bambusrohre. Ein dünner, fahler Chinese, der sich ein großes, in Blätter eingewickeltes Paket schon unter den Arm geklemmt hatte, blickte aufmerksam voraus. Ein umherziehender Tling rieb sich mit einem Holzstück die Zähne und ließ aus dem Mund einen hellen Wasserstrahl über die Bordwand strömen. Der fette Rajah döste in einem schäbigen Deckstuhl … und bei jeder Flussbiegung tauchten wieder die an beiden Ufern verlaufenden Blätterwände in ihrer undurchdringlichen Dichte auf, die sich an den Wipfeln in einen dunstigen Schleier aus zahllosen schlanken, frei wachsenden Zweigen auflöste, in einen Schleier aus jungen, zarten Zweigen, die aus den obersten Ästen altersgrauer Stämme trieben, aus federartigen Spitzen von Schlingpflanzen, die wie silbriger Wasserstaub reglos dastanden. Nirgends ein Anzeichen einer Lichtung, nirgends die Spur einer menschlichen Behausung, außer an einer Stelle, wo auf dem kahlen Ende einer Landzunge, unter einer einzeln stehenden Gruppe schlanker Baumfarne die zersplitterten, schwankenden Überreste einer alten Hütte auf Pfählen auftauchten, die diesen eigentümlichen Anblick verfallener Bambuswände bot, die aussehen, als wären sie mit einem Knüppel zerschlagen worden. Weiter flussauf, halb verborgen unter den herabhängenden Büschen, schaukelte, als die *Sofala* vorbeigefahren war, ein Kanu mit einem Mann, einer Frau und einem Dutzend aufgehäufter grüner Kokosnüsse hilflos auf dem Wasser – wie eine Schwimmvorrichtung verwegener Insekten, wandernder Ameisen etwa. Zwei glasige Wasserfalten, die vom Bug des Dampfers quer über die ganze Breite des Flusses ausstrahlten, liefen langsam mit stromauf, während sich ihre letzten Enden am morastigen Uferrand in einem braunen, wispernden Schaumgekräusel verloren.

›Ich muss‹, dachte Sterne, ›diesen Kerl Massy auf seine Lage aufmerksam machen. Auf die Dauer ist die Geschichte geradezu absurd. Da oben ist der alte Mann, in seinem Sessel vergraben – er könnte ebenso gut im Grabe liegen, er taugt ja doch zu nichts mehr in der Welt –, und der Serang hat das Kommando. Das ist es doch. Er hat das Kommando. Auf dem Platz, der von Rechts wegen mir zusteht. Ich muss diesem wilden Dummkopf Bescheid sagen. Und ich werd's sofort tun …‹
Als sich der Steuermann unvermittelt in Bewegung setzte, wurde ein kleiner, halb nackter brauner Junge mit großen schwarzen Augen und mit dem Strick eines Schriftamuletts um den Hals augenblicklich von Panik ergriffen. Er ließ die Banane fallen, an der er schmatzend gekaut hatte, und rannte zu den Knien eines ernsten dunklen Arabers in fließenden Gewändern, der wie eine biblische Gestalt dasaß, unpassenderweise auf einem gelben, mit einem Rotangseil umwundenen Blechkoffer. Ungerührt streckte der Vater die Hand aus, um den kahl geschorenen kleinen Kopf schützend zu tätscheln.

11

Sterne überquerte das Deck auf der Spur des Ersten Maschinisten. Jack, der Zweite, der sich rückwärts über die Maschinenraumleiter zurückzog und noch immer seine Hände abwischte, begegnete ihm mit einem unverständlichen weiß blitzenden Grinsen auf seinem rußigen, harten Gesicht; Massy war nirgendwo zu sehen. Sterne scharrte leise an der Tür, brachte dann seinen Mund an die Ventilatorrosette und sagte: »Ich muss mit Ihnen sprechen, Mr. Massy. Schenken Sie mir ein oder zwei Minuten.«

»Ich habe zu tun. Gehen Sie von meiner Tür weg.«
»Aber ich flehe Sie an, Mr. Massy ...«
»Gehen Sie weg. Hören Sie nicht? Scheren Sie sich fort – ans andere Ende des Schiffes – weit weg ...« Die Stimme drinnen wurde leise: »Zum Teufel.«
Sterne wartete; dann sagte er sehr ruhig: »Es ist ziemlich dringend. Wann, glauben Sie, werden Sie frei sein, Sir?«
Die Antwort darauf war ein wütendes: »Nie!«, und gleichzeitig drehte Sterne mit sehr entschlossenem Gesichtsausdruck den Türgriff.
Mr. Massys Raum – eine schmale Einbett-Kammer – roch stark nach Seife und bot sich in blitzsauberer, schmuckloser Ordnung dar; sie war weniger einfach als armselig, weniger streng als sparsam und ließ jegliche Menschlichkeit vermissen, wie der Krankensaal eines städtischen Hospitals oder eher noch (entsprechend ihrer Winzigkeit) wie das reinliche Asyl einer verzweifelt armen, aber musterhaften Person. Nicht eine einzige gerahmte Fotografie schmückte die Schottwände, kein einziges Kleidungsstück, nicht einmal eine armselige Mütze, hing an den Messinghaken. Das ganze Innere war in einem einheitlichen Blassblau gestrichen. Zwei große Seekisten in Segeltuchbezügen und mit eisernen Vorhängeschlössern waren genau in den Raum unter der Koje eingepasst. Ein Blick genügte, um den ganzen Streifen gescheuerter Planken innerhalb der vier leeren Ecken zu umfassen. Das Fehlen des üblichen Sofas war auffallend; der Teakholzaufsatz des Waschtischs schien hermetisch verschlossen zu sein, ebenso der Rollladen des Schreibtischs, der hinter der Trennwand am Fußende des Betts hervorragte, auf dem unter einer fadenscheinigen Decke mit einem verblassten roten Streifen und einem zusammengefalteten Moskitonetz für die Nächte im Hafen eine Matratze lag, dünn wie ein Eierkuchen. Nirgendwo war ein Papierschnipsel zu sehen, keine Stiefel auf dem

Fußboden, kein Durcheinander, nirgendwo ein bisschen Staub; nicht einmal Spuren von Pfeifenasche, was bei einem starken Raucher moralisch empörend war, gleichsam eine Äußerung größter Heuchelei; und der Sitz des alten hölzernen Lehnstuhls (der einzigen Sitzgelegenheit) war vom vielen Gebrauch blank poliert und glänzte, als wäre seine Schäbigkeit eingewachst worden. Der Blätterschirm am Ufer glitt, als rolle er endlos ab, an der runden Öffnung des Bullauges vorbei und warf ein flimmerndes Netzwerk aus Licht und Schatten in den Raum.

Sterne, der die Tür mit einer Hand aufhielt, hatte Kopf und Schultern hereingesteckt. Massy, der mit absolut nichts beschäftigt war, sprang bei dieser erstaunlichen Zudringlichkeit sprachlos auf.

»Schimpfen Sie nicht«, murmelte Sterne hastig. »Ich lasse mich nicht beschimpfen. Ich denke an nichts als an Ihr Wohl, Mr. Massy.«

Es folgte eine Pause höchsten Erstaunens. Beide schienen die Sprache verloren zu haben. Dann fuhr der Steuermann mit besonnener Zungenfertigkeit fort: »Sie können sich einfach nicht vorstellen, was an Bord Ihres Schiffes vor sich geht. Es würde Ihnen nicht in den Kopf wollen. Sie sind zu gut ... zu ... zu gerecht, Mr. Massy, um irgendjemanden zu verdächtigen ... Es reicht aus, um Ihnen die Haare zu Berge stehen zu lassen.«

Er lauerte auf die Wirkung seiner Worte. Massy schien verwirrt, schien nicht zu begreifen. Er fuhr sich nur mit der Hand über die kohlschwarzen Strähnen, die auf seinem Kopf klebten. Plötzlich fiel Sterne in einen Ton vertraulicher Unverschämtheit und redete hastig weiter: »Denken Sie daran, dass der Vertrag nur noch sechs Wochen gilt ...« Der andere sah ihn versteinert an ... »Sie werden auf jeden Fall über kurz oder lang einen Kapitän für das Schiff brauchen.«

Erst da, als hätte ihn diese Andeutung wie ein glühendes Eisen versengt, fuhr Massy zusammen und schien schreien zu wollen. Mit großer Anstrengung hielt er an sich.
»Einen … Kapitän … brauchen«, wiederholte er mit verletzender Langsamkeit. »Wer braucht einen Kapitän? Sie wagen es, mir zu sagen, dass ich irgendeinen von euch betrügerischen Seeleuten brauche, um mein Schiff zu führen. Sie und Ihresgleichen haben sich seit Jahren an mir gemästet. Es hätte mir weniger wehgetan, mein Geld über Bord zu werfen. Voll ge-fresse-ne nutz-lo-se Be-trrrü-ger. Das alte Schiff versteht genauso viel wie der Beste von euch.« Hörbar biss er die Zähne zusammen und knurrte dann: »Das dämliche Gesetz erfordert einen Kapitän.«
Sterne hatte sich inzwischen ein Herz gefasst. »Und die dämlichen Versicherungsleute auch«, sagte er leichthin. »Aber das tut nichts zur Sache. Was ich fragen will, ist: Warum sollte *ich* nicht der Mann sein, Sir? Ich sage ja nicht, dass Sie nicht genauso gut einen Dampfer rund um die Welt fahren könnten wie irgendeiner von uns Seeleuten: Ich habe nicht die Absicht, Ihnen zu erzählen, dass das ein besonders großes Kunststück ist …« Vertraulich stieß er ein kurzes, falsches Gewieher aus … »Ich habe das Gesetz nicht gemacht, aber es existiert nun einmal; und ich bin ein tatkräftiger, junger Bursche – ich bin mit Ihren Vorstellungen vollkommen einverstanden; ich kenne inzwischen Ihre Eigenheiten, Mr. Massy. Ich würde nicht versuchen, mich wichtig zu machen, wie dieser … dieses … ja, träge Exemplar von einem alten Mann dort oben.«
Auf den letzten Satz legte er besonderen Nachdruck, um Massy von dem augenblicklichen Thema abzubringen, aber er zweifelte nicht daran, dass er jetzt seinen Erfolg in Händen hielt. Der Erste Maschinist schien verblüfft zu sein, wie ein schwerfälliger Mensch, der aufgefordert wird, ein Schnurrädchen anzuhalten.

»Was Sie brauchen, Sir, ist ein Bursche ohne Flausen, der damit zufrieden ist, Ihr Navigationsoffizier zu sein. Ist auch richtig so. Also, ich tauge für die Arbeit ebenso viel wie der Serang. Denn das ist es doch, worauf es hinausläuft. Wissen Sie, Sir, dass ein verdammter Malaie, der wie ein Affe aussieht, Ihr Schiff führt – kein anderer sonst? Hören Sie nur, wie seine Füße über uns auf der Brücke herumtrippeln – er ist tatsächlich der Dienst habende Offizier. Er bringt das Schiff den Fluss hinauf, während sich der große Herr im Sessel wälzt – und vielleicht schläft. Und wenn er's täte, würde das die Sache auch nicht viel schlimmer machen – mein Wort drauf.«

Er versuchte, sich weiter hereinzudrängen. Massy, der mit gesenktem Kopf dastand und mit einer Hand die Sessellehne umklammerte, rührte sich nicht.

»Sie denken, Sir, dass der Mann Sie mit seinem Vertrag festgenagelt hat …« Daraufhin hob Massy sein schweres, mürrisches Gesicht … »Na ja, Sir, man hört an Bord nun einmal davon. Es ist kein Geheimnis. Und an Land ist das seit Jahren im Gespräch, die Burschen haben Wetten drüber abgeschlossen. Nein, Sir! Sie sind es, der ihn in der Gewalt hat. Sie werden sagen, dass Sie ihn nicht wegen Trägheit entlassen können. Vor Gericht schwer zu beweisen und so weiter. Also schön. Aber wenn Sie mir Ihr Versprechen geben, Sir, kann ich Ihnen über seine Trägheit was erzählen, das Ihnen das volle Recht gibt, ihn auf der Stelle hinauszufeuern und mir für den Rest dieser Reise das Kommando zu übertragen – ja, Sir, noch ehe wir aus Batu Beru auslaufen – und ihn für seinen Unterhalt täglich einen Dollar bezahlen zu lassen, bis zur Heimkehr, wenn es Ihnen Spaß macht. Nun, was halten Sie davon? Kommen Sie, Sir, versprechen Sie's. Es lohnt sich wirklich, und ich bin durchaus bereit, mich mit Ihrem bloßen Wort zufrieden zu geben. Eine eindeutige Erklärung von Ihnen wäre so gut wie eine schriftliche Abmachung.«

Seine Augen begannen zu glänzen. Er bestand darauf. Eine simple Erklärung – und er dachte bei sich, dass er es irgendwie fertig bringen würde, seine Stellung so lange zu halten, wie es ihm gefiel. Er würde sich unentbehrlich machen. Das Schiff hatte in seinem Heimathafen einen schlechten Ruf; es würde leicht sein, die Burschen zu verscheuchen. Massy würde ihn halten müssen.

»Eine eindeutige Erklärung von mir würde genügen«, wiederholte Massy langsam.

»Ja, Sir. Würde genügen.« Ermunternd schob Sterne das Kinn vor und zwinkerte auf kürzeste Entfernung mit der unbewussten Unverschämtheit, die Massy über alle Maßen in Wut bringen konnte.

Der Maschinist sprach sehr deutlich: »Dann hören Sie mir gut zu, Mr. Sterne. Ich würde Ihnen keine – hören Sie? – ich würde Ihnen keine zwei Pennys für irgendwas versprechen, was Sie mir erzählen können.«

Er stieß Sternes Arm mit einem kräftigen Schlag beiseite, packte den Türgriff und riss die Tür auf. Der fürchterliche Knall verdunkelte für einen Augenblick die Kammer vor seinen Augen wie nach dem Blitz einer Explosion. Er ließ sich sofort in den Sessel fallen. »O nein! Du nicht!«, flüsterte er schwach.

Das Schiff musste an dieser Stelle so dicht an das Ufer heran, dass die gigantische Blätterwand wie ein Fensterladen auf das Bullauge zuglitt; die Dunkelheit des Urwalds schien in die leere Kammer einzuströmen mit dem Geruch von vermodertem Laub, von nassem Boden – mit dem strengen, schlammigen Geruch der lebendigen Erde, die nach einer Überschwemmung dampft. Laut rauschten längsseits die Büsche, oben war eine Reihe krachender Geräusche und das Prasseln von abgebrochenen kleinen Zweigen zu hören, die auf die Brücke herniederregneten; knallend klatschte eine Schlingpflanze gegen die Spitze eines Bootsdavits, und ein langer, üppiger grüner Zweig peitschte tatsächlich in das offene Bullauge herein und ließ ein paar abgerissene Blätter zurück, die ganz unerwartet auf Mr. Massys Decke zur Ruhe kamen. Als dann das Schiff in den Strom hinausscherte, kehrte das Licht wieder, erreichte aber nur eine gedämpfte Helligkeit, denn die Sonne stand bereits tief, und über den Fluss, der sich durch die Vielzahl jahrhundertealter Bäume wie auf dem Grund einer steilen Schlucht hinschlängelte, hatte sich schon eine immer dunkler werdende Dämmerung gelegt – der schnelle Vorbote der Nacht.

»O nein, du nicht!«, murmelte der Maschinist wieder. Seine Lippen bebten fast unmerklich, ebenso seine Hände. Und um sich zu beruhigen, öffnete er den Schreibtisch, breitete ein Blatt dünnes graues Papier aus, das mit einer Menge Zahlen bedruckt war, und begann sie wenigstens zum zwanzigsten Mal auf dieser Reise aufmerksam zu prüfen.

Die Ellbogen aufgestützt, den Kopf in den Händen, schien er sich in das Studium eines verworrenen mathematischen Problems zu verlieren. Es war die Liste der Gewinnzahlen von der letzten Ziehung der großen Lotterie, die in so vielen Jahren seines Lebens das Einzige gewesen war, was ihn begeistert hatte. Die Vorstellung von einem Leben, dem dieses regelmäßig erscheinende Stück Papier fehlte, war ihm völlig entschwunden, so wie ein anderer Mensch, seiner Natur entsprechend, nicht fähig gewesen wäre, sich eine Welt ohne frische Luft, ohne Tätigkeit oder ohne Liebe vorzustellen. In seinem Schreibtisch hatte sich in all den Jahren ein großer Stoß dünner Blätter angesammelt, während die *Sofala*, vom getreuen Jack betrieben, ihre Kessel abnutzte, indem sie die Straße von Malakka hinauf- und hinuntertrampte, von Kap zu Kap, von Fluss zu Fluss, von Bucht zu Bucht –

und mit dieser harten Arbeit eines überforderten, verkommenen Schiffs nur die druckschwarzen Haufen dieser Veröffentlichungen vermehrte. Massy verwahrte sie wie einen Schatz hinter Schloss und Riegel. In ihnen lag, wie in der Erfahrung des Lebens, die Faszination der Hoffnung, die Erregung eines halb durchschauten Geheimnisses, das Verlangen einer halb befriedigten Begierde.

Auf der Reise pflegte er sich tagelang mit ihnen in seiner Kammer einzuschließen: Das Stampfen der schwer arbeitenden Maschinen klopfte ihm in den Ohren, und er zerbrach sich den Kopf, während er aufmerksam die Reihen unzusammenhängender Zahlen studierte, die verwirrend waren in ihrer sinnlosen Folge und den Zufällen des Schicksals glichen. Er hegte die Überzeugung, dass irgendwo in den Zufallstreffern eine gewisse Logik stecken müsse. Er glaubte das System begriffen zu haben. Sein Kopf war benommen, seine Glieder schmerzten, mechanisch paffte er seine Pfeife. Eine nachdenkliche Erstarrung besänftigte sein gereiztes Gemüt, so wie eine Droge eine passive körperliche Ruhe bewirkt, während der Verstand hellwach bleibt. Neun – neun – null – vier – zwei. Er machte eine Notiz. Die Nummer des nächsten Hauptgewinns war siebenundvierzigtausendundfünf. Diese Zahlen würde man in Zukunft natürlich vermeiden müssen, wenn man in Manila Lose bestellte. Den Bleistift in der Hand, murmelte er: »... und fünf. Hm ... hm.« Er feuchtete den Finger an, die Blätter raschelten. Ha! Aber was war das? Vor drei Jahren, in der Septemberziehung, war es die Nummer neun – null – vier – zwei, die den Hauptgewinn brachte. Höchst bemerkenswert. Darin lag ein Fingerzeig auf eine bestimmte Regel! Er befürchtete, in dem überwältigenden Reichtum seines Materials irgendein verborgenes Prinzip zu übersehen. Was könnte das sein? Und eine halbe Stunde lang blieb er totenstill tief über den Tisch gebeugt, ohne

einen Muskel zu rühren. Hinter seinem Rücken füllte sich die ganze Kabine mit schweren Rauchschwaden, als wäre darin eine Bombe explodiert, unbemerkt und ungehört.
Schließlich versperrte er den Schreibtisch mit der Entschlossenheit eines unerschütterlichen Vertrauens, sprang auf und ging hinaus. Rasch schritt er auf dem Teil des Vordecks hin und her, der vom Plunder und von den Leibern der eingeborenen Passagiere freigehalten wurde. Sie waren eine rechte Plage, aber sie waren auch eine Einkommensquelle, die nicht zu verachten war. Er brauchte jeden Penny, den die *Sofala* an Gewinn einbringen konnte. Es war wenig genug, sicherlich! Die Unsicherheit eines Zufallstreffers machte ihm nicht zu schaffen, da er irgendwie zu der Überzeugung gekommen war, im Laufe der Jahre müsse jede Nummer einmal gewinnen. Es war einfach eine Frage der Zeit und des Kaufs so vieler Lose, wie er sich für jede Ziehung leisten konnte. Im Allgemeinen kaufte er eher mehr. Alle Einkünfte des Schiffs gingen diesen Weg, auch die Heuer, die er sich selbst als Erstem Maschinisten bewilligte. Was er anderen als Heuer zahlte, beklagte er mit verständlichem und gleichzeitig leidenschaftlichem Bedauern. Scheel blickte er auf die Laskaren mit ihren Pissavabesen, auf die Rudergänger, die die Messingreling mit öligen Lappen abrieben. Er war schnell dabei, die Faust zu schütteln und in schlechtem Malaiisch Flüche gegen den armen Zimmermann – einen furchtsamen, kränklichen, opiumberauschten Chinesen – auszustoßen, der, nur mit einer weiten blauen Hose bekleidet, sein Werkzeug fallen ließ und mit flatterndem Zopf und am ganzen Leibe zitternd vor der Wut dieses ›Teufels‹ nach unten floh. Aber als er seine Augen zur Brücke hob, wo nach dem Gesetz immer einer dieser betrügerischen Seeleute das Kommando über sein Schiff hatte, wurde ihm vor Wut

fast schwindlig. Er verabscheute sie alle; es war ein alter Groll aus der Zeit, als er – ein unbeleckter Bengel mit einer hohen Meinung von sich selbst – das erste Mal zur See fuhr, im Maschinenraum. Die Verachtung, die er erfahren hatte. Die Bosheiten, die er von Kapitänen erdulden musste – letzten Endes von absoluten Nullen auf einem Dampfer. Und jetzt, da er zum Schiffseigner aufgestiegen war, waren sie für ihn noch immer eine Plage: Er musste tatsächlich gutes Geld an diese eingebildeten, nutzlosen Strolche bezahlen – als ob man einem qualifizierten Maschinisten, der auch noch Eigner war, nicht das Kommando über das Schiff anvertrauen könnte. Nun, er heizte ihnen hübsch ein, aber das war ein schwacher Trost. Es war schließlich so weit mit ihm gekommen, dass er auch das Schiff hasste – wegen der Reparaturen, die es erforderte, wegen der Kohlenrechnungen, die er zu bezahlen hatte, wegen der erbärmlichen Frachteinnahmen. Er ballte die Faust, als er dahinschritt, und versetzte der Reling einen plötzlichen bösartigen Schlag, so als könnte er dem Schiff Schmerzen zufügen. Und doch konnte er ohne das Schiff nichts unternehmen, er brauchte es. Er musste sich mit aller Kraft an ihm festklammern, um sich über Wasser zu halten, bis die erhoffte Flut des Reichtums heranbrandete und ihn sicher am hohen Ufer seines ehrgeizigen Strebens absetzte.

Es kam jetzt darauf an, nichts zu tun, gar nichts mehr, und so viel Geld zu haben, um sich das leisten zu können. Er hatte von der Macht gekostet, von ihrer höchsten Form, die ihm seine beschränkte Erfahrung vermittelt hatte – von der Macht des Schiffseigners. Was für eine Täuschung! Eitelkeit aller Eitelkeiten! Er wunderte sich über seine Torheit. Er hatte die Substanz weggeworfen und ihren Schatten behalten. Von den Annehmlichkeiten des Reichtums wusste er nicht genug, um seine Einbildungskraft durch irgendwelche Vorstellungen von Luxus anzuregen. Wie konnte er das auch – das Kind eines betrunkenen Kesselschmieds, das aus der Werkstatt geradewegs in den Maschinenraum eines Kohlenschiffs an der Nordküste gewandert war! Aber vom absoluten Müßiggang der Reichen hatte er sehr wohl eine Vorstellung. In ihr schwelgte er, um seine augenblicklichen Sorgen zu vergessen; er stellte sich vor, wie er durch die Straßen von Hull ging (deren Gossen er als Junge gut gekannt hatte), die Taschen voller Sovereigns. Er würde sich ein Haus kaufen. Seine verheirateten Schwestern, ihre Männer, seine alten Kumpel aus der Werkstatt würden ihm unbegrenzte Hochachtung entgegenbringen. Nichts würde er mehr zu bedenken brauchen. Sein Wort würde Gesetz sein. Ehe er das große Los gezogen hatte, war er lange arbeitslos gewesen, und er erinnerte sich daran, wie Carlo Mariani (allgemein als der Dicke Charley bekannt), der Malteser Gastwirt, am verrufenen Ende der Denham Street, an dem Abend, als die Nachricht kam, voller Freude vor ihm gekrochen war. Der arme Charley gab so manchem weißen Wrack Essen auf Kredit, obwohl er sich seinen Lebensunterhalt damit verdiente, dass er den verschiedensten gemeinen Lastern Vorschub leistete. Er war überaus entzückt von der naiven Vorstellung, dass seine alten Rechnungen bezahlt würden, und er hatte zuversichtlich mit so mancher Festlichkeit in der Schnapshöhle unten gerechnet. Massy erinnerte sich an die neugierigen, respektvollen Blicke der ›verkommenen‹ Weißen in der Kneipe. Das Herz hatte ihm höher geschlagen. Massy hatte Charleys verrufenes Loch sofort mit erhobener Nase verlassen, als er die Möglichkeiten begriffen hatte, die ihm jetzt offen standen. Später war die Erinnerung an diese Schmeicheleien mit Trauer erfüllt.

Das war die wirkliche Macht des Geldes – man hatte keine Sorgen damit und musste nicht mehr überlegen. Er dachte langsam und fühlte lebhaft; seinem schwerfälligen Hirn schien es, als seien die entsetzlich schwierigen Probleme, die jede geordnete Lebensweise mit sich bringt, ihm durch die offenkundige Bosheit der Menschen in den Weg gestellt. Jedermann hatte sich gegen ihn als Schiffseigner verschworen, um ihn zu vernichten. Wie hatte er so ein Narr sein können, dieses verfluchte Schiff zu kaufen? Er war abscheulich betrogen worden; der Betrug nahm kein Ende, und als die Schwierigkeiten, in die er sich mit seinem unbedachten Ehrgeiz gebracht hatte, immer größer wurden, begann er tatsächlich jeden zu hassen, mit dem er je in Berührung gekommen war. Sein von Natur aus erregbares Temperament und seine erstaunliche Empfindlichkeit gegenüber den Ansprüchen seiner eigenen Person hatten ihm schließlich das Leben zu einer Art Hölle gemacht – zu einem Ort, an dem seine verlorene Seele der Folter wilden Grübelns ausgesetzt war.

Nie aber hatte er jemanden so gehasst wie diesen alten Mann, der eines Abends aufgetaucht war, um ihn vor dem völligen Zusammenbruch zu bewahren – vor der Verschwörung der erbärmlichen Seeleute. Er schien vom Himmel aufs Schiff gefallen zu sein. Seine Schritte hallten auf dem leeren Deck wider, und die eigenartig tiefe Stimme, die fragend die Worte: »Mr. Massy? Ist Mr. Massy hier?«, wiederholt hatte, war so überraschend wie ein Wunder gewesen. Und als er aus den Tiefen des kalten Maschinenraums heraufstieg, wo er mit einer Kerze entmutigt zwischen den riesigen Schatten der Maschinenteile herumgewerkelt hatte, war Massy maßlos verblüfft gewesen angesichts dieses imponierenden alten Mannes mit einem Bart wie einer Silberplatte, der vor ihm in der von den vergehenden Flammen des Sonnenuntergangs fahl gewordenen Dämmerung aufragte.

»Sie wollen mich in Geschäften sprechen? In was für Geschäften? Ich mache keine Geschäfte. Sehen Sie nicht, dass das Schiff aufgelegt ist?« Massy fühlte sich von der Ironie des ihn verfolgenden Missgeschicks gejagt. Später mochte er seinen Ohren nicht trauen. Was wollte der alte Bursche? So etwas gab es nicht. Es war ein Traum. Gleich würde er aufwachen und merken, dass der Mann wie ein Nebelgebilde verschwunden war. Der Ernst, die Würde, der feste und höfliche Ton des athletischen alten Fremden beeindruckten Massy. Fast hatte er Angst. Aber es war kein Traum. Fünfhundert Pfund sind kein Traum.

Er wurde sofort misstrauisch. Was bedeutete das? Natürlich war es ein Angebot, das man um des lieben Lebens willen annehmen musste. Aber was steckte dahinter?

Ehe sie sich getrennt hatten – nachdem sie für den nächsten Morgen eine Zusammenkunft in einem Anwaltsbüro vereinbart hatten –, fragte sich Massy: ›Welchen Grund hat er dafür?‹ Er verbrachte die Nacht damit, die Klauseln des Vertrags auszuarbeiten – ein in seiner Art einmaliges Dokument, dessen Inhalt weit und breit berühmt und zum Gegenstand des Gesprächs und der Bewunderung im Hafen wurde.

Es war Massys Absicht gewesen, sich so viele Wege wie möglich offen zu halten, um seinen Partner loswerden zu können, ohne zugleich auch dessen Anteil zurückkaufen zu müssen. Kapitän Whalleys Anstrengungen waren darauf gerichtet, das Geld zu sichern. War es nicht Ivys Geld – ein Teil ihres Vermögens, dessen einziger anderer Aktivposten der der Zeit trotzende Leib ihres alten Vaters war? Seiner Geduld sicher, die ihm aus der Kraft seiner Liebe zu ihr erwuchs, akzeptierte er um anderer strenger Bedingungen willen mit stolzer Gelassenheit Massys albern hinterlistige Paragrafen gegen Unfähigkeit, Unehrlichkeit und Trunkenheit. Nach drei Jahren stand es ihm frei, sich aus der Partnerschaft zurückzuziehen und sein Geld herauszunehmen. Es wurde Vorsorge getroffen, um einen Fonds für seine Auszahlung zu schaffen. Wenn er aber die *Sofala* vor diesem Zeitpunkt verließ – aus welchem Grund auch immer (Tod ausgenommen) –, sollte Massy für die Rückzahlung ein volles Jahr Zeit haben. »Krankheit?«, hatte der Anwalt zu bedenken gegeben – ein junger Mann, der, frisch aus Europa gekommen, mit Arbeit nicht überlastet war und den die Verhandlungen ziemlich amüsierten. Massy begann salbungsvoll zu jammern: »Wie kann denn bei ihm so etwas zu erwarten sein? …«

»Lassen wir das«, hatte Kapitän Whalley mit prächtigem Vertrauen in seinen Körper gesagt. »Höhere Gewalt«, fügte er hinzu. Mitten im Leben sind wir im Tod, aber er vertraute seinem Schöpfer mit noch größerer Furchtlosigkeit – seinem Schöpfer, der seine Gedanken, seine menschliche Liebe und seine Motive kannte. Sein Schöpfer wusste, welchen Nutzen er aus seiner Gesundheit ziehen wollte – wie sehr er sie brauchte …

»Ich glaube, meine erste Krankheit wird meine letzte sein. Solange ich mich erinnern kann, bin ich niemals krank gewesen«, hatte er bemerkt. »Lassen wir das.«

Aber schon in diesem frühen Stadium hatte er Massys Feindseligkeit erweckt, weil er es ablehnte, statt der fünfhundert Pfund sechshundert zu geben. »Das kann ich nicht«, war alles, was er gesagt hatte, schlicht, aber mit so viel Entschiedenheit, dass Massy sogleich davon abließ, auf diesem Punkt zu bestehen, bei sich aber gedacht hatte: ›Kann nicht! Alter Geizkragen. Will nicht! Er muss Haufen von Geld haben, aber er möchte am liebsten einen angenehmen Posten und ein Sechstel meiner Einnahmen für nichts kriegen, wenn er könnte.‹

Und im Lauf der Jahre wuchs Massys Abneigung unter einem Zwang, der etwas von Furcht an sich hatte. Die Schlichtheit dieses Mannes war gefährlich. Seit kurzem hatte er sich allerdings verändert, er wirkte weniger furchtbar und in seiner Lebenskraft geschwächt, als hätte er eine geheime Wunde davongetragen. Aber noch immer blieb er in seiner Schlichtheit, Furchtlosigkeit und Redlichkeit unbegreiflich. Und als Massy erfuhr, dass er ihn nach Ablauf der Vertragsfrist zu verlassen, ihn mit dem Problem der Kessel allein zu lassen gedachte, schlug seine Abneigung insgeheim in Hass um.

Dieser Hass hatte ihn so klarsichtig gemacht, dass ihm Mr. Sterne auf lange Zeit hin nichts hätte sagen können, was er nicht schon wusste. Es kostete ihn viel Mühe, diesen erbärmlichen Schnüffler so zu erschrecken, dass er den Mund hielt. Er wollte mit der Situation allein fertig werden, und – so unglaublich es Mr. Sterne auch erscheinen mochte – er hatte den Wunsch und die Hoffnung noch nicht aufgegeben, den verhassten alten Mann zum Bleiben zu überreden. Nun, es gab keine andere Möglichkeit, wenn er nicht seine Hoffnungen auf Reichtum preisgeben wollte. Jetzt aber, seit dem Überqueren der Barre von Batu Beru, schienen die Dinge schnell zur Entscheidung zu drängen. Das beunruhigte ihn dermaßen, dass das Studium der Gewinnzahlen seine Aufregung nicht besänftigen konnte. Und das Zwielicht in der Kabine vertiefte sich, wurde sehr düster.

Er legte die Liste fort und murmelte noch einmal: »O nein, mein Junge, du nicht. Nicht, wenn ich es weiß.« Er wollte sich nicht von dem zwinkernden, herumschnüffelnden Gauner zum Handeln zwingen lassen. Wieder nahm er den Kopf in die Hände; seine Reglosigkeit, auf die Dunkelheit dieses verschlossenen kleinen Raums beschränkt, schien ihn zu einem Wesen zu machen, das vom Leben und von den Geräuschen an Deck unendlich weit entfernt war.

Er hörte sie: Die Passagiere begannen aufgeregt zu schnattern, irgendjemand zerrte eine schwere Kiste an seiner Tür vorbei. Er hörte Kapitän Whalleys Stimme oben: »Auf

die Stationen, Mr. Sterne.« Und von irgendwo vorn die Antwort: »Aye, aye, Sir.«
»Wir werden diesmal gegen den Strom festmachen. Die Ebbe hat eingesetzt.«
»Gegen den Strom, Sir.«
»Sie werden sich drum kümmern, Mr. Sterne.«
Die Antwort wurde vom gebieterischen Läuten des Maschinentelegrafen übertönt. Die Schraube drehte sich langsam weiter: eins, zwei, drei - eins, zwei drei - mit langen Pausen dazwischen, als zögere sie im Lauf. Der Telegraf läutete immer wieder, und das Wasser, das von den Schraubenflügeln hierhin und dahin gepeitscht wurde, schäumte längsseits rauschend auf. Mr. Massy rührte sich nicht. Ein Leuchtfeuer auf dem anderen Ufer, eine Viertelmeile entfernt, trieb - kaum größer als ein winziger Stern - langsam am runden Bullauge vorbei. Von Mr. van Wyks Landungssteg antworteten Stimmen auf die Rufe vom Schiff; Taue wurden geworfen, verfehlt und von neuem geworfen; die flackernde Flamme einer Fackel in einem großen Sampan, der herankam, um den Rajah von der Küste unten feierlich abzuholen, warf plötzlich einen roten Schein in die Kammer und über seine ganze Gestalt. Mr. Massy rührte sich nicht. Nach ein paar letzten schwerfälligen Umdrehungen standen die Maschinen still, und das längere Läuten des Telegrafen bedeutete, dass der Kapitän sie nicht mehr brauchte. Eine große Zahl von Booten und Kanus aller Größen machte an der vom Land abgelegenen Seite der *Sofala* fest. Dann legte sich allmählich das Durcheinander von Wasserplätschern, Schreien, schlurfenden Füßen, der Aufprall fallender Ballen und die Schritte der davongehenden eingeborenen Passagiere verstummten. Am Ufer sagte eine kultivierte, ein wenig herrische Stimme unmittelbar an der Bordwand: »Diesmal Post für mich?«

»Ja, Mr. van Wyk.« Das war Sterne, der im Ton respektvoller Herzlichkeit über die Reling Antwort gab. »Soll ich sie Ihnen hinaufbringen?«
Aber die Stimme fragte wieder: »Wo ist der Kapitän?«
»Noch auf der Brücke, glaube ich. Er hat seinen Sessel nicht verlassen. Soll ich ...«
Nachlässig unterbrach die Stimme: »Ich werde an Bord kommen.«
»Mr. van Wyk«, sprudelte Sterne plötzlich eifrig hervor, »Würden Sie mir den Gefallen tun ...«
Der Steuermann ging schnell auf die Gangway zu. Schweigen trat ein. Mr. Massy rührte sich nicht im Dunkeln.
Er rührte sich sogar dann nicht, als er langsame, schlurfende Schritte hörte, die an seiner Tür vorbeigingen. Er begnügte sich damit, durch die geschlossene Tür zu brüllen: »Sie – Jack!«
Ohne Eile kehrten die Schritte zurück. Der Türgriff knarrte, und der Zweite Maschinist erschien in der Öffnung – dunkel im Schein des Deckslichts hinter seinem Rücken, das Gesicht offenbar ebenso schwarz wie die übrige Gestalt.
»Wir haben diesmal lange gebraucht, um heraufzukommen«, knurrte Mr. Massy, ohne seine Haltung zu verändern.
»Was erwarten Sie denn, wenn die Hälfte der Kesselrohre geflickt ist«, verteidigte sich der zweite Maschinist redselig.
»Schluss mit Ihren Unverschämtheiten«, sagte Massy.
»Schluss mit Ihren verrotteten Kesseln – sage ich«, erwiderte sein getreuer Untergebener rau und ohne Schwung. »Gehen Sie runter und halten Sie selbst den Druck – wenn Sie's wagen. Ich nicht.«
»Dann sind Sie nicht das Salz in der Suppe wert«, sagte Massy. Der andere gab ein leises Geräusch von sich, das einem Lachen glich, aber auch ein Knurren sein konnte.

»Besser langsam, als das Schiff völlig stoppen«, warnte er seinen bewunderten Vorgesetzten. Endlich rührte sich Mr. Massy. Er drehte sich in seinem Sessel um und knirschte zwischen den Zähnen: »Zur Hölle mit Ihnen und dem Schiff! Ich wünschte, es läge auf dem Meeresgrund. Dann müssten Sie verhungern.«

Sanft schloss der zuverlässige Zweite Maschinist die Tür. Massy lauschte. Anstatt zum Baderaum weiterzugehen, wo er sich hätte waschen sollen, betrat der Zweite seine Kammer, die nebenan lag. Mr. Massy sprang auf und wartete. Plötzlich hörte er das Schloss schnappen. Er stürmte hinaus und versetzte der Tür einen heftigen Tritt.

»Ich glaube, Sie schließen sich ein, um sich zu betrinken«, schrie er.

Nach einer Weile kam die gemurmelte Antwort: »Meine Freizeit.«

»Wenn Sie auf der Reise mit Saufen anfangen, fliegen Sie raus«, schrie Massy.

Eigensinniges Schweigen folgte auf diese Drohung. Massy ging verwirrt davon. Am Ufer tauchten zwei Gestalten auf, die sich der Gangway näherten. Er hörte eine Stimme, in der Geringschätzung mitschwang: »Ich möchte Ihre Worte eher bezweifeln. Aber natürlich werde ich mit ihm darüber sprechen.«

Die andere Stimme, die von Sterne, sagte mit einer Art bedauernder Förmlichkeit: »Danke. Das ist alles, was ich möchte. Ich muss meine Pflicht tun.«

Mr. Massy war überrascht. Leicht sprang eine kleine, gewandte Gestalt an Deck und prallte beinahe auf ihn, der außerhalb des Lichtscheins der Gangwaylaterne stand. Als sie nach einem eiligen ›guten Abend‹ an ihm vorüber auf die Brücke zuging, sagte Massy verdrießlich zu Sterne, der mit langsamen Schritten folgte: »Womit machen Sie sich jetzt an Mr. van Wyk heran?«

»Davon bin ich weit entfernt, Mr. Massy. Ich bin für Mr. van Wyk nicht gut genug. Und ich fürchte, Sir, Sie sind es seiner Meinung nach auch nicht. Kapitän Whalley ist es, wie es scheint. Er will ihn für heute Abend zum Essen im Haus oben einladen.«
Dann murmelte er dunkel vor sich hin: »Ich hoffe, es wird ihm schmecken.«

12

Mr. van Wyk, der Weiße von Batu Beru, ein ehemaliger Marineoffizier, der aus Gründen, die er selbst am besten kannte, die Aussicht auf eine glänzende Karriere verworfen hatte, um zum Pionier des Tabakanbaus an diesem entlegenen Teil der Küste zu werden, hatte Kapitän Whalley schätzen gelernt. Die Erscheinung des neuen Kapitäns hatte seine Aufmerksamkeit erregt. Sie war den verschiedenen Typen, die er auf der Brücke der *Sofala* hatte einander ablösen sehen, ganz und gar unähnlich.
Batu Beru war zu dieser Zeit nicht das, was es seitdem geworden ist: das Zentrum eines wohlhabenden Tabakanbau-Distrikts, eine tropische, einer Gartenvorstadt ähnliche kleine Bungalowsiedlung an einer langen Straße, die von zwei Baumreihen beschattet wird, verborgen hinter der blühenden und gepflegten Üppigkeit der Gärten, mit einem drei Meilen langen Fahrweg für die Nachmittagsausfahrten und mit einem erstklassigen Residenten samt einer dicken, fröhlichen Frau, die in der Gesellschaft der verheirateten Plantagenverwalter und der unverheirateten jungen Leute im Dienst der großen Firmen den Ton angibt.
All diesen Reichtum gab es noch nicht, und Mr. van Wyk kam allein zu Wohlstand – am linken Ufer auf seiner aus-

gedehnten Rodung, die aus dem Wald herausgeschnitten war, der oberhalb und unterhalb bis ans Wasser hinunterreichte. Sein einsamer Bungalow stand den Häusern des Sultans auf der anderen Seite des Flusses gegenüber, eines ruhelosen und melancholischen alten Herrschers, der Liebe und Krieg hinter sich hatte, für den das Leben keinerlei Reiz mehr besaß (böse Vorahnungen ausgenommen) und dem Zeit nie etwas bedeutet hatte. Er fürchtete den Tod und hoffte doch zu sterben, bevor die Weißen ihm sein Land wegnehmen könnten. Häufig setzte er über den Fluss (nie mit weniger als zehn voll besetzten Booten), in der stillen Hoffnung, seinem Weißen einen Hinweis zu diesem Thema zu entlocken. Auf der Veranda stand ein bestimmter Sessel, in den er sich stets setzte; die Würdenträger seines Hofes hockten auf den Teppichen und Fellen zwischen den Möbeln; das niedrige Volk blieb unten auf dem Rasenplatz zwischen Haus und Fluss, in Dreier- oder Viererreihen die ganze Front entlang. Nicht selten begann der Besuch bei Tagesanbruch. Mr. van Wyk duldete diese Überfälle. Er pflegte aus seinem Schlafzimmerfenster zu nicken, die Zahnbürste oder das Rasierzeug in der Hand, oder im Bademantel durch das Gedränge der Hofleute zu gehen. Er erschien und verschwand, summte eine Melodie, polierte sich aufmerksam die Fingernägel, rieb sein rasiertes Gesicht mit Eau de Cologne ein, trank seinen Morgentee, ging hinaus, um seine Kulis bei der Arbeit zu kontrollieren, kehrte zurück, sah ein paar Papiere auf seinem Schreibtisch durch, las ein oder zwei Seiten in einem Buch oder setzte sich ans Klavier, in den Stuhl zurückgelehnt, die Arme ausgestreckt, die Finger auf den Tasten, den Körper leicht von einer Seite zur anderen wiegend. Wenn er wirklich zum Reden gezwungen wurde, gab er ausweichende, unbestimmt besänftigende Antworten – aus purem Mitleid, und vielleicht ließ ihn dasselbe Gefühl so verschwenderisch gastfreundlich sprudelnde Getränke anbieten, dass er mehr als einmal eine ganze Woche lang selbst ohne Sodawasser war. Dieser alte Mann hatte ihm so viel Land zugestanden, wie er zu roden Lust hatte: Das war nicht mehr und nicht weniger als ein Vermögen.

Ob es nun ein Vermögen oder die Abgeschiedenheit von seinesgleichen war, was Mr. van Wyk suchte, er hätte sich an keinem besseren Ort niederlassen können. Selbst die Postschiffe der subventionierten Gesellschaft, die bei den kleinsten Palmhüttensiedlungen längs der Küste anlegten, dampften weit draußen auf offener See an der Mündung des Batu-Beru-Flusses vorüber. Der Vertrag war alt – vielleicht würde Batu Beru in ein paar Jahren, wenn er abgelaufen war, in den Postdienst einbezogen werden; inzwischen wurde Mr. van Wyks gesamte Post nach Malakka geschickt, von wo sie sein Agent einmal im Monat mit der *Sofala* herübersandte. Die Folge war, dass Mr. van Wyk – wann immer Massy nicht bei Kasse war (weil er zu viele Lotterielose gekauft hatte) oder Schwierigkeiten wegen eines Kapitäns hatte – ohne Briefe und Zeitungen blieb. Insofern hatte er am Geschick der *Sofala* ein persönliches Interesse. Obwohl er sich als Einsiedler betrachtete (und das ganz offensichtlich nicht aus einer vorübergehenden Laune heraus, da er schon acht Jahre ausgehalten hatte), wusste er gern, was in der Welt vorging.

Griffbereit lagen auf der Veranda auf einer Nussbaumetagere (sie war letztes Jahr mit der *Sofala* hergekommen – alles kam mit der *Sofala*) unter Bronzegewichten aufgestapelt ein Stoß der Wochenausgabe der ›Times‹, die großen Blätter der ›Rotterdam Courant‹, die ›Graphic‹ in ihrem weltbekannten grünen Umschlag, eine illustrierte holländische Publikation ohne Einband, die Hefte eines deutschen Magazins mit Einbänden in Bismarckbraun. Es gab auch Stöße von Noten mit neuer Musik, obgleich das Klavier (es war vor Jahren mit der *Sofala* gekommen) durch die feuchte Luft der Wälder im Allgemeinen verstimmt war. Es war ärgerlich, manchmal für volle sechzig Tage von allem abgeschnitten zu sein – ohne die Möglichkeit, etwas von dem zu erfahren, was vorging. Und wenn die *Sofala* wieder auftauchte, pflegte Mr. van Wyk die Stufen der Veranda hinunterzusteigen und mit gerunzelter, bleicher Stirn über den Rasenplatz vor seinem Haus zum Ufer hinunterzuschlendern.

»Ich nehme an, Sie sind nach einem Unfall aufgelegt gewesen.«

Er sprach zur Brücke hin, aber ehe jemand antworten konnte, war Massy unfehlbar schon über die Reling ans Ufer geklettert, hatte sich vorgedrängt, die Hände zusammengepresst, und beugte seinen glatten, wie mit schwarzen Fäden und Bändern beklebten Kopf. Und er war so erbost über die Notwendigkeit, eine solche Erklärung abgeben zu müssen, dass sein Jammern tatsächlich kläglich war, während er die ganze Zeit über seinen dicken Lippen ein Lächeln aufzusetzen suchte.

»Nein, Mr. van Wyk. Sie werden es nicht glauben. Ich konnte keinen von diesen Schuften kriegen, der das Schiff geführt hätte. Kein Einziger von diesen trägen Halunken war zu überreden, und das Gesetz – Sie wissen, Mr. van Wyk ...«

Lange jammerte er entschuldigend herum. Die Wörter Verschwörung, Komplott, Neid waren besonders deutlich, wurden mit größerem Nachdruck gewinselt. Mr. van Wyk pflegte dann, während er mit einer leichten Grimasse seine polierten Fingernägel betrachtete, zu sagen: »Hm, sehr bedauerlich«, und ihm den Rücken zu kehren.

Wählerisch, klug, ein wenig skeptisch, an die beste Gesellschaft gewöhnt (er hatte ein Jahr lang einen viel beneideten Posten im Marineministerium bekleidet, ehe er sich von seinem Dienst und von Europa zurückgezogen hatte), war er insgeheim sehr feinfühlig und besaß die Fähigkeit zu echter Anteilnahme, die aber durch eine gewisse hochmütige und eigenwillige, aus seiner früheren Erziehung herrührende Gleichgültigkeit seines Benehmens verdeckt wurde und auch durch etwas in seinem Aussehen, das ein Gegner stutzerhaft hätte nennen können – etwas wie ein verzerrter Nachhall vergangener Vornehmheit. Er brachte es fertig, unter den Kulis der Plantage, die er aus dem Dickicht und der Dunkelheit des Dschungels ans Tageslicht gezogen hatte, eine fast militärische Disziplin zu halten; und das weiße Hemd, das er jeden Abend anzog, sah mit seinem steifen, glatten Chemisett und dem hohen Kragen aus, als beabsichtige er, die vornehme Gepflogenheit des Abendanzugs beizubehalten; als Konzession an die Wildnis, die einst sein Widersacher und jetzt sein bezwungener Verbündeter war, wand er sich eine breite karmesinrote Schärpe um die Hüften. Außerdem war das eine hygienische Vorsichtsmaßnahme. Seine Schultern bedeckte eine kurze Jacke aus einem leichten, seidigen Stoff, die vorn weit offen getragen wurde. Sein flaumiges blondes Haar, oben schon etwas dünn und an den Schläfen leicht gewellt, ein sorgfältig verschnittener Schnurrbart, eine freie Stirn, der Schimmer flacher Lackschuhe, die unter den weiten, gerade geschnittenen Hosen, aus dem gleichen Stoff wie die leichte Jacke, hervorsahen, vervollständigten eine Gestalt, die mit ihrer Schärpe an einen Piratenhauptmann aus einem Roman erinnerte und gleichzeitig an die Eleganz eines leicht kahlköpfigen Dandys, der selbst in der Abgeschiedenheit an ausgefallener Kleidung Geschmack findet.

Das war sein Abendanzug. Die genaue Ankunftszeit der *Sofala* in Batu Beru war eine Stunde vor Sonnenuntergang, und er sah malerisch und irgendwie auch ganz korrekt

aus, wie er am Wasser dahinschritt, vor dem Hintergrund der Grasböschung, die gekrönt war von einem niedrigen, lang gestreckten Bungalow mit außerordentlich steilem Palmblätterdach und bis zu den Traufen hinaufrankenden blühenden Schlingpflanzen. Während die *Sofala* festgemacht wurde, schlenderte er im Schatten der wenigen Bäume, die am Landungsplatz stehen gelassen worden waren, hin und her und wartete, bis er an Bord gehen konnte. Die Weißen des Schiffes waren nicht seinesgleichen. Der alte Sultan (obgleich seine schweigsamen Überfälle eine Plage waren) entsprach seinem verwöhnten Geschmack wirklich weit mehr. Aber sie waren dennoch Weiße. Die periodischen Besuche des Schiffs waren, ohne seine Einsamkeit zu stören, eine Unterbrechung im ausgefüllten Gleichmaß des Tages. Außerdem waren sie in geschäftlicher Hinsicht notwendig, und bei seinem Hang zur Genauigkeit war er aufgebracht, wenn das Schiff nicht zur festgesetzten Zeit auftauchte.
Der Grund für die Unpünktlichkeit war zu absurd, und Massy war in seinen Augen ein verachtenswerter Idiot. Als die *Sofala* nach dem neuen Vertrag zum ersten Mal wieder um die untere Flussbiegung herumschwenkte, nachdem er fast jede Hoffnung aufgegeben hatte, sie jemals wiederzusehen, war er so ärgerlich, dass er nicht gleich zum Landungsplatz hinunterging. Seine Diener waren eilig mit der Neuigkeit zu ihm gekommen, und er hatte den Sessel dicht an das vordere Geländer der Veranda gezogen, die Ellbogen aufgestützt, das Kinn auf die Hände gelegt und das Schiff weiter unverwandt angestarrt, während es seinem Haus gegenüber vertäut wurde. Bequem konnte er alle weißen Gesichter an Bord ausmachen. Wer, in aller Welt, war dieser Patriarch, den sie jetzt dort auf der Brücke hatten?
Schließlich sprang er auf und schritt den Kiesweg hinunter. Es war eine Tatsache, dass sogar der Kies für seine

Wege von der *Sofala* eingeführt worden war. In seinem ruhigen Stolz erbittert, sprach er – ohne jemanden rechts oder links anzusehen – direkt und so bestimmt Massy an, dass der Maschinist bestürzt und unverständlich zu stottern anfing. Nichts war zu hören als die Worte: »Mr. van Wyk … Wirklich, Mr. van Wyk … In Zukunft, Mr. van Wyk …« – und durch die Schamröte nahm Massys großes galliges Gesicht eine unnatürliche Orangefärbung an, von der sich die verstörten kohlschwarzen Augen ungewöhnlich abhoben.

»Unsinn. Ich bin es müde. Ich staune, dass Sie die Unverschämtheit haben, an meinem Landungsplatz anzulegen, als ob ich ihn allein zu Ihrer Bequemlichkeit gebaut hätte.«

Massy versuchte ernstlich zu protestieren. Mr. van Wyk war sehr ärgerlich. Er habe große Lust, diese deutsche Firma zu bitten – diese Leute in Malakka – wie hießen sie nur? – Schiffe mit grünen Schornsteinen. Die würden nur zu froh über die Möglichkeit sein, einen ihrer kleinen Dampfer auf dieser Route einzusetzen. Ja, Schnitzler, Jakob Schnitzler, der würde gleich kommen. Ja. Er habe sich entschlossen, sofort zu schreiben.

In seiner Aufregung fing Massy die Pfeife auf, die ihm aus dem Mund gefallen war.

»Das ist nicht Ihr Ernst, Sir«, kreischte er.

»Sie sollten Ihr Geschäft nicht in dieser lächerlichen Art zugrunde richten.«

Mr. van Wyk drehte sich auf dem Absatz herum. Die andern drei Weißen auf der Brücke hatten sich während des Auftritts nicht gerührt. Massy schritt hastig von einer Seite zur anderen, blies die Backen auf und erstickte fast.

»Hochnäsiger Holländer!«

Wie im Fieber ächzte er eine lange Geschichte seiner Kümmernisse hervor. Die Anstrengungen, die er in all diesen Jahren unternommen habe, um dem Mann gefäl-

lig zu sein. Das sei der Dank dafür, was? Sauber. An Schnitzler schreiben - die Dampfer mit den grünen Schornsteinen hereinlassen - einen alten Hamburger Juden holen, um ihn zu ruinieren. Nein, er könne wirklich nur lachen ... Er lachte glucksend ... Ha! ha! ha! Und er solle vermutlich den Brief auf seinem eigenen Schiff befördern.
Er stolperte über eine Gräting und fluchte. Er werde nicht zögern, die Korrespondenz des Holländers über Bord zu werfen - das ganze verdammte Päckchen. Er habe nie, niemals für diese Gefälligkeit etwas berechnet. Aber Kapitän Whalley, sein neuer Partner, werde das wahrscheinlich nicht zulassen; außerdem würde das den Unglückstag nur hinausschieben. Was ihn angehe, so würde er lieber ins Wasser springen, als friedfertig zusehen, wie die grünen Schornsteine seinen Handel in Besitz nähmen.Er tobte laut. Die chinesischen Boys mit den Tellern zögerten am Fuß der Treppe. Er schrie von der Brücke zum Deck hinunter: »Kriegen wir heute Abend überhaupt kein Essen?« Dann wandte er sich heftig an Kapitän Whalley, der ernst und ruhig am Kopfende des Tisches wartete und dann und wann mit einer geduldigen Geste schweigend seinen Bart strich.
»Sie scheinen sich nicht darum zu kümmern, was mir zustößt. Begreifen Sie nicht, dass das Ihre Interessen ebenso berührt wie meine? Das ist kein Spaß.«
Er setzte sich ans Ende des Tisches und knurrte durch die Zähne: »Es sei denn, Sie haben noch irgendwo ein paar Tausender beiseite gelegt. Ich hab's nicht.«
Mr. van Wyk aß in seinem hell erleuchteten Bungalow, der in die Nacht seiner Rodung über dem dunklen Flussufer einen Lichtpunkt fügte. Danach setzte er sich an sein Klavier, und in einer Pause vernahm er langsame Schritte, die über den Weg an der Hausfront heraufkamen. Ein oder zwei Dielen knarrten unter einem schweren

Tritt. Er drehte sich auf dem Stuhl halb herum und lauschte, die Finger noch auf den Tasten. Sein kleiner Terrier bellte laut und kam rückwärts aus der Veranda herein. Eine tiefe Stimme entschuldigte sich ernst für ›diese Zudringlichkeit‹. Rasch ging er hinaus.
Auf der obersten Stufe ragte, ohne näher zu kommen, die patriarchalische Gestalt auf, die offensichtlich der neue Kapitän der *Sofala* war (er hatte ein rundes Dutzend von ihnen gesehen, doch keinen von dieser Art). Der kleine Hund bellte unaufhörlich, bis ihn ein Schlag mit Mr. van Wyks Taschentuch zur Seite springen und verstummen ließ. Kapitän Whalley traf, als er auf die Angelegenheit zu sprechen kam, auf überaus höflichen, aber bestimmten Widerstand.
Im Stehen führten sie ihre Diskussion dort weiter, wo sie einander begegnet waren. Mr. van Wyk beobachtete seinen Besucher aufmerksam. Dann schließlich, als wäre er aus seiner Reserve getrieben worden, sagte er: »Ich bin überrascht, dass Sie sich für solch einen verdammten Narren verwenden.«
Dieser Ausbruch war fast ein Kompliment – als sollte er bedeuten: Dass sich da ein Mann wie Sie ins Mittel legt! Kapitän Whalley überging das, ohne mit der Wimper zu zucken. Man hätte denken können, er habe nichts gehört. Er fuhr nur einfach fort darzulegen, dass er persönlich daran interessiert sei, die Dinge zwischen ihnen in Ordnung zu bringen. Persönlich …
Aber Mr. van Wyk, von seiner Abneigung gegen Massy wirklich fortgerissen, wurde sehr bissig: »Tatsächlich – wenn ich offen zu Ihnen sein darf – sein ganzes Wesen scheint mir nicht besonders schätzenswert und vertrauenswürdig …«
Kapitän Whalley, immer rechtschaffen, schien einen Zoll größer und breiter zu werden, als habe sein Brustumfang unter dem Bart plötzlich zugenommen.

»Mein lieber Herr, Sie glauben doch nicht, dass ich hierher gekommen bin, um über einen Mann zu diskutieren, mit dem ich … mit dem ich … hm … eng assoziiert bin.«
Einen Augenblick lang herrschte eine Art feierliches Schweigen. Er sei es nicht gewöhnt, um Gefälligkeiten zu bitten, aber die Bedeutung, die er dieser Sache beimesse, habe ihn veranlasst zu versuchen … Mr. van Wyk, angenehm beeindruckt und plötzlich besänftigt von dem Verlangen zu lachen, unterbrach: »In Ordnung, wenn Sie daraus eine persönliche Angelegenheit machen. Aber jetzt können Sie nichts Besseres tun, als sich zu setzen und mit mir eine Zigarre zu rauchen.«
Eine kleine Pause, dann trat Kapitän Whalley schwerfällig vor. Was die Regelmäßigkeit des Liniendienstes betreffe, so mache er sich für die Zukunft persönlich verantwortlich dafür, und sein Name sei Whalley – einem Seemann (er spreche doch zu einem Seemann, nicht wahr?) vielleicht nicht ganz unbekannt. Es gebe da jetzt einen Leuchtturm auf einer Insel. Möglicherweise habe Mr. van Wyk …
»O ja. O gewiss.« Mr. van Wyk verstand sofort. Er deutete auf einen Sessel. Wie interessant. Er habe im letzten atschinesischen Krieg an einigen Operationen teilgenommen, sei aber nie so weit nach Osten gekommen. Whalley-Island? Natürlich. Nun, das sei sehr sehr interessant. Welche Veränderungen sein Gast seither habe erleben müssen.
»Ich kann sogar noch weiter zurückblicken – auf ein rundes halbes Jahrhundert.«
Kapitän Whalley reckte sich ein wenig. Der Duft einer guten Zigarre (es war eine Schwäche) hatte ihn unmittelbar berührt, ebenso die Höflichkeit des jungen Mannes. In dieser zufälligen Begegnung gab es etwas, wonach er in den Jahren seines Kampfes gehungert hatte.

Die nach hinten versetzte Hausfront bildete eine rechtwinklige Nische, die wie ein Zimmer möbliert war. Eine Lampe mit einem Milchglasschirm, die an einer dünnen Messingkette von der Schräge des hohen Daches tief herunterhing, warf einen hellen Lichtkreis auf den kleinen Tisch, auf dem ein aufgeschlagenes Buch und ein elfenbeinernes Papiermesser lagen. Und in den durchscheinenden Schatten dahinter waren andere Tische zu sehen, eine Anzahl Lehnstühle verschiedener Art und eine Menge Fellteppiche, die über die Teakholzdielen der ganzen Veranda verstreut waren. Der Duft der blühenden Schlingpflanzen erfüllte die Luft. Ihr Laub, das zwischen den Pfosten gestutzt war, wirkte, als ob verschiedene Rahmen aus dichten, reglosen Blättern das Lampenlicht in einem grünen Schimmer reflektierten. Durch die Öffnung neben sich konnte Kapitän Whalley am Ufer die Gangwaylaterne der *Sofala* trübe brennen sehen, die düsteren Massen der Stadt jenseits der offenen, leuchtenden Dunkelheit des Flusses und – wie an der geraden Kante der vorspringenden Dachtraufe aufgehängt – einen schmalen schwarzen Streifen des mit funkelnden Sternen übersäten Nachthimmels. Die ausgezeichnete Zigarre in der Hand, genoss er einen Augenblick die Behaglichkeit.

»Eine Kleinigkeit. Irgendjemand musste vorangehen. Ich habe bloß bewiesen, dass es zu machen war. Aber ihr, die ihr mit Dampfschiffen aufgewachsen seid, könnt euch die ungeheure Bedeutung von so einem bisschen Waghalsigkeit für den Osthandel der damaligen Zeit nicht vorstellen. Nun, diese neue Route verringerte für mehr als die Hälfte des Jahres die durchschnittliche Fahrzeit einer Südpassage um elf Tage. Elf Tage! Das ist eine historische Tatsache. Aber – zu einem Seemann gesprochen – das Bemerkenswerte war, möchte ich sagen …«

Er erzählte gut, ohne Selbstgefälligkeit, fachmännisch. Die kräftige Stimme erfüllte den Bungalow ohne Mühe selbst bis in die leeren Zimmer hinein mit einer tiefen, klaren Resonanz und schien draußen Stille hervorzurufen. Und Mr. van Wyk war überrascht von der Klarheit ihres Klanges, der wie die Vollendung männlicher Güte war. Den kleinen Fuß in Seidenstrumpf und Lackschuh über das Knie gelegt, hörte er ungeheuer gespannt zu. Es war, als könne jetzt niemand mehr so erzählen, und die überschatteten Augen, der wallende weiße Bart, die kräftige Gestalt, die Gelassenheit, das ganze Wesen des Mannes waren ein erstaunliches Überbleibsel prähistorischer Zeitalter, die aus dem Meer zu ihm aufstiegen.

Kapitän Whalley war auch der Pionier des Handels im Golf von Petschili gewesen. Er fand sogar Gelegenheit zu erwähnen, dass er dort vor sechsundzwanzig Jahren seine ›liebe Frau‹ begraben habe. Mr. van Wyk, davon ungerührt, konnte nicht umhin, rasch über die Art Frau nachzusinnen, die einen solchen Mann heiratete. Ob sie ein abenteuerliches und gut zueinander passendes Paar waren? Nein. Sehr wahrscheinlich war sie klein, zart und zweifellos sehr fraulich gewesen – oder, noch wahrscheinlicher, alltäglich, mit häuslichen Instinkten, höchst unbedeutend. Aber Kapitän Whalley war kein langweiliger Schwätzer, und während er den Kopf schüttelte, als wolle er die augenblickliche Schwermut auf seinem angenehmen alten Gesicht verscheuchen, spielte er gesprächsweise auf Mr. van Wyks Einsamkeit an.

Mr. van Wyk versicherte, dass er manchmal mehr Gesellschaft habe, als er brauche. Lächelnd erwähnte er ein paar der Eigentümlichkeiten seines Umgangs mit ›seinem Sultan‹. Er mache seine Besuche mit einer ganzen Streitmacht. Die Leute beschädigten den Rasenplatz vor dem Hause (es sei nicht leicht, in den Tropen etwas wie Rasen anzulegen, und neulich hätten sie einige seltene Büsche niedergetreten, die er dort drüben gepflanzt habe. Und Kapitän Whalley erinnerte sich sogleich daran, dass im Jahre siebenundvierzig der damalige Sultan, ›der Großvater dieses Mannes‹, berüchtigt gewesen sei als mächtiger Beschützer der räuberischen Prauflotten weit aus dem Fernen Osten. Im Fluss bei Batu Beru hätten sie eine sichere Zuflucht gehabt. Ganz besonders habe er einen Balinini-Häuptling namens Haji Daman unterstützt. Kapitän Whalley, der bedeutsam seine buschigen weißen Augenbrauen emporzog, hatte guten Grund, darüber einiges zu wissen. Die Welt habe seit damals Fortschritte gemacht.

Mit unerwarteter Bitterkeit erhob Mr. van Wyk Einwendungen. »Fortschritte worin?«, wollte er wissen.

Nun, in der Erkenntnis der Wahrheit, im Anstand, in der Gerechtigkeit, in der Ordnung – auch in der Rechtschaffenheit, da die Menschen einander meist aus Unwissenheit Unrecht zufügten. Es sei, schloss Kapitän Whalley verschmitzt, jetzt angenehmer, in ihr zu leben. Mr. van Wyk wollte in seinem Eigensinn nicht zugeben, dass zum Beispiel Mr. Massy von Natur aus angenehmer sei als die Balinini-Piraten. Der Fluss habe durch die Veränderung nicht viel gewonnen. Sie seien auf ihre Weise ganz und gar ehrenhaft gewesen. Massy sei zwar zweifellos weniger raubgierig als Haji Daman, aber …

»Und was ist mit Ihnen, mein guter Herr?« Kapitän Whalley lachte tief und nachgiebig. »Sie sind sicherlich ein Gewinn.«

In fröhlicher Laune fuhr er fort. Eine gute Zigarre sei besser als ein Schlag über den Kopf – diese Art von Willkommensgruß sei vor vierzig oder fünfzig Jahren auf diesem Fluss zu erwarten gewesen. Dann lehnte er sich etwas vor und wurde sehr ernst. Es scheine, als hätten diese Räuber außer ihren eigenen Seezigeuner-Stämmen die ganze Menschheit mit einem unverständlichen, blutrünstigen Hass verfolgt. Inzwischen sei ihren Räubereien

Einhalt geboten worden, und was sei die Folge? Die neue Generation sei ordentlich, friedliebend und habe sich in wohlhabenden Dörfern angesiedelt. Er könne aus persönlicher Erfahrung sprechen. Und sogar die wenigen Überlebenden aus dieser Zeit – alte Männer jetzt – hätten sich so sehr verändert, dass es unfreundlich wäre, sich daran zu erinnern, dass sie jemals in ihrem Leben eine Kehle durchgeschnitten hätten. Einer besonders stehe ihm vor Augen: ein würdiger, verehrenswerter Häuptling eines gewissen großen Küstendorfs, ungefähr sechzig Meilen südwestlich von Tampasuk. Es tue einem wohl, ihn zu sehen – diesen Mann reden zu hören. Früher mochte er ein raubgieriger Wilder gewesen sein. Was die Menschen brauchten, das sei, von höherer Einsicht im Zaum gehalten zu werden, von höherem Wissen, auch von höherer Macht – ja, von einer Macht, die von Gott zu treuen Händen übergeben und geheiligt sei durch ihren Gebrauch nach Seinem erklärten Willen. Er, Kapitän Whalley, glaube, dass jeder Mensch die Anlage zum Guten besitze, auch wenn die Welt im Ganzen kein sehr glücklicher, Ort sei. Zu menschlicher Weisheit habe er nicht so viel Vertrauen.
Dieser Anlage müsse manchmal recht kräftig nachgeholfen werden, räumte er ein. Die Menschen mochten dumm, starrköpfig, unglücklich sein, aber von Natur aus böse – nein. Tief innen zumindest gebe es eine vollkommene Harmlosigkeit …
»Ach ja?«, fuhr Mr. van Wyk bitter dazwischen.
Kapitän Whalley lachte über den Einwurf mit der guten Laune einer großen, duldsamen Gewissheit. Er könne auf ein halbes Jahrhundert zurückblicken, bemerkte er. Ruhig kam der Rauch zwischen den weißen Haaren hervor, die seinen freundlichen Mund verbargen.
»Auf jeden Fall«, fasste er nach einer Pause zusammen, »bin ich froh, dass sie noch keine Zeit hatten, Ihnen viel Unrecht zuzufügen.«

Diese Anspielung auf seine vergleichsweise jungen Jahre beleidigte Mr. van Wyk nicht, der aufstand und mit einem rätselhaften halben Lächeln die Schultern zuckte. Freundschaftlich schritten sie zusammen in die sternenklare Nacht hinaus, dem Flussufer zu. Ihre Schritte hallten auf dem dunklen Weg ungleichmäßig wider. Am landseitigen Ende der Gangway warf die Laterne, die bis auf das Geländer herabhing, ein lebhaftes Licht auf die weißen Beine und die großen schwarzen Schuhe von Mr. Massy, der dort ängstlich wartete. Vom Gürtel aufwärts blieb er im Dunkeln, eine Reihe von Knöpfen schimmerte bis zum undeutlichen Umriss seines Kinns hinauf.

»Sie können sich bei Kapitän Whalley bedanken«, sagte Mr. van Wyk trocken zu ihm, ehe er sich umdrehte.

Die Lampen auf der Veranda warfen zwischen den Pfosten drei lange helle Rechtecke weit über das Gras. Wie eine wirbelnde Flocke aus samtiger Schwärze huschte eine Fledermaus an seinem Gesicht vorbei. Längs der Jasminhecke schien die Nachtluft schwer zu sein vom Fallen des duftenden Taus; Blumenbeete säumten den Weg; die verschnittenen Büsche erhoben sich hier und da vor dem Haus als dunkle, runde Haufen; das dichte Laub der Schlingpflanzen filterte über die ganze Hausfront hinweg das Lampenlicht zu einem weichen Glühen, und nah und fern stand alles still in einer großen Reglosigkeit, in einer großen Anmut.

Mr. van Wyk (der vor ein paar Jahren Veranlassung gehabt hatte, sich als einen Mann zu betrachten, der von einer Frau schlechter behandelt worden war als je ein anderer lebender Mensch) empfand für Kapitän Whalleys optimistische Ansichten den Widerwillen eines Mannes, der selbst einmal leichtgläubig gewesen ist. Sein Ekel vor der Welt (die Frau hatte ihm eine Zeit lang die Welt vollkommen ausgefüllt) wirkte nun in der Stille, weil er – obgleich einer großen Gefühlstiefe fähig – energisch und im Wesentlichen praktisch war. Aber in diesem ungewöhnlichen alten Seemann, der am Rande seiner geschäftigen Einsamkeit dahintrieb, steckte etwas, das seinen Skeptizismus faszinierte. Selbst seine Schlichtheit (amüsant genug) war wie die köstliche Verfeinerung eines aufrechten Charakters. Die beeindruckende Würde der Manieren konnte bei einem Mann, der auf solch eine bescheidene Stellung beschränkt war, nichts anderes sein als der Ausdruck von etwas höchst Noblem in seinem Charakter. Bei all seinem Vertrauen zur Menschheit war er kein Narr; und die Gelassenheit seines Wesens, das offensichtlich nicht durch Erfolge beschwichtigt worden war, hatte am Ende so vieler Jahre etwas von tiefer Weisheit an sich. Mr. van Wyk amüsierte sich manchmal darüber. Selbst die äußeren Züge des alten Kapitäns der *Sofala*, seine kräftige Gestalt, seine ruhige Miene, sein intelligentes, freundliches Gesicht, die starken Glieder, die gütige Höflichkeit, der Anflug von schroffer Strenge auf den buschigen Augenbrauen machten ihn zu einer einnehmenden Persönlichkeit. Mr. van Wyk hatte eine Abneigung gegen Kleinheit jeder Art, aber an diesem Mann gab es nichts Kleines, und während der vorbildlichen Regelmäßigkeit vieler Reisen war zwischen ihnen eine Vertraulichkeit gewachsen, ein warmes Empfinden, das sich hinter freundlich vornehmen Umgangsformen verbarg, die seinem wählerischen Wesen angenehm waren. An ihren unterschiedlichen Meinungen über alle irdischen Dinge hielten sie fest. Niemals drängte Kapitän Whalley seine andersartigen Überzeugungen auf. Ihr Altersunterschied war wie ein zusätzliches Band zwischen ihnen. Einmal, als er wegen der Hartherzigkeit seiner Jugend verspottet wurde, erwiderte Mr. van Wyk, während sein Blick über die gewaltigen Ausmaße seines Gesprächspartners glitt, mit einem freundlichen Scherz:

»Oh, Sie werden sich schon noch meiner Denkweise anschließen. Sie haben viel Zeit. Sagen Sie nicht, Sie seien alt – Sie sind für runde hundert Jahre gut.«
Aber der schneidenden Schärfe seiner Bemerkung konnte er nicht abhelfen, und obgleich er sie durch ein fast herzliches Lächeln milderte, fügte er hinzu: »Und dann werden Sie vermutlich damit einverstanden sein, vor lauter Ekel zu sterben.«
Kapitän Whalley, der auch lächelte, schüttelte den Kopf: »Gott bewahre!«
Er glaube, im Ganzen verdiene er vielleicht etwas Besseres, als mit solch einem Gefühl zu sterben. Natürlich werde die Zeit kommen, und er vertraue auf seinen Schöpfer, dass er ihm auf eine Weise davonzugehen gestatte, deren er sich nicht zu schämen brauche. Im Übrigen hoffe er, hundert Jahre zu leben, wenn es sein müsse. Andere hätten bekanntlich dieses Alter erreicht, es wäre kein Wunder dabei. Er erwarte keine Wunder.
Der deutliche, energische Ton veranlasste Mr. van Wyk, den Kopf zu heben und ihn unverwandt anzusehen. Kapitän Whalley starrte gebannt vor sich hin, als habe er die gütige Entscheidung seines Schöpfers in geheimnisvollen Zeichen an die Wand geschrieben gesehen. Für ein paar Sekunden saß er völlig ruhig, dann brachte er seinen gewaltigen Körper so ungestüm auf die Füße, dass Mr. van Wyk zusammenfuhr.
Zuerst schlug er sich heftig gegen die geblähte Brust, dann streckte er waagerecht seinen kräftigen Arm aus, der ruhig in die Luft ragte wie der Ast eines Baumes an einem windstillen Tag.
»Keine Beschwerde und kein Schmerz da. Sehen Sie ihn auch nur im Mindesten zittern?« Seine Stimme war leise, sie bildete einen ehrfürchtigen, vertrauensvollen Kontrast zu der jähen Heftigkeit seiner Bewegungen. Unvermittelt setzte er sich wieder.

»Das ist keine Prahlerei, wissen Sie. Ich bin nichts«, sagte er mit seiner mühelos lauten Stimme, die so natürlich aus ihm herausströmte wie ein Fluss. Er nahm den Zigarrenstummel, den er beiseite gelegt hatte, wieder auf und fügte friedfertig mit einem leichten Nicken hinzu: »So wie es nun einmal gekommen ist, ist mein Leben notwendig. Es gehört nicht mir, nicht mir – Gott weiß es.« Für den Rest des Abends sagte er nicht mehr viel, aber Mr. van Wyk entdeckte mehrmals ein feines Lächeln des Selbstvertrauens, das unter dem dicken Schnurrbart vorbeihuschte.

Später willigte Kapitän Whalley dann und wann ein, ›im Hause‹ zu essen. Er ließ sich sogar dazu bewegen, ein Glas Wein zu trinken. »Glauben Sie nicht, dass ich mich davor fürchte, mein lieber Herr«, erklärte er. »Es gab einen recht guten Grund dafür, warum ich das Trinken aufgegeben habe.«

Bei einer anderen Gelegenheit bemerkte er, während er sich behaglich zurücklehnte: »Sie haben mich von Anfang an sehr, sehr gütig behandelt, mein lieber Mr. van Wyk.«

»Sie werden zugeben, dass Sie es auch ein wenig verdient haben«, stichelte Mr. van Wyk. »Ein Kompagnon dieses hervorragenden Massy ... Gut, gut, mein lieber Kapitän, ich sage kein Wort gegen ihn.«

»Es hätte auch wenig Zweck, irgendetwas gegen ihn vorzubringen«, versicherte Kapitän Whalley etwas verstimmt. »Wie ich Ihnen schon sagte, ist mein Leben – meine Arbeit notwendig. Nicht für mich allein. Ich kann nicht wählen ...« Er zögerte und drehte das Glas vor sich in den Fingern ... »Ich habe ein einziges Kind – eine Tochter.«

Die weit ausholende Abwärtsbewegung seines Armes über dem Tisch schien ein kleines Mädchen in einer ungeheuren Entfernung anzudeuten. »Ich hoffe, sie noch einmal zu sehen, bevor ich sterbe. Inzwischen genügt es, zu wissen, dass sie mich hat, Gott sei Dank, gesund und kräftig. Sie können nicht verstehen, was man da empfindet. Bein von meinem Bein, Fleisch von meinem Fleisch – das genaue Ebenbild meiner armen Frau. Nun, sie …«

Wieder hielt er inne, dann sagte er stoisch: »Sie hat schwer zu kämpfen.«

Und der Kopf sank ihm auf die Brust, die Augenbrauen blieben wie in angestrengtem tiefem Nachdenken gerunzelt. Aber im Allgemeinen schien sein Geist durchdrungen von der Gelassenheit eines grenzenlosen Vertrauens in eine höhere Macht. Mr. van Wyk hätte bisweilen gern gewusst, wie viel davon der großartigen Vitalität des Mannes zuzuschreiben war, der körperlichen Kraft, die der Seele etwas von ihrer Stärke mitzuteilen schien. Aber er hatte ihn sehr schätzen gelernt.

13

Das war der Grund, weshalb Mr. Sternes vertrauliche Mitteilung, am Ufer neben dem dunklen, schweigenden Schiff hastig vorgetragen, seinen Gleichmut erschüttert hatte. Es war das Unverständlichste und am wenigsten zu Erwartende, was eintreten konnte, und seine Bestürzung war so groß, dass er seine Briefe völlig vergaß und die Treppe zur Brücke hinaufeilte.

Links vom Steuerrad wurde von zwei bezopften Boys, die sich wie gewöhnlich bei der Arbeit anknurrten, der zusammenklappbare Tisch für das Abendessen aufgestellt, während ein anderer Boy, ein trauriger, plumper, sehr gelber Chinese, der Mr. Massy ähnelte, apathisch mit der Tischdecke über dem Arm und einem Stapel dicker Teller vor der Brust wartete. Eine gewöhnliche Kajütenlampe, deren Kugel fehlte, war von unten heraufgebracht und an dem hölzernen Gestell des Sonnensegels aufgehängt worden; ringsherum war der Seitenschutz heruntergelassen; Kapitän Whalley, der die Tiefen des Korbsessels ausfüllte, schien wie gelähmt in einem Segeltuchzelt zu sitzen, das grell erleuchtet war und zur Aufbewahrung von Schiffszubehör diente: ein abgegriffenes Steuerrad, ein zerbeulter Messingkompass auf einem soliden Mahagoniuntersatz, zwei schmutzig braune Rettungsringe, ein alter Korkfender in der Ecke, zerfallene Decksschränke mit Leinenschlingen statt der Türgriffe.

Er schüttelte die Erstarrung ab, um Mr. van Wyks ungewöhnlich lebhafte Begrüßung zu erwidern, fiel aber gleich danach wieder in seine Haltung zurück. Es kostete ihn eine zweite sehr deutliche körperliche Anstrengung, die dringliche Einladung zum Abendessen ›oben im Haus‹ anzunehmen. Bestürzt verschränkte Mr. van Wyk die Arme und beobachtete ihn heimlich, während er sich mit dem Rücken gegen die Reling lehnte, die kleinen Füße in den geputzten schwarzen Schuhen vorgestreckt.

»Ich habe seit einiger Zeit bemerkt, dass Sie nicht ganz Sie selbst sind, alter Freund.«

Er legte eine liebevolle Anteilnahme in die letzten beiden Worte. Nie zuvor war die echte Herzlichkeit ihres Umgangs so deutlich zum Ausdruck gekommen.

»Na, na, na!«

Der Korbsessel knarrte schwer.

›Reizbar‹, dachte Mr. van Wyk bei sich, und laut sagte er beiläufig, während er davonging: »Ich erwarte Sie dann also in einer halben Stunde.«

»In einer halben Stunde«, wiederholte hinter ihm wie in Trance Kapitän Whalleys starrer silberweißer Kopf.

Mittschiffs konnte man in der Nähe des Maschinenraums unten zwei Stimmen vernehmen, die miteinander sprachen – die eine langsam und ärgerlich, die andere lebhaft. »Ich sage Ihnen, der Kerl hat sich eingeschlossen, um zu saufen.«
»Ich kann es jetzt nicht ändern, Mr. Massy. Schließlich hat ein Mann das Recht dazu, sich in seiner Freizeit in seiner Kammer einzuschließen.«
»Nicht, um sich zu besaufen.«
»Ich habe ihn fluchen hören, dass der Ärger mit den Kesseln jeden Mann zum Saufen bringen könnte«, sagte Sterne boshaft.
Massy zischte etwas von »Tür einschlagen«. Um ihnen auszuweichen, ging Mr. van Wyk im Dunkeln auf die andere Seite des verlassenen Decks hinüber. Leise knarrten unter seinen hastigen Schritten die Planken der kleinen Landungsbrücke.
»Mr. van Wyk! Mr. van Wyk!«
Er ging weiter. Jemand kam auf dem Weg hinterhergelaufen. »Sie haben Ihre Post vergessen.« Sterne, ein Bündel Papiere in der Hand, holte ihn ein.
»Oh, danke!«
Doch da der andere dicht neben ihm blieb, hielt Mr. van Wyk plötzlich an. Die überhängenden Dachtraufen, die tief über die erleuchtete Front des Bungalows herunterreichten, warfen ihren kantigen schwarzen Schatten in die große Masse der Nacht auf dieser Seite. Alles war sehr still. Ein Klappern von Bestecken und das leise Klirren von Gläsern war zu hören. Mr. van Wyks Diener deckten für zwei Personen den Tisch auf der Veranda.
»Ich fürchte, Sie glauben mir meine guten Absichten bei der Sache nicht, über die ich mit Ihnen gesprochen habe«, sagte Sterne.
»Ich verstehe Sie einfach nicht.«

»Kapitän Whalley ist ein sehr mutiger Mann, aber er wird begreifen, dass sein Spiel aus ist. Das ist alles, was irgendjemand von mir je darüber zu erfahren braucht. Glauben Sie mir, ich bin dabei sehr rücksichtsvoll, aber Pflicht ist Pflicht. Ich möchte nicht viel Lärm machen. Alles, worum ich Sie als seinen Freund bitte, ist, ihm von mir zu sagen, dass sein Spiel aus ist. Das wird genügen.«

Mr. van Wyk empfand angesichts dieses seltsamen Vorrechts der Freundschaft eine widerwärtige Bestürzung. Er wollte sich nicht herablassen, auch nur nach der geringsten Erklärung zu fragen; den anderen mit Hohn davonzujagen schien ihm nicht klug – noch nicht jedenfalls. So viel Selbstsicherheit beunruhigte ihn. ›Wer könnte sagen, was dahinter steckt?‹, dachte er. Seine Achtung vor Kapitän Whalley hatte die Beständigkeit eines uneigennützigen Gefühls, und da ihm sein praktischer Instinkt zu Hilfe kam, verbarg er seine Verachtung.

»Dann schließe ich daraus, dass es etwas Ernstes ist.«

»Sehr ernst«, stimmte Sterne feierlich zu und war erfreut, endlich eine Wirkung erzielt zu haben. Er wollte einige übertriebene Beteuerungen seines Bedauerns über die ›unumgängliche Notwendigkeit‹ hinzufügen, aber Mr. van Wyk schnitt ihm, wenn auch höflich, das Wort ab.

Als er auf der Veranda war, steckte Mr. van Wyk die Hände in die Taschen, spreizte die Beine und starrte auf das Fell eines schwarzen Panthers nieder, das vor einem Schaukelstuhl am Boden lag. ›Es sieht so aus, als hätte der Bursche nicht den Mut, die Karten seines sauberen Spiels aufzudecken‹, dachte er.

Das war nur zu wahr. Angesichts der letzten abschlägigen Antwort von Massy wagte Sterne nicht, sein Wissen auszuplaudern. Es war ganz einfach sein Ziel, das Kommando über den Dampfer zu erhalten. Massy würde ihm niemals verzeihen, dass er sich selbst aufgedrängt hatte; wenn aber Kapitän Whalley das Schiff von selbst verließ, würde das Kommando für den Rest der Reise auf ihn übergehen; also verfiel er auf die glänzende Idee, den alten Mann zu vertreiben. Eine vage Drohung, eine bloße Andeutung würden bei einem so schamlosen Vergehen genügen; und mit einer seltsamen Beimischung von Mitleid dachte er, dass Batu Beru ein sehr guter Ort war, um zu kapitulieren. Der Kapitän konnte ohne Umstände an Land gehen und bei seinem Holländer bleiben. Waren die beiden nicht dicke Freunde? Und als er darüber nachdachte, fand er, dass es einen Weg gab, um die ganze Sache durch diesen großen Freund des alten Mannes zu bewerkstelligen. Das war die zweite glänzende Idee. Er hatte eine angeborene Vorliebe für Umwege. In diesem besonderen Fall wollte er so weit wie möglich im Hintergrund bleiben, um Massy nicht unnötigerweise zu reizen. Kein Lärm! Alles sollte ganz natürlich ablaufen.

Während des Essens war sich Mr. van Wyk einer Fremdheit bewusst, wie sie manchmal eine enge menschliche Bindung überfällt. Kläglich und offensichtlich misslangen Kapitän Whalley alle Versuche, etwas zu essen. Eine seltsame Geistesabwesenheit schien ihn überkommen zu haben. Seine Hand zögerte unentschlossen, als habe sie ein in sich gekehrter Geist im Stich gelassen. In der tiefen Stille des Flussufers hatte ihn Mr. van Wyk schon von weitem heraufkommen hören und die Unentschlossenheit seiner Schritte bemerkt. Seine Stiefelspitze war gegen die unterste Stufe gestoßen, als wäre er wie ein Schlafwandler, mit dem Kopf in der Luft, auf die Verandatreppe zugelaufen. Wäre der Kapitän der *Sofala* ein Mann anderen Kalibers gewesen, hätte er darin die Auswirkungen des Alters vermutet. Aber ein Blick auf ihn genügte. Die Zeit hatte ihn – nachdem sie ihn tatsächlich auf ihre Art gezeichnet hatte – seinem nützlichen Dasein überlassen, worin sein schlichter Glaube einen Beweis für die Gnade Gottes erblicken mochte. ›Wie könnte ich es anpacken, ihn zu warnen?‹, fragte sich Mr. van Wyk, als sei Kapitän Whalley Meilen über Meilen entfernt, außer Seh- und Hörweite alles Bösen. Ein ungeheurer Ekel vor Sterne machte ihn geradezu krank. Seine Drohung einem Mann wie Whalley gegenüber auch nur zu erwähnen wäre sicher ungehörig. In dieser Andeutung lag etwas Niederträchtigeres und Beleidigenderes als in einer klaren Beschuldigung – es hatte den erniedrigenden Anstrich von Erpressung. ›Was könnte irgendjemand gegen ihn vorbringen?‹, fragte er sich. ›Dieser Mann war eine lautere Persönlichkeit. Und zu welchem Zweck? Gottes Allmacht, der dieser Mann vertraute, hatte es für richtig befunden, ihm nichts auf Erden zu lassen, worum er zu beneiden wäre – außer einer armseligen Brotkruste.‹

»Möchten Sie nicht davon etwas versuchen?«, fragte er und schob ihm leicht eine Schüssel hin. Plötzlich fiel es Mr. van Wyk ein, dass Sterne möglicherweise auf das Kommando der *Sofala* aus war. Sein Zynismus wurde ziemlich erschüttert durch etwas, was wie ein Beweis dafür aussah, dass sich kein Mensch als sicher vor seinesgleichen betrachten kann, wenn er nicht im tiefsten Elend steckt. Eine Intrige dieser Art war es kaum wert, sich darum zu kümmern, schloss er; aber dennoch, da er es mit einem solchen Narren wie Massy zu tun hatte, sollte und musste Whalley gewarnt werden.

In diesem Augenblick sprach Kapitän Whalley, kerzengerade aufgerichtet, die buschigen Brauen über seinen tiefen Augenhöhlen zusammengezogen, eine große, braune Hand auf jeder Seite seines leeren Tellers, unerwartet über den Tisch hinweg: »Mr. van Wyk, Sie haben mich immer mit der freundlichsten Aufmerksamkeit behandelt.«

»Mein lieber Kapitän, Sie bauschen die einfache Tatsache, dass ich kein Wilder bin, zu sehr auf.« Mr. van Wyk, durch den Gedanken an Sternes hinterhältigen Versuch aufs Äußerste empört, hob seine Stimme mit einer Schärfe, als hätte sich der Steuermann irgendwo in Hörweite verborgen. »Jede Aufmerksamkeit, die ich Ihnen erweisen konnte, war nicht mehr als das, was einem Mann gerechterweise zustand, den ich inzwischen mit einer Hochachtung zu betrachten gelernt habe, die nichts erschüttern kann.«

Ein leises Klirren veranlasste ihn, seine Augen von der Ananasscheibe zu heben, die er auf seinem Teller in kleine Stücke schnitt.

Kapitän Whalley hatte es fertig gebracht, ein leeres Glas umzustoßen, als er seine Haltung änderte.

Er lehnte sich seitlich auf den Ellbogen, beschattete mit der anderen Hand seine Augen und tastete unsicher nach dem Glas, dann gab er es auf. Van Wyk starrte betroffen hin, als wäre auf einmal etwas Folgenschweres geschehen. Er wusste nicht, warum er so erschrocken war, aber für einen Augenblick vergaß er Sterne völlig.

»Was ist Ihnen?«

Und Kapitän Whalley murmelte halb abgewandt mit schwacher, erschütterter Stimme: »Hochachtung!«

»Und ich kann noch etwas hinzufügen«, sagte Mr. van Wyk langsam und mit festem Blick.

»Halt! Genug!« Kapitän Whalley veränderte weder seine Haltung, noch erhob er die Stimme. »Sagen Sie nicht mehr! Ich kann Ihnen dafür nicht danken. Sogar dazu bin ich jetzt zu arm. Es ist viel wert, Ihre Hochachtung zu besitzen. Sie sind nicht der Mann, der sich erniedrigen würde, den ärmsten Teufel auf Erden zu täuschen oder ein Schiff seeuntüchtig zu machen, sobald er mit ihm in See geht.«

Mr. van Wyk, der sich vorbeugte, das Gesicht über und über rot, die gestärkte Serviette auf den Knien, war geneigt, seinen Sinnen zu misstrauen, seinem Fassungsvermögen, der Vernunft seines Gastes.

»Wo? Warum? In Gottes Namen – was soll das heißen? Welches Schiff? Ich verstehe nicht, wer…«
»In Gottes Namen denn, ich bin es! Ein Schiff ist seeuntüchtig, wenn sein Kapitän nicht sehen kann. Ich werde blind.«
Mr. van Wyk machte eine leichte Bewegung und saß dann ein paar Sekunden lang sehr still da; dann bückte er sich – mit dem Gedanken an Sternes ›das Spiel ist aus‹ – unter den Tisch, um die Serviette aufzuheben, die ihm von den Knien geglitten war. Das war das Spiel, das aus war. Und gleichzeitig klang Kapitän Whalleys undeutliche Stimme über ihm: »Ich habe sie alle getäuscht. Niemand weiß es.«
Rot bis zu den Augen tauchte er wieder auf. Kapitän Whalley, der reglos im vollen Schein der Lampe saß, beschattete sein Gesicht mit der Hand.
»Und Sie hatten den Mut dazu?« – »Nennen Sie es, wie Sie wollen. Aber Sie sind ein gütiger Mensch, ein ein … Gentleman, Mr. van Wyk. Sie hätten mich fragen können, wo mein Gewissen geblieben ist.«
Er schien nachzusinnen, in tiefem Schweigen, sehr still in seiner traurigen Haltung.
»In meinem Stolz habe ich mein Gewissen beschwichtigt. Man fängt an, eine Menge Dinge zu sehen, wenn man blind wird. Ich konnte nicht einmal zu einem alten Kameraden offen sein. Ich war zu Massy nicht offen – nein, ganz und gar nicht. Ich wusste, dass er mich für einen reichen alten Segelnarren hält, und ich habe ihn dabei gelassen. Ich wollte meinen Einfluss behalten, denn da ist ja noch die arme Ivy – meine Tochter. Warum wollte ich denn aus seiner Not Vorteil schlagen? Ihretwegen. Und jetzt, welches Mitleid könnte ich von ihm erwarten? Wenn er es wüsste, würde er mich ebenso ausnützen. Er würde den alten Betrüger hinausjagen und ein Jahr lang das Geld zurückhalten. Ivys Geld. Und

ich habe nicht einen Penny für mich behalten. Wie soll ich denn ein Jahr lang leben? Ein Jahr! In einem Jahr wird es für ihren Vater keine Sonne mehr am Himmel geben.«

Seine Stimme klang so entsetzlich verschleiert, als wäre er von einem Erdrutsch verschüttet worden und spreche von den Gedanken, die die Toten in ihren Gräben heimsuchen. Ein kalter Schauder rann Mr. van Wyk über den Rücken.

»Und seit wann haben Sie ...?«, begann er.

»Lange schon, ehe ich mich überwinden konnte, an diese ... diese ... Heimsuchung zu glauben.« Kapitän Whalley sprach mit schwermütiger Geduld unter seiner Hand hervor.

Er habe nicht geglaubt, so etwas zu verdienen. Er habe angefangen, sich von Tag zu Tag, von Woche zu Woche zu betrügen. Er hatte ja den Serang dort zur Hand – einen alten Diener. Allmählich sei es schlimmer geworden, und als er sich nicht länger täuschen konnte ...

Seine Stimme erstarb fast.

»Ich war entschlossen, eher alle zu betrügen, als Ivy aufzugeben.«

»Es ist unglaublich«, flüsterte Mr. van Wyk. Das schreckliche Gemurmel von Kapitän Whalley hielt an.

»Selbst das Zeichen von Gottes Zorn konnte mich nicht bewegen, sie zu vergessen. Wie konnte ich mein Kind im Stich lassen, wenn ich die ganze Zeit über meine Kraft, mein warmes Blut in mir spürte? So warm wie Ihres. Mir scheint, dass ich wie der geblendete Simson die Kraft finden werde, einen Tempel auf meinen Kopf herunterzureißen. Sie ist eine Frau, die kämpft – mein Kind, über dem wir zusammen zu beten pflegten, meine arme Frau und ich. Erinnern Sie sich noch an den Tag, als ich Ihnen nicht weniger sagte, als dass ich glaube, Gott werde mich um ihretwillen hundert Jahre leben lassen? Welche Sünde ist das, sein eigenes Kind zu lieben? Können Sie das begreifen? Ich war bereit, um ihretwillen ewig zu leben. Halb habe ich daran geglaubt. Seitdem habe ich um den Tod gebetet. Ha! Vermessener Mensch – du wolltest ewig leben ...«

Eine ungeheure, schaudernde Erschütterung des mächtigen Körpers, der von keuchendem Schluchzen zerrissen wurde, ließ alle Gläser auf dem Tisch klirren und schien das ganze Haus bis zum Dachfirst hinauf erbeben zu machen. Und Mr. van Wyk, dessen beleidigte Liebe sich in eine Art Kampf mit der Natur verwandelt hatte, verstand sehr gut, dass für diesen Mann, dessen ganzes Leben durch Tätigkeit bestimmt worden war, kein anderer Ausdruck für alle seine Empfindungen existieren konnte; und freiwillig aufzuhören, für seine Tochter etwas zu wagen, zu tun, zu erdulden – das wäre genauso gewesen, als wollte er sich seine innige Liebe zu ihr aus dem lebendigen Herzen reißen. Etwas zu Ungeheuerliches, zu Unmögliches, um es sich auch nur vorstellen zu können.

Kapitän Whalley hatte seine Haltung, die etwas wie Scham, Sorge und Trotz auszudrücken schien, nicht verändert. »Ich habe sogar Sie getäuscht. Wenn nicht dieses Wort ›Hochachtung‹ gewesen wäre. Das sind nicht die richtigen Worte für mich. Ich hätte Sie angelogen. Habe ich Sie nicht belogen? Wollten Sie nicht auf dieser Fahrt Ihr Hab und Gut dem Schiff anvertrauen?«

»Ich habe eine gültige Jahrespolice«, sagte Mr. van Wyk fast unbewusst und war über die plötzliche Erwähnung einer geschäftlichen Einzelheit erstaunt.

»Das Schiff ist seeuntüchtig, sage ich Ihnen. Die Police wäre null und nichtig, wenn bekannt würde ...«

»Dann werden wir die Schuld teilen.«

»Nichts könnte die meine verringern«, sagte Kapitän Whalley.

Er hatte nicht gewagt, einen Arzt zu konsultieren. Der Mann hätte vielleicht gefragt, wer er sei und was er tue; Massy hätte etwas davon erfahren können. Er hatte weitergelebt, ohne jegliche Hilfe – menschliche oder göttliche. Sogar die Gebete waren ihm im Hals stecken geblieben. Worum sollte er beten? Und der Tod schien so weit entfernt wie sonst. War er einmal in seiner Kammer, wagte er sie nicht wieder zu verlassen; hatte er sich hingesetzt, wagte er nicht aufzustehen; er wagte nicht, die Augen zu irgendjemandes Gesicht zu erheben, es widerstrebte ihm, auf die See hinaus- oder zum Himmel aufzublicken. Die Welt verblasste vor seiner großen Furcht, sich zu verraten. Das alte Schiff war sein letzter Freund, vor ihm hatte er keine Angst. Er kannte jeden Zoll seines Decks, aber auch das Schiff wagte er kaum anzublicken, aus Angst, er könnte weniger sehen als am Tage vorher. Eine große Unsicherheit hüllte ihn ein. Der Horizont war verschwunden, der Himmel mischte sich trübe mit der See. Wer war die Gestalt dort drüben? Was war das, was dort unten lag? Und ein schrecklicher Zweifel an der Realität dessen, was er sehen konnte, machte sogar den Rest an Sehvermögen, der ihm geblieben war, zu einer zusätzlichen Folter, zu einer Fallgrube, die seine erbärmliche Heuchelei fortwährend bedrohte. Er fürchtete, in unverzeihlicher Weise über etwas zu stolpern, auf eine Frage mit einem verhängnisvollen ja oder nein zu antworten. Gottes Hand war über ihn gekommen, aber sie konnte ihn nicht von seinem Kind losreißen. Und wie in einem Albtraum der Erniedrigung erschien jeder undeutliche Mensch als Feind.

Er ließ seine Hand schwer auf den Tisch fallen. Mr. van Wyk, mit hängenden Armen, das Kinn auf der Brust und mit schimmernd weißen Zähnen an der Unterlippe nagend, dachte über Sternes ›das Spiel ist aus‹ nach.

»Der Serang weiß natürlich nichts.«

»Niemand«, sagte Kapitän Whalley überzeugt.
»Ah, ja. Niemand. Sehr gut. Können Sie bis zum Ende der Reise durchhalten? Es ist die letzte nach dem Vertrag mit Massy.«
Kapitän Whalley erhob sich und stand aufgerichtet und sehr stattlich da, der große weiße Bart lag wie ein silberner Brustpanzer über dem schrecklichen Geheimnis in seinem Herzen. Ja, das sei die einzige Hoffnung für ihn, sie jemals wiederzusehen; das Geld sicherzustellen, das Letzte, was er für sie tun konnte, bevor er sich irgendwohin verkroch – nutzlos, eine Last, ein Vorwurf gegen sich selbst. Seine Stimme schwankte.
»Wenn ich daran denke! Sie nie mehr wiederzusehen – jetzt außer mir das einzige menschliche Wesen auf der Erde, das sich an meine Frau erinnern kann. Sie ist genauso wie ihre Mutter. Ein Glück, dass die arme Frau dort ist, wo keine Tränen mehr über die vergossen werden, die man auf Erden geliebt hat und die zurückbleiben, um darum zu beten, nicht in Versuchung geführt zu werden – denn ich nehme an, die Seligen kennen das Geheimnis der Gnade in Gottes Tun gegenüber Seinen Kindern.«
Er schwankte ein wenig und sagte mit ernster Würde: »Ich kenne es nicht. Ich kenne nur das Kind, das Er mir gegeben hat.«
Und er setzte sich in Bewegung. Mr. van Wyk, der aufsprang, erkannte die Absicht des starr erhobenen Kopfes, der zögernden Schritte, der unbestimmt ausgestreckten Hand. Sein Herz klopfte. Er schob einen Stuhl zur Seite und trat instinktiv vor, als wollte er seinen Arm anbieten. Aber Kapitän Whalley ging an ihm vorbei, geradewegs auf die Treppe zu.
›Außerhalb seiner Blickrichtung konnte er mich überhaupt nicht sehen‹, dachte van Wyk mit einer gewissen Scheu. Dann trat er zur obersten Stufe und fragte etwas

bange: »Wie ist das … wie ein Nebel … wie …« Kapitän Whalley blieb auf halber Treppe stehen und wandte sich unverzagt um.
»Es ist, als ob das Licht aus der Welt dahinschwindet. Haben Sie jemals das Meer bei Ebbe beobachtet, wie es sich an einem offenen Sandstrand weiter und weiter von Ihnen zurückzieht? So ist es – nur, es wird keine Flut mehr folgen. Niemals. Es ist, als ob die Sonne kleiner würde, die Sterne einer nach dem andern verlöschten. Es dürften nicht mehr viele sein, die ich jetzt noch sehen kann. Aber ich habe in letzter Zeit den Mut nicht aufgebracht, hinaufzublicken …« Er musste Mr. van Wyk ausgemacht haben, denn er hielt ihn durch eine gebieterische Geste und ein gelassenes »Ich kann mich noch allein zurechtfinden« zurück.
Es war, als habe er seinen Weg gefunden und wolle von keinem Menschen Hilfe annehmen, nachdem er wie ein vermessener Titan aus seinem Himmel ausgestoßen worden war. Mr. van Wyk, der stehen blieb, schien die Schritte zu zählen, bis sie außer Hörweite waren. Mit hart klappenden Absätzen wanderte er zwischen den Tischen hin und her, nahm ein Papiermesser auf, warf es nach einem vagen Blick auf die Klinge wieder hin, schlug dann, als er ans Klavier geriet, ein paar Akkorde an, wie ein Klavierstimmer mit einer aufmerksamen Kopfneigung vor den Tasten stehend, dann schloss er es, drehte sich brüsk auf den Absätzen um, wich dem kleinen Terrier aus, der vertrauensvoll auf den gekreuzten Vorderpfoten schlief, kam zur Treppe und rannte, als hätte er auf der obersten Stufe die Balance verloren, Hals über Kopf aus dem Haus. Seine Diener, die angefangen hatten, den Tisch abzuräumen, hörten ihn unten vor sich hin murmeln (ohne Zweifel böse Worte) und nach einer Pause in Richtung auf die Landungsbrücke davonschlendern.

Das Schanzkleid der *Sofala*, die längsseits am Ufer lag, bildete auf der welligen Uferlinie einen niedrigen schwarzen Wall. Dahinter ragten, stark geneigt, als wollten sie umstürzen, zwei Masten und ein Schornstein auf; eine massive rechteckige Erhebung in der Mitte trug die gespensterhaften Formen weißer Boote, die Bogen der Davits, die Linien der Reling und der Stützen – alles wirr und dunkel verfließend. Tief unten aber starrte mittschiffs ein einziges erleuchtetes Bullauge in die Nacht hinaus, vollkommen rund wie ein kleiner Vollmond, dessen gelber Lichtstrahl einen nassen Schlammfleck einfing, den niedergetretenen Grassaum und zwei Törns einer schweren Trosse, die um den Fuß eines dicken hölzernen Pfostens gewunden war.
Als Mr. van Wyk die Bordwand entlangspähte, hörte er eine benebelte, prahlerische Stimme, die sich anscheinend über eine Person namens Prendergast lustig machte. Erstickt und heiser schrie sie Beschimpfungen, sprach dann sehr deutlich das Wort ›Murphy‹ aus und kicherte. Leise klirrte Glas. Alle diese Laute drangen aus dem erleuchteten Bullauge. Mr. van Wyk zögerte, dann bückte er sich; es war jedoch unmöglich, hineinzusehen, wenn er nicht in den Schlamm hinuntertrat.
»Sterne – natürlich. Sieh ihn dir an, wie er zwinkert. Sieh ihn dir an! Sterne, Whalley, Massy. Massy, Whalley, Sterne. Aber Massy ist der Beste. Den kannst du nicht übers Ohr hauen. Er würde dich liebend gerne verhungern sehn.«
Mr. van Wyk entfernte sich, erkannte weiter vorn einen dunklen Kopf, der unter den Sonnensegeln hervorgesteckt wurde, als lauere er jemandem auf, und sagte ruhig auf Malaiisch:
»Schläft der Steuermann?«
»Nein. Hier, zu Diensten.«
Im Nu erschien Sterne, so leise wie eine Katze, auf dem Steg.

»Es ist so mächtig finster; und ich hatte keine Ahnung, dass Sie heute Abend unten sein würden.«

»Was für ein schreckliches Gefasel ist das?«, fragte Mr. van Wyk, als wolle er die Ursache für den Schauder erklären, der ihn hörbar überrieselte.

»Jack hat einen über den Durst getrunken. Das ist unser Zweiter. Es ist so seine Art. Morgen Nachmittag wird er schon wieder klar sein – nur Mr. Massy wird unruhig auf Deck hin und her laufen. Wir sollten besser weggehen.«

Murmelnd ließ er eine Andeutung über eine Unterhaltung ›oben im Haus‹ fallen. Er hatte schon seit langem den Wunsch, sich dort Eingang zu verschaffen, aber Mr. van Wyk wehrte nachlässig ab. Es sei, fürchte er, vielleicht nicht sehr klug. Und der undurchsichtige schwarze Schatten unter einem der beiden großen Bäume, die man am Landungsplatz hatte stehen lassen, nahm sie auf in seine undurchdringliche Dichte neben dem breiten Fluss, der das Licht einiger großer Sterne, das hier und da auf seine weite, fließende Stille fiel, zu Glitzerfäden verspann.

»Die Situation ist ohne Zweifel ernst«, sagte Mr. van Wyk. In ihren weißen Anzügen wirkten sie wie Gespenster; keiner konnte das Gesicht des anderen sehen, ihre Füße machten auf dem weichen Boden kein Geräusch. Eine Art Schnurren war zu hören. Mr. Sterne war von diesem Anfang befriedigt.

»Ich wusste, Mr. van Wyk, dass ein Gentleman wie Sie sofort meine missliche Lage erkennen würde.«

»Ja, sehr misslich. Offenbar steht es um seine Gesundheit schlecht. Vielleicht geht es zu Ende mit ihm. So weit ich sehen kann. Und er ist sich dessen wohl bewusst – ich nehme an, ich spreche mit einem verständigen Mann –, er ist sich dessen wohl bewusst, dass seine Beine ihn im Stich lassen.«

»Seine Beine – ach!« Mr. Sterne war verwirrt, dann wurde er ärgerlich. »Nennen Sie es seine Beine, wenn

Sie wollen. Was ich wissen möchte, ist, ob er die Absicht hat, sich still aus dem Staube zu machen. Das ist gut! Seine Beine! Hört, hört!«
»Aber ja. Sehen Sie sich doch an, wie er geht«, entgegnete van Wyk mit ganz kühlem, unbewegtem Tonfall.
»Es ist aber die Frage, ob Ihr Pflichtgefühl Sie nicht zu weit von Ihrem wirklichen Interesse wegführt. Schließlich könnte auch ich etwas für Sie tun. Sie wissen, wer ich bin.«
»Jedermann an der Straße von Malakka hat von Ihnen gehört, Sir.«
Mr. van Wyk äußerte die Hoffnung, es möge etwas Vorteilhaftes sein. Einfältig lachte Sterne über diesen Scherz. Das wolle er meinen! Eifrig bestätigte er die einleitende Feststellung, dass der Partnerschaftsvertrag am Ende dieser Reise auslaufen solle. Er wusste es. Man höre den lieben langen Tag nichts anderes an Bord. Was Massy betreffe, so sei es kein Geheimnis, dass er mit den verbrauchten Kesseln in der Klemme sei. Er würde sich irgendwo ein paar hundert Pfund borgen müssen, um zuallererst den Kapitän auszuzahlen, und dann würde er eine Hypothek auf das Schiff aufnehmen müssen für die neuen Kessel – das heiße, wenn er überhaupt einen Geldgeber finden könnte. Bestenfalls bedeute das Zeitverlust, eine Geschäftsunterbrechung, einen geringen Jahresgewinn, und es bestehe immer die Gefahr, dass ihm die Deutschen seine Verbindungen wegschnappten. Man munkele, dass er es schon bei zwei Firmen versucht habe. Niemand wolle was mit ihm zu tun haben. Das Schiff sei zu alt und der Mann zu gut bekannt ... Mr. Sternes abschließendes rasches Zwinkern blieb in der tiefen, von seinem Geflüster durchzischelten Dunkelheit verborgen.
»Angenommen, er bekäme das Darlehen«, begann Mr. van Wyk mit bedächtigem Unterton, »so ist es nach Ihrer

Erklärung mehr als wahrscheinlich, dass ihm vom Hypothekengläubiger ein Mann als Kapitän aufgedrängt wird. Was mich betrifft, so weiß ich, dass ich diese Bedingung stellen würde, wenn ich das Geld aufbringen sollte. Und tatsächlich denke ich daran, es zu tun. Es würde sich in vielerlei Hinsicht für mich lohnen. Merken Sie, wie sich das auf den zur Diskussion stehenden Fall auswirken würde?«

»Danke, Sir. Ich bin sicher, Sie könnten niemanden finden, der sich mehr um Ihre Interessen kümmern würde.«

»Nun, es liegt in meinem Interesse, dass Kapitän Whalley seine vertraglichen Verpflichtungen bis zum Ende erfüllt. Ich werde wahrscheinlich mit hinunterfahren. Falls es sich machen lässt, werde ich zur Stelle sein, wenn all diese Veränderungen vorgenommen werden – und das in einer Position, in der ich mich um Ihre Interessen kümmern kann.«

»Mr. van Wyk, etwas Besseres kann ich mir nicht wünschen. Wahrhaftig, ich bin Ihnen unendlich ...«

»Ich nehme doch an, dass das ohne Unannehmlichkeiten erledigt werden kann.«

»Nun, Sir, es gibt schon ein Risiko, das ist nun mal nicht anders. Aber (zu Ihnen als meinem jetzigen Arbeitgeber gesagt) die Sache ist sicherer, als sie aussieht. Hätte mir jemand davon erzählt, ich hätte es nicht geglaubt, aber ich habe es selbst mit angesehen. Der alte Serang ist auf das Spiel dressiert worden. Es ist nichts mit seinen ... seinen ... Gliedmaßen, Sir. Er ist daran gewöhnt worden, in bemerkenswerter Weise selbstständig zu handeln. Und lassen Sie mich Ihnen sagen, Sir, dass Kapitän Whalley, der arme Mann, keineswegs nutzlos ist. Tatsache. Ich will es Ihnen erklären, Sir. Er steift diesem alten Affen von Malaien, der sehr wohl weiß, was er zu tun hat, den Nacken. Nun, er muss in den letzten fünfundzwanzig Jahren auf allen möglichen Schiffen weit und breit die Kapitänswachen übernommen haben. Diese Eingeborenen, Sir, machen ihre Sache, solange sie einen Weißen hinter sich haben, erstaunlich gut – sogar wenn sie sich selbst überlassen bleiben. Nur, der Weiße muss jemand sein, der ihnen Rückhalt gibt, und der Kapitän ist dafür gerade der rechte Mann. Tja, Sir, er hat ihn so gut gedrillt, dass er jetzt kaum noch etwas sagen muss. Ich habe gesehen, wie dieser kleine verschrumpelte Affe es fertig gebracht hat, das Schiff an einem stürmischen Morgen aus der Pangu-Bay herauszubringen und zwischen all diesen Inseln hindurchzusteuern – es ausgezeichnet herausgeführt hat, Sir, während er sich hinter dem alten Mann versteckte, und das auf so stille Art, dass Sie um alles in der Welt nicht hätten sagen können, wer von den beiden dort oben die Arbeit machte. Das ist es, warum unser armer Freund für das Schiff noch immer von Nutzen ist, selbst wenn … wenn … er keinen Fuß mehr heben könnte, Sir. Vorausgesetzt, der Serang weiß nicht, dass da etwas nicht in Ordnung ist.«

»Er weiß es nicht.«

»Natürlich nicht. Das geht auch über seinen Verstand. Die sind unfähig, irgendetwas über uns herauszufinden, Sir.«

»Sie scheinen scharfsinnig, zu sein«, sagte Mr. van Wyk mit ersticktem Murmeln, als fühle er sich krank.

»Sie werden sehen, dass ich ein guter Diener bin, Sir.«

Mr. Sterne hoffte nun wenigstens auf einen Händedruck, doch mit einem unerwarteten: »Was ist das? Besser, wir werden nicht zusammen gesehen!«, wich Mr. van Wyks weiße Gestalt zurück und schien sich augenblicklich in der Schwärze unter dem Blätterdach aufzulösen. Der Steuermann war überrascht. Ja. Da war dieses schwache, dumpfe Getöse.

Leise stahl er sich aus dem Schatten heraus. Von fern strahlte das erleuchtete Bullauge. Im Rausch des plötzlichen Erfolges schwindelte ihm der Kopf. Wie wunderbar war es doch, wenn man es mit einem Gentleman zu tun hatte! Er kroch an Bord, und in der schattenhaften Ausdehnung der leeren Decks, die von Rufen und Schlägen aus einem dunkleren Teil mittschiffs widerhallten, lag etwas Unheimliches. Mr. Massy wütete vor der Tür der Kammer – drinnen plapperte, von dem ungestümen Lärm der Fußtritte ungerührt, die trunkene Stimme weiter.

»Halten Sie das Maul! Machen Sie das Licht aus und legen Sie sich hin, Sie verdammtes, besoffenes Schwein, Sie! Hören Sie mich, Sie blöder Kerl?«

Die Tritte gegen die Tür hörten auf, und in der Pause verkündete die lallende, orakelhafte Stimme von drinnen: »Ach! Massy – also, das ist was andres. Massy ist gerissen.«

»Wer ist dort achtern? Sie, Sterne? Er wird sich noch ins Delirium hineinsaufen.« Der Erste Maschinist tauchte undeutlich und groß an der Ecke des Maschinenraumdeckslichts auf.

»Er wird morgen wieder Dienst tun können. Ich würde ihn in Ruhe lassen, Mr. Massy.«

Sterne schlüpfte in seine Kammer und musste sich plötzlich hinsetzen. Der Kopf schwindelte ihm vor Triumph. Wie im Traum legte er sich in seine Koje. Ein Gefühl tiefen Friedens, stiller Freude überkam ihn. An Deck war alles ruhig.

Das Ohr an der Tür von Jacks Kammer, lauschte Mr. Massy misstrauisch auf das tiefe, schnarchende Atmen da drinnen. Das war der Schlaf eines sinnlos Betrunkenen. Der Anfall war vorbei. Über diesen Punkt beruhigt, ging auch er in die Kammer und entledigte sich langsam seiner alten Tweedjacke. Es war ein Kleidungsstück mit vielen Taschen, das er dann und wann anzuziehen pflegte, da er an plötzlichen Anfällen von Schüttelfrost litt, und wenn er durchgewärmt war, zog er die Jacke aus und hängte sie irgendwo auf dem Schiff hin. Man konnte sie an Belegnägeln baumeln sehen, über einen Winsch geworfen oder auch an Türklinken. War er nicht der Schiffseigner? Aber sein Lieblingsplatz war ein Haken an einer hölzernen Stütze des Sonnensegels auf der Brücke, fast dem Kompass gegenüber. Anfangs hatte er deswegen sogar mehr als einmal Streit mit Kapitän Whalley gehabt, der Ordnung auf der Brücke wünschte. Damals hatte er sich einschüchtern lassen. In letzter Zeit jedoch war er imstande gewesen, seinem Partner mit Unverschämtheit zu trotzen. Kapitän Whalley schien jetzt nichts mehr zu bemerken. Und was die Malaien betraf, so würde aus Scheu vor diesem mürrischen Mann keiner der Mannschaft auch nur im Traum daran denken, das Ding zu berühren – gleichgültig, wo oder woran es baumelte.

So unerwartet, dass Mr. Massy aufsprang und die Jacke zu Boden fallen ließ, kam aus der nächsten Kammer das laute Krachen und der dumpfe Aufprall eines jähen Sturzes. Der getreue Jack musste bei seiner Zecherei plötzlich eingeschlafen und nun mit Stuhl und allem andern umgefallen sein und dabei – nach dem Lärm zu schließen – jedes einzelne Glas und jede Flasche im Raum zerschlagen haben. Nach dem fürchterlichen Krach war dort drinnen eine Zeit lang alles still, als habe er sich auf der Stelle umgebracht. Mr. Massy hielt den Atem an. Schließlich wurde auf der anderen Seite des Schotts langsam ein schläfriger, schwerer, stöhnender Seufzer ausgestoßen.

»Ich hoffe zu Gott, dass er zu betrunken ist, um jetzt aufzuwachen«, murmelte Mr. Massy.

Der Klang eines leisen, wissenden Lachens trieb ihn fast zur Verzweiflung. Kaum hörbar fluchte er wütend. Der Narr würde ihn jetzt mit Sicherheit die ganze Nacht lang wach halten. Er verwünschte sein Geschick. Manchmal

wollte er seine Sorgen, die ihn zum Wahnsinn trieben, im Schlaf vergessen. Er konnte keine Bewegung hören. Jack machte offenbar nicht den leisesten Versuch aufzustehen, sondern kicherte dort, wo er lag, weiter vor sich hin und fing an weiterzureden, wo er abgebrochen hatte.
»Massy! Ich liebe den dreckigen Halunken. Er würde seinen armen alten Jack gern verhungern sehen – aber sieh dir nur an, wie weit er es gebracht hat ...« Er rülpste auf überlegene, gemächliche Art ... »Kann es als Schiffseigner mit den Besten aufnehmen. Ein Lotterielos braucht man. Ha! ha! Ich werde dir Lotterielose geben, mein Junge. Soll das alte Schiff untergehen und der alte Kamerad verhungern – das ist in Ordnung. Er tut nichts Unrechtes – Massy nicht. Nicht der. Der ist ein Genie – das ist er. Das ist die Art, zu Geld zu kommen, Schiff und Kamerad müssen draufgehen.«
»Der alberne Narr hat es sich zu Herzen genommen«, murmelte Massy vor sich hin. Und als er mit besänftigter Miene auf ein leises Anzeichen wiederkehrender Schläfrigkeit wartete, wurde er zutiefst entmutigt durch den Ausbruch eines Gelächters voll fröhlicher Ironie.
»Möchtest das Schiff auf dem Meeresgrund haben! Oh, du gerissener, gerissener Teufel! Wünschtest dir, dass es schon gesunken wäre, was? Sollte meinen, dass du's möchtest, mein Junge. Der verdammte alte Kasten und all deine Sorgen mit ihm. Das Versicherungsgeld einstreichen – deinem alten Kameraden den Rücken kehren – alles in Ordnung – wieder ein Gentleman.«
Finstere Ruhe hatte Massys Gesicht überzogen. Nur seine großen schwarzen Augen rollten besorgt hin und her. Dieser verrückte Narr. Und doch stimmte alles. Ja. Auch die Lotterielose. Alles stimmte. Was? Ging es schon wieder los? Wenn er doch nur...
Aber es war nun einmal so. Der erfinderische Trunkenbold auf der anderen Seite der Wand zerstörte die Toten-

stille, die nach seinen letzten Worten über das dunkle, an einem schweigenden Ufer vertäute Schiff gefallen war.
»Wage nicht, etwas gegen den hochwohlgeborenen George Massy zu sagen. Wenn ihm das Warten zu lange dauert, wird er das Schiff schon aus der Welt schaffen. Pass auf! Runter mit ihm – samt Kamerad und allem. Er wird schon wissen wie ...«
Die Stimme zögerte, müde, träumerisch, verloren, als ersterbe sie in einem weiten, offenen Raum.
»... den richtigen Dreh finden. Der ist schlau – keine Bange.«
Er musste sehr betrunken sein, denn schließlich überfiel ihn mit der Plötzlichkeit einer magischen Zauberformel tiefer Schlaf, und das letzte Wort ging in einen endlosen lauten Schnarcher über. Und dann verstummte sogar das Schnarchen, und alles war still.
Aber es schien, als seien Mr. Massy plötzlich Zweifel an der Wirksamkeit des Schlafes als Mittel gegen die Sorgen eines Mannes gekommen; oder vielleicht hatte er die Erleichterung, die er brauchte, in der Stille einer ruhigen Betrachtung gefunden, die lebhafte Vorstellungen von Reichtum, von einem Glücksfall, von langem Müßiggang enthalten und die einem die eingebildete Erfüllung eines jeden Wunsches vorspiegeln mochte; denn als er sich umdrehte und die Arme über den Kojenrand streckte, da stand er mit den Füßen auf seinem geliebten alten Rock und blickte durch das runde Bullauge in die Nacht über dem Fluss. Manchmal drang ein Windhauch herein und berührte sein Gesicht, ein kühler Atem, beladen mit der feuchten Frische einer großen Wasserfläche. Hier und da ein Schimmer war alles, was er sehen konnte; einmal glaubte er allerdings doch eingenickt zu sein, weil da, unerwartet und mit keinem Traum verbunden, vor seinem Auge eine Reihe flammender, gigantischer Ziffern auftauchte – drei, null, sieben, eins, zwei –, eine

Zahl also, wie sie auf Lotterielosen zu finden ist. Und dann war auf einmal das Bullauge nicht mehr schwarz; es war perlgrau und rahmte ein Ufer ein, an dem sich Häuser drängten, Strohdach über Strohdach, Wände aus Matten und Bambus, Giebel aus geschnitztem Teakholz. Reihenweise erhoben sich Behausungen auf einem Wald aus Pfählen, sie säumten das stahlgraue Ufer des Flusses, der vorm Flutwechsel randvoll und still dalag. Das war Batu Beru – und der Tag war angebrochen.

Mr. Massy schüttelte sich, zog den Tweedrock an und notierte, wie nach einem großen Schock nervös zitternd, die Zahl. Ein glückverheißender, ungewöhnlicher Wink war das. Ja, aber um das Glück zu erjagen, brauchte man Geld – bares Geld.

Dann ging er hinaus und machte Anstalten, in den Maschinenraum hinunterzusteigen. Es waren verschiedene kleine Arbeiten zu erledigen, und Jack lag bis zur Bewusstlosigkeit betrunken auf dem Boden seiner Kammer und hatte die Tür abgeschlossen. Der Gedanke an die Arbeit flößte ihm Ekel ein. Ach ja! Aber wenn man nichts tun wollte, musste man erst einmal ein schönes Stück Geld machen. Ein Schiff rettet einen nicht. Wahr, sehr wahr. Er war es müde, auf eine Gelegenheit zu warten, die ihn endlich von diesem Schiff befreien würde, das zum Fluch seines Lebens geworden war.

14

Das tiefe, endlose Heulen der Dampfsirene hatte in seinem ernsten, bebenden Ton etwas Unerträgliches, sodass Mr. van Wyk ein leichter Schauer über den Rücken lief. Es war früher Nachmittag; die *Sofala* lief aus Batu Beru nach Pangu aus, dem nächsten Zwischenhafen. Dicht gefolgt

von ein paar Kanus, drehte sie in den Strom und glitt aus dem Blickfeld von Mr. van Wyks Bungalow hinaus, den breiten Fluss hinunter.
Mr. van Wyk war diesmal nicht hinuntergegangen, um sie abfahren zu sehen. Gewöhnlich kam er zum Landungsplatz, wechselte, während sie ablegte, ein paar Worte mit der Brücke und winkte im letzten Augenblick Kapitän Whalley zu. An diesem Tag ging er nicht einmal bis an die Balustrade der Veranda. ›Er könnte mich ja nicht sehen‹, sagte er zu sich. ›Ich möchte wissen, ob er überhaupt noch das Haus erkennen kann.‹ Und bei diesem Gedanken fühlte er sich irgendwie noch einsamer, als er sich in all den Jahren je gefühlt hatte. Wie viele waren es? Sechs oder sieben? Sieben. Eine lange Zeit.
Er saß auf der Veranda, ein geschlossenes Buch auf den Knien, und überschaute sozusagen seine Einsamkeit, als habe ihm die Tatsache von Kapitän Whalleys Blindheit die eigenen Augen geöffnet. Es gab viele Arten von Kummer und Beschwerden, und es gab keinen Ort, wo sie einen nicht einholten. Und er fühlte sich beschämt, als hätte er sich sechs Jahre lang wie ein empfindlicher Junge benommen.
Seine Gedanken folgten der *Sofala* auf ihrem Weg.
Unter dem Eindruck des ersten Augenblicks hatte er impulsiv gehandelt und sich dem Dringendsten zugewandt. Und was hätte er sonst tun können? Später würde er schon sehen. Es schien notwendig, dass er in die Welt hinauskam, wenigstens für einige Zeit. Er hatte Geld – damit konnte etwas arrangiert werden; er würde keine Zeit, keine Mühe scheuen, auch nicht den Verlust an Einsamkeit. Sie belastete ihn jetzt; und Kapitän Whalley tauchte vor ihm auf, wie er dagesessen und sich die Augen beschattet hatte, als wäre er – im Vertrauen auf seinen Glauben enttäuscht – jenseits von allem Guten und Bösen, das Menschenhand bewirken kann.

Mr. van Wyks Gedanken folgten der *Sofala* – den Fluss hinunter, der sich durch den Gürtel der Küstenwälder wand, zwischen den pfeilerartigen Stämmen der großen Bäume dahin, durch den Mangrovenstreifen und über die Barre. Das Schiff überquerte sie im hellen Tageslicht ohne Schwierigkeiten – zufällig von Mr. Sterne geführt, der die Wache von vier bis sechs Uhr hatte und dann nach unten ging, um sich vergnügt zu der Aussicht zu beglückwünschen, dass er wirklich von einem reichen Mann wie Mr. van Wyk angestellt werden sollte. Er konnte nichts mehr sehen, woran es scheitern sollte. Aber er konnte das Gefühl, ›endlich festen Fuß gefasst zu haben‹, offenbar noch nicht begreifen. Nach dem Dienstplan hatte von sechs bis acht Uhr der Serang allein Wache. Das Schiff hatte nun bis gegen drei Uhr morgens offenes Fahrwasser vor sich, dann würde es sich der Pangu-Gruppe nähern. Um acht Uhr kam Sterne fröhlich an Deck, um bis Mitternacht wieder das Kommando zu übernehmen. Um zehn Uhr trällerte und summte er noch immer auf der Brücke vor sich hin, und etwa um diese Zeit verließen Mr. van Wyks Gedanken die *Sofala*. Mr. van Wyk war endlich eingeschlafen.
Massy, der den Niedergang zum Maschinenraum blockierte, zwängte sich verdrießlich in seine Tweedjacke, während der Zweite mit einem mürrischen Blick wartete.
»Oh, Sie sind rausgekommen! Sie Saufbold! Nun, was haben Sie zu Ihrer Rechtfertigung zu sagen?«
Er hatte bis dahin in der Maschine Dienst gehabt. Eine düstere Wut trübte ihm den Verstand: ein heißer Zorn gegen das Schiff, gegen die Lebensumstände, gegen die Menschen wegen ihrer Betrügereien, auch gegen sich selbst – wegen des Bebens in seinem Herzen.
Ein unverständliches Knurren antwortete ihm.
»Was? Können Sie jetzt Ihren Mund nicht mehr aufkriegen? Wenn Sie betrunken sind, heulen Sie Ihren hölli-

schen Blödsinn laut genug heraus. Was fällt Ihnen ein, die Leute in dieser Weise zu beschimpfen? Sie alter unnützer Säufer, Sie!«
»Kann nichts dafür. Erinnere mich an nichts mehr. Sie sollten nicht hinhören.«
»Das wagen Sie mir zu sagen! Was soll das heißen, sich so zu betrinken?«
»Fragen Sie mich nicht. Hab die verdammten Kessel satt – hätten Sie auch. Hab das Leben satt.«
»Dann wünschte ich, Sie wären tot. Sie haben mich dazu gebracht, dass ich Sie satt habe. Erinnern Sie sich nicht mehr an den Lärm, den Sie letzte Nacht gemacht haben? Sie elender alter Zechbruder!«
»Nein, erinnere mich nicht. Will gar nicht. Schnaps ist Schnaps.«
»Ich frage mich, was mich davon abhält, Sie rauszuschmeißen. Was wollen Sie hier?«
»Sie ablösen, Sie sind lange genug unten gewesen, George.«
»Nennen Sie mich nicht George, Sie versoffner alter Halunke, Sie! Wenn ich morgen sterbe, würden Sie verhungern. Vergessen Sie das nicht. Sagen Sie Mr. Massy.«
»Mr. Massy«, wiederholte der andere gleichmütig.
Liederlich, mit teilnahmslosen, blutunterlaufenen Augen, in einem mit Schnupftabak befleckten, rußigen Hemd, schmierigen Hosen, die nackten Füße in zerlumpten Pantoffeln, stürzte er, sobald Massy ihm Platz gemacht hatte, Hals über Kopf hinunter.
Der Erste Maschinist sah sich um. Das Deck war bis zur Heckreling leer. Diesmal hatten die eingeborenen Passagiere das Schiff alle in Batu Beru verlassen, und andere waren nicht zugestiegen. Am Heck des Schiffes klingelte in der Dunkelheit periodisch das Patentlog. Es herrschte eine totenähnliche Flaute, und ruhig fuhr das Schiff unter dem bedeckten Himmel durch die reglose Luft, die sich warm und mit einem Seetanggeruch an seinen

schlanken Rumpf zu heften schien, auf dem düstergrauen und glatten Wasser dahin, als schwebe es losgelöst im leeren Raum. Aber Mr. Massy schlug sich vor die Stirn, schwankte ein wenig und hielt sich an einem Belegnagel am Fuß des Masts fest.

»Ich werde noch verrückt«, murmelte er und ging unsicher über das Deck. Unten kratzte eine Schaufel lose Kohlen zusammen – eine Feuerungstür klirrte. Auf der Brücke begann Sterne eine neue Melodie zu pfeifen.

Kapitän Whalley, der wach und völlig angezogen auf dem Sofa saß, hörte die Tür seiner Kammer aufgehen. Er machte keinerlei Bewegung, sondern wartete mit entsetzlich angespannter Aufmerksamkeit, bis er die Stimme erkannte.

Eine Wandlampe beleuchtete den weißen Anstrich, den roten Plüsch, den braunen Lack der Mahagoni-Aufsätze. Die weiße, hölzerne Packkiste unter dem Bett war jetzt seit drei Jahren ungeöffnet geblieben, als habe Kapitän Whalley das Gefühl gehabt, dass es, nachdem die *Fair Maid* verkauft war, für seine Liebe keine Bleibe mehr auf Erden geben könne. Seine Hände lagen auf den Knien, der stattliche Kopf mit den starken Augenbrauen bot zur Tür hin ein starres Profil dar. Schließlich sagte die erwartete Stimme laut: »Noch einmal denn. Wie soll ich Sie nennen?«

›Ha! Massy.‹ Schon wieder. Der Überdruss presste ihm das Herz zusammen – und der Schmerz der Scham war fast mehr, als er ertragen konnte, ohne laut aufzuschreien.

»Nun? Soll es beim ›Partner‹ bleiben?«

»Sie wissen nicht, was Sie fragen.«

»Ich weiß, was ich will ...« Massy trat herein und schloss die Tür.

»... und ich werde es noch einmal mit Ihnen versuchen.« Sein Jammern war halb überredend, halb drohend.

»Denn es ist keine Art und Weise, mir zu erzählen, dass Sie arm sind. Für sich selbst verbrauchen Sie nichts, das ist wahr; aber dafür gibt's einen anderen Namen. Sie denken, Sie können aus mir drei Jahre lang herausholen, was Sie wollen, und mich dann fortschicken, ohne anzuhören, was ich von Ihnen halte? Glauben Sie, ich hätte mich Ihrem Getue gefügt, wenn ich gewusst hätte, dass Sie auf der Welt nur armselige fünfhundert Pfund besitzen? Sie hätten mir das sagen müssen.«

»Vielleicht«, sagte Kapitän Whalley und beugte den Kopf.

»Und doch hat das Geld Sie gerettet ...« Massy lachte verächtlich ... »Ich habe es Ihnen oft genug gesagt.«

»Und ich glaube Ihnen jetzt nicht mehr. Wenn ich daran denke, wie ich Sie auf meinem Schiff den großen Herrn spielen ließ! Erinnern Sie sich, wie Sie mich wegen meiner Jacke auf Ihrer Brücke schikaniert haben? Sie war ihm im Weg. Seine Brücke! ›Und ich will damit nichts zu tun haben – und ich könnte mich dazu nicht hergeben.‹ Ehrlicher Mann! Und jetzt kommt alles heraus. ›Ich bin arm, und ich kann nicht. Ich habe nur diese fünfhundert Pfund auf der Welt.‹«

Er dachte über Kapitän Whalleys Festigkeit nach, die ein unüberwindliches Hindernis auf seinem Weg zu sein schien. Sein Gesicht nahm einen kummervollen Ausdruck an.

»Sie sind ein harter Mann.«

»Genug«, sagte Kapitän Whalley und wandte sich zu ihm. »Sie werden nichts von mir bekommen, weil ich nichts habe, was ich jetzt weggeben könnte.«

»Machen Sie das einem anderen weis!«

Mr. Massy ging hinaus und blickte noch einmal zurück; dann schloss sich die Tür, und Kapitän Whalley, wieder allein, saß so still wie zuvor. Er besaß nichts – sogar seine Vergangenheit voll Ehre, Wahrheitsliebe, voll rechtschaffenem Stolz war dahin. Sein ganzes untadeliges Leben war zur Hölle gefahren. Er hatte ihm sein letztes Lebewohl gesagt. Aber was ihr gehörte, das gedachte er zu retten. Nur ein bisschen Geld. Er würde es ihr mit eigenen Händen bringen – dieses letzte Geschenk eines Mannes, der zu lange gelebt hatte. Und ein ungeheurer, heftiger Drang, die Leidenschaft väterlicher Liebe, flammte mit der ganzen ungebrochenen Kraft seines wertlosen Lebens in dem einen Wunsch auf, ihr Gesicht zu sehen.

Massy war über das Deck geradewegs in seine Kammer gegangen, zündete ein Licht an und suchte nach der Notiz mit der geträumten Zahl, deren Ziffern ebenso aufgeflammt waren – mit der Heftigkeit einer anderen Leidenschaft. Er musste es irgendwie fertig bringen, keine Ziehung zu versäumen. Diese Nummer bedeutete etwas. Aber wo sollte er einen Ausweg finden, um sich selbst über Wasser zu halten?

»Erbärmlicher Knicker!«, murmelte er.

Wenn ihm Mr. Sterne auch zu keiner Zeit über seinen Partner etwas Neues hätte erzählen können, so hätte er Mr. Sterne sagen können, dass man vom Missgeschick eines Menschen einen ganz anderen Gebrauch machen konnte, als ihn hinauszuwerfen, und dass man so den Termin für eine schwer aufzubringende Zahlung um ein Jahr verschieben konnte. Es war ein besserer Schachzug, das Geheimnis dieses Missgeschicks zu wahren und ihn zum Bleiben zu bewegen. Wenn er ohne Mittel war, würde er bestrebt sein zu bleiben, und das regelte die Frage der Rückzahlung seines Anteils. Er wusste nicht genau, inwieweit Kapitän Whalley untauglich war; aber wenn es sich ergab, dass er das Schiff irgendwo ein für alle Mal auf Grund setzte, so war das nicht die Schuld des Eigners – oder? Er war nicht verpflichtet zu wissen, dass dabei etwas nicht stimmte. Aber vermutlich würde niemand eine solche Frage aufwerfen, und das Schiff war voll versichert. Er hatte genug Selbstbeherrschung gehabt, um die Prämien zu bezahlen. Aber das war nicht alles. Er konnte nicht glauben, dass Kapitän Whalley so verdammt mittellos war, dass er nicht irgendwo noch ein bisschen Geld beiseite gelegt hatte. Wenn es ihm, Massy, gelänge, an dieses Geld heranzukommen, dann könnten damit die Kessel bezahlt werden, und alles ginge so weiter wie bisher. Und wenn das Schiff am Ende verloren ginge, umso besser. Er hasste es: Er verabscheute die Sorgen, die seinen Verstand von den Zufällen des Glücks ablenkten. Er wünschte es auf den Meeresgrund und die Versicherungssumme in seine Tasche. Und als er Kapitän Whalleys Kammer enttäuscht verließ, schloss er in den Hass auf das Schiff mit den verrotteten Kesseln auch den Mann mit den getrübten Augen ein.

Unser Verhalten ist schließlich so sehr von äußeren Einflüssen abhängig, dass er es ohne Jacks betrunkenes Geschwätz diesem erbärmlichen Mann auf der Stelle eingetränkt hätte, diesem Mann, der weder helfen noch bleiben und noch weniger das Schiff untergehen lassen wollte. Der alte Betrüger! Er sehnte sich danach, ihn hinauszuwerfen. Aber er beherrschte sich. Dafür war noch genug Zeit – wenn es ihm gefiel. Ihm war da ein schrecklicher neuer Gedanke gekommen. Hatte er das nicht schließlich vor? Wie hatte dieses Vieh Jack gefaselt? ›Einen sicheren Trick finden, um das Schiff loszuwerden.‹ Nun, Jack hatte gar nicht so Unrecht. Ein sehr gerissener Trick war ihm eingefallen. Ja! Aber was war mit dem Risiko?

Ein Gefühl des Stolzes – des Stolzes der Überlegenheit über gewöhnliche Vorurteile – schlich sich in seine Brust, ließ sein Herz schneller schlagen, seinen Mund trocken werden. Das würde nicht jeder wagen, aber er war Massy, und er war mit allen Wassern gewaschen!

An Deck wurde sechs Glasen geschlagen. Elf Uhr! Er trank ein Glas Wasser und setzte sich für etwa zehn Minuten

hin, um sich zu beruhigen. Dann holte er aus seiner Kiste eine kleine Blendlaterne und zündete sie an.
Seiner Kammer fast gegenüber, auf der anderen Seite des schmalen Durchgangs unter der Brücke, war in dem eisernen Decksaufbau über dem Kesselraum ein Vorratsraum mit eisernen Wänden, eiserner Decke, und wegen der Hitze von unten dienten Eisenplatten als Fußboden. Hier wurde Gerümpel aller Art hineingeworfen: In einer Ecke lag ein Haufen Schrott; weiter fanden sich Reihen leerer Ölkannen, Säcke mit Putzwolle, ein Haufen Holzkohle, eine Feldschmiede, Teile eines alten Hühnerkorbs, zerlumpte Winschenbezüge, Überreste von Laternen, und ein brauner Filzhut, den ein Mann abgelegt hatte, der jetzt tot (von einem Fieber an der brasilianischen Küste dahingerafft) und einst auf der *Sofala* Steuermann gewesen war, hatte seit Jahren eingezwängt hinter einem zerbrochenen Stück Kupferrohr gesteckt, das irgendwann einmal aus dem Maschinenraum geflogen war. Über diesem Kapernaum von altem Kram lag eine vollkommene, undurchdringliche Finsternis. Ein kleiner Lichtstrahl aus Mr. Massys Blendlaterne fiel schräg hinein.
Sein Rock war nicht zugeknöpft. Er stieß den Riegel an der Tür vor (es gab keine andere Öffnung), hockte sich vor den Schrotthaufen und begann seine Taschen mit Eisenstücken voll zu stopfen. Er packte sorgfältig ein, als wären die rostigen Muttern, die gebrochenen Bolzen, die Kettenglieder Gold und als hätte er nur einmal die Chance, davon so viel wie möglich wegzuschleppen. Er füllte die Seitentaschen, bis sie sich ausbeulten, die Brusttasche, die Innentaschen. Er sah sich die Stücke genau an. Einige warf er zurück. Um seine geschäftigen Hände stieg langsam eine kleine Wolke Roststaub auf. Mr. Massy wusste einiges über die wissenschaftliche Grundlage seines gerissenen Tricks. Wenn man die Mag-

netnadel eines Schiffskompasses ablenken will, ist weiches Eisen am besten; desgleichen haben viele kleine Stücke in den Jackentaschen mehr Wirkung als einige wenige große, weil man auf diese Weise bei gleichem Gewicht eine größere Oberfläche erreicht, und die Oberfläche ist es, auf die es ankommt.

Rasch schlüpfte er hinaus - zwei Schritte genügten -, und in seiner Kammer bemerkte er, dass seine Hände ganz rot waren - rot vom Rost. Das verwirrte ihn, als wären sie mit Blut besudelt. Hastig sah er an sich hinunter. Ja, seine Hosen auch! Er hatte seine rostigen Hände an den Hosenbeinen abgewischt.

In seiner Hast riss er den Knopf vom Hosenbund ab, bürstete seine Jacke aus und wusch sich die Hände. Dann erst wich seine schuldbewusste Miene, und er setzte sich hin, um zu warten.

Kerzengerade und mit Eisen beschwert saß er in seinem Sessel. An jeder Hüfte fühlte er eine harte, unförmige Masse, er spürte, wie der Eisenschrott in seinen Taschen bei jedem Atemzug seine Rippen berührte, spürte, wie die Last all dieser Pfunde, die an seinen Schultern hingen, ihn nach unten zog. Er sah auch sehr unbeholfen aus, wie er da so müßig saß, und sein gelbes Gesicht mit den reglosen schwarzen Augen hatte in seinem Gleichmut etwas Passives und Trauriges.

Als er es über sich acht Glasen schlagen hörte, stand er auf und machte sich zum Gehen fertig. Seine Bewegungen wirkten ziellos, die Unterlippe war etwas herabgesunken, und die Augen, denen die gewaltige Anspannung seines Willens jede Spur von Intelligenz genommen hatte, irrten durch die Kammer.

Mit dem letzten Schlag der Glocke erschien der Serang geräuschlos auf der Brücke, um den Steuermann abzulösen. Sterne floss vor Wohlwollen über, seit ihm nichts mehr zu wünschen blieb.

»Machst du auch die Augen gut auf, Serang? Es ist ziemlich dunkel. Ich werde warten, bis du richtig daran gewöhnt bist.«
Der alte Malaie murmelte, blickte mit seinen eingesunkenen Augen hinauf, trat zur Seite in das Licht des Kompasshauses und heftete den Blick, während er die Hände hinter dem Rücken faltete, auf die Kompassrose.
»Gegen halb vier musst du voraus gut nach Land Ausschau halten; es ist zwar ziemlich klar. Hast du zum Kapitän hineingesehen, als du heraufgekommen bist – ja? Weiß er, wie spät es ist? Nun, dann gehe ich jetzt.«
Am Fuß der Treppe trat er beiseite, um dem Kapitän Platz zu machen. Er beobachtete ihn, wie er mit gleichmäßigem, sicherem Schritt hinaufstieg, und blieb eine Weile gedankenverloren stehen. »Es ist komisch«, sagte er zu sich, »aber man kann nie sagen, ob einen dieser Mann gesehen hat oder nicht. Diesmal hätte er mich atmen hören können.«
Im Ganzen war der Mann zu bewundern. Es hieß, er habe zu seiner Zeit einen Namen gehabt. Mr. Sterne wollte das gern glauben; und gelassen kam er zu dem Schluss, Kapitän Whalley müsse wohl die Leute mehr oder weniger gut sehen – wie zum Beispiel ihn jetzt eben –, aber da er nicht sicher sei, wen er sehe, müsse er dieses geistesabwesende Schweigen bewahren – aus Furcht, sich zu verraten. Mr. Sterne war ein scharfsinniger Mann.
Dieser Zwang eines jeden Augenblicks ließ Kapitän Whalley in seinem Herzen das Erniedrigende seiner Falschheit begreifen. Er war aus Vaterliebe hineingetrieben worden, aus Ungläubigkeit, aus einem grenzenlosen Vertrauen in die göttliche Gerechtigkeit, die menschlichen Gefühlen auf dieser Welt zugemessen wird. Er wollte seiner armen Ivy den Verdienst eines weiteren Arbeitsmonats geben; vielleicht war das Übel nur vorübergehend. Sicherlich würde Gott das Kind nicht seiner

Hilfe berauben und ihn nackt in eine endlose Nacht stoßen wollen. Er hatte sich an jede Hoffnung geklammert, und als die Gewissheit seines Unglücks größer als die Hoffnung wurde, hatte er versucht, die offenkundige Tatsache zu bemänteln.
Vergeblich. Im ständig dunkler werdenden Universum befiel eine unheilvolle Klarheit seine Gedanken. In den erleuchtenden Momenten des Leidens sah er das Leben, die Menschen, alle Dinge, die ganze Erde mit all der Last der erschaffenen Natur, wie er sie nie zuvor gesehen hatte.
Manchmal ergriff ihn plötzliches Schwindelgefühl und überwältigendes Entsetzen, und dann erschien ihm das Bild seiner Tochter. Auch sie hatte er nie zuvor so klar gesehen. War es möglich, dass er hinfort unfähig sein sollte, noch etwas für sie zu tun? Nichts? Und sie nie mehr wiedersehen sollte? Niemals?
Warum? Die Strafe war zu hart für ein bisschen Vermessenheit, ein bisschen Stolz. Und schließlich klammerte er sich an seine Täuschung, mit der wilden Entschlossenheit, sie bis zum Ende durchzustehen, um Ivys Geld zu retten und sie noch einmal mit eigenen Augen zu sehen. Danach – was dann? Der Gedanke an Selbstmord war für die Kraft seiner Mannhaftigkeit empörend. Er hatte um den Tod gebetet, bis ihm die Gebete im Hals stecken geblieben waren. Mit einer kindlichen Demut des Geistes hatte er jeden Tag seines Lebens gebetet – um sein täglich Brot und darum, nicht in Versuchung geführt zu werden. Bedeuteten Worte etwas? Woher kam die Gabe der Rede? Das heftige Klopfen seines Herzens hallte in seinem Kopf wider – schien sein Gehirn zu zerschlagen.
Schwerfällig setzte er sich in den Deckstuhl nieder, um seine Wache vorzutäuschen. Die Nacht war dunkel. Alle Nächte waren jetzt dunkel.

»Serang«, sagte er halblaut.
»Ada, Tuan. Ich bin hier.«
»Sind Wolken am Himmel?«
»Ja, Tuan.«
»Lass Nord steuern.«
»Nord liegt an, Tuan.«
Der Serang trat zurück. Kapitän Whalley erkannte Massys Schritte auf der Brücke.
Der Maschinist ging nach Backbord hinüber und kehrte um, kam mehrmals hinter dem Stuhl vorbei. Kapitän Whalley entdeckte in diesem Umherstreichen etwas Ungewöhnliches, etwas wie bedächtige Vorsicht. Die Gegenwart dieses Mannes brachte für Kapitän Whalley immer ein Wiederaufbrechen moralischen Leidens mit sich. Das war nicht Reue. Schließlich hatte er dem armen Teufel nur Gutes getan. Da war auch ein Gefühl der Gefahr vorhanden – die Notwendigkeit, vorsichtiger zu sein.
Massy blieb stehen und sagte: »Sie meinen also immer noch, dass Sie gehen müssen?«
»Ich muss wirklich.«
»Und Sie können mir nicht wenigstens das Geld für ein paar Jahre lassen?«
»Unmöglich.«
»Sie können es mir wohl nicht anvertrauen ohne Ihre Aufsicht, was?«
Kapitän Whalley schwieg. Massy seufzte hinter der Stuhllehne tief auf.
»Es würde gerade reichen, um mich zu retten«, sagte er mit bebender Stimme.
»Ich habe Sie schon einmal gerettet.«
Mit vorsichtigen Bewegungen zog der Erste Maschinist seinen Rock aus und trat vor, um nach dem Messinghaken zu tasten, der in den hölzernen Stützpfosten geschraubt war. Zu diesem Zweck stellte er sich direkt vor das Kompasshaus und verdeckte so für den Rudergänger am Steuer-

rad die Kompassrose völlig. »Tuan!«, murmelte der Laskar schließlich leise und wollte damit dem weißen Mann zu verstehen geben, dass er beim Steuern nichts sehe.
Mr. Massy hatte seinen Zweck erreicht. Der Rock hing am Nagel, keine sechs Zoll vom Kompasshaus entfernt. Und unmittelbar nachdem er zur Seite getreten war, bemerkte der Rudergänger, ein pockennarbiger Sumatra-Malaie im mittleren Alter, fast so dunkel wie ein Neger, mit Verwunderung, dass in dieser kurzen Zeit, bei diesem glatten Wasser, ohne jeden Wind das Schiff weit vom Kurs abgekommen war. Er hatte es nie zuvor so abfallen sehen. Mit einem erstaunten leichten Grunzen drehte er hastig das Steuerrad, um das Schiff mit der Spitze wieder nach Nord zu bringen, was der Kurs war. Das Schleifen der Ruderketten, das scheltende Murmeln des Serangs, der zum Rad herübergekommen war, verursachten leichte Unruhe, die Kapitän Whalleys besorgte Aufmerksamkeit erregte. Er sagte: »Gib besser Acht.« Dann kehrte auf der Brücke alles zur gewohnten Ruhe zurück. Mr. Massy war verschwunden.
Aber das Eisen in den Rocktaschen hatte seine Wirkung getan, und die *Sofala*, die nach dem durch diesen einfachen Trick abgelenkten Kompass Nord steuerte, hielt nicht mehr ihren sicheren Kurs nach Pangu-Bai.
Das Zischen des vom Bug geteilten Wassers, das Stampfen der Maschinen, alle Laute ihres treuen, arbeitsamen Lebens hielten ununterbrochen an in der großen Stille der See, die auf allen Seiten in die unbewegte Wolkenschicht überging, die den Himmel verdeckte. Ein sanftes Schweigen, so ungeheuer groß wie die Welt, schien das Schiff auf seinem Weg zu begleiten und es zärtlich in eine große Liebkosung einzuhüllen. Mr. Massy glaubte, es könne für einen arrangierten Schiffbruch keine bessere Nacht geben. Hoch und trocken auf eins der Riffe östlich von Pangu auflaufen – bis Tagesanbruch warten – Loch im Boden –

Boote aussetzen – am gleichen Abend in Pangu-Bai. So ungefähr. Sobald das Schiff Grund berührte, würde er auf die Brücke eilen, den Rock nehmen (niemand würde das in der Dunkelheit bemerken) und ihn über die Bordwand ausleeren oder sogar ins Meer werfen. Eine Nebensache. Wer konnte dahinter etwas vermuten? Man hatte den Rock so oft an diesem Haken dort hängen sehen. Und doch, als er sich auf die unterste Stufe der Brückentreppe setzte, schlugen seine Knie leicht aneinander. Das Warten war das Schlimmste. Bisweilen fing er an zu keuchen, als wäre er gerannt, und dann atmete er tief, von dem erhebenden Gefühl geschwellt, sein Geschick gemeistert zu haben. Dann und wann hörte er das Schlurfen der nackten Füße des Serangs da oben; ruhige, tiefe Stimmen wechselten ein paar Worte und versanken fast sogleich wieder in Schweigen …

»Sag es mir sofort, wenn du Land siehst, Serang.«

»Ja, Tuan. Noch nicht.«

»Nein. Noch nicht«, bestätigte Kapitän Whalley.

Das Schiff war ihm in seinem Sturz der beste Freund gewesen. Er hatte alles Geld, das er mit und durch die *Sofala* verdient hatte, seiner Tochter geschickt. Seine Gedanken verweilten bei dem Namen. Wie oft hatten er und seine Frau über dem Bettchen des Kindes in der großen Heckkammer der *Condor* miteinander gesprochen; sie würde heranwachsen, würde heiraten, würde sie lieben, sie würden in ihrer Nähe bleiben und auf ihr Glück schauen – so würde es ohne Ende weitergehen. Nun, seine Frau war tot, dem Kind hatte er alles gegeben, was er geben konnte; er wünschte, er könnte zu ihr fahren, sie sehen, ihr Gesicht noch einmal sehen, im Klang ihrer Stimme leben, die die Dunkelheit des lebendig Begrabenseins, das ihn erwartete, erträglich machen würde. Er hatte zu lange nach Liebe gehungert. Er stellte sich ihre Zärtlichkeit vor.

Der Serang hatte voraus gespäht und dann und wann zum Stuhl geblickt. Ruhelos schlurfte er hin und her und platzte plötzlich dicht neben Kapitän Whalley heraus: »Tuan, sehen Sie etwas vom Land?«
Die aufgeregte Stimme brachte Kapitän Whalley sogleich auf die Füße. Er! Sehen! Und bei der Frage schien der Fluch seiner Blindheit mit hundertfacher Gewalt über ihn hereinzubrechen.
»Wie spät ist es?«, rief er.
»Halb vier, Tuan.«
»Wir sind nahe dran. Du *musst* es sehen. Halt Ausschau, sage ich. Pass auf.«
Mr. Massy, der durch das plötzliche Sprechen aus einem kurzen Schläfchen auf der untersten Stufe gerissen worden war, fragte sich, warum er dort saß. Ach ja! Eine Schwäche überfiel ihn. Ein Ding ist es, die Saat eines Unfalls auszusäen, und ein anderes, die grässliche Frucht über seinem Haupt hängen zu sehen, bereit, beim Klang einer aufgeregten Stimme herabzufallen. »Da ist keine Gefahr«, murmelte er erstickt vor sich hin.
Der Schrecken der Ungewissheit hatte Kapitän Whalley erfasst, das erbärmliche Misstrauen gegen Menschen, gegen Dinge – sogar gegen die Erde. Er hatte denselben Kurs sechsunddreißigmal nach demselben Kompass gesteuert – wenn etwas in dieser Welt sicher war, dann war es dessen absolute, unfehlbare Zuverlässigkeit. Was war geschehen? Log der Serang? Warum lügen? Warum? Wurde auch er blind?
»Ist Nebel da? Sieh aufs Wasser hinunter. Tief hinunter, sage ich.«
»Tuan, da ist kein Nebel. Sehen Sie selbst.«
Mit Mühe unterdrückte Kapitän Whalley das Zittern seiner Glieder. Sollte er sofort die Maschinen stoppen und sich verraten? Ein Ausbruch von Unentschlossenheit wirbelte alle möglichen Vorstellungen in seinem Kopf auf.

Das Ungewöhnliche war eingetreten, und er war nicht fähig, damit fertig zu werden. In dieser Anwandlung unaussprechlicher Angst sah er mit erstaunlicher Vorstellungskraft ihr Gesicht – das Gesicht eines jungen Mädchens. Nein, er durfte sich nicht verraten, nachdem er um ihretwillen so weit gegangen war. »Hast du Kurs gehalten? Hast du das getan? Sprich die Wahrheit.«

»Ja, Tuan. Sind noch jetzt auf Kurs. Sehen Sie.«

Kapitän Whalley schritt zum Kompasshaus, das für ihn ein trüber Lichtfleck in einer Unendlichkeit gestaltloser Schatten war. Wenn er das Gesicht bis auf die Glasscheibe niederbeugte, war er bisher in der Lage gewesen ...

Da er sich so tief hinunterbeugen musste, streckte er instinktiv den Arm dorthin aus, wo, wie er wusste, ein Stützpfosten war, um sich daran fest zu halten. Seine Hand schloss sich um etwas, was kein Holz, sondern Stoff war. Der leichte Zug, der das Gewicht vermehrte, ließ den Aufhänger abreißen, und Mr. Massys Rock fiel mit dumpfem Schlag, begleitet von allerlei Geklirr, aufs Deck.

»Was ist das?«

Kapitän Whalley fiel auf die Knie und streckte seine tastenden Hände mit der offensichtlichen Geste der Blindheit aus. Sie zitterten, diese Hände, die nach der Wahrheit suchten. Er sah sie. Eisen in der Nähe vom Kompass. Falscher Kurs. Das Schiff zugrunde richten! Sein Schiff. O nein. Das nicht.

»Lauf, stopp die Maschinen!«, brüllte er mit einer Stimme, die nicht seine war.

Er rannte selbst – die Hände vorgestreckt, ein blinder Mann, und während noch die Alarmglocke im ganzen Schiff widerhallte, schien die *Sofala* mit voller Wucht gegen einen Berg zu stoßen.

An der Nordseite der Straße war Ebbe. Mr. Massy hatte das nicht einkalkuliert. Statt mit halber Länge auf Grund zu laufen, war die *Sofala* auf den steilen Rücken eines

Steinriffs geprallt, das bei Hochwasser überflutet gewesen wäre. Das machte den Anprall absolut fürchterlich. Jeder, der auf dem Schiff gerade stand, wurde kopfüber zu Boden geschleudert, die erschütterte Takelage rasselte bis hinauf zu den Mastknöpfen. Alle Lichter gingen aus; mehrere wegbrechende Kettenbackstage schlugen gegen den Schornstein; da war Krachen, das Pfeifen zerrissener Stahltrossen, Splittern, lautes Knacken; die Topplaterne flog über den Bug, und alle Türen an Deck knallten heftig. Dann prallte das Schiff zurück und rannte noch einmal wie ein Rammbock an derselben Stelle auf. Das vervollständigte die Verwüstung: Der Schornstein, dessen Backstage alle gebrochen waren, fiel mit dumpfem Donnergetöse um, zertrümmerte das Steuerrad, zermalmte die Stützen der Sonnensegel, zerbrach die Decksschränke und füllte die Brücke mit einer Unmenge von geborstenem Holz.
Kapitän Whalley richtete sich auf und stand knietief in Trümmern; zerschunden, blutend, erkannte er die Gefahr, der er entkommen war, vor allem an den Geräuschen, und Mr. Massys Rock hielt er in den Armen.
Inzwischen hatte Sterne (er war aus seiner Koje geschleudert worden) die Maschinen rückwärts laufen lassen. Sie machten ein paar Umdrehungen, dann schrie eine Stimme: »Scheren Sie sich aus dem verdammten Maschinenraum, Jack!« Die Maschinen blieben stehen, aber das Schiff war vom Riff freigekommen und lag still, in einer schweren Dampfwolke, die aus den gebrochenen Rohren an Deck ausströmte und in dünnen Streifen in der Nacht verschwand. Ungeachtet der Plötzlichkeit des Unglücks gab es kein Geschrei, als habe die Gewalt des Aufpralls die schattenhafte Schar von Leuten, die hier und da über die Decks schwankten, halb betäubt. Die Stimme des Serangs verkündete deutlich über dem verwirrten Gemurmel: »Kein Grund.« Er hatte gelotet.

Dann schrie Mr. Sterne mit sich überschlagender Stimme: »Wo, zum Teufel, ist das Schiff hingeraten? Wo sind wir?«
Kapitän Whalley antwortete mit ruhigem Bass: »Zwischen den Riffen an der Ostseite.«
»Sie wissen es, Sir? Dann kommt das Schiff nie wieder heraus.«
»Es wird in fünf Minuten gesunken sein. In die Boote, Sterne. Bei dieser Flaute genügt eins für euch alle.«
Die chinesischen Heizer stürzten in wirrem Haufen zu den Backbordbooten. Niemand versuchte, sie aufzuhalten. Die Malaien wurden nach einem Moment der Verwirrung ruhig, und Mr. Sterne zeigte Fassung. Kapitän Whalley hatte sich nicht gerührt. Seine Gedanken waren dunkler als diese Nacht, in der er sein erstes Schiff verloren hatte.
»Durch ihn habe ich ein Schiff verloren.«
Eine andere große Gestalt, die in den Trümmern auf der Brücke vor ihm stand, flüsterte irr: »Sagen Sie nichts davon.«
Massy stolperte näher. Kapitän Whalley hörte sein Zähneklappern.
»Ich habe den Rock.«
»Werfen Sie ihn weg und kommen Sie«, drängte die zitternde Stimme. »Ins B-b-b-boot!«
»Dafür werden Sie fünf Jahre bekommen.«
Mr. Massy hatte die Stimme verloren. Seine Rede war nur ein trockenes Rasseln in seinem Hals. »Haben Sie Erbarmen!«
»Hatten Sie welches, als Sie mich mein Schiff verlieren ließen? Mr. Massy, Sie werden dafür fünf Jahre bekommen!«
»Ich brauchte Geld! Geld! Mein eigenes Geld! Ich werde Ihnen Geld geben. Nehmen Sie die Hälfte. Sie selbst lieben das Geld.«
»Es gibt eine Gerechtigkeit ...«

Massy machte eine furchtbare Anstrengung und sagte mit seltsamer, halb erstickter Stimme: »Sie blinder Teufel! Sie haben mich dazu getrieben.«
Kapitän Whalley, der den Rock fest an der Brust hielt, sagte keinen Ton. Das Licht war für immer aus der Welt gegangen – sollte alles dahingehen. Aber dieser Mann sollte nicht ungestraft entkommen.
Sternes Stimme kommandierte: »Fiert weg!« Die Blöcke ratterten.
»Also dann«, schrie er, »rüber mit Ihnen. Hier lang. Sie, Jack, hierher. Mr. Massy! Mr. Massy! Schnell, Sir! Wir wollen …«
»Ich werde ins Gefängnis gehen, weil ich versucht habe, die Versicherung zu betrügen, aber Sie werden bloßgestellt. Sie ehrlicher Mann, der Sie mich betrogen haben. Sie sind arm. Nicht wahr? Sie haben nichts als die fünfhundert Pfund. Nun, jetzt haben Sie überhaupt nichts mehr. Das Schiff ist verloren, und die Versicherung wird nicht ausgezahlt.«
Kapitän Whalley rührte sich nicht. Es stimmte! Ivys Geld. Bei diesem Schiffbruch verloren. Wieder kam ihm blitzartig eine Einsicht. Er war tatsächlich mit seinem Lied am Ende.
Längsseits schrien drängende Stimmen durcheinander. Massy konnte sich offenbar nicht von der Brücke losreißen. Er klapperte und zischte verzweifelt: »Geben Sie mir den Rock! Geben Sie her!«
»Nein«, sagte Kapitän Whalley. »Ich könnte ihn nicht hergeben. Sie gehen besser. Warten Sie nicht, Mann, wenn Sie am Leben bleiben wollen. Das Schiff sackt vorn weg. Nein, ich werde ihn behalten, aber ich werde an Bord bleiben.«
Massy schien nicht zu verstehen, aber die plötzlich wiedererwachte Liebe zum Leben trieb ihn von der Brücke.
Kapitän Whalley legte den Rock nieder und stolperte über die Trümmerhaufen zur Reling.

»Ist Mr. Massy bei Ihnen?«, rief er in die Nacht hinaus.
Sterne schrie aus dem Boot: »Ja, er ist hier. Kommen Sie, Sir. Es ist Wahnsinn, länger zu bleiben.«
Kapitän Whalley tastete sich vorsichtig die Reling entlang und warf ohne ein Wort die Fangleine los. Sie warteten noch immer unten auf ihn. Sie warteten, bis plötzlich eine Stimme ausrief: »Wir treiben! Stoß ab!«
»Kapitän Whalley! Springen Sie! ... rudert ein bisschen näher ... Springen Sie! Sie können schwimmen!«
In diesem alten Herzen, in diesem kraftvollen Körper saß, damit auch nichts fehlte, ein Grauen vor dem Tod, das offenbar vom Grauen vor der Blindheit nicht besiegt werden konnte. Aber schließlich hatte er sein Ziel für Ivy erreicht und war in seiner Dunkelheit bis an den Rand eines Verbrechens gegangen. Gott hatte seine Gebete nicht erhört. Das Licht war aus der Welt geschwunden, nicht ein Schimmer war geblieben. Es war eine dunkle Wüste; aber es war unschicklich, dass ein Whalley, der eine Sache so weit getrieben hatte, weiterleben sollte. Er musste den Preis bezahlen.
»Springen Sie, so weit Sie können, Sir. Wir fischen Sie auf.«
Sie hörten ihn nicht antworten. Aber ihr Rufen schien ihn an etwas zu erinnern. Er tastete sich zurück und suchte nach Mr. Massys Rock. Er konnte tatsächlich schwimmen; Menschen, die durch den Sog eines sinkenden Schiffes heruntergerissen wurden, kamen manchmal wieder an die Oberfläche, und es war unschicklich, dass ein Whalley, der sich zu sterben entschlossen hatte, vielleicht dazu verleitet werden sollte, um sein Leben zu kämpfen. Er würde all diese Eisenstücke in seine eigenen Taschen stecken.
Vom Boot aus sahen sie die *Sofala*, eine schwarze Masse auf einer schwarzen See, mit beängstigender Schlagseite daliegen. Kein Laut drang von ihr herüber. Dann, als

wären die Kessel durch die Schotts gebrochen, tauchte mit mächtigem, seltsam scharrendem Lärm und mit einer schwachen, dumpfen Detonation dort, wo das Schiff gelegen hatte, für einen Moment etwas auf, schmal, aufrechtstehend, wie ein aus der See ragender Felsen. Dann verschwand auch das.

Als die *Sofala* nicht zur bestimmten Zeit nach Batu Beru zurückkehrte, begriff Mr. van Wyk sogleich, dass er sie nie wiedersehen würde. Aber er wusste nicht, was geschehen war, bis er einige Wochen später in einem Eingeborenenkanu, das ihm sein Sultan lieh, in den Heimathafen der *Sofala* fuhr, wo ihre Existenz und die offizielle Untersuchung ihres Verlusts schon langsam in Vergessenheit gerieten.

Es war kein sehr bemerkenswerter oder interessanter Fall gewesen, abgesehen von der Tatsache, dass der Kapitän mit seinem sinkenden Schiff untergegangen war. Das war das einzige Todesopfer; und Mr. van Wyk hätte keinerlei Einzelheiten erfahren, wenn er nicht eines Tages auf dem Kai Sterne getroffen hätte, nahe der Brücke über das Flüsschen, fast an derselben Stelle, wo Kapitän Whalley, um die fünfhundert Pfund seiner Tochter nicht anzutasten, sich umgedreht hatte, um einen Sampan zu nehmen, der ihn an Bord der *Sofala* bringen sollte.

Mr. van Wyk sah Sterne von weitem zwinkern und die Hand an den Hut heben. Sie traten in den Schatten eines Gebäudes (es war eine Bank), und der Steuermann schilderte, wie die Boote mit der Mannschaft ungefähr sechs Stunden nach dem Unglück in die Pangu-Bai gekommen seien und wie sie vierzehn Tage lang dort unter Entbehrungen gelebt hätten, ehe sie Gelegenheit fanden, von diesem schrecklichen Ort fortzukommen. Die Untersuchung hatte jedermann von aller Schuld freigesprochen. Der Verlust des Schiffes wurde auf eine ungewöhnliche Stromversetzung zurückgeführt. Wirklich, es konnte nichts anderes gewesen sein – es gab keine andere Erklärung dafür, dass das Schiff während der Mittelwache sieben Meilen nach Osten versetzt worden war. »Pech für mich, Sir.«

Sterne fuhr sich mit der Zunge über die Lippen und blickte zur Seite. »Ich habe den Vorzug eingebüßt, von Ihnen angestellt zu werden, Sir. Ich werde das nie genug bedauern können. Aber so ist es: Des einen Tod ist des andern Brot. Für Mr. Massy hätte das nicht günstiger sein können, als wenn er selbst den Schiffbruch arrangiert hätte. Der passendste Totalverlust, von dem ich je gehört habe.«

»Was ist aus diesem Massy geworden?«, fragte Mr. van Wyk.

»Der, Sir? Ha! ha! Er hat mir dauernd erzählt, dass er beabsichtige, ein anderes Schiff zu kaufen, aber sobald er das Geld in der Tasche hatte, hat er sich mit dem Postschiff frühmorgens nach Manila aus dem Staub gemacht. Ich habe ihn bis an Bord verfolgt, und er erzählte mir dann, dass er in Manila todsicher sein Glück machen werde. Ich könnte zum Teufel gehen, das kümmere ihn nicht. Und dabei hatte er mir das Kommando schon so gut wie versprochen, wenn ich nicht zu viel reden würde.«

»Sie haben nichts gesagt ...«, begann Mr. van Wyk.

»Ich nicht, Sir. Warum sollte ich? Ich will vorwärts kommen, aber die Toten sind mir nicht im Wege«, sagte Sterne. Seine Augenlider zuckten rasch, dann senkten sie sich für einen Augenblick. »Außerdem, Sir, wäre es eine peinliche Sache gewesen. Sie ließen mich ein bisschen zu lange den Mund halten.«

»Wissen Sie, wie es geschah, dass Kapitän Whalley an Bord blieb? Hat er es wirklich abgelehnt, das Schiff zu verlassen? Sagen Sie es nur. Oder war es vielleicht ein unglückliches ...?«

»Durchaus nicht!«, Sterne unterbrach ihn energisch. »Ich sage Ihnen, ich schrie, dass er über Bord springen solle. Er selbst muss ganz einfach die Fangleine losgeworfen haben. Wir haben alle zu ihm hinaufgeschrien – das heißt Jack und ich. Er hat uns nicht einmal geantwortet. Das Schiff war bis zuletzt so stumm wie ein Grab. Dann rissen sich die Kessel los, und es ging unter. Unfall! O nein! Das Spiel war aus, Sir, sage ich Ihnen.«

Das war alles, was Sterne zu sagen hatte.

Mr. van Wyk war natürlich vierzehn Tage lang Gast im Klub, und dort begegnete er dem Rechtsanwalt, in dessen Büro der Vertrag zwischen Massy und Kapitän Whalley unterzeichnet worden war.

»Außergewöhnlicher alter Herr«, sagte er. »Er kam, wie man sagen konnte, von nirgendwo in mein Büro, um seine fünfhundert Pfund zu investieren, und dieser Maschinist folgte ihm besorgt. Und jetzt ist er ein wenig unerwartet abgetreten, geradeso wie er kam. Ich habe ihn nie ganz verstehen können. Dieser Massy war doch überhaupt kein Rätsel, oder? Ich frage mich, ob sich Whalley geweigert hat, das Schiff zu verlassen. Es wäre dumm gewesen. Er war schuldlos, wie das Gericht festgestellt hat.«

Mr. van Wyk sagte, er habe ihn gut gekannt und könne nicht an Selbstmord glauben. Das wäre nicht vereinbar mit dem, was er von dem Mann wusste.

»Das ist auch meine Meinung«, stimmte der Rechtsanwalt zu. Die allgemeine Ansicht sei, dass der Kapitän zu lange an Bord geblieben sei, um irgendetwas Wichtiges zu retten. Vielleicht die Karte, die ihn freisprechen würde, oder etwas von Wert aus seiner Kammer. Die Fangleine des Boots sei von selbst freigekommen, werde vermutet. Und doch, seltsam zu sagen, habe ihn der arme Whalley einige Zeit vor dieser Reise in seinem Büro aufgesucht und einen versiegelten Umschlag, an seine Tochter adressiert, hinterlassen, der im Falle seines Todes an sie weitergeleitet werden sollte. Das sei aber noch nichts Außergewöhnliches, besonders bei einem Mann seines Alters. Mr. van Wyk schüttelte den Kopf. Kapitän Whalley habe ausgesehen, als werde er hundert Jahre alt.

»Ganz richtig«, bestätigte der Anwalt. »Der alte Bursche sah aus, als wäre er schon voll erwachsen und mit diesem langen Bart zur Welt gekommen. Irgendwie konnte ich ihn mir weder jünger noch älter vorstellen, wissen Sie. Da war auch dieses Gefühl von körperliches Kraft bei dem Mann. Und das war vielleicht das Geheimnis des Besonderen an seiner Person, das jeder spürte, der mit ihm in Berührung kam. Er sah aus, als sei er durch die gewöhnlichen Mittel, die uns übrige umbringen, nicht zu zerstören. Seine bedächtige, vornehme Höflichkeit war voller Bedeutsamkeit. Es war, als sei er sicher, für alles viel Zeit zu haben. Ja, er hatte etwas Unzerstörbares an sich; und die Art, wie er sprach, ließ einen manchmal vermuten, er glaube es selbst. Als er neulich bei mir mit diesem Brief vorsprach, den ich an mich nehmen sollte, war er überhaupt nicht niedergeschlagen. Vielleicht eine Spur bedächtiger in Reden und Benehmen. Nicht im Geringsten niedergeschlagen. Hatte er eine Vorahnung?, frage ich mich. Vielleicht! Und doch erscheint es mir als ein erbärmliches Ende für solch eine beeindruckende Gestalt.«

»Oh, ja! Es war ein erbärmliches Ende«, sagte Mr. van Wyk mit so viel Wärme, dass der Rechtsanwalt neugierig zu ihm aufsah; und hinterher, nachdem er sich von ihm getrennt hatte, sagte er zu einem Bekannten: »Merkwürdiger Mensch, dieser holländische Tabakpflanzer aus Batu Beru. Wissen Sie irgendetwas von ihm?«

»Haufenweise Geld«, antwortete der Bankdirektor. »Ich höre, er fährt mit der nächsten Post nach Hause, um eine

Gesellschaft zu gründen, die seine Plantagen übernimmt. Ein neuer Distrikt, der dem Tabakanbau erschlossen wurde. Er ist klug, glaube ich. Diese guten Zeiten werden nicht ewig dauern.«

Auf der südlichen Halbkugel hatte Kapitän Whalleys Tochter keine schlimme Vorahnung, als sie den Umschlag öffnete, der in der Handschrift des Anwalts an sie adressiert war. Sie hatte ihn am Nachmittag erhalten; alle Gäste waren ausgegangen, die Jungen waren in der Schule, ihr Mann saß oben in seinem großen Lehnstuhl mit einem Buch, mager, bis zum Gürtel in Wolldecken eingehüllt. Das Haus war still, und das Grau eines trüben Tages lag vor den Fensterscheiben.

In einem schäbigen Speisezimmer, in dem das ganze Jahr hindurch ein leichter Geruch nach kaltem Essen hing, am Kopfende eines langen Tisches sitzend, umgeben von vielen Stühlen, die mit ihren Lehnen dicht an die Kante des ständig aufliegenden Tischtuchs geschoben waren, las sie die einleitenden Sätze: ›Mit tiefstem Bedauern – schmerzliche Pflicht – Ihr Vater ist nicht mehr – entsprechend seinen Anweisungen – tödlicher Unfall – Trost – sein Andenken bleibt rein …‹

Ihr Gesicht war mager, ihre Schläfen unter den glatten Strähnen ihres schwarzen Haars ein wenig eingesunken, ihre Lippen blieben entschlossen aufeinander gepresst, während ihre dunklen Augen größer wurden, bis sie schließlich mit einem unterdrückten Schrei aufstand und sich sogleich bückte, um einen zweiten Umschlag aufzuheben, der von ihren Knien auf den Boden geglitten war.

Sie riss ihn auf und nahm hastig den Brief heraus …

›Mein geliebtes Kind‹, hieß es da, ›ich schreibe das, solange ich noch fähig bin, leserlich zu schreiben. Ich bemühe mich sehr, alles Geld, das übrig ist, für dich zu retten; ich habe es nur behalten, um dir besser helfen zu können. Es ist Deins. Es soll nicht verloren gehen; es soll nicht angerührt werden. Es sind fünfhundert Pfund. Von dem, was ich verdient habe, habe ich bis jetzt nichts zurückbehalten. In Zukunft muss ich, wenn ich noch lebe, etwas – ein bisschen – behalten, um zu dir zu kommen. Ich muss zu dir kommen. Ich muss dich noch einmal sehen.

Es fällt mir schwer, zu glauben, dass du jemals diese Zeilen sehen wirst. Gott scheint mich vergessen zu haben. Ich möchte dich sehen – und doch wäre der Tod eine größere Gnade. Wenn du je diese Worte liest, dann ermahne ich dich, damit zu beginnen, dass du Gott dankst, der endlich gnädig war, denn dann werde ich tot sein, und das ist gut. Mein Liebes, ich bin mit meinem Lied am Ende.‹

Der nächste Absatz begann mit den Worten: ›Mein Augenlicht schwindet …‹

Sie las an diesem Tag nicht weiter. Die Hand, die das Papier vor ihre Augen hielt, sank langsam herab, und ihre schlanke Gestalt in dem einfachen schwarzen Kleid schritt steif zum Fenster. Ihre Augen waren trocken: Kein Laut des Kummers, kein Flüstern des Danks war von ihren Lippen zum Himmel aufgestiegen. Das Leben war, trotz aller Anstrengungen seiner Liebe, zu hart gewesen. Es hatte ihre Gefühle zum Schweigen gebracht. Aber zum ersten Mal in all den Jahren war der Stachel dieses Lebens verschwunden, die nagende Sorge der Armut, das Niedrige des schweren Kampfes ums Brot. Selbst das Bild ihres Mannes und ihrer Kinder schien von ihr fortzugleiten, in das graue Zwielicht hinein; sie sah allein das Gesicht ihres Vaters, als wäre er zu ihr gekommen, so wie sie ihn zuletzt gesehen hatte – immer ruhig und groß; aber sein Ausdruck war erhabener und gütiger.

Sie schob den gefalteten Brief zwischen die zwei Knöpfe ihres einfachen schwarzen Mieders, lehnte die Stirn gegen eine Fensterscheibe, blieb dort ganz reglos bis zur Dämmerung stehen und schenkte ihm all die Zeit, die sie erübrigen konnte. Tot! War es möglich? Mein Gott, war das möglich? Der Schlag wurde durch die Entfernungen der Erde, durch die Jahre der Abwesenheit gemildert. Es hatte ganze Tage gegeben, an denen sie überhaupt nicht an ihn gedacht hatte - sie hatte keine Zeit. Aber sie hatte ihn geliebt, sie spürte, dass sie ihn doch geliebt hatte.

Der geheime Teilhaber

1

Zu meiner Rechten waren Reihen von Fischpfählen, einem rätselhaften System halb versunkener Bambuszäune vergleichbar, unbegreiflich in der Aufteilung des tropischen Fischgrundes und hinfällig anzusehen, wie von einem umherziehenden Fischerstamm auf ewig verlassen, der nun ans andere Ende des Ozeans gewandert war – denn so weit das Auge reichte, gab es kein Anzeichen einer menschlichen Behausung. Eine Gruppe kahler Inselchen, die an Ruinen von Mauern, Türmen und Blockhäusern erinnerten, erhob sich zur Linken aus dem blauen Meer, das wie erstarrt wirkte, so ruhig und unbeweglich lag es zu meinen Füßen; selbst die Lichtbahn der untergehenden Sonne leuchtete mild, ohne das lebhafte Glitzern, das von einem unmerklichen Gekräusel des Wassers zeugt. Und als ich mich umwandte, um einen Abschiedsblick auf den Schlepper zu werfen, der uns soeben verlassen hatte – wir waren außerhalb der Barre vor Anker gegangen –, sah ich die gerade Linie der flachen Küste in vollkommener Geschlossenheit an das unbewegliche Meer geschmiegt – in einer Ebene, halb braun, halb blau unter der riesigen Kuppel des Himmels. Zwei kleine Baumgruppen, unbedeutend wie die Inselchen, eine auf jeder Seite des einzigen Makels an dieser vollkommenen Verschmelzung, deuteten auf die Mündung des Flusses Meinam hin, aus dem wir eben auf der ersten Etappe unserer Heimreise ausgelaufen waren. Und weit hinten, landeinwärts, ragte eine größere und höhere Masse auf, der Hain um die große Paknam-Pagode, das Einzige, worauf das Auge von dem vergeblichen Bemühen, die eintönige Krümmung des Horizonts zu erkunden, ausruhen konnte. Hier und da schimmerten die Windungen des großen Flusses, wie durch verstreute Silberstücke markiert, und auf der nächstgelegenen, gerade hinter der Barre, entschwand der Schlepper, direkt ins Land hineindampfend, meinem Blick – Rumpf, Schornstein und Masten, als hätte ihn die teilnahmslose Erde ohne jede Anstrengung, ohne ein Beben verschlungen. Meine Augen folgten seiner hellen Rauchwolke, die über die Ebene den entlegenen Windungen des Stroms nachging – jetzt hierhin, dann dorthin, aber immer schwächer und weiter entfernt, bis ich sie schließlich hinter dem mitraförmigen Hügel der großen Pagode verlor. Und dann war ich allein mit meinem Schiff, vor Anker am Anfang des Golfs von Siam.

Am Ausgangspunkt einer langen Reise schwamm es ganz ruhig in einer unermesslichen Stille, die untergehende Sonne warf die Schatten seiner Rundhölzer weit nach Osten. In diesem Augenblick war ich allein auf seinen Decks. Kein Laut war an Bord zu hören – nichts rundum regte sich, nichts lebte, nicht ein Kanu auf dem Wasser, nicht ein Vogel in der Luft, nicht eine Wolke am Himmel. In diesem atemlosen Innehalten an der Schwelle einer langen Überfahrt schienen wir unsere Tauglichkeit für das lange und mühevolle Unternehmen abzuwägen, für die Aufgabe, die wir beide vollbringen mussten – fern von jedem menschlichen Auge, nur den Himmel und das Meer als Zuschauer und Richter.

Irgendein grelles Funkeln in der Luft musste mich da geblendet haben, weil meine umherschweifenden Augen, gerade bevor die Sonne unterging, hinter den höchsten Erhebungen der Hauptinsel etwas entdeckten, was die Feierlichkeit des völligen Alleinseins fortwischte. Rasch flutete die Dunkelheit heran, und mit tropischer Plötzlichkeit erschien über der dunklen Erde ein Schwarm von Sternen, während ich noch verweilte, die Hand leicht auf die Reling gestützt wie auf die Schulter eines vertrauten Freundes. Aber mit dieser Unzahl von Himmelskörpern, die auf einen herunterstarrten, war das Glück der stillen Gemeinschaft mit dem Schiff endgültig dahin. Und nun waren da auch störende Geräusche – Stimmen, Schritte vorn; der Steward, ein geschäftiger dienstbarer Geist, eilte das Hauptdeck entlang; drängend ertönte unter dem Achterdeck eine Tischglocke …

Ich fand meine beiden Offiziere in der erleuchteten Kajüte, neben dem Abendbrottisch auf mich wartend. Wir setzten uns, und als ich dem Ersten Steuermann einschenkte, sagte ich: »Wissen Sie, dass ein Schiff zwischen den Inseln liegt? Als die Sonne unterging, habe ich seine Mastspitzen über der Kuppe gesehen.«

Heftig hob er sein einfältiges, von einem fürchterlichen Backenbart überwuchertes Gesicht und stieß seinen üblichen Ausruf hervor: »Du meine Güte, Sir! Was Sie nicht sagen!«

Mein Zweiter Steuermann war ein rundgesichtiger, schweigsamer junger Mann, über seine Jahre hinaus ernst, wie ich dachte; aber als sich unsere Augen zufällig trafen, entdeckte ich um seine Lippen ein leichtes Zucken. Sofort senkte ich den Blick. Es lag mir nicht, an Bord meines Schiffes zu Spötteleien zu ermuntern. Ich muss auch sagen, dass ich über meine Offiziere sehr wenig wusste. Infolge gewisser Ereignisse, die außer für mich selbst keine besondere Bedeutung hatten, war ich erst vor vierzehn Tagen mit dem Kommando betraut worden. Auch von den Matrosen vorn wusste ich nicht viel. Alle diese Leute waren ungefähr achtzehn Monate lang zusammen gewesen – ich war der einzige Fremde an Bord. Ich erwähne das, weil es einen gewissen Einfluss hat auf das, was folgen sollte. Am deutlichsten aber spürte ich meine Fremdheit dem Schiff gegenüber; und um die ganze Wahrheit zu sagen: Ich war mir selbst so etwas wie ein Fremder. Als Jüngster an Bord (den Zweiten Steuermann ausgenommen) und bis jetzt in einer Position mit höchster Verantwortung unerfahren, war ich geneigt, die Tüchtigkeit der anderen als erwiesen anzunehmen. Sie mussten einfach ihrer Aufgabe gewachsen sein, aber ich war neugierig, inwieweit ich der Idealvorstellung von der eigenen Persönlichkeit entsprechen würde, die jeder Mann insgeheim von sich hegt.

Inzwischen versuchte der Erste Steuermann unter beinahe sichtbarer Mitwirkung seiner runden Augen und des schrecklichen Backenbarts eine Theorie über das vor Anker liegende Schiff zu entwickeln. Es war sein hervorstechender Charakterzug, alle Dinge ernsthaft zu erwägen. Er war von peinlich genauer Denkungsart. Wie er zu sagen pflegte, liebte er es, eigentlich alles, was ihm begegnete, ›sich selbst zu erklären‹ – bis hinunter zu einem elenden Skorpion, den er vor einer Woche in seiner Kammer gefunden hatte. Das Warum und Woher dieses Skorpions – wie er an Bord gekommen und darauf verfallen war, lieber seine Kammer zu wählen als die Anrichte (die ein dunkler Ort war und von einem Skorpion bevorzugt werden müsste), wie in aller Welt er es fertig gebracht hatte, sich im Tintenfass seines Schreibtischs zu ersäufen – hatte ihn endlos beschäftigt. Das Schiff zwischen den Inseln war sehr viel leichter zu erklären, und als wir gerade vom Tisch aufstehen wollten, äußerte er seine Ansicht. Es sei, daran zweifle er nicht, ein Schiff aus der Heimat, eben erst angekommen. Wahrscheinlich habe es zu großen Tiefgang, um die Barre – außer bei Springflut – zu überqueren. Deshalb sei es, um ein paar Tage abzuwarten, lieber in diesen natürlichen Hafen gegangen, statt auf offener Reede zu bleiben.
»So ist's«, bestätigte plötzlich der Zweite Steuermann mit seiner leicht heiseren Stimme. »Es liegt über zwanzig

Fuß tief. Es ist die *Sephora* aus Liverpool, mit einer Kohlenladung. Hundertdreiundzwanzig Tage von Cardiff unterwegs.«

Wir sahen ihn überrascht an.

»Der Schlepperkapitän hat es mir gesagt, als er an Bord kam, um Ihre Briefe zu holen, Sir«, erklärte der junge Mann. »Er meint, dass er sie übermorgen den Fluss hinaufbringen kann.«

Nachdem er uns mit dem Ausmaß seiner Informationen derart überschüttet hatte, schlüpfte er aus der Kajüte. Bedauernd bemerkte der Steuermann, dass er sich ›die wunderlichen Einfälle dieses jungen Burschen nicht erklären könne‹. Was ihn daran gehindert habe, wollte er wissen, uns gleich alles zu erzählen.

Als er eine Bewegung machte, hielt ich ihn zurück. In den letzten beiden Tagen hatte die Mannschaft eine Menge schwere Arbeit geleistet und in der Nacht zuvor sehr wenig Schlaf gehabt. Ich empfand es als peinlich, dass ich – ein Fremder – etwas Ungewöhnliches tat, als ich ihn anwies, alle Mann schlafen gehen zu lassen – ohne eine Ankerwache zu stellen. Ich schlug vor, selbst bis ungefähr ein Uhr an Deck zu bleiben. Um diese Zeit würde ich mich vom Zweiten Steuermann ablösen lassen.

»Er wird um vier den Koch und den Steward aus der Koje werfen«, schloss ich, »und danach Sie wecken. Natürlich werden wir die Leute beim leisesten Anzeichen einer Brise an Deck holen und sofort auslaufen.«

Er verbarg sein Erstaunen. »Sehr wohl, Sir.« Draußen vor der Kajüte steckte er den Kopf zur Tür des Zweiten Steuermanns hinein, um ihn über meinen unerhörten Einfall zu informieren, selbst eine fünfstündige Ankerwache zu übernehmen. Ich hörte den anderen ungläubig die Stimme erheben: »Was? Der Kapitän selbst?« Dann noch ein kurzes Gemurmel, eine Tür wurde geschlossen, danach eine andere. Einige Augenblicke später ging ich an Deck.

Mein Fremdsein, das mich schlaflos machte, hatte diese unübliche Anordnung veranlasst – als ob ich erwartete, in diesen einsamen Nachtstunden ein Verhältnis zu dem Schiff zu finden, von dem ich nichts wusste und das mit Leuten bemannt war, von denen ich nur wenig mehr wusste. Als es längsseits am Kai vertäut gelegen hatte, wie jedes Schiff im Hafen mit einem Gewirr nicht dazugehöriger Gegenstände bedeckt, überlaufen von nicht dazugehörigen Leuten, da hatte ich es noch kaum richtig ansehen können. Jetzt, als es seeklar dalag, schien mir die Fläche seines Hauptdecks sehr schön unter den Sternen. Sehr schön, sehr geräumig für seine Größe und sehr einladend. Ich stieg vom Achterdeck hinunter, schritt das Hauptdeck ab und malte mir im Geist die bevorstehende Reise aus, durch den Malaiischen Archipel, den Indischen Ozean hinunter und den Atlantik hinauf. Alle Phasen waren mir vertraut, jedes Merkmal, alle Entscheidungen, denen ich mich auf hoher See wahrscheinlich gegenübersehen würde – alles! ... außer der ungewohnten Verantwortung, das Kommando zu haben. Aber ich fasste Mut bei dem vernünftigen Gedanken, dass das Schiff wie andere Schiffe war, die Männer wie andere Männer und dass die See wohl keine besonderen Überraschungen eigens zu meiner Verwirrung bereithalten würde.

Bei diesem tröstlichen Schluss angelangt, besann ich mich auf eine Zigarre und ging hinunter, um sie zu holen. Alles dort unten war still. Jedermann im Achterschiff schlief fest. Ich trat wieder auf das Achterdeck, ungeniert und, dieser warmen, windlosen Nacht angemessen, im Schlafanzug, barfuß und eine brennende Zigarre zwischen den Zähnen. Als ich nach vorn ging, berührte mich die tiefe Stille im Vorschiff. Nur als ich an der Tür zum Logis vorbeikam, hörte ich einen tiefen, ruhigen, vertrauensvollen Seufzer irgendeines Schläfers da drin. Und plötzlich freute ich mich über die große Sicherheit, die die See im Vergleich zur Unrast an Land bot, freute mich über meine Entscheidung für dieses Leben, das keine Versuchungen, keine beunruhigenden Probleme mit sich brachte, das durch die absolute Geradheit seiner Herausforderung und durch die Einfachheit seines Zwecks mit einer elementaren moralischen Schönheit ausgestattet ist.

Mit klarer, ungestörter, fast symbolischer Flamme brannte die Laterne in den Fockwanten zuversichtlich und hell in den geheimnisvollen Schatten der Nacht. Als ich auf meinem Weg nach achtern auf der anderen Seite des Schiffs entlangging, bemerkte ich, dass man die Steigleiter, die zweifellos für den Schlepperkapitän ausgelegt worden war, als er unsere Briefe mitnehmen wollte, nicht wieder eingeholt hatte. Das verdross mich, denn Sorgfalt in gewissen Kleinigkeiten ist die Seele der Disziplin. Dann fiel mir ein, dass ich selbst meine Offiziere sehr entschieden vom Dienst entbunden und dadurch verhindert hatte, dass, wie es sich gehörte, eine Ankerwache eingeteilt und die Arbeit ordentlich erledigt wurde. Ich fragte mich, ob es klug sei, sich jemals, selbst mit dem wohlwollendsten Motiv, in den geregelten Dienstablauf einzumischen. Meine Handlungsweise mochte exzentrisch gewirkt haben. Gott allein wusste, wie der lächerlich backenbärtige Steuermann mein Verhalten ›erklären‹ würde und was das ganze Schiff über den Formfehler seines neuen Kapitäns dachte. Ich war über mich selbst ärgerlich.

Sicher nicht wegen der Gewissensbisse, sondern mehr mechanisch ging ich daran, die Leiter selbst einzuholen. Nun ist so eine Leiter eine Kleinigkeit und kommt ohne weiteres herein, aber mein energischer Zug, bei dem sie hätte an Bord fliegen müssen, wirkte nur als völlig unerwarteter Ruck auf meinen Körper zurück. Was zum Teu-

fel ...! Ich war über die Unbeweglichkeit der Leiter so verblüfft, dass ich stocksteif stehen blieb und mir das, wie mein schwachsinniger Steuermann, zu erklären versuchte. Natürlich beugte ich schließlich den Kopf über die Reling.
Die Schiffswand warf einen undurchsichtigen Schatten auf den dunklen, gläsernen Schimmer des Meeres. Aber auf einmal sah ich etwas Längliches, Blasses dicht neben der Leiter schwimmen. Ehe ich eine Vermutung anstellen konnte, flimmerte plötzlich in dem schlafenden Wasser, mit dem nicht fassbaren, schweigenden Spiel des Wetterleuchtens am Nachthimmel, ein mattes phosphoreszierendes Licht, das vom nackten Körper eines Mannes herzurühren schien. Schwer atmend sah ich, wie sich meinem Blick ein Paar Füße, lange Beine, ein breiter, fahler, bis zum Nacken in ein grünliches, leichenhaftes Leuchten getauchter Rücken offenbarten. Eine Hand, im Wasser treibend, packte die unterste Leitersprosse. Der Körper war vollständig – bis auf den Kopf. Ein kopfloser Leichnam! Die Zigarre fiel mir aus dem staunend aufgerissenen Mund, mit einem winzigen Plumps und einem kurzen Zischen, das in der vollkommenen Stille rundherum deutlich zu hören war. Daraufhin hob er wohl sein Gesicht – ein undeutliches, blasses Oval im Schatten der Schiffswand. Aber selbst dann konnte ich dort unten nur gerade die Form seines schwarzhaarigen Kopfes erkennen. Das war jedoch genug, um das grässliche eiskalte Gefühl, das sich mir wie ein Ring um die Brust gelegt hatte, zu vertreiben. Auch der Moment für unnützes Geschrei war vorüber.
Ich kletterte nur auf die Reservespiere und lehnte mich, so weit ich konnte, über die Reling, um mit den Augen dem längsseits schwimmenden Rätsel näher zu sein.
Als er wie ein ausruhender Schwimmer an der Leiter hing, spiegelte bei jeder Bewegung das Meeresleuchten

um seine Glieder, und er erschien darin gespenstisch, silbrig wie ein Fisch. Er blieb auch stumm wie ein Fisch und machte keine Anstalten, das Wasser zu verlassen. Es war unbegreiflich, dass er nicht versuchte, an Bord zu kommen, und die Vermutung, dass er es vielleicht gar nicht wollte, war merkwürdig quälend. Meine ersten Worte entsprangen dieser quälenden Ungewissheit.

»Was ist los?«, fragte ich mit meiner normalen Stimme und sprach in das genau unter meinem erhobene Gesicht hinein.

»Krampf«, antwortete es auch nicht lauter. Dann, leicht besorgt: »Kein Grund, meine ich, jemanden zu rufen.«

»Das hatte ich nicht vor«, sagte ich.

»Sind Sie allein an Deck?«

»Ja.«

Irgendwie hatte ich den Eindruck, dass er nahe daran war, die Leiter loszulassen und aus meinem Gesichtskreis wegzuschwimmen – ebenso rätselhaft, wie er gekommen war. Aber in diesem Augenblick wollte das Wesen, das anscheinend vom Meeresboden aufgestiegen war (mit Sicherheit der dem Schiff nächstliegende Boden), bloß die Uhrzeit wissen. Ich sagte sie ihm. Und er dort unten fragte vorsichtig: »Ich nehme an, Ihr Kapitän schläft?«

»Ich bin sicher, er tut's nicht«, sagte ich.

Er schien mit sich zu kämpfen, denn ich hörte so etwas wie ein niedergeschlagenes, bitteres, zweifelnd gemurmeltes: »Was soll's!« Stockend und mit Anstrengung kamen die nächsten Worte: »Sagen Sie, Mann, könnten Sie ihn nicht leise herausrufen?«

Ich dachte, es sei an der Zeit, mich vorzustellen.

»*Ich* bin der Kapitän.«

»Bei Gott!«, hörte ich es auf dem Wasser flüstern. Das phosphoreszierende Licht huschte im wirbelnden Wasser um all seine Glieder – er packte die Leiter mit der anderen Hand.

»Mein Name ist Leggatt.«
Die Stimme war ruhig und entschieden. Eine gute Stimme. Die Selbstbeherrschung des Mannes hatte in mir irgendwie etwas Gleichartiges ausgelöst. Sehr ruhig bemerkte ich: »Sie müssen ein guter Schwimmer sein.«
»Ja. Ich bin praktisch seit neun im Wasser. Die Frage für mich ist jetzt, ob ich diese Leiter loslasse und weiterschwimme, bis ich vor Erschöpfung untergehe, oder ob ich hier an Bord klettere.«
Ich spürte, das war nicht nur aus Verzweiflung so dahingeredet, sondern das war eine wirkliche Alternative aus der Sicht eines starken Charakters. Ich hätte daraus schließen können, dass er jung war. Wirklich, nur die Jungen sind es, die immer wieder solchen unbedingten Entscheidungen gegenüberstehen. Aber zu diesem Zeitpunkt war das reine Intuition. Angesichts der schweigenden, dunklen tropischen See hatte zwischen uns beiden schon eine geheimnisvolle Verständigung eingesetzt. Auch ich war jung – jung genug, um keine Bemerkung zu machen. Der Mann im Wasser begann plötzlich die Leiter heraufzuklettern, und ich eilte davon, um etwas zum Anziehen zu holen.
Bevor ich die Kammer betrat, blieb ich still stehen und lauschte in den Vorraum am Fuß der Treppe. Durch die geschlossene Tür der Kammer des Ersten Steuermanns drang leises Schnarchen. Die Tür des Zweiten Steuermanns war offen und festgehakt, aber die Dunkelheit da drinnen war vollkommen lautlos. Auch er war jung und konnte schlafen wie ein Stein. Blieb der Steward, aber der würde wahrscheinlich nicht eher aufwachen, als bis er gerufen wurde. Ich nahm einen Schlafanzug aus meiner Kammer, und als ich an Deck kam, sah ich den nackten Mann aus dem Meer auf der Hauptluke sitzen, weiß schimmernd in der Dunkelheit, die Ellbogen auf den Knien, den Kopf in der Händen. Im Nu hatte er sei-

nen feuchten Körper in den Schlafanzug gehüllt, der vom gleichen grauen Muster war wie der, den ich trug, und folgte mir wie mein Doppelgänger auf das Achterdeck. Barfuß und schweigend gingen wir direkt nach achtern.
»Was gibt's?«, fragte ich mit gedämpfter Stimme, nahm die brennende Lampe aus dem Kompasshaus und hob sie auf zu seinem Gesicht.
»Eine widerwärtige Sache.«
Er hatte ziemlich regelmäßige Züge, einen guten Mund, helle Augen unter etwas schweren dunklen Brauen, eine glatte kantige Stirn, kein Gestrüpp auf den Wangen, einen kleinen braunen Schnurrbart und ein gut geformtes rundes Kinn. Im inspizierenden Schein der Lampe, die ich in Höhe seines Gesichts hielt, war sein Ausdruck konzentriert und nachdenklich, so wie ihn ein Mann haben mochte, der in der Einsamkeit angestrengt nachgedacht hat. Mein Schlafanzug war für seine Größe gerade richtig. Für einen handfesten jungen Burschen von höchstens fünfundzwanzig Jahren. Mit ebenmäßigen weißen Zähnen biss er sich auf die Unterlippe.
»Ja«, sagte ich und hängte die Lampe ins Kompasshaus zurück. Die warme, schwerlastende tropische Nacht senkte sich wieder über seinen Kopf.
»Da drüben ist ein Schiff«, murmelte er.
»Ja, ich weiß – die *Sephora*. Haben Sie von uns gewusst?«
»Wir hatten nicht die leiseste Ahnung. Ich bin der Steuermann ...«, er unterbrach und korrigierte sich, »ich sollte sagen, ich *war*.«
»Aha! Irgendwas nicht in Ordnung?«
»Ja, ganz recht. Ich habe einen Mann getötet.«
»Was sagen Sie? Jetzt eben?«
»Nein, auf der Überfahrt. Vor Wochen. Neununddreißig Grad südlicher Breite. Wenn ich sage, einen Mann ...«
»Ein Wutanfall«, vermutete ich überzeugt.

Über dem geisterhaften Grau meines Schlafanzugs schien der verschwommene Kopf, dunkelhaarig wie meiner, unmerklich zu nicken. In der Dunkelheit war es, als erblickte ich in den Tiefen eines düsteren und riesigen Spiegels mein eigenes Bild.

»Eine schöne Geschichte, zu der sich da einer von der *Conway* bekennen muss«, murmelte mein Doppelgänger deutlich.

»Sie sind von der *Conway*?«

»Bin ich«, sagte er, wie erschreckt. Dann, langsam: »Sie vielleicht auch ...?«

So war es. Aber da ich ein paar Jahre älter war, hatte ich die Ausbildung abgeschlossen, bevor er anfing. Nach raschem Austausch einiger Daten trat Schweigen ein, und auf einmal dachte ich an meinen albernen Steuermann mit dem fürchterlichen Backenbart und dem Du-meine-Güte-Was-Sie-nicht-sagen-Verstand. Mein Doppelgänger vermittelte mir eine schwache Vorstellung von seiner Gemütsverfassung, als er sagte: »Mein Vater ist Pfarrer in Norfolk. Können Sie sich vorstellen, dass ich unter dieser Anklage vor einem Richter und den Geschworenen stehe? Ich kann die Notwendigkeit nicht einsehen. Es gibt Burschen, dass ein Engel vom Himmel ... Und ich bin keiner. Er war eine von diesen Kreaturen, die in einer dummen Art von Boshaftigkeit fortwährend geradezu gären. Erbärmliche Teufel, die keine Aufgabe haben, für die sie überhaupt leben. Er wollte seine Pflicht nicht tun und auch keinen anderen die seine tun lassen. Aber was soll das Reden! Sie kennen diese bösartig knurrenden Köter gut genug ...«

Er berief sich auf mich, als seien unsere Erfahrungen so gleichartig wie unsere Kleidung. Nur zu gut kannte ich die verderbliche Gefahr, die von solch einem Charakter ausgeht, wenn es keine Mittel zu legalem Zwang gibt. Und ich erkannte auch sehr wohl, dass mein Doppelgänger da kein mörderischer Raufbold war. Ich dachte nicht daran, ihn nach Einzelheiten zu fragen, aber er erzählte mir die Geschichte ohne Umschweife, in barschen, unzusammenhängenden Sätzen. Mehr brauchte ich nicht. Ich sah alles vor mir, als steckte ich selbst in diesem anderen Schlafanzug.

»Es passierte, als wir im Halbdunkel die gereffte Fock setzten. Eine gereffte Fock! Sie verstehen, was für ein Wetter das war. Das einzige Segel, das wir gelassen hatten, um das Schiff in Fahrt zu halten; Sie können sich vorstellen, was das für Tage waren. Unruhiger Job, so was. An der Schott ließ er mich seine verfluchte Unverschämtheit spüren. Ich war überanstrengt von diesem furchtbaren Wetter, das kein Ende nehmen wollte. Furchtbar, sage ich Ihnen – und ein tief gehendes Schiff. Ich glaube, der Bursche war vor Angst halb verrückt. Für einen vornehmen Tadel war keine Zeit, also fuhr ich herum und versetzte ihm einen Schlag wie einem Ochsen ... Er hoch und auf mich. Wir gerieten gerade ins Handgemenge, als eine schreckliche See auf das Schiff zulief. Alle Mann sahen sie kommen und gingen in die Wanten, aber ich hatte ihn beim Hals und schüttelte ihn wie eine Ratte. Über uns schrien die Männer: ›Aufpassen! Vorsicht!‹ Dann ein Krachen, als wäre mir der Himmel auf den Kopf gefallen ... Sie sagen, mehr als zehn Minuten lang wäre kaum etwas vom Schiff zu sehen gewesen – gerade nur die drei Masten und ein bisschen vom Backdeck und vom Achterdeck, alles in einer Gischtwolke treibend. Ein Wunder, dass sie uns gefunden haben – eingekeilt hinter den Vorbetings. Dass ich es ernst meinte, ist sicher, weil ich ihn noch an der Kehle hielt, als sie uns aufhoben. Er war schwarz im Gesicht. Das war zu viel für sie. Es scheint, dass sie uns – ineinander verkrallt, wie wir waren – nach achtern schleppten, wie ein Haufen Irrer ›Mord!‹ kreischend, und in die Kajüte eindrangen. Und das

Schiff lief um sein Leben, die ganze Zeit über fast verloren, jede Minute hätte seine letzte sein können in dieser See, die einem schon beim Hinsehen das Haar grau werden ließ. Ich verstand, dass auch der Kapitän zu toben anfing wie die anderen. Der Mann war länger als eine Woche ohne Schlaf, und das jetzt – auf dem Höhepunkt eines wütenden Sturms – brachte ihn fast von Sinnen. Ich wundere mich, dass sie mich nicht über Bord warfen, nachdem sie den Leichnam ihres teuren Kameraden aus meinen Fingern gelöst hatten. Es war eine ziemliche Mühe, uns zu trennen, hat man mir gesagt. Eine wilde Geschichte – sie reicht wohl aus, um einen alten Richter und ein ehrbares Geschworenengericht ein bisschen aus der Fassung zu bringen. Das Erste, was ich hörte, als ich zu mir kam, war das rasend machende Heulen des endlosen Sturms und daneben die Stimme des alten Mannes. Er klammerte sich an meine Koje und starrte mir aus seinem Südwester heraus ins Gesicht.
›Mr. Leggatt, Sie haben einen Mann getötet. Sie können nicht mehr Erster Steuermann dieses Schiffes sein.‹«
Die Mühe, mit der er seine Stimme dämpfte, ließ diese monoton klingen. Er stützte eine Hand auf den Rand des Deckslichts, um sich daran fest zu halten, und rührte, soweit ich sehen konnte, die ganze Zeit kein Glied. »Hübsche kleine Geschichte für eine friedliche Teegesellschaft«, schloss er im gleichen Tonfall.
Auch ich stützte eine Hand auf den Rand des Deckslichts, auch ich rührte, soweit ich weiß, kein Glied. Wir standen weniger als einen Fuß voneinander entfernt. Mir fiel ein, dass der alte ›Du-meine-Güte-was-Sie-nicht-sagen‹, wenn er seinen Kopf aus der Niedergangsluke zur Kajüte heben und uns entdecken sollte, denken könnte, er sehe doppelt, oder sich einbilden würde, er wohne einem übersinnlichen Zauber bei. Der sonderbare Kapitän hält am Steuerrad ein friedliches Plauderstünd-

chen mit seinem eigenen grauen Geist. So etwas wollte ich unbedingt vermeiden. Ich hörte die gedämpfte, ruhige Stimme des anderen.

»Mein Vater ist Pfarrer in Norfolk.« Er hatte offenbar vergessen, dass er mir diese bedeutsame Tatsache schon mitgeteilt hatte. Wirklich, eine hübsche kleine Geschichte.

»Sie sollten jetzt besser in meine Kammer hinunterschlüpfen«, sagte ich und ging leise davon. Mein Doppelgänger folgte mir, unsere bloßen Füße machten kein Geräusch. Ich ließ ihn ein, schloss die Tür sorgfältig und ging, nachdem ich den Zweiten Steuermann geweckt hatte, zur Ablösung an Deck.

»Bis jetzt sieht es nicht sehr nach Wind aus«, bemerkte ich, als er herankam.

»Nein, Sir, nicht sehr«, stimmte er schläfrig in seinem heiseren Tonfall zu, mit gerade ausreichendem Respekt und kaum ein Gähnen unterdrückend.

»Nun, das ist alles, worauf Sie zu achten haben. Ihre Befehle haben Sie bekommen.«

»Ja, Sir.«

Ich ging ein-, zweimal auf dem Achterdeck hin und her und sah ihn, bevor ich nach unten ging, seinen Platz einnehmen, das Gesicht nach vorn, die Ellbogen in den Webeleinen der Besanwanten. Friedfertig dauerte das leise Schnarchen des Steuermanns noch immer an. In der Kajüte brannte die Lampe über dem Tisch, auf dem eine Vase mit Blumen stand, eine höfliche Aufmerksamkeit des Proviantthändlers – die letzten Blumen, die wir für mindestens die nächsten drei Monate sehen sollten. Zwei Büschel Bananen hingen symmetrisch vom Decksbalken herab, eins auf jeder Seite des Ruderkokers. Alles auf dem Schiff war wie vorher – außer dass zwei Schlafanzüge seines Kapitäns gleichzeitig in Gebrauch waren, einer bewegungslos in der Kajüte, der andere sehr still in der Kapitänskammer.

Zur Erläuterung muss gesagt werden, dass meine Kammer die Form eines großen L hatte. Die Tür war in der Ecke und öffnete sich zum kurzen Teil des Buchstabens. Links war ein Sofa, rechts das Bett. Mein Schreibtisch und der Chronometertisch standen der Tür gegenüber. Aber niemand, der die Tür öffnete, konnte in den langen (oder vertikalen) Teil des Buchstabens hineinschauen – falls er nicht direkt eintrat. Dieser Teil enthielt einige Spinde, von einem Bücherregal überragt, und ein paar Kleidungsstücke – eine oder zwei dicke Jacken, Mützen, Ölzeug und dergleichen. Am Ende dieses Teils gab es eine Tür, die zu meinem Baderaum führte, der auch direkt von der Kajüte aus betreten werden konnte. Aber dieser Weg wurde nie benutzt.

Der geheimnisvolle Ankömmling hatte den Vorteil dieses besonderen Grundrisses entdeckt. Als ich meine Kammer betrat, die durch eine große, an der Schottwand kardanisch aufgehängte Lampe hell erleuchtet wurde, konnte ich ihn nirgendwo entdecken – bis er ruhig hinter den Röcken, die in dem abgelegenen Teil hingen, hervortrat.

»Ich habe jemanden gehört und bin sofort dort hineingegangen«, flüsterte er.

Ich sprach ebenfalls leise.

»Hier wird kaum jemand hereinkommen, ohne anzuklopfen.«

Er nickte. Sein Gesicht war hager und die Sonnenbräune verblasst, als sei er krank gewesen. Kein Wunder. Wie ich bald hörte, hatte man ihn fast sieben Wochen lang in seiner Kammer in Gewahrsam gehalten. Aber in seinen Augen oder in seiner Miene gab es nichts Ungesundes. Tatsächlich war er mir nicht ein bisschen ähnlich. Und doch, als wir über meine Koje gebeugt standen, Seite an Seite, unsere dunklen Köpfe zusammengesteckt und unsere Rücken zur Tür gewandt, hätte jeder, der so dreist war, die Tür verstohlen zu öffnen, den unheimlichen

Anblick eines doppelten Kapitäns gehabt, der sich emsig flüsternd mit seinem anderen Ich unterhielt.
Als er mir etwas mehr über die Vorgänge an Bord der *Sephora* nach dem Unwetter erzählt hatte, bemerkte ich in dem kaum hörbaren Flüstern, dessen wir uns bedienten: »Das alles erklärt aber nicht, wie Sie an unsere Leiter gekommen sind.«
»Als wir Java Head sichteten, hatte ich Zeit gehabt, alles mehrmals zu überdenken. Sechs Wochen lang hatte ich ja nichts anderes zu tun – abgesehen von dem einstündigen Spaziergang jeden Abend auf dem Achterdeck.«
Er flüsterte, die Arme auf den Kojenrand gestützt, und starrte durch das offene Bullauge. Und ich konnte mir die Art und Weise seiner Grübelei genau vorstellen: eine hartnäckige, wenn nicht unerschütterliche Beschäftigung – etwas, wozu ich völlig unfähig gewesen wäre.
»Ich rechnete damit, dass es dunkel sein würde, ehe wir uns dem Land näherten«, fuhr er fort, so leise, dass ich die Ohren spitzen musste, obwohl wir einander so nahe waren, fast Schulter an Schulter. »Also bat ich darum, mit dem alten Mann sprechen zu können. Es schien ihm immer sehr unbehaglich zu sein, wenn er mich besuchen kam – als ob er mir nicht ins Gesicht sehen könnte. Sie wissen, die Fock hat das Schiff gerettet. Es lag zu tief, um vor Topp und Takel laufen zu können. Und ich war es, der an seiner Stelle das Segel setzen ließ. Gleichviel, er kam. Als ich ihn in meiner Kammer hatte – er stand an der Tür und sah mich an, als hätte ich den Strick schon um den Hals –, bat ich ihn geradeheraus, meine Kammertür in der Nacht, wenn das Schiff durch die Sunda-Straße fahren würde, unverschlossen zu lassen. Da wäre – auf der Höhe von Angier Point – die Küste von Java nur zwei oder drei Meilen entfernt. Mehr wollte ich nicht ... In meinem zweiten Jahr auf der *Conway* habe ich einen Schwimmpreis bekommen.«

»Das glaube ich«, hauchte ich.
»Gott allein weiß, warum sie mich jede Nacht einschlossen. Nach einigen Gesichtern zu urteilen, konnte man glauben, sie hätten Angst, dass ich nachts umherspazieren und Leute erwürgen würde. Bin ich ein mordender Unhold? Sehe ich so aus? Bei Gott, wenn ich es gewesen wäre, hätte er sich nicht in meine Kammer getraut. Sie werden sagen, ich hätte ihn zur Seite stoßen und gleich hinausstürzen können – es war schon dunkel. Nein. Und zwar aus dem gleichen Grunde nicht, aus dem ich nicht daran dachte, die Tür zu zertrümmern. Bei dem Lärm hätte es eine Hetzjagd gegeben, um mich aufzuhalten, und ich wollte nicht in so ein verdammtes Handgemenge geraten. Dabei hätte noch jemand getötet werden können, da ich nicht ausgebrochen wäre, nur um mich einfangen zu lassen; und einmal war genug. Er weigerte sich und sah unbehaglicher aus als je. Er hatte Angst vor den Männern und auch vor seinem alten Zweiten Steuermann, der jahrelang mit ihm gefahren war – ein grauhaariger alter Gauner; auch sein Steward war weiß der Teufel wie lange bei ihm – siebzehn Jahre oder mehr –, ein anmaßender Bummelant, der mich wie die Pest hasste, weil ich eben der Erste Steuermann war. Sie müssen wissen, kein Erster Steuermann hat jemals mehr als eine Reise mit der *Sephora* gemacht. Diese beiden alten Burschen führten das Schiff. Nur der Teufel weiß, wovor der Kapitän Angst hatte (in dieser höllischen Unwetterperiode, die wir erlebten, war ihm sein ganzer Mut abhanden gekommen) – Angst davor, was ihm das Gesetz anhaben könnte – vielleicht Angst vor seiner Frau. O ja, sie war an Bord. Ich glaube allerdings nicht, dass sie sich eingemischt hätte. Sie wäre nur zu froh gewesen, mich auf irgendeine Weise vom Schiff runterzukriegen. Die Geschichte mit dem Kainsmal, nicht wahr? Das ist verständlich. Ich war ja bereit, zu verschwin-

den und unstet und flüchtig zu sein auf Erden – der Preis war für solch einen Abel hoch genug. Gleichviel, er wollte nicht auf mich hören. ›Diese Sache muss ihren Lauf nehmen. Ich vertrete hier das Gesetz.‹ Er zitterte wie Espenlaub. ›Also wollen Sie nicht?‹ – ›Nein!‹ – ›Dann hoffe ich, dass Sie künftig noch schlafen können‹, sagte ich und drehte ihm den Rücken zu. ›Ich wundere mich, dass Sie es können‹, schreit er und schließt die Tür ab. Nun, danach konnte ich's nicht. Nicht besonders gut. Das war vor drei Wochen. Unsere Fahrt durch die Java-See war langsam, zehn Tage trieben wir um Carimata herum. Als wir hier vor Anker gingen, dachten sie vermutlich, nun sei alles in Ordnung: Das nächstgelegene Land (und das waren fünf Meilen) ist der Bestimmungsort des Schiffes – der Konsul würde mich bald holen lassen. Und auf diese Inselchen hier zu fliehen hätte keinen Zweck gehabt. Ich glaube nicht, dass es da einen Tropfen Wasser gibt. Ich weiß nicht, wie es geschah, aber als der Steward heute mein Abendbrot gebracht hatte, ging er hinaus, um mich essen zu lassen, und ließ die Tür unverschlossen. Und ich aß – noch dazu alles, was es gab. Als ich fertig war, schlenderte ich aufs Achterdeck hinaus. Ob ich irgendetwas vorhatte, weiß ich nicht. Ich glaube, ein bisschen frische Luft schnappen war alles, was ich wollte. Dann überkam mich plötzlich die Versuchung. Ich schleuderte meine Pantoffeln fort und war im Wasser, ehe ich einen rechten Entschluss gefasst hatte. Jemand hörte das Aufklatschen, und sie schlugen einen Heidenlärm. ›Er ist weg! Lasst die Boote zu Wasser! Er hat Selbstmord begangen! Nein, er schwimmt!‹ Natürlich schwamm ich. Für einen Schwimmer wie mich ist es nicht so leicht, Selbstmord durch Ertränken zu begehen. Ehe das Boot von der Schiffswand abgelegt hatte, landete ich auf dem nächsten Inselchen. Ich hörte sie in der Dunkelheit herumrudern, rufen und so weiter, aber nach einem Weilchen gaben sie es auf. Alles wurde wieder ruhig, und am Ankerplatz herrschte Totenstille. Ich setzte mich auf einen Stein und fing an nachzudenken. Ich war sicher, dass sie die Suche nach mir bei Tagesanbruch wieder aufnehmen würden. Auf diesen steinigen Dingern gab es keine Stelle, um sich zu verstecken – und wenn es sie gegeben hätte, was weiter? Aber jetzt war ich weg vom Schiff, und zurück wollte ich nicht. Also zog ich nach einer Weile alle Kleider aus, schnürte sie, mit einem Stein darin, zu einem Bündel zusammen und warf es an der Seeseite des Inselchens ins tiefe Wasser. Das war Selbstmord genug für mich. Mögen Sie denken, was Sie wollen, aber ich hatte nicht vor, mich zu ertränken: Ich wollte schwimmen, bis ich unterginge – und das ist nicht dasselbe. Ich schwamm zu einer anderen dieser kleinen Inseln, und erst von da sah ich Ihr Ankerlicht. Etwas, um hinzuschwimmen. Ich kam gut voran, und unterwegs stieß ich auf einen flachen Felsen, ein oder zwei Fuß über dem Wasser. Ich glaube, bei Tage könnten Sie ihn vom Achterdeck aus mit einem Glas erkennen. Ich kletterte hinauf und ruhte mich ein bisschen aus. Dann schwamm ich wieder los. Dieses letzte Stück muss länger als eine Meile gewesen sein.«

Sein Flüstern wurde leiser und leiser, und die ganze Zeit über starrte er geradeaus durch das Bullauge, wo es nicht einmal einen Stern zu sehen gab. Ich hatte ihn nicht unterbrochen. In seiner Erzählung oder vielleicht in ihm selbst gab es etwas, was eine Bemerkung unmöglich machte – eine Art Empfinden, eine Haltung, für die ich keinen Namen finden kann. Und als er schloss, war alles, was mir einfiel, ein nichtssagendes: »Also sind Sie nach unserem Licht geschwommen?«

»Ja, geradewegs. Es war etwas, wo man hinschwimmen konnte. Weil die Küste dazwischen war, konnte ich weder irgendwelche tief stehenden Sterne noch das Land sehen. Das Wasser war wie Glas. Als würde man in einer verdammten, tausend Fuß tiefen Zisterne schwimmen, aus der man nirgends hinausklimmen kann. Was mir aber geradezu unerträglich war, war die Vorstellung, wie ein blöder Ochse immerfort im Kreis zu schwimmen. Bis ich nicht mehr konnte. Und da ich nicht zurückwollte ... Nein. Können Sie sich vorstellen, wie ich, von einer dieser kleinen Inseln weg, am Genick zurückgeschleift werde, splitternackt, kämpfend wie ein wildes Tier? Irgendjemand hätte dabei dran glauben müssen, und ich wollte nicht noch einmal töten. Also schwamm ich weiter. Dann sah ich Ihre Leiter ...«

»Warum haben Sie das Schiff nicht angerufen?«, fragte ich, ein wenig lauter.

Er berührte leicht meine Schulter. Direkt über unseren Köpfen erklangen träge Schritte und hielten inne. Der Zweite Steuermann war von der anderen Seite des Achterdecks herübergekommen und lehnte sich allem Anschein nach über die Reling.

»Er kann uns nicht reden hören, oder?«, raunte mir mein Doppelgänger besorgt ins Ohr.

Seine Besorgnis war eine Antwort auf meine Frage, eine ausreichende Antwort. Eine Antwort, die die ganze Schwierigkeit dieser Situation umfasste. Der Sicherheit halber schloss ich leise das Bullauge. Ein lauteres Wort hätte belauscht werden können.

»Wer ist das?«, flüsterte er nun.

»Mein Zweiter Steuermann, aber ich weiß von dem Burschen nicht mehr als Sie.«

Und ich erzählte ihm einiges von mir. Ich sei, während ich dergleichen nicht im Geringsten erwartet hätte, vor kaum vierzehn Tagen mit dem Kommando betraut worden. Ich kannte weder das Schiff noch die Leute. Im Hafen hätte ich keine Zeit gehabt, mich umzusehen oder mir über irgendjemanden ein Urteil zu bilden. Und was die Mannschaft betreffe, so wisse sie lediglich, dass ich beauftragt sei, das Schiff nach Hause zu bringen. Im Übrigen, sagte ich, sei ich an Bord fast ebenso ein Fremder wie er. In diesem Augenblick empfand ich das besonders deutlich. Ich spürte, dass es nur sehr wenig kosten würde, um mich in den Augen der Schiffsbesatzung verdächtig zu machen.

Er hatte sich inzwischen umgedreht, und wir, die beiden Fremden auf dem Schiff, standen uns in der gleichen Haltung gegenüber.

»Ihre Leiter ...«, murmelte er nach einem Schweigen. »Wer hätte gedacht, bei einem Schiff hier draußen nachts eine Leiter außenbords zu finden! Gerade da überkam mich eine recht unangenehme Schwäche. Bei dem Leben, das ich neun Wochen lang geführt habe, wäre jeder aus der Form gekommen. Ich war nicht imstande, um Ihre Sorgketten herumzuschwimmen. Und siehe da! Da war eine Leiter zum Festhalten. Nachdem ich sie ergriffen hatte, sagte ich mir: ›Was nützt das schon?‹ Als ich den Kopf eines Mannes herunterschauen sah, dachte ich daran, sofort wegzuschwimmen und ihn, in welcher Sprache auch immer, rufen zu lassen. Es machte mir nichts aus, entdeckt worden zu sein. Mir – mir war es recht. Und dass Sie dann so ruhig zu mir sprachen, als hätten Sie mich erwartet, das ließ mich ein bisschen länger fest halten. Es war eine verdammt einsame Zeit gewesen – nicht beim Schwimmen, meine ich. Ich war froh, mich ein bisschen mit jemandem unterhalten zu können, der nicht zur *Sephora* gehörte. Nach dem Kapitän zu fragen war ein Augenblickseinfall. Es wäre nutzlos gewesen, wenn das ganze Schiff von mir gewusst hätte und die anderen ziemlich sicher am Morgen hier sein würden. Ich weiß nicht – ich wollte gesehen werden, wollte mit jemandem reden, bevor ich verschwand. Ich weiß nicht, was ich gesagt hätte … ›Schöne Nacht, nicht wahr?‹ – oder irgendetwas der Art.«

»Glauben Sie, dass sie bald hier sein werden?«, fragte ich einigermaßen ungläubig.

»Sehr wahrscheinlich«, sagte er leise.

Plötzlich sah er völlig erschöpft aus. Sein Kopf sank auf die Schultern.

»Hm, wir werden es sehen. Inzwischen gehen Sie in die Koje da«, flüsterte ich. »Brauchen Sie Hilfe? Da.«

Es war eine ziemlich hohe Koje, mit einem Satz Schubladen darunter. Dieser erstaunliche Schwimmer brauchte tatsächlich die Hilfe, die ich ihm erwies, indem ich sein Bein packte. Er wälzte sich hinein, rollte sich auf den Rücken und legte einen Arm über die Augen. Und dann, mit dem nahezu verborgenen Gesicht, muss er genauso ausgesehen haben wie ich, wenn ich in dieser Koje lag. Ich betrachtete mein anderes Ich ein Weilchen aufmerksam, ehe ich die beiden grünen Sergevorhänge, die über eine Messingstange glitten, sorgfältig zuzog. Einen Augenblick dachte ich daran, sie der größeren Sicherheit wegen zusammenzustecken, aber ich setzte mich auf das Sofa, und als ich erst einmal saß, mochte ich nicht aufstehen und nach einer Nadel suchen. Ich wollte es gleich tun. Jedoch das Versteckspielen, die Anstrengung des Flüsterns und die Heimlichkeit dieser Aufregung hatten mich auf eigentümlich bekannte Art äußerst ermattet. Es war jetzt drei Uhr, und ich war seit neun auf den Beinen, aber mir war nicht nach Schlaf zumute. Ich hätte nicht einschlafen können. Erschöpft saß ich dort, schaute auf die Vorhänge und versuchte, mit mir über das merkwürdige Gefühl ins Reine zu kommen, an zwei Stellen auf einmal zu sein. Dazu quälte mich ein lästiges Hämmern im Kopf. Es war eine Erleichterung, plötzlich zu entdecken, dass es überhaupt nicht in meinem Kopf, sondern draußen an der Tür war. Ehe ich mich sammeln konnte, war mir das Wort »Herein!« entschlüpft, und der Steward trat mit einem Tablett ein und brachte meinen Morgenkaffee. Ich hatte schließlich doch geschlafen und war so erschrocken, dass ich rief: »Hierher! Hier bin ich, Steward!«, als wäre er meilenweit weg gewesen. Er stellte das Tablett auf den Tisch neben dem Sofa und sagte erst dann sehr ruhig: »Ich kann sehen, dass Sie hier sind, Sir.« Ich spürte, dass er mich scharf musterte, aber gerade jetzt wagte ich ihm nicht in die Augen zu blicken. Er muss sich gewundert haben, warum ich die Vorhänge vor meiner Koje zugezogen und mich dann zum Schlafen aufs Sofa gelegt hatte. Die Tür wie gewöhnlich offen festhakend, ging er hinaus.

Über mir hörte ich die Mannschaft die Decks scheuern. Ich wusste, dass es mir sofort mitgeteilt worden wäre, wenn irgendeine Brise geweht hätte. ›Flaute‹, dachte ich und war doppelt ärgerlich. Wirklich, ich fühlte mich mehr als je zwiefach vorhanden. Plötzlich erschien der Steward wieder in der Türöffnung. Ich sprang so schnell von dem Sofa auf, dass er zusammenfuhr.

»Was wollen Sie hier?«

»Ihre Tür schließen, Sir – sie waschen die Decks.«

»Sie ist geschlossen«, sagte ich und wurde rot.

»Sehr wohl, Sir.« Aber er rührte sich nicht von der Tür fort und erwiderte meinen starren Blick eine Zeit lang auf eine außergewöhnliche, zweideutige Art. Dann wurde sein Blick unsicher, seine ganze Miene änderte sich, und mit ungewöhnlich sanfter Stimme, fast schmeichelnd, fragte er: »Darf ich hereinkommen und die leere Tasse holen, Sir?«

»Natürlich!« Ich drehte ihm den Rücken zu, während er herein- und hinaushuschte. Dann hakte ich die Tür los, schloss sie und schob sogar den Riegel vor. Diese Geschichte konnte nicht lange so weitergehen. Auch war die Kammer heiß wie ein Ofen. Verstohlen sah ich nach meinem Doppelgänger und entdeckte, dass er sich nicht bewegt hatte. Noch immer lag sein Arm über den Augen, aber seine Brust hob und senkte sich, sein Haar war feucht, das Kinn glänzte vor Schweiß. Ich langte über ihn hinweg und öffnete das Bullauge.

›Ich muss mich an Deck zeigen‹, überlegte ich.

Theoretisch konnte ich natürlich tun, was mir beliebte, und niemand im ganzen Umkreis des Horizonts konnte mir etwas verbieten; aber meine Kammertür zu verschließen und den Schlüssel abzuziehen, das wagte ich nicht. Kaum hatte ich den Kopf aus der Niedergangsluke gesteckt, da sah ich dicht neben dem Sprung des Achterdecks meine beiden Offiziere, den Zweiten Steuermann barfuß, den Ersten in hohen Gummistiefeln, dazu den Steward, der auf halber Höhe der Achterdeckstreppe eifrig auf sie einsprach. Zufällig erblickte er mich und duckte sich, der Zweite lief aufs Hauptdeck hinunter und rief irgendwelche Befehle, der Erste Steuermann kam, an seine Mütze tippend, auf mich zu.

In seinen Augen stand eine Art von Neugier, die mir nicht gefiel. Ich wusste nicht, ob der Steward ihnen erzählt hatte, dass ich nur ›wunderlich‹ sei oder stockbetrunken, aber ich wusste, der Mann wollte mich genau betrachten. Ich beobachtete ihn, wie er mit einem Lächeln herankam, das sich, als er in Schussweite war, ausbreitete und selbst seinen Backenbart erstarren ließ. Ich ließ ihm keine Zeit, den Mund aufzumachen.

»Brassen Sie vierkant, ehe die Leute frühstücken gehen.«

Es war der erste genaue Befehl, den ich an Bord dieses Schiffes gegeben hatte, und ich blieb an Deck, um zu sehen, dass er auch ausgeführt wurde. Ich hatte das Bedürfnis verspürt, mich unverzüglich durchzusetzen. Der spöttelnde junge Bengel da wurde bei dieser Gelegenheit geduckt, und ich nahm auch den günstigen Anlass wahr, um jedem Vor-dem-Mast-Mann aufmerksam ins Gesicht zu sehen, als sie sich an mir vorbeischlängelten, um an die Achterbrassen zu gehen. Beim Frühstück, ich selbst aß nichts, saß ich mit so frostiger Würde am Tisch, dass die beiden Offiziere nur zu froh waren, aus der Kajüte flüchten zu können, sobald es der Anstand erlaubte; und die ganze Zeit über verwirrte mich das zwiefache Arbeiten meines Verstandes fast bis zum Wahnsinn. Fortwährend beobachtete ich mich, und mein geheimes Ich, von meiner Handlungsweise ebenso abhängig wie ich selbst, schlief in dem Bett hinter der Tür da, mir gegenüber, während ich am Kopfende des Tisches saß. Das kam dem Wahnsinn schon sehr nahe, nur war es schlimmer, weil man sich dessen bewusst war.

Ich musste ihn eine gute Minute lang schütteln, als er aber endlich die Augen öffnete, geschah das bei vollem Bewusstsein und mit einem fragenden Blick.

»Alles soweit in Ordnung«, flüsterte ich. »Jetzt müssen Sie im Baderaum verschwinden.«

Er tat es, geräuschlos wie ein Geist, und dann läutete ich nach dem Steward. Ihn dabei fest ansehend, trug ich ihm auf, meine Kammer aufzuräumen, während ich baden würde. »Und beeilen Sie sich damit.« Da mein Ton keinerlei Ausflüchte zuließ, sagte er: »Jawohl, Sir!«, und lief davon, um Besen und Kehrschaufel zu holen. Ich nahm ein Bad und gab mir bei meiner Toilette, beim Plätschern und leisen Pfeifen die größte Mühe, um meinen Steward zu erbauen, während der geheime Teilhaber an meinem Leben kerzengerade aufgerichtet in diesem kleinen Raum stand. Bei Tageslicht sah sein Gesicht sehr eingefallen aus, die Augenlider unter der strengen dunklen Linie seiner durch ein leichtes Stirnrunzeln zusammengezogenen Brauen waren gesenkt.

Als ich ihn verließ, um in meine Kammer zurückzugehen, war der Steward mit dem Staubwischen fertig. Ich schickte nach dem Steuermann, den ich in ein nichts-

sagendes Gespräch verwickelte. Es war sozusagen ein Spiel mit der fürchterlichen Eigenart seines Backenbarts. Aber meine Absicht war, ihm Gelegenheit zu einem Blick in meine Kammer zu geben. Und dann konnte ich endlich mit gutem Gewissen die Tür schließen und meinen Doppelgänger wieder in den abgelegenen Winkel holen. Es gab keine andere Möglichkeit: Er musste still auf einem kleinen Klappstuhl sitzen, halb erstickt von den schweren Röcken, die dort hingen. Wir hörten den Steward aus der Kajüte ins Bad gehen, dort die Wasserkaraffen füllen, die Wanne schrubben, die Sachen ordnen, wischen, klirren, klappern – wieder in die Kajüte zurück – den Schlüssel drehen – klick. Das war mein Plan, um mein anderes Ich unsichtbar zu machen. Etwas Besseres konnte unter diesen Umständen nicht erdacht werden. Und da saßen wir: Ich an meinem Schreibtisch, bereit, mit irgendwelchen Papieren beschäftigt zu erscheinen, und er hinter mir, von der Tür aus nicht zu sehen. Es wäre nicht klug gewesen, am Tage zu reden, und ich hätte die Erregung des sonderbaren Gefühls, mit mir selbst zu flüstern, nicht ertragen können. Dann und wann flüchtig über die Schulter blickend, sah ich ihn weit dort hinten starr auf dem niedrigen Stuhl sitzen, die bloßen Füße eng beisammen, die Arme verschränkt, den Kopf auf die Brust geneigt und ganz still. Jedermann hätte ihn für mich gehalten.
Ich war davon selbst fasziniert. Jeden Augenblick musste ich über die Schulter blicken. Ich sah ihn an, als eine Stimme vor der Tür sagte: »Verzeihung, Sir.«
»Ja?« Als die Stimme draußen ankündigte: »Da kommt ein Boot auf uns zu, Sir!«, hatte ich ihn im Auge und sah ihn zusammenschrecken – die erste Bewegung, die er seit Stunden machte. Aber den gesenkten Kopf hob er nicht.
»In Ordnung. Bringt die Steigleiter aus.«

Ich zögerte. Sollte ich ihm etwas zuflüstern? Aber was? Seine Bewegungslosigkeit schien überhaupt nicht gestört worden zu sein. Was konnte ich ihm sagen, was er nicht schon wusste? ... Schließlich ging ich an Deck.

2

Der Kapitän der *Sephora* hatte einen dünnen roten Bart rund um sein Gesicht, die Blässe, die zu dieser Haarfarbe gehört, und auch den besonderen, ziemlich verwaschenen Blauton in den Augen. Er war nicht gerade eine prächtige Figur. Seine Schultern waren hoch, die Statur nur leidlich, ein Bein etwas stärker gekrümmt als das andere. Unbestimmt umherblickend, gab er mir die Hand. Seine Haupteigenschaft war, wie ich meinte, eine geistlose Hartnäckigkeit. Ich trat mit einer Höflichkeit auf, die ihn aus der Fassung zu bringen schien. Vielleicht war er schüchtern. Er murmelte, als schäme er sich für das, was er sagte; in der Art eines Verbrechers, der ein widerstrebendes, klägliches Geständnis ablegt, nannte er seinen Namen (es war etwas wie Archbold - aber nach so vielen Jahren bin ich nicht sicher), nannte den Namen seines Schiffes und einige andere Einzelheiten dieser Art. Er habe furchtbares Wetter auf der Reise gehabt - schrecklich, schrecklich - seine Frau sei auch an Bord.
Inzwischen hatten wir uns in die Kajüte gesetzt, und der Steward brachte ein Tablett mit einer Flasche und Gläsern. »Danke, nein.« Er trinke niemals Alkohol. Etwas Wasser würde er freilich nehmen. Er trank zwei Becher. Schrecklich trockene Arbeit. Schon seit Tagesanbruch habe er die Inseln um sein Schiff herum untersucht.
»Wozu - aus Spaß?«, fragte ich mit einem Anflug von höflichem Interesse.

»Nein!«, seufzte er. »Peinliche Pflicht!«
Da er bei seinem Gemurmel blieb, ich aber wollte, dass mein Doppelgänger jedes Wort hörte, verfiel ich auf die Idee, ihn davon in Kenntnis zu setzen, dass ich bedauerlicherweise schwerhörig sei.
»So ein junger Mann noch«, nickte er, seine verwaschen blauen, geistlosen Augen auf mich geheftet. »Was war die Ursache – irgendeine Krankheit?«, fragte er ohne das geringste Mitgefühl und als meine er, dass ich, wenn es so sei, nichts anderes bekommen hätte, als ich verdiente.
»Ja, Krankheit«, gab ich in heiterem Ton zu, der ihn zu schockieren schien. Aber mein Ziel war erreicht, weil er die Stimme erheben musste, um mir seine Geschichte zu erzählen. Es ist nicht der Mühe wert, diese Version wiederzugeben. Es war etwas über zwei Monate her, seit das alles geschehen war, und er hatte so viel darüber nachgedacht, dass er hinsichtlich der Auswirkungen völlig durcheinander, aber noch immer stark beeindruckt schien.
»Was würden Sie von so einer Sache halten, wenn sie an Bord Ihres Schiffes passierte? Ich habe die *Sephora* jetzt seit fünfzehn Jahren. Ich bin ein wohl bekannter Kapitän.«
Er war tief bekümmert – und vielleicht hätte ich mit ihm gefühlt, wenn ich mich von meiner Vorstellung hätte trennen können, der unvermutete Teilhaber meiner Kammer sei mein zweites Ich. Da war er, auf der anderen Seite des Schotts, nicht mehr als vier oder fünf Fuß von uns entfernt, die wir in der Kajüte saßen. Höflich sah ich Kapitän Archbold (wenn das sein Name war) an, aber es war der andere, den ich sah – in einem grauen Schlafanzug auf einem niedrigen Stuhl sitzend, die bloßen Füße eng beisammen, die Arme verschränkt. Und jedes Wort, das zwischen uns gesagt wurde, drang in die Ohren seines dunklen, auf die Brust gesenkten Kopfes.

»Von Jugend auf fahre ich jetzt siebenunddreißig Jahre zur See, und nie habe ich von so etwas auf einem englischen Schiff gehört. Und dass es mein Schiff sein muss. Dabei die Frau an Bord.«

Ich hörte ihm kaum zu.

»Meinen Sie nicht«, sagte ich, »dass die Sturzsee, die – wie Sie mir erzählt haben – gerade über das Schiff hereinbrach, den Mann erschlagen haben könnte? Ich habe erlebt, wie das bloße Gewicht einer See einen Mann glatt getötet hat – ihm wurde einfach das Genick gebrochen.«

»Guter Gott!«, stieß er betroffen hervor und heftete seine blauen verwaschenen Augen auf mich. »Die See! Kein Mann, der von der See erschlagen wurde, hat je so ausgesehen!« Er nahm geradezu Anstoß an meiner Vermutung. Und als ich ihn ansah, keinesfalls auf etwas Besonderes von seiner Seite gefasst, schob er seinen Kopf dicht an meinen heran und streckte mir so plötzlich die Zunge heraus, dass ich unwillkürlich zurückfuhr.

Nachdem er meine Ruhe auf diese bildhafte Art übertrumpft hatte, nickte er weise. Wenn ich den Vorfall mit angesehen hätte, würde ich ihn mein Lebtag nicht vergessen, versicherte er mir. Das Wetter sei zu schlecht gewesen, um den Leichnam auf rechte Seemannsart zu bestatten. Also brachten sie ihn am nächsten Tag in der Morgendämmerung auf das Achterdeck und bedeckten sein Gesicht mit einem Stück Fahnentuch. Er habe ein kurzes Gebet gesprochen, und dann schleuderten sie ihn – so wie er war, in seinem Ölzeug und den hohen Stiefeln – mitten zwischen diese berghohen Wellen, die jeden Augenblick das Schiff und die verschreckten Lebewesen an Bord zu verschlingen drohten.

»Die gereffte Fock hat Sie gerettet«, warf ich ein.

»Bei Gott, das hat sie«, rief er inbrünstig aus. »Ich glaube fest, dass sie nur durch besondere Gnade einigen dieser Sturmböen standgehalten hat.«

»Dass dieses Segel gesetzt wurde, hat ...«, begann ich.
»Da war Gottes Hand im Spiel«, unterbrach er mich, »nichts Geringeres. Es macht mir nichts aus, Ihnen zu sagen, dass ich kaum den Befehl zu geben wagte. Es schien unmöglich, irgendetwas anzurühren, ohne dass es weggeblasen worden wäre. Und dann wäre unsere letzte Hoffnung dahingewesen.«
Der Schrecken dieses Sturms lastete noch auf ihm. Ich ließ ihm ein Weilchen Ruhe, dann sagte ich beiläufig, wie zu einem unbedeutenden Gegenstand zurückkehrend: »Sie waren sehr darauf bedacht, glaube ich, Ihren Steuermann den Leuten an Land auszuliefern?«
Richtig. Dem Gesetz entsprechend. Seine finstere Hartnäckigkeit in dieser Hinsicht hatte etwas Unbegreifliches und Abscheuliches an sich, sozusagen etwas Rätselhaftes – ganz abgesehen von seiner Besorgnis, er könnte der ›Unterstützung irgendwelcher Dinge dieser Art‹ verdächtigt werden. Siebenunddreißig tugendhafte Jahre auf See, davon über zwanzig als makelloser Kapitän und die letzten fünfzehn auf der *Sephora* schienen ihm eine unbarmherzige Verpflichtung auferlegt zu haben.
»Und wissen Sie«, fuhr er fort, beschämt in seinen Empfindungen herumtappend, »ich habe diesen jungen Burschen nicht angeheuert. Seine Familie hatte einen gewissen Einfluss bei meinen Reedern. Ich war gleichsam gezwungen, ihn aufzunehmen. Er sah sehr tüchtig aus, sehr gebildet und so weiter. Aber wissen Sie, irgendwie habe ich ihn nie gemocht. Ich bin ein einfacher Mensch. Er war nicht ganz der Richtige, um Erster Steuermann auf einem Schiff wie der *Sephora* zu sein.«
Ich stimmte mit den Gedanken und Gefühlen des geheimen Teilhabers meiner Kabine so sehr überein, dass ich empfand, als wäre mir zu verstehen gegeben worden, auch ich sei nicht der, den man zum Ersten Steuermann eines Schiffes wie der *Sephora* mache. Ich zweifelte nicht daran.

»Überhaupt nicht der richtige Mann, verstehen Sie«, beharrte er überflüssigerweise und sah mich scharf an.

Ich lächelte höflich. Für ein Weilchen schien er in Verlegenheit zu sein.

»Vermutlich muss ich einen Selbstmord melden.«

»Wie bitte?«

»Selbst-mord! Das ist es, was ich meinen Reedern schreiben muss, gleich wenn ich einlaufe.«

»Wenn Sie es nicht schaffen, ihn bis morgen zu finden«, stimmte ich gelassen zu, »... ich meine, lebend.«

Er murmelte etwas, was ich wirklich nicht verstand, und ich wandte ihm fragend mein Ohr zu. Er brüllte geradezu: »Das Land - ich sage, das Festland ist schließlich sieben Meilen von meinem Ankerplatz entfernt.«

»Ungefähr so.«

Dass ich es an Erregung, an Neugier, an Überraschung, an jeder Art von ausgesprochenem Interesse fehlen ließ, erweckte allmählich sein Misstrauen. Aber den glücklichen Einfall der Schwerhörigkeit ausgenommen, hatte ich nicht versucht, irgendetwas zu heucheln. Ich hatte mich zutiefst unfähig gefühlt, die Rolle des Unwissenden geschickt zu spielen, und hatte deshalb Angst davor, es zu versuchen. Sicher ist auch, dass er mit einem vorgefassten Verdacht gekommen war und ihm meine Höflichkeit seltsam und unnatürlich erschien. Und doch, wie hätte ich ihn anders empfangen können? Herzlich? Nein! Das war aus psychologischen Gründen, die ich hier nicht darlegen muss, unmöglich. Mein einziges Anliegen war, seine Nachforschungen abzuwehren. Bärbeißig? Ja, aber Bärbeißigkeit hätte eine unumwundene Frage provozieren können. Die beste Möglichkeit, den Mann in Schranken zu halten, war - wegen ihres Wesens und weil sie für ihn ungewohnt war - förmliche Höflichkeit. Aber die Gefahr bestand, dass er meine Verteidigung auf plumpe Weise durchbrach. Ich denke, ich konnte ihm nicht mit einer direkten Lüge begegnen – auch aus psychologischen (keineswegs moralischen) Gründen nicht. Wenn er nur gewusst hätte, wie ich mich davor fürchtete, dass er mein Gefühl der Identität mit dem anderen auf die Probe stellte! Aber seltsam genug (ich habe erst hinterher darüber nachgedacht) – er wurde, glaube ich, nicht ein bisschen durch die Kehrseite dieser unheimlichen Situation irritiert, durch etwas in mir, das ihn an den Mann erinnert hätte, den er suchte – das eine geheimnisvolle Ähnlichkeit mit dem jungen Burschen verriet, dem er von Anfang an nicht getraut hatte und den er nicht leiden konnte.

Wie auch immer, das Schweigen dauerte nicht sehr lange. Er unternahm einen anderen verdeckten Versuch.

»Ich schätze, ich hatte nicht mehr als zwei Meilen bis zu Ihrem Schiff zu rudern. Mehr sicher nicht.«

»Und das ist auch genug bei dieser schrecklichen Hitze«, sagte ich.

Wieder folgte eine Pause voller Misstrauen. Es heißt, Not macht erfinderisch – Angst ist aber auch nicht arm an guten Einfällen. Und ich hatte Angst, er würde mich geradeheraus nach Neuigkeiten von meinem anderen Ich fragen.

»Hübsche kleine Kajüte, nicht?«, warf ich hin, als bemerkte ich zum ersten Mal seine Blicke, die von einer geschlossenen Tür zur anderen schweiften. »Und auch sehr gut eingerichtet. Hier zum Beispiel«, fuhr ich fort, nachlässig über die Lehne meines Sessels langend und die Tür aufstoßend, »hier ist mein Bad.«

Er machte eine heftige Bewegung, sah aber kaum hin. Ich erhob mich, schloss die Tür des Baderaums und forderte ihn auf, sich umzusehen – als wäre ich sehr stolz auf meine Räumlichkeiten. Er musste aufstehen und sich herumführen lassen, brachte dies aber ohne jegliche Begeisterung hinter sich.

»Und jetzt werden wir einen Blick in meine Kapitänskammer werfen«, erklärte ich, so laut ich zu reden wagte, und ging mit absichtlich schweren Schritten durch die Kajüte zur Steuerbordseite hinüber.
Er folgte mir hinein und sah sich aufmerksam um. Mein verständiger Doppelgänger war verschwunden. Ich spielte meine Rolle: »Sehr bequem, nicht?«
»Sehr nett. Sehr komf ...« Er vollendete nicht und ging brüsk hinaus, als wolle er gewissen unsauberen Kniffen meinerseits ausweichen. Aber das war nicht nach meinem Sinn. Zu sehr war ich erschreckt worden, um nicht rachedurstig zu sein. Ich spürte, ich hatte ihn auf dem Rückzug – und ich wollte ihn auf dem Rückzug halten. Meine höfliche Beharrlichkeit musste etwas Bedrohliches an sich haben, weil er plötzlich nachgab. Und ich erließ ihm keinen einzigen Raum: Steuermannskammer, Anrichte, Vorratsräume, sogar die Segelkammer, die auch unter dem Achterdeck lag – überall musste er hineinschauen. Als ich ihn schließlich auf das Achterdeck hinausgeleitete, stieß er einen langen, entmutigten Seufzer aus und murmelte trübsinnig, dass er jetzt wirklich zu seinem Schiff zurückmüsse. Ich bat meinen Steuermann, der uns begleitet hatte, sich um das Boot des Kapitäns zu kümmern.
Der Backenbartmensch ließ seine Pfeife schrillen, die er immer um den Hals trug, und schrie: »Zur *Sephora* zurück!« Mein Doppelgänger dort unten in der Kammer musste es gehört haben und konnte sich gewiss nicht mehr erleichtert fühlen als ich. Vier Burschen kamen von irgendwo vorn gelaufen und kletterten über Bord, während sich meine eigenen Männer, die auch auf Deck erschienen, an der Reling entlang aufstellten. In aller Form geleitete ich meinen Besucher zur Steigleiter und übertrieb dabei fast. Er war ein hartnäckiges Biest. Sogar auf der Leiter verharrte er noch und sagte in dieser ein-

maligen, sträflich gewissenhaften Art, an etwas festzuhalten: »Hören Sie ... Sie ... Sie glauben nicht, dass ...«
Laut übertönte ich seine Stimme: »Bestimmt nicht ... Es war mir ein Vergnügen. Auf Wiedersehen.«
Ich wusste, was er sagen wollte, und rettete mich nur indem ich das Vorrecht der Schwerhörigkeit in Anspruch nahm. Er war zu sehr erschüttert, um überhaupt weiterzusprechen, aber mein Steuermann, ein aufmerksamer Zeuge dieses Abschieds, sah verblüfft drein, und sein Gesicht nahm einen nachdenklichen Ausdruck an. Da es nicht den Anschein haben sollte, als wünschte ich jeden Umgang mit meinen Offizieren zu vermeiden, gab ich ihm Gelegenheit, mich anzusprechen.
»Scheint ein sehr netter Mann. Seine Bootsmannschaft hat unseren Jungs eine ganz außergewöhnliche Geschichte erzählt, wenn das wahr ist, was mir der Steward gesagt hat. Ich nehme an, Sie haben es vom Kapitän gehört, Sir?«
»Ja, der Kapitän hat mir eine Geschichte erzählt.«
»Eine wirklich scheußliche Sache, nicht wahr, Sir?«
»Ist es.«
»Übertrifft alle Mordgeschichten, die man vor Yankeeschiffen hört.«
»Ich glaube nicht, dass sie sie übertrifft. Ich denke, dass sie ihnen nicht im Geringsten ähnelt.«
»Du meine Güte – was Sie nicht sagen! Aber ich habe natürlich nicht die geringste Ahnung von amerikanischen Schiffen – ich nicht, also kann ich nichts dazu sagen. Ich find's abscheulich genug ... Aber das Verrückteste ist, dass diese Burschen zu glauben schienen, der Mann wäre hier an Bord versteckt. Glaubten sie wirklich. Haben Sie so was schon mal gehört?«
»Albern, nicht?«
Wir gingen quer über das Achterdeck hin und her. Von der Mannschaft war niemand zu sehen, da Sonntag war, und der Steuermann fuhr fort: »Es gab eine kleine Aus-

einandersetzung deswegen. Unsere Jungs waren beleidigt. ›Als ob wir so einem Subjekt Unterschlupf geben würden‹, sagten sie. ›Wollt ihr nicht in unserm Kohlenbunker nach ihm suchen?‹ Ein richtiger Streit. Aber schließlich haben sie sich wieder versöhnt. Ich glaube, er hat sich selbst ersäuft – Sie nicht, Sir?«
»Ich glaube gar nichts.«
»Haben Sie gar keine Zweifel, Sir?« »Keine.«
Plötzlich verließ ich ihn. Ich spürte, dass ich einen schlechten Eindruck machte, aber mit meinem Doppelgänger dort unten war es äußerst anstrengend an Deck. Und es war fast ebenso anstrengend, unten zu sein. Alles in allem, eine nervenaufreibende Situation. Aber letztlich fühlte ich mich weniger in zwei Personen gespalten, wenn ich mit ihm zusammen war. Es gab nicht einen auf dem ganzen Schiff, den ich ins Vertrauen zu ziehen wagte. Da die Männer seine Geschichte erfahren hatten, wäre es unmöglich gewesen, ihn für jemand anderen auszugeben, und eine zufällige Entdeckung war jetzt mehr zu fürchten als je zuvor....
Der Steward war damit beschäftigt, den Mittagstisch zu decken, wir konnten uns also nur mit den Augen verständigen, als ich hinunterkam. Später, am Nachmittag, wagten wir es, vorsichtig miteinander zu flüstern. Die sonntägliche Ruhe auf dem Schiff war gegen uns; die Stille von Luft und Wasser ringsum war gegen uns; die Elemente, die Männer waren gegen uns – alles war gegen uns bei unserer geheimen Partnerschaft, selbst die Zeit – denn das konnte nicht immer so weitergehen. Auch Vertrauen auf die Vorsehung war seiner Schuld versagt, nehme ich an. Soll ich bekennen, dass mich dieser Gedanke sehr niedergeschlagen machte? Und was das Kapitel der Zufälle betraf, das im Buch des Erfolgs so viel zählt, so konnte ich nur hoffen, dass es abgeschlossen war. Denn welch günstiger Zufall war zu erwarten?

»Haben Sie alles gehört?«, waren meine ersten Worte, sobald wir unsere Stellung – Seite an Seite über meine Koje gebeugt – eingenommen hatten.
Er hatte gehört. Und sein ernstes Flüstern bewies es: »Der Mann hat Ihnen erzählt, dass er kaum gewagt habe, den Befehl zu geben.«
Ich verstand die Anspielung auf die zu bergende Fock.
»Ja, er befürchtete, sie beim Setzen zu verlieren.«
»Ich versichere Ihnen, niemals hat er den Befehl gegeben. Er mag denken, dass er es tat, aber er hat ihn nicht gegeben. Er stand mit mir am Sprung des Achterdecks, nachdem das Großmarssegel weggeblasen worden war, und winselte über unsere letzte Hoffnung – wirklich, er winselte darüber, nichts sonst. Und die Nacht war nahe! Bei solchem Wetter seinen Kapitän in dieser Verfassung zu erleben, das reicht hin, um jeden Mann verrückt zu machen. Mich trieb es gewissermaßen zur Verzweiflung. Also nahm ich die Sache eben selbst in die Hand, ich ging weg von ihm, kochend, und … Aber wozu erzähle ich Ihnen das? Sie wissen Bescheid! … Glauben Sie, dass ich die Männer dazu gebracht hätte, irgendetwas zu tun, wenn ich nicht richtig wütend geworden wäre? Ich nicht! Der Bootsmann vielleicht? Möglicherweise! Es war keine schwere See – es war eine toll gewordene See! Ich schätze, so ähnlich wird das Ende der Welt sein; und ein Mann mag wohl den Mut haben, es irgendwann einmal kommen zu sehen und damit fertig zu werden. Aber ihm Tag für Tag die Stirn bieten zu müssen … Ich mache niemandem einen Vorwurf. Ich war nur wenig besser als die anderen. Aber – ich war immerhin Offizier auf diesem alten Kohlenpott …«
»Ich verstehe vollkommen«, versicherte ich aufrichtig in sein Ohr. Er war vom Flüstern außer Atem, ich hörte ihn schwach keuchen. Alles war ganz einfach. Dieselbe angespannte Kraft, die vierundzwanzig Männern wenigs-

tens eine Chance zum Überleben gab, hatte in einer Art Rückstoß eine unwürdige, meuternde Existenz vernichtet.
Aber ich hatte keine Muße, die Vor- und Nachteile der Sache abzuwägen – Schritte in der Kajüte, ein hartes Klopfen. »Wir haben genug Wind, um auszulaufen, Sir.« Hier meldete sich ein neuer Anspruch auf meine Gedanken und sogar auf meine Gefühle.
»Alle Mann an Deck!«, rief ich durch die geschlossene Tür. »Ich komme gleich hinauf.«
Ich ging hinaus, um mit meinem Schiff vertraut zu werden. Bevor ich die Kammer verließ, trafen sich unsere Augen – die Augen der beiden einzigen Fremden an Bord. Ich deutete auf den abgelegenen Teil, wo ihn der kleine Feldstuhl erwartete, und legte den Finger auf die Lippen. Er machte eine Geste – etwas vage, ein bisschen geheimnisvoll und von einem leichten, wie bedauernden Lächeln begleitet.
Hier ist nicht der Ort, um sich über die Empfindungen eines Mannes zu verbreiten, der zum ersten Mal auf seine eigene Machtvollkommenheit hin ein Schiff unter seinen Füßen sich bewegen fühlt. In meinem Fall waren diese Empfindungen nicht ohne Beigeschmack. Ich war nicht gänzlich allein mit meinem Kommando, denn da war dieser Fremde in meiner Kammer. Oder besser gesagt: Ich war nicht mit allen Fasern bei dem Schiff. Ein Teil von mir war abwesend. Dieses innere Gefühl, an zwei Stellen zugleich zu sein, wirkte physisch auf mich, als hätte das Geheimnis mein ganzes Wesen durchdrungen. Binnen einer Stunde nach Abfahrt des Schiffs, als ich meinen Steuermann bat, eine Kompasspeilung zur Pagode vorzunehmen, ertappte ich mich dabei, dass ich ihm ins Ohr flüstern wollte. Ich sage, ich ertappte mich, aber mir war schon genug entschlüpft, um den Mann zu erschrecken. Ich kann es nicht anders beschreiben als

mit den Worten: Er scheute zurück. Ein ernstes, nachdenkliches Benehmen – als sei er im Besitz einer verblüffenden Erkenntnis – war ihm von nun an zu Eigen. Um einen Blick auf den Kompass zu werfen, entfernte ich mich wenig später so verstohlen von der Reling, dass es dem Rudergänger auffiel, und ich konnte nicht umhin, seine ungewöhnlich großen Augen zu bemerken. Obwohl es für keinen Vorgesetzten vorteilhaft ist, lächerlicher Überspanntheiten verdächtigt zu werden, sind das nur unbedeutende Zwischenfälle. Aber ich war auch ernstlicher betroffen. Es gibt für einen Seemann gewisse Worte und Gesten, die unter gegebenen Umständen wie von selbst kommen sollten – so instinktiv wie das Zwinkern eines bedrohten Auges. Ein bestimmter Befehl sollte ihm ohne Nachdenken über die Lippen gehen, ein bestimmtes Zeichen sollte sich sozusagen von selbst machen – ohne Überlegung. Aber mich hatte alle unbewusste Wachsamkeit verlassen. Ich musste meine Willenskraft zusammennehmen, um mich aus der Kammer zu den Gegebenheiten des Augenblicks zurückzurufen. Ich spürte, dass ich diesen Leuten, die mich mehr oder weniger kritisch beobachteten, als ein unentschlossener Kapitän erschien.

Davon abgesehen, gab es erschreckende Komplikationen. Am zweiten Tag auf See zum Beispiel, als ich am Nachmittag von Deck kam (ich trug Strohpantoffeln an den bloßen Füßen), blieb ich an der offenen Tür der Anrichte stehen und sprach den Steward an. Er machte dort irgendetwas – mit dem Rücken zu mir. Beim Klang meiner Stimme sprang er fast aus der Haut, wie man so sagt, und zerschlug dabei eine Tasse.

»Was in aller Welt ist mit Ihnen los?«, fragte ich erstaunt.

Er war zutiefst verwirrt. »Entschuldigung, Sir. Ich war sicher, Sie wären in Ihrer Kammer.«

»Sie sehen, ich bin es nicht.«

»Nein, Sir. Ich hätte schwören können, dass ich Sie vor einem Augenblick da drin gehört habe. Das ist höchst merkwürdig ... Verzeihung, Sir.«
Mit einem innerlichen Erschauern ging ich weiter. Ich hatte mich so mit meinem geheimen Doppelgänger identifiziert, dass ich die Sache nicht einmal in diesem dürftigen, ängstlichen Flüstern erwähnte, das wir austauschten. Ich nehme an, er hatte ein leichtes Geräusch verursacht. Es wäre übernatürlich gewesen, wenn er es hin und wieder nicht getan hätte. Und doch, hager wie er war, sah er immer völlig selbstbeherrscht aus, mehr als ruhig – fast schon unangreifbar. Auf meinen Vorschlag hin blieb er fast ausschließlich im Baderaum, der alles in allem der sicherste Platz war. Es konnte wirklich nicht den Schatten eines Vorwands für jemanden geben, dort hineinzuwollen, wenn der Steward aufgeräumt hatte. Es war ein winziger Raum. Manchmal legte er sich auf den Boden, die Beine angezogen, den Kopf auf einen Ellbogen gestützt. Ein paar Mal fand ich ihn in seinem grauen Schlafanzug und mit dem gestutzten dunklen Haar, wie ein geduldiger und unbeweglicher Zuchthäusler auf dem Feldstuhl sitzend. Nachts pflegte ich ihn in mein Bett zu schmuggeln, und wir flüsterten miteinander – während der Wachoffizier mit regelmäßigen Schritten über unseren Köpfen hin- und herging. Es war eine unendlich erbärmliche Zeit. Ein Glück, dass in einem Spind meiner Kammer einige gute Konserven verstaut waren – Schiffszwieback konnte ich immer bekommen. Und so lebte er von geschmortem Huhn, Pâté de foie gras, Spargel, gekochten Austern, Sardinen und allen Sorten abscheulicher angeblicher Delikatessen aus Büchsen. Meinen Morgenkaffee trank immer er, und das war alles, was ich in dieser Hinsicht für ihn zu tun wagte.
Jeden Morgen mussten wir entsetzlich hin und her manövrieren, damit meine Kammer und dann das Bad

in der üblichen Weise in Ordnung gebracht werden konnten. Es kam so weit, dass ich den Anblick des Stewards hasste, die Stimme dieses harmlosen Mannes verabscheute. Ich fühlte, dass er es war, der die Katastrophe der Entdeckung herbeiführen würde. Sie hing über unseren Köpfen wie ein Schwert.

Am vierten Tag auf See, glaube ich (wir kreuzten damals bei leichtem Wind und glattem Wasser Schlag um Schlag die Ostküste des Golfs von Siam hinunter) – am vierten Tag dieses elenden Jonglierens mit dem Unvermeidlichen, als wir beim Abendbrot saßen, lief dieser Mann, dessen geringste Bewegung ich fürchtete, geschäftig an Deck, nachdem er die Schüsseln abgestellt hatte. Das konnte nicht gefährlich sein. Sogleich kam er wieder herunter, und da zeigte sich, dass er sich an meinen Rock erinnert hatte, den ich zum Trocknen über ein Geländer geworfen hatte, nachdem er am Nachmittag in einem Regenschauer durchnässt worden war. Gleichmütig an der Stirnseite des Tisches sitzend, wurde ich durch den Anblick des Kleidungsstücks über seinem Arm erschreckt. Natürlich ging er auf meine Tür zu. Da war keine Zeit zu verlieren.

»Steward!«, donnerte ich. Meine Nerven waren so angegriffen, dass ich meine Stimme nicht beherrschen, meine Erregung nicht verbergen konnte. Das war die Art, die meinen fürchterlich backenbärtigen Steuermann veranlasste, sich mit dem Zeigefinger an die Stirn zu tippen. Ich hatte beobachtet, wie er diese Geste benutzte, als er an Deck vertraulich mit dem Zimmermann sprach. Es war zu weit, um ein Wort zu hören, aber ich hatte keinen Zweifel daran, dass sich diese Pantomime nur auf den ›seltsamen neuen Kapitän‹ beziehen konnte.

»Ja, Sir.« Ergeben wandte sich der blass gewordene Steward zu mir um. Seine immer jämmerlichere Miene erklärte sich aus dieser verwirrenden Art, angeschrien, ohne Sinn und Verstand aufgehalten, willkürlich aus meiner Kammer gejagt, plötzlich hereingerufen oder mit unbegreiflichen Aufträgen schnell aus seiner Anrichte geschickt zu werden.

»Wohin gehen Sie mit diesem Rock?«

»In Ihre Kammer, Sir.«

»Ist ein neuer Regenschauer zu erwarten?«

»Ich weiß wirklich nicht, Sir. Soll ich wieder hinaufgehen und nachsehen, Sir?«

»Nein, schon gut.«

Mein Zweck war erreicht, da mein anderes Ich dort drinnen natürlich alles gehört haben würde. Während dieses Zwischenfalls hoben meine beiden Offiziere die Augen nicht von ihren Tellern, aber die Lippen dieses verdammten Anfängers, des Zweiten Steuermanns, bebten sichtlich.

Ich hoffte, der Steward würde meinen Rock aufhängen und gleich wieder herauskommen. Es dauerte recht lange, aber ich beherrschte meine Nervosität so weit, um nicht nach ihm zu rufen. Auf einmal merkte ich (es war deutlich zu hören), dass der Bursche aus irgendeinem Grund die Tür zum Baderaum öffnete. Das war das Ende. Der Raum war buchstäblich zu klein, als dass sich eine Katze drin hätte umdrehen können. Die Stimme erstarb mir im Hals, und ich versteinerte. Ich erwartete, einen Schrei der Überraschung und des Schreckens zu hören, und machte eine Bewegung, aber ich hatte nicht die Kraft, auf die Beine zu kommen. Alles blieb still. Hatte mein zweites Ich den armen Teufel bei der Kehle gepackt? Ich weiß nicht, was ich im nächsten Augenblick getan hätte, wenn ich nicht den Steward hätte aus meiner Kammer kommen, die Tür schließen und dann ruhig am Büfett stehen sehen.

›Gerettet‹, dachte ich. ›Aber nein! Verloren! Fort! Er war fort!‹

Ich legte Messer und Gabel hin und lehnte mich in meinen Sessel zurück. Mir schwindelte. Nach einer Weile, als ich mich genügend erholt hatte, um mit ruhiger Stimme sprechen zu können, wies ich meinen Steuermann an, das Schiff um acht Uhr ohne mich zu wenden.
»Ich werde nicht an Deck kommen«, fuhr ich fort. »Ich denke, ich werde mich hinlegen, und wenn sich der Wind nicht dreht, möchte ich vor Mitternacht nicht gestört werden. Ich fühle mich ein bisschen elend.«
»Sie sehen schon seit einem Weilchen ziemlich schlecht aus«, bemerkte der Erste Steuermann, ohne große Besorgnis zu zeigen.
Die beiden gingen hinaus, und ich starrte den Steward an, der den Tisch abräumte. Auf dem Gesicht dieses unglückseligen Mannes war nichts zu lesen. Aber warum wich er meinem Blick aus, fragte ich mich. Dann überlegte ich, dass ich gern den Klang seiner Stimme hören würde.
»Steward!«
»Sir!« Erschrocken wie üblich.
»Wo haben Sie den Rock aufgehängt?«
»Im Baderaum, Sir.« Der übliche ängstliche Ton. »Er ist noch nicht ganz trocken, Sir.«
Ich blieb noch eine Zeit lang in der Kajüte sitzen. War mein Doppelgänger verschwunden, wie er gekommen war? Aber für seine Ankunft gab es eine Erklärung, sein Verschwinden hingegen würde unerklärlich sein ... Langsam ging ich in meine dunkle Kammer, schloss die Tür, brannte die Lampe an und wagte eine Weile nicht, mich umzudrehen. Als ich es endlich tat, sah ich ihn kerzengerade in dem engen abgelegenen Teil stehen. Es wäre nicht wahr, wollte ich sagen, dass ich einen Schock erlitt, aber in meinem Kopf stieg ein unwiderstehlicher Zweifel an seiner körperlichen Existenz auf. Kann es sein, fragte ich mich, dass er für andere als meine Augen unsichtbar ist? Es war wie ein Spuk. Regungslos, mit erns-

tem Gesicht, hob er leicht die Hände gegen mich – mit einer Geste, die deutlich sagte: ›Himmel! Noch einmal knapp davongekommen!‹ Knapp, tatsächlich. Ich glaube, allmählich war ich dem Wahnsinn so nahe wie jeder, der die äußerste Grenze noch nicht wirklich überschritten hat. Diese Geste hielt mich sozusagen zurück.

Der Steuermann mit dem fürchterlichen Bart wendete jetzt das Schiff. In dem Augenblick tiefer Stille, die folgte, als die Männer auf ihre Posten gegangen waren, hörte ich seine erhobene Stimme auf dem Achterdeck: »Hart über das Ruder!«, und den entfernten Ruf auf dem Hauptdeck, der den Befehl wiederholte. In dieser leichten Brise verursachten die Segel nur ein schwaches, flatterndes Geräusch. Es hörte auf. Langsam kam das Schiff herum. In der neuerlichen Stille der Erwartung hielt ich den Atem an. Man hätte nicht geglaubt, dass es eine einzige lebende Seele auf den Decks gab. Ein plötzlicher lebhafter Ruf »Großsegel anholen!« zerstörte den Zauber, und in dem lärmenden Rufen und Herumhetzen der Männer oben, die mit der Großbrasse ausliefen, kamen wir zwei, unten in meiner Kammer, in unserer üblichen Haltung bei der Koje zusammen.

Er wartete nicht auf meine Frage. »Ich hörte ihn hier herumtappen und schaffte es gerade noch, mich im Bad niederzukauern«, flüsterte er mir zu. »Der Bursche öffnete nur die Tür und streckte seinen Arm herein, um den Rock aufzuhängen. Einerlei …«

»So etwas hatte ich nicht erwartet«, flüsterte ich zurück, über die knappe Rettung sogar noch mehr erschrocken als vorher, und wunderte mich über die unbeugsame Art seines Wesens, die ihm so gut durchhalf. Keinerlei Aufregung äußerte sich in seinem Geflüster. Wer auch immer verrückt wurde – er war es nicht. Er war vernünftig. Und als er das Geflüster wieder aufnahm, stellte er seine Vernunft erneut unter Beweis.

»Es wird mir unmöglich sein, je ins Leben zurückzukehren.«
Das hätte ein Geist gesagt haben können. Aber worauf er anspielte, war das widerwillige Zugeständnis seines alten Kapitäns zur Selbstmordtheorie. Es würde offensichtlich seinen Zwecken dienlich sein – wenn ich überhaupt die Absicht verstanden hatte, die das unabänderliche Ziel seines Handelns zu bestimmen schien.
»Sie müssen mich aussetzen, sobald Sie nur zwischen diese Inseln vor der kambodschanischen Küste kommen«, fuhr er fort.
»Sie aussetzen! Das hier ist keine Abenteuererzählung für Jungen«, protestierte ich. Sein verächtliches Flüstern klang wie ein Tadel für mich.
»Allerdings nicht! Aber es geht auch nicht um ein Jungenabenteuer. Es gibt keine andere Wahl. Mehr verlange ich nicht. Glauben Sie nicht, dass ich vor dem, was mir passieren kann, Angst hätte. Gefängnis oder Galgen oder was immer ihnen beliebt. Aber Sie werden nicht erleben, dass ich zurückgehe, um einem alten Kerl mit Perücke und zwölf ehrbaren Geschäftsleuten so etwas zu erklären – oder? Was wissen die, ob ich schuldig bin oder nicht – oder wessen ich schuldig bin oder nicht? Das ist meine Angelegenheit. Wie heißt es in der Bibel? ›... ich muss mich vor deinem Angesicht verbergen und muss unstet und flüchtig sein auf Erden‹. Gut, verborgen bin ich jetzt. Wie ich gekommen bin, bei Nacht, so werde ich gehen.«
»Unmöglich«, murmelte ich. »Sie können nicht.«
»Ich kann nicht? ... Nicht nackt wie eine Seele am Tag des Jüngsten Gerichts. Ich werde diesen Schlafanzug behalten. Es ist noch nicht der Jüngste Tag – und ... Sie haben genau verstanden, oder?«
Plötzlich schämte ich mich. Ich kann wahrhaftig sagen, dass ich verstanden hatte, und mein Zögern, diesen

Mann von meinem Schiff wegschwimmen zu lassen, war bloß geheuchelt, war eine Art Feigheit gewesen.

»Vor der kommenden Nacht kann es nicht geschehen«, raunte ich. »Das Schiff hält jetzt von der Küste weg, und der Wind kann uns im Stich lassen.«

»Solange ich weiß, dass Sie mich verstehen«, flüsterte er. »Aber natürlich verstehen Sie mich. Es ist eine große Genugtuung, jemanden zu haben, der einen versteht, Sie scheinen zu diesem Zweck da gewesen zu sein.« Und in demselben Flüsterton, als hätten wir beide, wann immer wir miteinander sprachen, uns Dinge zu sagen, die die Welt nicht hören soll, fügte er hinzu: »Das ist wunderschön.«

Wir blieben Seite an Seite stehen und redeten in unserer heimlichen Art – manchmal schwiegen wir auch oder wechselten nach langen Pausen ein oder zwei geflüsterte Worte. Und wie stets starrte er durch das Bullauge. Hin und wieder streifte ein Windhauch unsere Gesichter. Das Schiff hätte im Hafen vertäut sein können, so sacht und gleichmäßig glitt es durch das Wasser, das, dunkel und schweigend wie eine Gespenstersee, unsere Fahrt nicht einmal mit einem Murmeln begleitete.

Um Mitternacht ging ich an Deck und wendete das Schiff zum großen Erstaunen meines Steuermanns. Sein fürchterlicher Backenbart huschte in schweigender Missbilligung um mich herum. Natürlich hätte ich das nicht getan, wenn es nur darum gegangen wäre, so schnell wie möglich aus dem verschlafenen Golf herauszukommen. Ich glaube, er erzählte dem Zweiten Steuermann, der ihn ablöste, dass sich darin ein großer Mangel an Urteilsvermögen zeige. Der andere gähnte nur. Dieser unausstehliche Tollpatsch schlurfte so verschlafen herum und flegelte sich in so lässiger, ungehöriger Weise gegen die Reling, dass ich ihn heftig anfuhr: »Sind Sie noch nicht richtig wach?«

»Doch, Sir, ich bin wach.«
»Na, dann bewegen Sie sich freundlichst auch so. Und halten Sie Ausschau. Wenn es da irgendeine Strömung gibt, werden wir uns vor Tagesanbruch einigen Inseln nähern.«
Die Ostküste des Golfs ist von Inseln gesäumt – einige liegen einzeln, andere dicht beieinander. Vor dem blauen Hintergrund der hochaufragenden Küste scheinen sie auf ruhigen silbrigen Wasserflecken zu schwimmen – trocken und grau oder dunkelgrün und rundlich wie Haufen von immergrünen Büschen; die größeren, eine oder zwei Meilen lang, weisen die Umrisse von Hügeln auf, Rippen aus grauem Fels unter dem dunstigen Schleier des verflochtenen Blattwerks. Dem Handel, dem Verkehr, beinahe der Geografie unbekannt, ist das Leben, das sie beherbergen, ein ungelöstes Geheimnis. Auf den größeren muss es Dörfer geben – wenigstens Fischersiedlungen –, und wahrscheinlich wird durch Eingeborenenfahrzeuge eine gewisse Verbindung zur Welt aufrechterhalten. Aber diesen ganzen Vormittag über, als wir, von einer leichten Brise getrieben, auf sie zuhielten, sah ich im Ausschnitt des Fernglases, das ich auf die verstreute Gruppe gerichtet hatte, kein Anzeichen von Menschen oder Kanus.
Mittags gab ich keinen Befehl für eine Kursänderung, und der Backenbart des Steuermanns wurde sehr bekümmert und schien sich meiner Aufmerksamkeit übermäßig anzubieten. Schließlich sagte ich: »Ich gehe mitten hinein. Ganz hinein – so weit, wie ich das Schiff bringen kann.«
Der starre Blick höchster Überraschung verlieh selbst seinen Augen einen Ausdruck von Wildheit, und für einen Moment sah er wahrhaft fürchterlich aus.
»Wir tun nicht gut daran, uns in der Mitte des Golfs zu halten«, fuhr ich beiläufig fort. »Heute Nacht werde ich mich nach Landwinden umsehen.«

»Du meine Güte! Sie meinen, in der Dunkelheit zwischen diesem Haufen von Inseln, Riffen und Untiefen, Sir?«

»Nun, wenn es an dieser Küste überhaupt regelmäßige Landwinde gibt, muss man dicht unter Land gehen, um sie zu finden, nicht wahr?«

»Du meine Güte!«, jammerte er wieder leise. Den ganzen Nachmittag über trug er ein träumerisches, nachdenkliches Aussehen zur Schau, was bei ihm ein Zeichen von Verwirrung war. Nach dem Essen ging ich in meine Kammer, als wollte ich mir etwas Ruhe gönnen. Dort beugten wir beide unsere dunklen Köpfe über eine halb entrollte Karte, die auf meinem Bett lag.

»Da«, sagte ich. »Das muss Koh-ring sein. Ich habe es mir seit Sonnenaufgang angesehen. Es hat zwei Hügel und eine niedrige Landspitze. Es muss bewohnt sein. Und an der Küste auf der anderen Seite ist etwas, was wie die Mündung eines ziemlich großen Flusses aussieht – zweifellos gibt es nicht weit flussaufwärts einige Städte. Es ist die beste Möglichkeit für Sie, die ich finden kann.«

»Alles gleich. Von mir aus Koh-ring.«

Nachdenklich sah er auf die Karte, als schätze er von oben die Chancen und Entfernungen ab und folge mit den Augen seiner eigenen Gestalt, die durch das öde Land von Cochin-China wandert und dann von dem Stück Papier spurlos verschwindet – in Regionen, die keine Karte verzeichnet. Und es war, als hätte das Schiff zwei Kapitäne, die seinen Kurs bestimmten. An diesem Tag war ich so nervös und ruhelos hinauf- und heruntergelaufen, dass ich nicht die Geduld aufgebracht hatte, mich anzuziehen. Ich war in meinem Schlafanzug geblieben, mit Strohpantoffeln und einem weichen Schlapphut. Die Hitze im Golf war äußerst bedrückend gewesen, und die Mannschaft war daran gewöhnt, mich in diesem luftigen Aufzug herumlaufen zu sehen.

»Das Schiff wird die Südspitze, auf die es jetzt zuhält, passieren«, flüsterte ich ihm ins Ohr. »Wann, weiß zwar nur Gott allein, aber sicher nach Einbruch der Dunkelheit. Ich werde es bis auf eine halbe Meile heranbringen, soweit ich das in der Dunkelheit beurteilen kann ...«
»Seien Sie vorsichtig«, murmelte er warnend – und ich begriff plötzlich, dass irgendein Missgeschick während meines ersten Kommandos meine ganze Zukunft, die einzige Zukunft, für die ich geeignet war, vielleicht unwiderruflich zerstören würde.
Ich konnte keinen Augenblick länger in der Kammer bleiben. Ich bedeutete ihm, sich zu verkriechen, und ging aufs Achterdeck. Dieser humorlose Tollpatsch hatte Wache. Eine Weile ging ich auf und ab und dachte nach, dann winkte ich ihn herüber.
»Schicken Sie ein paar Mann, die beiden Achterdeckpforten zu öffnen«, sagte ich freundlich.
Er hatte tatsächlich die Unverschämtheit, oder aber er vergaß sich in seiner Verwunderung über solch unbegreiflichen Befehl derart, dass er wiederholte: »Die Achterdeckpforten öffnen! Wozu, Sir?«
»Der einzige Grund, der Sie zu kümmern hat, ist der, dass ich es Ihnen gesagt habe. Lassen Sie sie weit öffnen und ordentlich festmachen.«
Er wurde rot und ging weg, machte aber, glaube ich, dem Zimmermann gegenüber eine spöttische Bemerkung über die gescheite Methode, das Achterdeck eines Schiffes zu belüften. Ich weiß, dass er in die Kammer des Steuermanns huschte, um ihm die Sache mitzuteilen, weil der Backenbart wie von ungefähr an Deck kam und mir von unten her verstohlene Blicke zuwarf – vielleicht um Anzeichen von Wahnsinn oder Trunkenheit zu entdecken.
Kurz vor dem Abendessen – ich fühlte mich unruhiger als je zuvor – kehrte ich für einen Augenblick zu mei-

nem zweiten Ich zurück. Und es war überraschend, ihn so ruhig dasitzen zu sehen, es war wie gegen die Natur, es war unmenschlich.
Eilig flüsternd entwickelte ich meinen Plan.
»Ich werde so weit herangehen, wie ich es wagen kann, und dann das Schiff wenden. Jetzt gleich muss ich Wege finden, um Sie hier heraus- und in die Segelkammer zu schmuggeln, die mit dem Vorraum zusammenhängt. Aber es gibt eine Öffnung, ein Quadrat, um die Segel herauszuholen. Sie führt direkt auf das Achterdeck und ist bei schönem Wetter, um die Segel zu lüften, nie verschlossen. Wenn das Schiff beim Wenden durch den Wind Fahrt verliert und alle Mann achtern an den Großbrassen sind, werden Sie freie Bahn haben, um herauszuschlüpfen und durch die offene Achterdeckpforte über Bord zu gehen. Ich habe Befehl gegeben, beide festzumachen. Lassen Sie sich mit einem Tau ins Wasser, um das Aufklatschen zu vermeiden – Sie wissen. Es könnte gehört werden und eine scheußliche Komplikation zur Folge haben.«
Er blieb eine Weile still, dann flüsterte er: »Ich verstehe.«
»Ich werde nicht da sein, wenn Sie verschwinden«, begann ich mit Anstrengung. »Das Übrige ... ich hoffe nur, auch ich habe verstanden.«
»Sie haben. Von Anfang bis Ende« – und zum ersten Mal schien da ein Zaudern, etwas Gepresstes in seinem Flüstern zu sein. Er ergriff meinen Arm, aber das Läuten der Tischglocke ließ mich zusammenfahren. Ihn freilich nicht, er löste nur seinen Griff.
Nach dem Abendessen ging ich erst lange nach acht Uhr wieder nach unten. Die leichte, stete Brise war taufeucht, und die nassen dunklen Segel nahmen ihre ganze Schubkraft auf. Die Nacht, klar und sternenreich, funkelte dunkel; und die undurchsichtigen, lichtlosen Flecke, die sich langsam gegen die tief stehenden Sterne

verschoben, waren die näher kommenden Inseln. Backbord voraus, weiter entfernt und dunkler, beeindruckte eine große Insel durch den ansehnlichen Himmelsraum, den sie verdeckte.
Beim Öffnen der Tür erblickte ich die Rückansicht meines eigenen Ich, das auf die Karte blickte. Er hatte die Nische verlassen und stand am Tisch.
»Es ist dunkel genug«, flüsterte ich.
Er trat zurück und lehnte sich mit gelassenem, ruhigem Blick an meine Koje. Ich saß auf dem Sofa. Wir hatten einander nichts zu sagen. Über unseren Köpfen ging der Wachoffizier hin und her. Dann hörte ich seine schnellen Schritte. Ich wusste, was das bedeutete. Er ging auf die Niedergangsluke der Kajüte zu, und bald darauf war seine Stimme vor meiner Tür: »Wir kommen ganz schön schnell heran, Sir. Das Land scheint ziemlich nahe.«
»Gut«, antwortete ich. »Ich komme gleich an Deck.«
Ich wartete, bis er die Kajüte verlassen hatte, dann erhob ich mich. Mein Doppelgänger regte sich ebenfalls. Die Zeit für unser letztes Geflüster war gekommen – keiner von uns hatte je die natürliche Stimme des anderen gehört.
»Passen Sie auf!« Ich öffnete eine Schublade und nahm drei Sovereigns heraus. »Nehmen Sie die mit. Ich habe sechs und würde Ihnen alle geben, nur muss ich ein bisschen Geld behalten, um für die Mannschaft Obst und Gemüse von den Eingeborenenbooten zu kaufen, wenn wir durch die Sunda-Straße kommen.«
Er schüttelte den Kopf.
»Nehmen Sie es«, drängte ich ihn, verzweifelt flüsternd. »Niemand kann sagen, was ...«
Er lächelte und klopfte bedeutsam auf die einzige Tasche der Schlafanzugjacke. Das Geld war nicht sicher, natürlich. Aber ich suchte ein großes altes Seidentaschentuch von mir hervor, knotete die drei Goldstücke in einen Zip-

fel und drängte es ihm auf. Er war gerührt, glaube ich, denn er nahm es schließlich und band es sich schnell unter der Jacke um die bloße Taille.
Unsere Augen trafen sich; einige Sekunden verstrichen, bis ich – unsere Blicke waren noch immer verbunden – meine Hand ausstreckte und die Lampe löschte. Dann ging ich durch die Kajüte und ließ die Tür zu meiner Kammer weit offen … »Steward!«
In seinem großen Diensteifer hielt er sich noch immer in der Anrichte auf und putzte eine silberne Menage – die letzte Arbeit, ehe er zu Bett ging. Darauf bedacht, den Steuermann nicht zu wecken, dessen Kammer gegenüberlag, sprach ich gedämpft.
Ängstlich sah er sich um. »Sir!«
»Können Sie mir aus der Kombüse etwas heißes Wasser bringen?«
»Ich fürchte, Sir, das Feuer in der Kombüse ist schon seit einiger Zeit aus.«
»Gehen Sie und sehen Sie nach.«
Er stürzte die Treppe hinunter.
»Jetzt«, flüsterte ich vernehmlich in die Kajüte – zu vernehmlich vielleicht, denn ich fürchtete, ich könnte keinen Laut hervorbringen. Augenblicklich war er an meiner Seite – der doppelte Kapitän schlüpfte an der Treppe vorbei, durch einen winzigen dunklen Durchgang … eine Schiebetür. Wir waren in der Segelkammer und krochen auf Knien über die Segel. Plötzlich durchfuhr mich ein Gedanke. Ich sah mich selbst wandern – barfuß, barhäuptig, und die Sonne brannte auf meinen dunklen Kopf. Ich riss meinen Schlapphut herunter und versuchte hastig, ihn in der Finsternis meinem anderen Ich aufzustülpen. Er wich aus und wehrte schweigend ab. Ich möchte wissen, was er von meinem Tun dachte, bevor er verstand und plötzlich nachgab. Tastend trafen sich unsere Hände und blieben eine Sekunde lang in

ruhigem, festem Händedruck vereinigt ... Keiner von uns flüsterte ein Wort, als wir uns trennten.
Ich stand ruhig an der Tür der Anrichte, als der Steward zurückkam.
»Tut mir leid, Sir. Der Kessel ist bloß warm. Soll ich den Spirituskocher anzünden?«
»Schon gut.«
Langsam ging ich an Deck. Es war jetzt eine Frage des Gewissens, so knapp wie möglich an Land vorbeizugehen, denn nun musste er über Bord, wann immer das Schiff wendete. Er musste! Es konnte für ihn kein Zurück geben. Einen Augenblick später ging ich nach Lee hinüber, und das Herz klopfte mir im Hals, weil das Land vor dem Bug so nahe war. Unter anderen Umständen hätte ich keine Minute länger gewartet. Besorgt war mir der Zweite Steuermann gefolgt.
Ich sah geradeaus, bis ich spürte, dass ich meine Stimme beherrschen konnte.
»Es wird in Luv bleiben«, sagte ich dann mit ruhigem Ton.
»Wollen Sie das versuchen, Sir?«, stammelte er ungläubig.
Ich nahm keine Notiz von ihm und erhob meine Stimme gerade so weit, um vom Rudergänger gehört zu werden.
»Die Segel gut voll halten.«
»Gut voll halten, Sir.«
Der Wind strich mir über die Wange, die Segel schliefen, die Welt war stumm. Die nervliche Belastung, den dunklen Schatten des Landes größer und dichter werden zu sehen, war zu viel für mich. Ich hatte die Augen geschlossen, weil das Schiff noch näher heranmusste. Es musste! Die Stille war unerträglich. Standen wir still?
Der nächste Blick, als ich die Augen öffnete, ließ mein Herz stocken. Der schwarze südliche Berg von Koh-ring schien wie ein turmhohes Bruchstück der immer wäh-

renden Nacht direkt über dem Schiff zu hängen. Auf dieser riesigen schwarzen Masse war nicht ein Schimmer zu sehen, nicht ein Laut zu hören. Unaufhaltsam glitt sie auf uns zu und schien doch schon in Reichweite zu sein. Ich sah die undeutlichen Gestalten der Wache, in furchtsamem Schweigen starrend, in der Mitte des Hauptdecks zusammengedrängt.

»Gehen Sie noch näher, Sir?«, fragte eine unsichere Stimme neben mir.

Ich ignorierte sie. Ich musste näher gehen.

»Segel voll halten. Die Fahrt nicht abstoppen. Das würde jetzt nichts helfen«, sagte ich warnend.

»Ich kann die Segel nicht gut sehen«, antwortete der Rudergänger mit zitternder Stimme.

War das Schiff schon nahe genug? Schon war es, ich will nicht sagen, im Schatten des Landes, sondern ganz in seinem tiefsten Dunkel, gleichsam schon davon verschlungen, zu nahe, um noch zurückgeholt zu werden, ganz und gar von mir gegangen.

»Rufen Sie den Steuermann«, sagte ich zu dem jungen Mann, der still wie der Tod neben mir stand. »Und rufen Sie alle Mann an Deck.«

Mein Ton hatte eine unnötige Lautstärke, die von der Höhe des Landes zurückgeworfen wurde. Mehrere Stimmen schrien gleichzeitig: »Wir sind alle an Deck, Sir.«

Dann herrschte wieder Stille, der große Schatten glitt näher, türmte sich höher auf – ohne ein Licht, ohne einen Laut. Eine solche Stille hatte sich über das Schiff gelegt, dass es ein Totenschiff hätte sein können, das langsam durch das Tor der Unterwelt trieb.

»Mein Gott! Wo sind wir?«

Es war der Steuermann, der neben mir stöhnte. Er war wie vom Donner gerührt und gleichsam der moralischen Stütze seines Backenbarts beraubt. – Er schlug die Hände zusammen und rief nur: »Verloren!«

»Seien Sie ruhig«, sagte ich streng.
Er dämpfte die Stimme, aber ich sah die schattenhafte Geste der Verzweiflung. »Was machen wir hier?«
»Wir suchen den Landwind.«
Er tat, als raufe er sich das Haar, und sagte rücksichtslos: »Das Schiff wird niemals herauskommen. Sie sind schuld daran, Sir. Ich wusste, dass es ungefähr so enden würde. Niemals wird es in Luv vorbeikommen, und jetzt sind Sie zu nahe dran, um zu wenden. Es wird auflaufen, ehe es herum ist. O mein Gott!«
Ich fing seinen Arm ab, als er ihn hob, um sich auf seinen armen, zum Untergang verurteilten Kopf zu schlagen, und schüttelte ihn energisch.
»Es ist schon aufgelaufen«, jammerte er und versuchte sich loszureißen.
»Ist es das? ... Gut voll halten, da!«
»Gut voll, Sir«, rief der Rudergänger mit erschrockener, dünner, kindlicher Stimme.
Ich hatte den Arm des Steuermanns nicht losgelassen und schüttelte ihn noch immer. »Klar zum Wenden, hören Sie? Sie gehen nach vorn« - schütteln - »und bleiben dort« - schütteln - »und lassen Ihr Geschrei« - schütteln - »und sehen zu, dass die Vorschoten genau dichtgeholt werden« - schütteln, schütteln - schütteln.
Und die ganze Zeit über wagte ich nicht, zum Land hinzusehen - aus Furcht, mein Herz könnte stehen bleiben. Schließlich lockerte ich meinen Griff, und er rannte nach vorn, als ginge es ums liebe Leben.
Ich hätte gern gewusst, was mein Doppelgänger dort in der Segelkammer von dieser Aufregung dachte. Er konnte alles hören, und vielleicht konnte er verstehen, warum es, bei meinem Gewissen, so nahe sein musste - nicht weniger. Mein erster Befehl, »hart über das Ruder!«, wurde unter dem turmhohen Schatten von Koh-ring zurückgeworfen, als hätte ich in eine Bergschlucht geru-

fen. Und dann beobachtete ich gebannt das Land. Bei diesem glatten Wasser und dem leichten Wind war es unmöglich zu spüren, wie das Schiff durch den Wind kam. Nein, ich konnte es nicht fühlen! Und mein zweites Ich machte sich jetzt bereit, von Bord zu gehen und sich hinunterzulassen. Vielleicht war er schon gegangen ...?
Die große schwarze Masse, die schon fast über unseren Mastspitzen schwebte, drehte sich allmählich schweigend von der Schiffswand weg. Und nun vergaß ich den einsamen Fremden, der zum Gehen bereit war, und erinnerte mich nur daran, dass ich diesem Schiff völlig fremd war. Ich kannte es nicht. Würde es das schaffen? Wie war es zu behandeln?
Ich brasste die Großrahe rund und wartete hilflos. Vielleicht war es ohne Fahrt und sein Schicksal mit der schwarzen Masse von Koh-ring verknüpft, die sich über der Heckreling auftürmte wie das Tor der immer währenden Nacht. Wie würde sich das Schiff jetzt verhalten? Hatte es noch Fahrt? Schnell trat ich zur Reling, konnte aber auf dem dunklen Wasser nichts sehen außer einem leichten phosphoreszierenden Aufblitzen, das die glasige Glätte der schlafenden Oberfläche offenbarte. Es war unmöglich, etwas festzustellen, und ich hatte noch kein Gefühl für mein Schiff. Bewegte es sich? Was ich brauchte, war etwas, was leicht zu erkennen war – ein Stück Papier, das ich über Bord werfen und beobachten konnte. Ich hatte nichts bei mir. Nach unten zu laufen, wagte ich nicht. Dazu war keine Zeit. Plötzlich unterschied mein angestrengter, sehnsüchtig starrender Blick einen weißen Gegenstand, der ein Yard von der Schiffswand entfernt trieb. Weiß auf dem schwarzen Wasser. Ein phosphoreszierendes Aufblitzen ging unter ihm hindurch. Was war das? ... Ich erkannte meinen eigenen Schlapphut. Er musste ihm vom Kopf gefallen sein ... und er hatte sich nicht darum gekümmert. Jetzt hatte ich, was

ich wollte – ein Rettungszeichen für meine Augen. Aber ich dachte kaum an mein anderes Ich, das nun das Schiff verlassen hatte, um für immer allen freundschaftlichen Gesichtern verborgen zu sein, um ein Flüchtling und ein Vagabund auf Erden zu sein, auf seiner klaren Stirn kein Brandmal des Fluches, ein Totschläger zu sein … zu stolz für eine Erklärung.

Und ich beobachtete den Hut, den Ausdruck meines plötzlichen Mitleids mit seinem bloßen Fleisch. Er war gedacht gewesen, um seinen heimatlosen Kopf vor den Gefahren der Sonne zu schützen. Und jetzt – siehe da! – rettete er das Schiff, indem er als Zeichen diente, um mir aus der Unwissenheit meines Fremdseins herauszuhelfen. Ha! Er trieb vorwärts, mich gerade zur rechten Zeit warnend, dass das Schiff achteraus Fahrt aufgenommen hatte.

»Leg das Ruder mittschiffs«, sagte ich leise zu dem Seemann, der still wie eine Statue stand.

Die Augen des Mannes funkelten wild im Kompasslicht, als er auf die andere Seite eilte und das Rad herumwirbelte.

Ich ging zum Sprung des Achterdecks. Auf dem überschatteten Deck standen alle Mann an den Vorbrassen und warteten auf meinen Befehl. Die Sterne voraus schienen von rechts nach links zu gleiten. Und alles in der Welt war so still, dass ich die ruhige Bemerkung »Es ist herum!« hörte, die im Ton großer Erleichterung zwischen zwei Matrosen fiel.

»Loswerfen und rund brassen.«

Inmitten fröhlicher Rufe liefen die Vorrahen mit großem Lärm herum. Und jetzt ließ sich der schreckliche Backenbart vernehmen und gab verschiedene Befehle. Schon trieb das Schiff vorwärts. Und ich war allein mit ihm. Nichts, niemand auf der Welt sollte nun zwischen uns stehen und auf das Verhältnis von schweigendem

Wissen und stummer Zuneigung, auf die vollkommene Gemeinschaft eines Seemanns mit seinem ersten Kommando einen Schatten werfen.
Ich ging zur Heckreling und kam zur rechten Zeit, um am Rand eines Schattens, den eine turmhohe, schwarze Masse warf, die wie das Tor zur Unterwelt anmutete, etwas zu entdecken – ja, ich kam zur rechten Zeit, um einen flüchtigen Schimmer von meinem weißen Hut zu erhaschen, der zurückblieb, um die Stelle zu markieren, an der der geheime Teilhaber meiner Kammer und meiner Gedanken, mein zweites Ich, sich ins Wasser gelassen hatte, um seine Strafe hinzunehmen: ein freier Mann, ein stolzer Schwimmer, der einem unbekannten Schicksal entgegenschwamm.

Die Schattenlinie

Eine Beichte

... D'autres fois, calme, plat,
grand miroir de mon désespoir.
Baudelaire

1

Nur junge Menschen kennen solche Augenblicke. Ich meine nicht die ganz jungen. Nein. Die ganz jungen kennen genau genommen keine Augenblicke. Es ist das Vorrecht der ersten Jugend, die Zukunft vorwegzunehmen, in aller herrlichen Zuversicht der Hoffnung, die keine Unterbrechung und keine Selbstbetrachtung kennt.

Man schließt die kleine Pforte der Knabenzeit hinter sich und betritt einen verzauberten Garten. Seine Schatten schon leuchten verheißungsvoll. Jede Wendung des Pfades hat ihre Lockung. Aber nicht, weil es unentdecktes Land ist. Man weiß sehr wohl, dass alle Menschen diesen Weg gegangen sind. Man erwartet aber einfach vom Reiz der allgemeinen Erfahrung einen ungewöhnlichen oder persönlichen Eindruck, etwas Besonderes für sich selbst. Man geht hinein, erkennt erregt oder erheitert die Spuren seiner Vorgänger und sieht Unglück und Glück beieinander – die Prügel und das Lob, wie es heißt –, das bunte, allen gemeinsame Schicksal, das den Glücklichen oder denen, die es verdienen, so viele Möglichkeiten bietet. Ja. Man geht weiter. Aber auch die Zeit geht weiter – bis man vor sich eine Schattenlinie gewahrt, eine Mahnung, dass man auch das Reich der ersten Jugend verlassen muss.

Dies ist der Lebensabschnitt, da sich solche Augenblicke, von denen ich gesprochen habe, für gewöhnlich einstellen. Welche Augenblicke? Nun, solche der Langeweile, des Überdrusses, der Unzufriedenheit. Augenblicke der Unbesonnenheit. Augenblicke nämlich, in denen der Jüngling dazu neigt, vorschnell zu handeln, plötzlich zu heiraten oder auch eine Arbeit grundlos hinzuwerfen.
Diese Geschichte handelt von keiner Heirat. So schlimm stand es nicht mit mir. Meine Handlungsweise, vorschnell, wie sie war, hatte mehr mit einer Scheidung zu tun, fast einer Fahnenflucht. Ich gab meinen Posten auf – aus keinem Grund, den ein vernünftiger Mensch gelten lassen würde –, warf die Sache hin und verließ das Schiff, dem man nichts Schlimmeres nachsagen konnte, als dass es ein Dampfschiff war und deshalb vielleicht keinen Anspruch auf die blinde Treue erheben konnte, die ... Nun, es hilft nichts, etwas beschönigen zu wollen, was ich selbst damals halb als Laune betrachtete.
Es war in einem Hafen des Orients. Insofern war es ein orientalisches Schiff, als es in diesen Hafen gehörte. Es verkehrte als Handelsschiff zwischen dunklen Inseln auf einem riffübersäten blauen Meer, über dem Heck wehte die gewöhnliche rote englische Flagge und an der Mastspitze die gleichfalls rote Flagge des Reeders, die aber eine grüne Umrandung und einen weißen Halbmond zeigte. Denn das Schiff gehörte einem Araber, der überdies ein Said war. Daher also die grüne Umrandung der Flagge. Er war das Haupt einer vornehmen Familie der Kronkolonie, doch gab es östlich des Suezkanals keinen treueren Untertan des gesamten britischen Empire.
Um die große Politik bekümmerte er sich nicht, unter seinen eigenen Leuten aber besaß er geheime Macht.
Uns war es ganz gleich, wem das Schiff gehörte. Für den Handelsverkehr musste er Weiße anheuern, und viele von ihnen, die in seinen Diensten standen, hatten ihn

nie gesehen. Auch ich sah ihn nur einmal, ganz zufällig auf einer Werft – es war ein alter, dunkler, kleiner Mann, auf einem Auge blind, in einem schneeweißen Gewand und gelben Pantoffeln. Ein Schwarm malaiischer Pilger, denen er – mit Nahrung oder Geld – Gutes erwiesen hatte, küsste ihm stürmisch die Hand. Seine Wohltaten, so hieß es, reichten weit, sie umfassten fast den ganzen indischen Archipel. Heißt es nicht auch ›der Barmherzige ist Allahs Freund‹?
Ein hervorragender und eindrucksvoller arabischer Eigner, über den man sich nicht den Kopf zerbrechen musste, ein ganz hervorragendes schottisches Schiff – denn das war's vom Kiel bis zum Mastknopf –, ein hervorragendes Fahrzeug, leicht in Ordnung zu halten, gehorsam in jeder Beziehung und der Liebe jedes Mannes wert, abgesehen von der Antriebskraft im Innern. Bis heute bewahre ich ihm große Achtung. Was den Handel anging, den das Schiff trieb, oder den Charakter meiner Schiffsgefährten, so hätte ich nicht zufriedener sein können, wären Leben und Menschen von einem gütigen Zauberer nach Wunsch geschaffen worden.
Und all das gab ich plötzlich auf. Ich gab es auf in der, für uns, widersinnigen Weise, in der ein Vogel einen bequemen Ast verlässt. Es war, als hätte ich unbewusst ein Wispern gehört oder etwas gesehen. Nun, vielleicht! Heute noch fühlte ich mich vollkommen wohl, und am nächsten Tage war alles vorbei: Reiz, Würze, Lust und Liebe, Zufriedenheit – alles dahin. Es war eben solch ein Augenblick. Die Unrast der späten Jugend packte mich und trieb mich fort. Trieb mich vom Schiff, meine ich.
Wir waren nur vier Weiße an Bord, dazu kam eine große Mannschaft von Kalaschen und zwei Malaien als Maate. Der Kapitän starrte mich ungläubig an, als frage er sich, was mir einfalle. Doch er war Seemann, und auch er war einmal jung gewesen. Ein verstohlenes Lächeln umspielte

also seinen dicken eisengrauen Schnurrbart, und er sagte, er könne mich natürlich nicht mit Gewalt halten, wenn ich überzeugt sei, gehen zu müssen. Und es wurde vereinbart, dass ich am nächsten Morgen abmustern solle. Als ich den Kartenraum verließ, fügte er plötzlich in einem sonderbar ernsten Ton hinzu, er hoffe, ich möge finden, wonach ich so begierig auf der Suche sei. Eine gütige, nachdenkliche Äußerung, die tiefer einzudringen schien als irgendein diamanthartes Werkzeug. Ich glaube wirklich, er verstand, was mir geschah.

Der Zweite Ingenieur jedoch nahm mich anders vor. Er war ein stämmiger junger Schotte mit glatten Wangen und hellen Augen. Sein ehrliches rotes Gesicht tauchte aus der Niedergangsluke des Maschinenraums auf, dann der ganze robuste Mann mit aufgekrempelten Hemdsärmeln, der sich die kräftigen Unterarme mit einem Stück Putzwolle abwischte. Seine hellen Augen drückten bitteres Missfallen aus, als wäre unsere Freundschaft zu Asche geworden. Er sagte gemessen:

»Ach ja, ich hab mir schon gedacht, es sei an der Zeit für Sie, nach Hause zu laufen und irgend so ein albernes Mädchen zu heiraten.«

Es wurde im Hafen stillschweigend anerkannt, dass John Nieven ein wütender Weiberfeind war, und die lächerliche Art des Angriffs überzeugte mich davon, dass er ekelhaft, sehr ekelhaft sein und das Vernichtendste sagen wollte, was ihm einfiel. Mein Lachen klang entschuldigend. Denn nur ein Freund konnte derart ärgerlich sein. Mein Mut sank ein bisschen. Unser Leitender Ingenieur äußerte sich zwar freundlich, doch sein Urteil über meine Handlungsweise war ebenfalls charakteristisch.

Auch er war jung, aber sehr dünn, und ein flaumiger brauner Bart verhüllte förmlich sein Gesicht. Ob auf See oder im Hafen, den ganzen Tag lang sah man ihn auf dem Achterdeck hastig hin und her gehen, wobei er gespannt und wie geistesabwesend wirkte, was einem ständigen Bewusstsein unangenehmer körperlicher Empfindungen in seinem Innern entsprang, denn seine Verdauung war ständig gestört. Seine Ansicht über meinen Fall war ganz simpel. Er sagte, es sei nichts weiter als eine angegriffene Leber. Natürlich! Er schlug vor, ich solle noch eine Fahrt mitmachen und während der Reise eine bestimmte Patentmedizin schlucken, der er rückhaltlos vertraute. »Ich will Ihnen sagen, was ich tun werde. Ich werde Ihnen zwei Flaschen davon kaufen, aus meiner eignen Tasche. Was? Kann man mehr tun?«

Ich glaube, bei der geringsten Nachgiebigkeit meinerseits hätte er diese grausame – oder edle – Tat wirklich vollbracht. Ich war jedenfalls damals unzufriedener, widerwilliger und verdrossener als je zuvor. Die vergangenen achtzehn Monate, voll neuer und verschiedenartiger Erfahrungen, erschienen als trostlose, nüchterne Zeitvergeudung. Ich fühlte – wie soll ich es ausdrücken? –, als enthielten sie keine Wahrheit.

Welche Wahrheit? Eine Erklärung dafür wäre mir schwer gefallen. Hätte man auf einer Erklärung bestanden, wäre ich wahrscheinlich einfach in Tränen ausgebrochen. Jung genug dazu war ich noch.

Am nächsten Tag erledigten der Kapitän und ich unser Geschäft im Hafenamt. Es war ein luftiger, großer, kühler, weißer Raum, in dem das abgeblendete Tageslicht freundlich strahlte. Jedermann dort, die Beamten und die Besucher, war weiß gekleidet. Nur die wuchtigen polierten Schreibtische im Mittelgang glänzten dunkel, und einige Papiere darauf leuchteten blau. Von riesigen Deckenfächern wehte ein leiser Luftzug durch den fleckenlosen Raum und über unsere schwitzenden Köpfe.

Der Beamte hinter dem Schreibtisch, zu dem wir traten, lächelte freundlich, aber nur so lange, bis mein Kapitän auf seine gewohnheitsmäßige Frage: »Abmustern und

wieder anmustern?«, zur Antwort gab: »Nein! Nur abmustern.« Da wurde sein lächelndes Gesicht plötzlich ernst. Er sah mich nicht mehr an, bis er mir mit kummervoller Miene meine Papiere aushändigte, als wären sie meine Geleitbriefe zum Hades gewesen.
Während ich sie einsteckte, fragte er den Kapitän leise etwas, und ich hörte dessen gutmütige Antwort: »Nein. Er verlässt uns, um nach Hause zu fahren.«
»Oh!«, rief der andere und nickte mitfühlend über meine bedauernswerte Lage.
Ich kannte ihn zwar nicht privat, doch er beugte sich über den Tisch, um mir voller Mitleid die Hand zu schütteln wie einem armen Teufel, der auf dem Wege zum Galgen ist; ich fürchte nur, ich spielte meine Rolle ungeschickt, nämlich als ein verstockter, unbußfertiger Verbrecher.
Vor drei oder vier Tagen fuhr kein Postschiff nach der Heimat. Da ich nun kein Schiff mehr hatte und meine Verbindung zur See zunächst einmal unterbrochen, ich daher eigentlich nur irgendein Passagier war, wäre es vielleicht angemessener gewesen, wenn ich in ein Hotel gegangen wäre. Da stand es auch, einen Steinwurf vom Hafenamt entfernt, ein niedriges Gebäude, doch irgendwie palastartig mit säulengeschmückten weißen Seitenflügeln inmitten von gepflegten Rasenplätzen. Dort hätte ich mich wirklich als Passagier gefühlt. Ich sandte jedoch einen feindseligen Blick hinüber und lenkte meine Schritte zum Seemannsheim für Offiziere.
Ich ging im Sonnenschein, ohne darauf zu achten, und im Schatten der großen Bäume auf der Promenade, ohne mich darüber zu freuen. Die Hitze des tropischen Ostens drang durch die belaubten Zweige, umfing meinen leicht bekleideten Körper und umklammerte mein rebellisches Missvergnügen, als sollte es gebändigt werden.
Das Offiziersheim war ein großer Flachbau mit einer breiten Veranda, von der Straße durch ein merkwürdig

kleinstädtisch anmutendes Gärtchen mit Büschen und ein paar Bäumen getrennt. Dieses Heim wirkte ein bisschen wie ein vornehmer Klub, aber mit amtlichem Anstrich, denn es wurde vom Hafenamt verwaltet. Der Leiter wurde offiziell mit Obersteward angeredet. Er war ein elend dürrer kleiner Mann, der in einem Jockeianzug geradezu vollendet ausgesehen hätte. Offenbar jedoch hatte er früher in der einen oder anderen Form eine Beziehung zur See gehabt. Möglicherweise eine des allgemeinen Misserfolgs.

Ich hätte gedacht, sein Dienst müsse sehr leicht sein, aber er behauptete stets aus irgendeinem Grund, seine Arbeit würde eines Tages sein Tod sein. Es war ziemlich rätselhaft. Vielleicht war ihm ganz einfach alles zu viel. Jedenfalls schien er ungern Gäste im Haus zu sehen.

Beim Eintreten dachte ich, er müsste nun zufrieden sein. Das Haus war still wie ein Grab. Die Aufenthaltsräume waren leer, auch auf der Veranda war niemand zu sehen, außer einem Mann hinten in der Ecke, der ausgestreckt in einem Liegestuhl schlummerte. Beim Geräusch meiner Schritte öffnete er ein schrecklich starres Auge. Er war mir fremd. Ich zog mich zurück, durchquerte das Speisezimmer – einen recht kahlen Raum mit einem stillstehenden Deckenfächer über dem Mitteltisch – und klopfte an eine Tür, an der in schwarzen Buchstaben stand: Obersteward.

Auf mein Klopfen antwortete ein ärgerliches, missmutiges Jammern: »Ach Gott, ach Gott, was ist denn nun wieder?«, und ich trat sogleich ein.

Für die Tropen war es ein sonderbarer Raum. Zwielicht und Schwüle herrschten darin. Der Bursche hatte überreiche, aber schmutzige billige Spitzengardinen vor die Fenster gehängt, die geschlossen waren. Stapel von Pappkartons, wie sie Putzmacherinnen und Schneiderinnen in Europa benutzen, türmten sich in den Ecken, und irgendwie war es ihm gelungen, sich Möbel zu beschaffen, wie sie vielleicht aus einer guten Stube im Londoner Osten stammen: ein Rosshaarsofa und ebensolche Lehnstühle. Verstaubte Schutzdeckchen waren über die scheußlichen Polstermöbel verteilt, die insofern Beklemmung einflößten, weil es unverständlich blieb, welch geheimnisvoller Zufall, welches Bedürfnis oder welche Laune sie hierher verschlagen hatte. Ihr Besitzer hatte seine Jacke ausgezogen und strich in weißen Hosen und kurzärmeligem, dünnem Unterhemd hinter den Stühlen hin und her, wobei er seine mageren Ellbogen streichelte.

Ein Ausruf der Bestürzung entschlüpfte ihm, als er hörte, dass ich Quartier nehmen wollte, aber er konnte nicht leugnen, dass es genug freie Zimmer gab.

»Gut. Können Sie mir dasselbe Zimmer geben wie das letzte Mal?«

Er stöhnte matt hinter dem Stapel von Pappkartons auf dem Tisch, die für Handschuhe, Taschentücher oder Krawatten bestimmt sein mochten. Was der Mensch wohl darin aufbewahrte? In diesem Loch roch es wie in einem verdreckten Korral, es roch nach orientalischem Schmutz, nach einer zoologischen Sammlung. Ich konnte nur seinen Schädel und seine unglücklichen Augen sehen, die über die Schranke auf mich gerichtet waren.

»Es ist nur für ein paar Tage«, sagte ich, um ihn zu trösten.

»Vielleicht möchten Sie im Voraus zahlen?«, schlug er beflissen vor.

»Bestimmt nicht!«, entfuhr es mir, sobald ich sprechen konnte. »Das ist mir noch nicht passiert. Das ist die größte Unverschämtheit …«

Er hatte beide Hände an den Kopf gelegt – eine verzweifelte Geste, die meine Entrüstung zügelte.

»O Gott, o Gott, werden Sie doch nicht so wütend, ich verlang's ja von allen.«
»Das glaube ich nicht«, sagte ich barsch.
»Na, ich will's aber tun. Und wenn die Herren alle bereit wären, im Voraus zu zahlen, könnte ich auch Hamilton zum Zahlen bewegen. Jedes Mal kommt er völlig blank an Land, und selbst wenn er Geld hat, will er seine Rechnungen nicht begleichen. Ich weiß nicht, was ich mit ihm machen soll. Er beschimpft mich und sagt, ich könne doch einen Weißen hier nicht auf die Straße setzen. Wenn Sie also nur ...«
Ich war verblüfft und glaubte ihm natürlich nicht. Ich verdächtigte den Burschen vielmehr der grundlosen Unverschämtheit. Mit allem Nachdruck sagte ich, er und Hamilton könnten von mir aus zum Teufel gehn, und ersuchte ihn, mich ohne weitere dumme Redensarten zu meinem Zimmer zu führen. Irgendwo zog er einen Schlüssel hervor, führte mich aus seiner Höhle und warf mir im Vorbeigehen einen bösen Seitenblick zu.
»Wohnt hier jemand, den ich kenne?«, fragte ich, ehe er mein Zimmer verließ.
Er war wieder in seinen üblichen klagenden, unzufriedenen Ton verfallen und sagte, Kapitän Giles sei hier, zurück von seiner Fahrt in die Zulusee, dazu zwei andere Gäste. Er schwieg. Und dann eben Hamilton, fügte er hinzu.
»Ach ja, Hamilton!«, sagte ich, und das elende Geschöpf entschwand mit einem letzten Stöhnen.
Seine Unverschämtheit ärgerte mich immer noch, als ich zum Gabelfrühstück ins Speisezimmer trat. Er war pflichtgemäß dort und beaufsichtigte die chinesischen Diener. Nur an einem Ende des langen Tisches war für das Gabelfrühstück gedeckt, und der Deckenfächer, der sich träge in der heißen Luft drehte, strich hauptsächlich über eine öde, leere polierte Holzfläche.

Wir waren vier am Tisch. Der schlummernde Fremde vom Liegestuhl gehörte dazu. Er hatte jetzt beide Augen halb geöffnet, schien jedoch nichts zu sehen. Er saß unbeteiligt da. Sein würdevoller Nachbar mit kurz geschorenem Backenbart und gut rasiertem Kinn war natürlich Hamilton. Ich habe bisher niemanden gesehen, der sich mit so viel Würde der gesellschaftlichen Stellung bewusst war, die ihm die Vorsehung gnädig verliehen hatte. Es hieß, dass er mich für einen krassen Außenseiter hielt. Er hob nicht nur die Augen, sondern auch die Augenbrauen, als ich meinen Stuhl, nicht ohne Geräusch, zurückzog.

Kapitän Giles saß am Kopfende des Tisches. Ich tauschte einige Grußworte mit ihm und nahm zu seiner Linken Platz. Dick und blass, mit einer großen, glänzenden, runden Glatze und vorstehenden braunen Augen, hätte er alles Mögliche sein können, bloß kein Seemann. Es hätte einen nicht überrascht, wenn er Architekt gewesen wäre. Ich weiß, wie lächerlich es ist, aber mir kam er vor wie ein Kirchenvorsteher. Er sah aus wie ein Mann, von dem man vernünftige Ratschläge erwarten durfte, Moralsprüche, hin und wieder mit Gemeinplätzen vermischt, die mit ehrlicher Überzeugung geäußert wurden und nicht, um zu blenden.

Obwohl er in Schifffahrtskreisen allgemein bekannt und geschätzt war, hatte er keine feste Anstellung. Er wollte das nicht. Er hatte seinen eigenen besonderen Beruf. Er war ein Experte. Ein Fachmann für – wie soll ich's sagen? – schwierige Navigierung. Man sagte, er wisse mehr über abgelegene und auf Seekarten kaum verzeichnete Winkel des Archipels als sonst ein Sterblicher. Sein Kopf musste ein wahrer Speicher sein von Klippen, Positionen, Peilungen, Landzungen, dem Verlauf abgelegener Küsten; die Lage zahlloser Inseln, bewohnt oder unbewohnt, musste ihm gegenwärtig sein. Jedes Schiff zum Beispiel, das nach

Palawan oder jedenfalls in diese Richtung bestimmt war, wollte Kapitän Giles an Bord haben, entweder für ein zeitweiliges Kommando oder um ›dem Kapitän beizustehen‹. Es hieß, eine wohlhabende chinesische Dampfschiffreederei zahle ihm eine bestimmte Summe dafür, dass er sich für solche Dienste zur Verfügung hielt. Außerdem war er immer bereit einzuspringen, wenn jemand mal länger an Land bleiben wollte. Kein Reeder hatte je einer solchen Vereinbarung widersprochen. Denn im Hafen schien die feste Überzeugung zu herrschen, dass Giles so gut sei wie der beste Kapitän, wenn nicht noch besser. Aber nach Hamiltons Ansicht war auch er ein ›Außenseiter‹. Ich glaube allerdings, für Hamilton waren wir alle schlechthin ›Außenseiter‹, obwohl er wahrscheinlich in Gedanken einige Unterschiede machte.

Ich unternahm keinen Versuch, mich mit Kapitän Giles zu unterhalten, den ich vielleicht zweimal im Leben gesehen hatte, aber ich wusste natürlich, wer er war. Nach einem Weilchen neigte er mir seinen großen glänzenden Schädel zu und sprach mich in seiner freundlichen Art zuerst an. Er sagte, meine Anwesenheit hier lasse ihn vermuten, dass ich ein paar Tage Urlaub an Land verbringen wolle.

Er hatte eine leise Stimme. Ich sprach etwas lauter und antwortete, nein, ich hätte abgemustert.

»Ein freier Mann für kurze Zeit«, war sein Kommentar.

»So kann ich mich wohl nennen – seit elf Uhr«, sagte ich.

Beim Klang unserer Stimmen hatte Hamilton im Essen innegehalten. Er legte Messer und Gabel leise hin, stand auf, murmelte etwas über »die verfluchte Hitze, die einem den Appetit nimmt«, und ging aus dem Zimmer. Unmittelbar darauf hörten wir, dass er das Haus über die Verandastufen verließ.

Kapitän Giles bemerkte darauf leichthin, der Bursche versuche jetzt offenbar, meinen alten Posten zu bekommen. Der Obersteward, der an der Wand gelehnt hatte, kam nun mit seinem unglücklichen Ziegengesicht näher zum Tisch und sprach uns mit kläglicher Stimme an. Er wollte sich von seinem ewigen Kummer mit Hamilton erleichtern. Seinethalben sitze er immer wie auf Kohlen wegen der Abrechnungen mit dem Hafenamt. Er wünsche von Herzen, dass er meinen Posten bekomme, aber ob das was ändern würde? Höchstens vorübergehend.

Ich sagte: »Machen Sie sich keine Sorgen. Meinen Posten kriegt er nicht. Mein Nachfolger ist schon an Bord.«

Er war überrascht, und sein Gesicht verfiel bei der Nachricht etwas. Kapitän Giles lachte leise. Wir standen auf und gingen auf die Veranda hinaus, den unbeteiligten Fremden ließen wir bei den Chinesen. Ich sah gerade noch, wie sie einen Teller mit einer Scheibe Ananas vor ihn hinstellten, zurücktraten und nun warteten, was geschehen würde. Der Versuch schien aber ein Fehlschlag zu sein. Er saß unbeweglich.

Kapitän Giles erzählte mir leise, es sei ein Offizier von der Jacht eines Radschas, die in unserem Hafen liege, weil sie ins Trockendock müsse. Er habe sicher letzte Nacht »das Leben genossen«, setzte er hinzu und zog die Nase kraus, auf eine vertrauliche Weise, die mir ungeheuer schmeichelte; denn Kapitän Giles besaß einen Ruf. Man sprach von unerhörten Abenteuern und irgendeiner geheimnisvollen Tragödie in seinem Leben. Und niemand konnte etwas gegen ihn sagen. Er fuhr fort: »Ich erinnere mich, wie er vor einigen Jahren das erste Mal hier an Land kam. Ist mir wie gestern. Er war ein netter Junge. Ach ja, die netten Jungen!«

Ich musste einfach laut lachen. Er war zunächst verblüfft, dann lachte er mit. »Nein, nein! Das meinte ich nicht«, rief er. »Ich meine nur, etliche davon lassen sich reichlich schnell gehen hier draußen.«

Scherzend meinte ich, das liege wohl in erster Linie an der mörderischen Hitze, doch Kapitän Giles entpuppte sich als einer, der die Angelegenheit weit ernster sah. Hier im Orient sei für die Weißen alles so einfach. Na schön. Schwierig sei nur, auch ein Weißer zu bleiben, und mancher nette Junge könne das eben nicht. Er sah mich prüfend an und fragte unumwunden in wohlwollendem, onkelhaftem Ton: »Warum haben Sie abgemustert?«
Plötzlich wurde ich ungehalten; denn es ist verständlich, wie ärgerlich solche Frage für einen Mann ist, der keine Antwort weiß. Ich dachte bei mir, ich sollte diesen Sittenprediger zum Schweigen bringen, und sagte laut mit provozierender Höflichkeit: »Oh, findet es nicht Ihre Billigung?«
Er war so verblüfft, dass er nur verwirrt murmeln konnte: »Ich! ... Ich meinte nur ...«, und dann verstummte. Doch er bewahrte Haltung und trat den Rückzug mit der erzwungen scherzhaften Bemerkung an, dass auch er sich allmählich gehen lasse, denn jetzt sei die Zeit für sein Mittagsschläfchen – wenn er an Land sei. »Sehr schlechte Angewohnheit, sehr schlechte Angewohnheit.«
Die Einfalt des Mannes hätte die Empfindlichkeit eines jeden entwaffnet, auch wenn er noch jünger gewesen wäre als ich. Am nächsten Tag beugte er sich beim Gabelfrühstück zu mir herüber und bemerkte, er habe meinen alten Kapitän gestern Abend getroffen; dann setzte er mit gedämpfter Stimme hinzu: »Er bedauert es sehr, dass Sie gegangen sind. Er habe noch nie einen Ersten Steuermann gehabt, mit dem er so gut ausgekommen sei.« Ich antwortete ihm aufrichtig, dass ich mich während meiner ganzen Zeit zur See auf keinem Schiff und bei keinem Kapitän so wohl gefühlt habe.
»Also dann ...«, murmelte er.
»Haben Sie nicht gehört, Kapitän Giles, dass ich nach Hause fahren will?«

»Ja«, sagte er gutmütig, »so etwas habe ich schon oft gehört.«
»Was soll das?«, rief ich. Ich hielt ihn für den schwerfälligsten, begriffsstutzigsten Menschen, dem ich je begegnet war. Ich weiß nicht, was ich noch gesagt hätte, wenn nicht gerade Hamilton – reichlich spät – eingetreten wäre und sich auf seinen Stammplatz gesetzt hätte. So murmelte ich nur: »Na, diesmal werden Sie's erleben.«
Hamilton, tadellos rasiert, grüßte Kapitän Giles mit einem kurzen Nicken, mir gönnte er auch nicht den kleinsten Blick, und zum Obersteward bemerkte er lediglich, das Essen auf seinem Teller könne man einem Gentleman wohl nicht vorsetzen. Der Angeredete schien zu unglücklich zu sein, um zu stöhnen. Er schlug nur noch die Augen zum Deckenfächer auf.
Kapitän Giles und ich erhoben uns vom Tisch, der Fremde neben Hamilton folgte unserm Beispiel, allerdings kam er nur mit Mühe hoch. Der arme Kerl hatte versucht, etwas von dem schlechten Essen in den Mund zu stecken, nicht, weil er hungrig war, sondern bestimmt nur deshalb, um seine Selbstachtung zurückzugewinnen. Aber nachdem er die Gabel zweimal hatte fallen lassen, machte er keinen weiteren Versuch, sondern saß nur still da mit tief gekränkter Miene und schrecklich verglastem Blick. Giles und ich hatten es vermieden, bei Tisch in seine Richtung zu sehen.
Auf der Veranda blieb er plötzlich stehen und wandte sich beflissen mit einer langen Bemerkung an uns, von der ich nicht ein Wort verstand. Es klang wie eine fürchterliche fremde Sprache. Als aber Kapitän Giles ihm nach einem Augenblick des Überlegens mit schlichter Freundlichkeit antwortete: »Ja, natürlich, da haben Sie Recht«, schien er wirklich sehr zufrieden zu sein und ging sogar ziemlich aufrecht davon, um einen entfernten Liegestuhl zu suchen.

»Was hat er denn sagen wollen?«, fragte ich angewidert.
»Ich weiß es nicht. Man darf so einem Burschen aber nicht zu streng begegnen. Er fühlt sich hundeelend, glauben Sie mir, und morgen wird's noch schlimmer sein.«
Nach dem Aussehen des Mannes zu urteilen, schien das unmöglich. Ich fragte mich, welch ausgefallene Ausschweifung ihn in diese unbeschreibliche Verfassung versetzt hatte. Allerdings missfiel mir, dass Kapitän Giles' Wohlwollen durch eine eigentümlich selbstzufriedene Miene beeinträchtigt wurde, und ich sagte mit einem kleinen Lachen: »Na, Sie werden sich schon um ihn kümmern.«
Er machte eine missbilligende Geste, setzte sich und nahm eine Zeitung. Auch ich nahm eine. Die Zeitungen waren alt und uninteressant, sie enthielten meistens langweilige, abgedroschene Berichte von den Feierlichkeiten zum fünfzigsten Jahrestag der Thronbesteigung Königin Viktorias. Wahrscheinlich wären wir bald in das tropenübliche Mittagsschläfchen versunken, hätte Hamilton nicht im Esszimmer seine Stimme erhoben. Er beendete dort sein Gabelfrühstück. Die großen Doppeltüren waren immer offen, aber er wusste wohl nicht, wie nahe unsere Stühle an der Tür standen. Er sprach in lautem, hochmütigem Ton und beantwortete eine Bemerkung, die der Obersteward sich erlaubt hatte.
»Ich lasse mich zu nichts drängen. Ich denke mir, sie werden nur zu froh sein, wenn sie einen Gentleman bekommen. Das hat keine Eile.«
Nun flüsterte der Steward laut etwas, darauf ließ sich Hamilton wieder vernehmen, diesmal tat er noch verächtlicher.
»Was? Dieser junge Esel, der sich was drauf einbildet, dass er so lange Erster Steuermann bei Kent war? … Lächerlich!«
Giles und ich sahen uns an. Kent war der Name meines Kapitäns gewesen, daher schien mir Kapitän Giles seinen

Atem zu verschwenden, als er flüsterte: »Er spricht von Ihnen.« Der Obersteward musste jedoch seinen Standpunkt verteidigt haben, denn wieder ertönte Hamiltons Stimme, womöglich noch hochmütiger und auch recht scharf: »Unsinn, mein Lieber! So ein Außenseiter ist einfach keine Konkurrenz. Das hat Zeit.«

Dann war das Geräusch von Stühlen zu hören, von Schritten im Nebenzimmer und klagenden Vorhaltungen des Stewards, der Hamilton folgte, sogar durch die Tür bis ins Freie.

»Wirklich ein unangenehmer Mensch«, bemerkte Kapitän Giles – überflüssigerweise, dachte ich. »Sehr unangenehm. Haben Sie ihn etwa einmal beleidigt?«

»Ich habe noch nie mit ihm gesprochen«, sagte ich verdrießlich. »Weiß gar nicht, was er meint mit ›Konkurrenz‹. Er hat versucht, meinen Posten zu bekommen, nachdem ich abgemustert habe – und er hat ihn nicht gekriegt. Aber das hat doch mit Konkurrenz nichts zu tun.«

Kapitän Giles wiegte nachdenklich seinen großen gutmütigen Kopf. »Er hat ihn nicht gekriegt«, wiederholte er gedehnt. »Nein, bei Kent sicher nicht. Kent bedauert es außerordentlich, dass Sie ihn verlassen haben. Er sagt auch, dass Sie ein guter Seemann seien.«

Ich warf die Zeitung weg, die ich noch immer hielt. Ich setzte mich gerade hin und schlug mit der Hand auf den Tisch. Ich wolle wissen, warum er immer wieder von dem anfange, was ganz und gar meine Sache sei. Es sei zum Verrücktwerden, wirklich.

Kapitän Giles beschwichtigte mich durch den vollendeten Gleichmut seines Blicks. »Kein Grund zum Ärgern«, murmelte er gelassen mit dem deutlichen Bestreben, die kindische Erregung zu dämpfen, deren Ursache er war. Und er sah wirklich so harmlos aus, dass ich mich nach Kräften zu rechtfertigen suchte. Ich sagte ihm, ich wolle nichts mehr von dem hören, was aus und vorbei sei. Es

sei sehr schön gewesen, solange es gedauert habe, aber nachdem nun Schluss sei, wolle ich lieber nicht mehr davon sprechen oder daran denken. Ich hätte mich entschlossen, nach Hause zu fahren.
Er hörte sich die ganze Tirade aufmerksam lauschend an, als wollte er irgendwo einen falschen Ton entdecken, dann richtete er sich auf und schien scharfsinnig über die Sache nachzudenken.
»Ja, Sie sagten schon, dass Sie nach Hause fahren – wollen. Schon was in Aussicht dort?«
Statt ihm zu bedeuten, dass ihn das nichts angehe, sagte ich mürrisch: »Nicht dass ich wüsste.«
Ich hatte selbst schon diese ziemlich missliche Seite der Lage bedacht, in die ich mich damit gebracht hatte, dass ich so plötzlich meinen schönen Posten verließ. Und besonders behaglich fühlte ich mich nicht dabei. Mir lagen die Worte auf der Zunge, dass der gesunde Menschenverstand mit meiner Handlungsweise nichts zu schaffen habe und sie daher nicht das Interesse verdiene, das Kapitän Giles ihr entgegenzubringen scheine. Aber er zog jetzt an einer kurzen Holzpfeife und sah so harmlos, beschränkt und alltäglich aus, dass es die Mühe nicht zu lohnen schien, ihn durch die Wahrheit oder durch bitteren Hohn zu verwirren.
Er blies eine Rauchwolke von sich, dann überraschte er mich mit der unvermittelten Frage: »Haben Sie Ihre Fahrt schon bezahlt?«
Überwältigt von der dreisten Beharrlichkeit eines Menschen, den man nicht so ohne weiteres grob anfahren konnte, erwiderte ich mit übergroßer Sanftmut, dies sei noch nicht geschehen. Ich dächte, dazu sei morgen noch Zeit genug.
Ich wollte mich gerade abwenden und damit verhindern, dass er weiter in seiner einfältigen, ziellosen Art in meinem Privatleben herumschnüffelte, um herauszufinden,

was eigentlich los sei, als er seine Pfeife in einer überaus bedeutsamen Weise hinlegte, als sei nämlich der entscheidende Augenblick da, und sich seitlich über den Tisch zwischen uns beugte.

»Oh! Sie haben's noch nicht getan!« Er senkte geheimnisvoll die Stimme. »Nun, ich glaube, dann sollten Sie wissen, dass hier etwas im Gange ist.«

Nie in meinem Leben hatte ich mich allen irdischen Dingen ferner gefühlt. Wenn ich auch eine Zeit lang nicht an die See gebunden war, so dachte ich doch weiterhin als Seemann, dass mich die Dinge an Land nicht zu kümmern brauchten. Was gingen sie mich an? Kapitän Giles' Lebhaftigkeit erfüllte mich eher mit Geringschätzung als mit Neugier.

Seine unverkennbar als Vorbereitung dienende Frage, ob unser Steward heute mit mir gesprochen habe, verneinte ich. Hätte er den Versuch unternommen, so würde ich ihn kaum dazu ermuntert haben. Am besten sei es, er spräche überhaupt nicht mit mir.

Ungerührt von meiner schlechten Laune, erzählte mir Kapitän Giles nun mit ungeheuer vielsagender Miene eine unbedeutende Geschichte von einem Boten vom Hafenamt. Ich begriff gar nichts. Ein Bote mit einem Brief in der Hand sei am Morgen auf der Veranda gesehen worden. Es sei ein amtlicher Umschlag gewesen. Wie es solche Leute machen, habe er ihn dem ersten Weißen gezeigt, dem er begegnet sei. Und das sei unser Freund im Liegestuhl gewesen. Der sei nicht in der Verfassung gewesen, sich für irgendwelche irdischen Dinge zu interessieren, das wisse ich doch. Er habe den Boten nur abwehren können. Der Bote sei also über die Veranda geirrt und dabei auf ihn, Kapitän Giles, gestoßen, der ganz zufällig zugegen gewesen sei ...

Hier unterbrach er sich mit verschmitztem Blick. Der Brief, fuhr er fort, sei an den Obersteward gerichtet gewesen. Was aber könne Kapitän Ellis, der Hafenmeister, dem Steward mitzuteilen haben? Der gehe ja ohnehin jeden Morgen zum Hafenamt zum Bericht, zur Instruktion oder dergleichen. Als der Bote ihn mit einer Nachricht gesucht habe, sei er kaum eine Stunde zurück gewesen. Worum gehe es also?

Und er stellte Vermutungen an. Das sei es nicht, und das könne es auch nicht sein. Und was das andere betreffe, so sei das undenkbar.

Das alberne Gerede ließ mich staunen. Wenn der Mann nicht doch irgendwie eine sympathische Persönlichkeit gewesen wäre, hätte ich es übel genommen wie eine Beleidigung. So aber tat er mir nur leid. Ich lachte ihm allerdings nicht ins Gesicht, weil etwas merkwürdig Ernstes in seinem Blick mich zurückhielt. Ich gähnte ihn auch nicht an. Ich wunderte mich nur.

Sein Ton wurde noch etwas geheimnisvoller. Sowie der Kerl – der Steward nämlich – die Nachricht erhalten habe, habe er rasch seinen Hut geholt und sei aus dem Haus gestürzt. Aber er sei ja durch den Brief nicht ins Hafenamt bestellt worden. Dort sei er nicht hingegangen. Dafür sei er nicht lange genug fort gewesen. Er sei binnen kurzem eilig zurückgekommen, habe seinen Hut weggeworfen und sei im Speisezimmer herumgerannt, wobei er gestöhnt und sich vor die Stirn geschlagen habe. Alle diese aufregenden Umstände und Vorgänge waren von Kapitän Giles beobachtet worden. Er hatte offenbar seither darüber nachgegrübelt.

Allmählich empfand ich tiefes Mitleid mit ihm. Und ich sagte in einem Ton, der so wenig sarkastisch wie möglich klingen sollte, ich sei froh, dass er eine Beschäftigung für seine Morgenstunden gefunden habe.

Mit seiner entwaffnenden Naivität wies er mich, als habe das etwas zu bedeuten, darauf hin, wie merkwürdig es sei, dass er überhaupt den Morgen zu Hause verbracht habe. Vor dem Gabelfrühstück sei er für gewöhnlich unterwegs, er suche verschiedene Kontore auf, treffe seine Freunde im Hafen und so weiter. Er habe sich aber heute beim Aufstehen nicht ganz wohl gefühlt. Nichts Ernstes. Nur eben keine Lust, was zu unternehmen.

All dies mit unverwandtem, starrem Blick, was in Verbindung mit der übrigen nichtigen Unterhaltung den Eindruck von leichtem, traurigem Wahnsinn vermittelte. Und als er seinen Stuhl etwas näher rückte und seine Stimme bis zu geheimnisvollem Flüstern senkte, wurde mir plötzlich klar, dass hohes berufliches Ansehen nicht unbedingt auch die Gewähr für einen gesunden Geist ist.

Es kam mir gar nicht in den Sinn, dass ich nicht wusste, worin die Gesundheit des Geistes eigentlich besteht und was für eine heikle und im Grunde unwichtige Frage das war. In der Absicht, seine Gefühle nicht zu verletzen, sah ich ihn mit freundlichem Interesse an. Doch als er daranging, mich geheimnisvoll zu fragen, ob ich mich erinnere, was gerade zwischen unserm Steward und ›diesem Menschen Hamilton‹ vor sich gegangen sei, bejahte ich das nur mürrisch brummend und wandte den Kopf ab.

»Ja, erinnern Sie sich aber an jedes Wort?«, fragte er taktvoll.

»Das weiß ich nicht. Es geht mich auch nichts an«, fuhr ich ihn an und wünschte überdies den Steward und Hamilton laut zum Teufel.

Das sollte sehr energisch und endgültig klingen, doch Kapitän Giles sah mich weiter nachdenklich an. Nichts konnte ihn beirren. Er sprach weiter und führte aus, dass meine Person in jener Unterhaltung erwähnt worden sei. Als ich weiterhin gleichgültig tun wollte, wurde er geradezu aufdringlich. Ich hätte doch gehört, was der Mann gesagt habe? Ja? Was also dächte ich darüber? Er wollte es wissen.

Da Kapitän Giles' Auftreten den Verdacht bloßer Heimtücke ausschloss, kam ich zu dem Schluss, dass er einfach verrückt und ganz und gar taktlos sei. Fast verachtete ich mich wegen der Schwäche, dass ich versucht hatte, seinem bisschen Verstand aufzuhelfen. Ich fing an zu erklären, dass ich gar nichts darüber dächte. Das lohne sich bei Hamilton nicht. Was solch widerwärtiger Faulpelz … –
»Ja, das ist er«, unterbrach Kapitän Giles – … denke oder sage, könne nicht einmal die Verachtung eines anständigen Menschen wecken, und ich hätte nicht die Absicht, überhaupt davon Notiz zu nehmen.
Diese Haltung schien mir so eindeutig und klar, dass ich wirklich erstaunt war, als Giles kein Zeichen der Zustimmung gab. Solch vollendete Einfalt war beinahe schon anziehend.
»Was soll ich denn Ihrer Meinung nach tun?«, fragte ich lachend. »Ich kann doch wegen der Meinung, die er von mir hat, keinen Streit mit ihm anfangen. Natürlich habe ich gehört, in welch verächtlicher Weise er von mir spricht. Aber er drängt mir seine Verachtung nicht auf. Er hat sie bisher mir gegenüber nicht laut geäußert; denn er wusste ja nicht, dass wir ihn eben hören konnten. Ich würde mich nur lächerlich machen.«
Dieser hoffnungslose Giles paffte verstimmt weiter an seiner Pfeife. Plötzlich hellte sich sein Gesicht auf, und er sagte: »Sie haben mich falsch verstanden.«
»Wirklich? Da freue ich mich aber, das zu hören«, sagte ich.
Mit neuerlicher Lebhaftigkeit wiederholte er, dass ich ihn falsch verstanden hätte. Völlig falsch. Und im Ton wachsender selbstgefälliger Zufriedenheit bemerkte er, dass seiner Aufmerksamkeit kaum etwas entginge, dass er über alles nachdächte und im Allgemeinen durch seine Lebens- und Menschenkenntnis den richtigen Schluss zöge.

Dieses kleine Selbstlob passte natürlich ausgezeichnet zu der schleppenden Langeweile der ganzen Unterhaltung. Alles verstärkte in mir das unklare Gefühl der Lebensleere, der Sinnlosigkeit, das mich, halb unbewusst, aus einer behaglichen Koje getrieben hatte, fort von Menschen, die ich gern hatte, weil ich der drohenden Leere entfliehen wollte ... und an der nächsten Ecke schon fand ich die Langeweile. Hier entpuppte sich ein Mann von anerkanntem Ruf und Namen als alberner, nichtssagender Schwätzer. Und so war es wahrscheinlich überall – im Osten wie im Westen, vom Anfang bis zum Ende der gesellschaftlichen Stufenleiter.
Eine große Entmutigung befiel mich. Seelische Müdigkeit. Selbstzufrieden tönte Giles' Stimme weiter, die wahre Stimme aller hohlen Eitelkeit. Aber ich ärgerte mich nicht mehr darüber. Von der Welt war nichts Ursprüngliches, nichts Neues, Überraschendes, Belebendes zu erwarten: keine Gelegenheiten, etwas über sich selbst herauszufinden, Weisheit zu erlangen, Spaß zu haben. Alles war dumm und wurde überschätzt, auch Kapitän Giles. So stand es.
Plötzlich schlug der Name Hamilton an mein Ohr und weckte mich.
»Ich dachte, damit wären wir fertig«, sagte ich äußerst widerwillig.
»Ja. Aber in Anbetracht dessen, was wir zufällig gerade gehört haben, meine ich, dass Sie es tun sollten.«
»Tun?« Ich richtete mich verwirrt auf. »Was tun?« Kapitän Giles musterte mich ganz erstaunt.
»Was? Sie sollen tun, was ich Ihnen geraten habe. Sie gehen und fragen den Steward, was in dem Brief vom Hafenamt stand. Fragen Sie ihn ohne Umschweife.«
Eine Weile blieb ich stumm. Diese Wendung war so neu und unerwartet, dass sie geradezu unbegreiflich war. Ich murmelte erstaunt:

»Und ich dachte, es sei Hamilton, den Sie ...«
»Ganz richtig. Lassen Sie's nicht zu. Tun Sie, was ich Ihnen sage. Knöpfen Sie sich den Steward vor. Ich wette, er kriegt's mit der Angst«, fuhr Kapitän Giles fort und schwenkte mit Nachdruck seine Pfeife. Dann zog er schnell dreimal daran.
Seine schlaue, triumphierende Miene war unbeschreiblich. Er blieb doch ein merkwürdig sympathischer Mensch. Auf eine lächerliche, freundliche, eindrucksvolle und zugleich aufreizende Weise strahlte er Wohlwollen aus. Beherrscht erklärte ich ihm nun, wie jemand, der sich mit Unbegreiflichem befasst, dass ich keinen Anlass sähe, mir von dem Kerl eine Abfuhr einzuhandeln. Er sei ein ganz unfähiger Steward und außerdem ein erbärmlicher Mensch, und eher würde ich ihn noch in die Nase kneifen.
»In die Nase kneifen«, sagte Kapitän Giles empört. »Das würde Ihnen viel nützen.«
Diese Bemerkung passte so wenig, dass sich nichts darauf antworten ließ. Allmählich aber fühlte ich, wie mich das Ungereimte doch in seinen wohl bekannten Bann zog. Ich durfte dem Mann jetzt nicht länger zuhören. Ich stand auf und bemerkte kurz, ich sei ihm nicht gewachsen – ich könne ihn nicht verstehen.
Ehe ich Gelegenheit hatte, mich zu entfernen, sprach er, nun wieder eigensinnig und nervös an seiner Pfeife ziehend.
»Nun ja ... er ist ... ein widerlicher Bursche ... stimmt schon. Sie sollen ihn ja auch nur fragen. Weiter nichts.«
Dieser Wechsel ließ mich stutzen oder vielmehr stehen bleiben. Doch die Vernunft gab den Ausschlag, ich lächelte ihm lustlos zu und verließ rasch die Veranda. Mit ein paar Schritten war ich im Speisezimmer, das jetzt aufgeräumt und leer war. Doch in diesen Augenblicken ging mir Verschiedenes durch den Sinn, nämlich dass

Giles mich zum Besten gehabt hatte, um sich auf meine Kosten zu unterhalten, dass ich mich wahrscheinlich albern und wie ein Tölpel benommen hatte und dass ich sehr wenig vom Leben wusste ...

Zu meiner größten Überraschung flog plötzlich im Speisezimmer die Tür mir gegenüber auf. Diese Tür trug die Aufschrift ›Steward‹, und der Mann selbst stürzte, aufgescheucht wie ein gejagtes Wild, aus seinem muffigen Spießbürgerloch heraus und sprang zur Gartentür.

Bis heute weiß ich nicht, was mich dazu brachte, ihm hinterherzurufen: »Hören Sie! Warten Sie mal!« Vielleicht war es der Seitenblick, den er mir zuwarf, möglicherweise stand ich auch noch unter dem Einfluss von Kapitän Giles' rätselhaftem Eifer. Jedenfalls war es irgendein Impuls, das Wirken jener unbekannten Macht in unserem Leben, die uns hierhin oder dorthin lenkt. Denn wären diese Worte meinen Lippen nicht entschlüpft – mein Wille war daran gar nicht beteiligt –, hätte ich zwar weiterhin das Dasein eines Seemanns geführt, aber doch eines, das mir heute unvorstellbar wäre.

Nein. Mein Wille war nicht daran beteiligt. Ganz und gar nicht, denn kaum hatte ich den schicksalhaften Ruf ausgestoßen, da bereute ich ihn ungemein. Wäre der Mann stehen geblieben, um mir ins Gesicht zu sehen, hätte ich mich verlegen zurückziehen müssen. Ich hatte nämlich keine Lust, Kapitän Giles' blöden Scherz anzubringen, weder auf meine Kosten noch auf die des Stewards.

Doch jetzt erwachte der alte menschliche Jagdinstinkt in mir. Der Steward stellte sich taub, und ich lief, ohne zu überlegen, auf meiner Seite am Tisch entlang und stellte ihn direkt an der Tür.

»Warum antworten Sie nicht, wenn man mit Ihnen redet?«, fragte ich barsch.

Er lehnte sich neben die Tür. Er sah ganz elend aus. Die menschliche Natur, fürchte ich, ist nicht nur gut. Sie hat garstige Fehler. Ich merkte, wie ich wütend wurde, und das wohl nur, weil meine Beute so jämmerlich aussah. Elender Wicht!

Ohne Umschweife fuhr ich ihn an. »Ich höre, heute Morgen ist vom Hafenamt eine amtliche Mitteilung gebracht worden. Stimmt das?«

Statt zu sagen, ich solle mich um meine eigenen Angelegenheiten kümmern, was nahegelegen hätte, begann er mit unverschämtem Unterton zu winseln. Er habe mich am Morgen nirgends gesehen. Man könne nicht von ihm erwarten, dass er mich in der ganzen Stadt suche.

»Wer verlangt das denn von Ihnen!«, rief ich. Und dann gingen mir die Augen auf über den wahren Sinn der Dinge und Reden, deren Bedeutungslosigkeit so verwirrend und ermüdend gewesen war.

Ich sagte ihm, ich wolle wissen, was in dem Brief gestanden habe. Meine Strenge in Ton und Benehmen war nur zur Hälfte gespielt. Neugier kann – manchmal jedenfalls – ein sehr heftiges Gefühl sein.

Er nahm Zuflucht zu einem törichten, murrenden Trotz. Es sei nichts für mich, murmelte er. Ich hätte ihm doch gesagt, ich führe nach Hause. Und da ich nach Hause führe, sehe er nicht ein, warum er …

So lautete sein Argument, und das klang so zusammenhanglos, dass es fast beleidigend war. Beleidigend für die Intelligenz, meine ich.

In jenem Zwischenbereich zwischen Jugend und Reife, in dem ich damals lebte, ist man besonders empfindlich gegen solche Beleidigungen. Ich fürchte, mein Benehmen gegen den Steward wurde nun wirklich sehr grob. Aber er war nicht imstande, sich gegen irgendetwas oder gegen irgendjemand durchzusetzen. Vielleicht waren Rauschmittel oder einsames Trinken der Grund für seine Schwäche. Und als ich mich so weit vergaß und über ihn fluchte, brach er zusammen und fing an zu jammern.

Ich will damit nicht sagen, dass er großen Lärm machte. Leise nur, kläglich leise legte er ein unterwürfiges, heulendes Geständnis ab. Viel Zusammenhang war nicht darin, doch immerhin genug, um mich zunächst stumm zu machen. In berechtigter Entrüstung wandte ich die Augen ab von ihm und gewahrte in der Verandatür Kapitän Giles, der den Auftritt, sein eigenes Werk, wenn ich das so ausdrücken darf, gelassen beobachtete. Seine glimmende Pfeife hob sich deutlich von seiner großen väterlichen Faust ab. Ebenso deutlich war der Glanz seiner schweren goldenen Uhrkette über seiner weißen Rockbrust. Er verbreitete eine derart vertrauenerweckende, ehrenhafte Weisheit, dass jede unschuldige Seele zu ihm geflüchtet wäre. Ich flüchtete zu ihm.

»Sie werden es nicht glauben«, rief ich. »Es war eine Nachricht, dass ein Kapitän für ein Schiff gesucht wird. Da ist offenbar ein Kommando zu vergeben, und dieser Mensch steckt den Brief in die Tasche.«

Der Steward rief in lauten, schrillen Verzweiflungstönen: »Sie werden noch mein Tod sein!«

Ebenso laut war der kräftige Schlag, den er selbst seiner erbärmlichen Stirn versetzte. Aber als ich mich umdrehte, um ihn zu mustern, war er nicht mehr da. Er war weg, hatte sich aus dem Staub gemacht. Über dieses plötzliche Verschwinden musste ich lachen.

Damit war der Zwischenfall erledigt – für mich. Kapitän Giles jedoch starrte unverwandt auf den Fleck, wo der Steward gestanden hatte, und zerrte nun an seiner prächtigen goldenen Kette, bis endlich aus der tiefen Tasche die Uhr auftauchte wie die reine Wahrheit aus dem Brunnen. Feierlich ließ er sie wieder hinunter und sagte dann nur: »Eben drei Uhr. Sie haben gerade noch Zeit dazu – falls Sie nämlich keine verlieren.«

»Zeit wofür?«, fragte ich.

»Guter Gott! Fürs Hafenamt. Die Sache muss untersucht werden.«
Im Grunde hatte er Recht. Doch ich hatte nie viel Geschmack daran gefunden nachzuforschen, die Leute bloßzustellen und was sonst noch zu der zweifellos moralisch verdienstlichen Seite dieser Beschäftigung gehört. Und mein Standpunkt in diesem Zwischenspiel war ein rein moralischer. Und wenn schon jemand des Stewards Tod sein sollte, warum konnte es dann nicht Kapitän Giles sein, ein Mann von Reife und Rang und ein Ortsansässiger. Ich hingegen fühlte mich im Vergleich dazu nur als Zugvogel in diesem Hafen. Ja, man hätte auch sagen können, dass ich schon alle Bande gelöst hatte. Ich murmelte, ich glaubte nicht … mir läge nichts daran …
»Nichts!«, wiederholte Kapitän Giles mit einigen Anzeichen schlichter, bedächtiger Entrüstung. »Kent hat mir schon einen Wink gegeben, welch sonderbarer junger Mann Sie sind. Als Nächstes werden Sie mir erzählen, dass Ihnen nichts an einem Kommando liegt – nachdem ich mir nun solche Mühe gegeben habe!«
»Mühe!«, murmelte ich verständnislos. Was für Mühe? Das Einzige, woran ich mich erinnern konnte war, dass er mich nach dem Gabelfrühstück eine gute Stunde lang mit seiner Unterhaltung verwirrt und gelangweilt hatte. Und da sprach er nun von großer Mühe.
Er sah mich mit einer Selbstzufriedenheit an, die bei jedem andern abstoßend gewesen wäre. Dann plötzlich, als wäre die Seite des Buches umgeblättert worden und ein Wort hätte nun alles erklärt, was vorangegangen war, begriff ich, dass diese Angelegenheit nicht nur einen moralischen Aspekt hatte.
Aber noch rührte ich mich nicht. Kapitän Giles wurde allmählich ungeduldig. Mit einem ärgerlichen Zug an seiner Pfeife kehrte er meinem Zögern den Rücken.

Aber es war meinerseits kein Zögern. Ich war, wenn ich das so bezeichnen darf, geistig außer Betrieb gesetzt. Aber sobald ich mich davon überzeugt hatte, dass diese sinn- und zwecklose, von Missvergnügen erfüllte Welt so etwas wie ein freies Kommando bot, gewann ich alle Bewegungsfähigkeit zurück.

Es ist ein ziemliches Stück Weges vom Offiziersheim bis zum Hafenamt, doch mit dem Zauberwort ›Kommando‹ im Kopf fand ich mich, als wäre ich im Nu dorthin versetzt worden, plötzlich am Kai, vor einem Portal aus behauenem, weißem Stein über einer niedrigen weißen Treppe.

All dies schien rasch auf mich zuzugleiten. Die ganze große Reede zur Rechten war ein einziges blaues Flimmern, und der dunkle, kühle Flur entzog mich der Hitze und dem blendenden Licht, die mir erst bewusst wurden, als ich eintrat.

Die breite Innentreppe schien sich von selbst meinen Füßen anzuschmiegen. Ein Kommando ist ein starker Zauber. Die ersten Menschen, die ich deutlich wahrnahm, seit ich mich von Kapitän Giles und seinem entrüsteten Rücken getrennt hatte, war die Mannschaft der Hafenbarkasse, die auf dem geräumigen Treppenabsatz vor dem von Vorhängen verdeckten Türbogen des Heuerkontors herumstand.

Und dort erlahmte mein Schwung. Die Amtsstubenluft würde alles töten, was in der Atmosphäre menschlichen Strebens lebt, die Übermacht von Papier und Tinte würde Hoffnung und Furcht gleichermaßen ersticken. Schwerfällig ging ich unter dem Vorhang hindurch, den der malaiische Bootsführer der Hafenbarkasse für mich beiseite schob. Im Kontor waren nur die Angestellten, die emsig, in zwei Reihen, schrieben. Aber der Erste Heuerbaas sprang von seinem erhöhten Platz herunter und eilte mir über die dicken Matten im breiten Mittelgang entgegen.

Er trug einen schottischen Namen, aber sein Gesicht war von kräftiger Olivenfarbe, sein kurzer Bart kohlschwarz, und die gleichfalls schwarzen Augen blickten sehnend. Er fragte vertraulich: »Möchten Sie ihn sprechen?«
Alles, was Körper und Geist beflügelt hatte, war erstorben, als ich die Amtsräume betrat. Ich sah den Heuerbaas lustlos an und fragte meinerseits unschlüssig »Was meinen Sie? Hat es Zweck?«
»Meine Güte! Er hat heute schon zweimal nach Ihnen gefragt.«
Dieser nachdrücklich betonte *er* war die oberste Autorität, der Schiffsinspektor, der Hafenmeister, eine überaus hohe Persönlichkeit in den Augen jedes einzelnen Federfuchsers im Raum. Aber das alles war nichts gegen die Überzeugung, die er selbst von seiner Größe hegte.
Kapitän Ellis betrachtete sich als eine Art göttliche – allerdings heidnische – Offenbarung, als Stellvertreter Neptuns für die umliegenden Gewässer. Wenn er auch nicht wirklich die Wogen beherrschte, so glaubte er doch, die Geschicke der Sterblichen zu regieren, deren Leben mit den Meeren verknüpft war.
Diese erhebende Illusion machte ihn unerbittlich streng und herrisch. Und da er ein reizbares Temperament besaß, fürchteten sich manche in der Tat vor ihm. Er war gefürchtet, nicht seines Amtes wegen, sondern ob seiner ungerechtfertigten Anmaßung. Bisher hatte ich nie etwas mit ihm zu tun gehabt.
Ich sagte: »Ach! Er hat schon zweimal nach mir gefragt. Dann gehe ich wohl besser hinein.«
»Das müssen Sie! Das müssen Sie!«
Der Heuerbaas führte mich beflissen um die ganze Pultreihe herum zu einer gewichtigen, hohen Tür, die er mit ehrerbietiger Armbewegung öffnete.
Er trat über die Schwelle – doch ohne die Klinke fahren zu lassen – und winkte mich, nachdem er ein Weilchen

respektvoll ins Zimmer gespäht hatte, mit einer schweigenden Kopfbewegung hinein. Dann schlüpfte er sogleich hinaus und schloss die Tür ganz leise hinter mir.
Drei hohe Fenster blickten zum Hafen. Doch man sah nur das dunkelblau glitzernde Wasser und das heller leuchtende Himmelsblau. In den Tiefen und Weiten dieser blauen Töne tauchte der weiße Fleck eines großen Schiffes auf, das gerade einlief und auf der Außenreede vor Anker gehen wollte. Ein Schiff aus der Heimat – vielleicht neunzig Tage unterwegs gewesen. Es hat etwas Rührendes an sich, wenn ein Schiff einläuft und seine weißen Flügel zu einer Ruhepause faltet.
Als Nächstes sah ich den silberweißen Haarschopf, der sich über dem glatten roten Gesicht von Kapitän Ellis wölbte, das man, wäre es nicht so frisch gewesen, für apoplektisch hätte halten können.
Unser stellvertretender Neptun trug keinen Kinnbart, auch war nirgendwo in einer Ecke ein Dreizack zu sehen, ein Schirm etwa. Aber er hielt eine Feder in der Hand, die Amtsfeder, die, mächtiger als das Schwert, über Wohl und Wehe von redlich sich plackenden Menschen entscheidet. Er sah über die Schulter, als ich näher trat.
Als ich in gehöriger Schussweite war, begrüßte er mich mit einem markerschütternden: »Wo sind Sie die ganze Zeit gewesen?«
Da es ihn nichts anging, ließ ich den Schuss völlig unbeachtet. Ich sagte nur, ich hätte gehört, dass ein Kapitän für ein Schiff gebraucht würde, und da ich ein Segelschiffsmann sei, hätte ich gedacht, ich könnte mich melden …
Er unterbrach mich: »Zum Teufel! Sie sind der richtige Mann dafür – und wenn es zwanzig andere gäbe. Doch keine Sorge. Alle haben sie Angst zuzugreifen. Das ist es nämlich.«

Er war ganz entrüstet. Ich sagte harmlos: »So? Warum wohl, Sir?«
»Warum?«, fauchte er. »Angst vorm Segeln. Angst vor der weißen Mannschaft. Zu viel Mühe. Zu viel Arbeit. Zu lange draußen hier. Im Liegestuhl faulenzen, das gefällt ihnen besser. Hier sitze ich mit der Kabeldepesche des Generalkonsuls, und der Einzige, der für den Posten infrage kommt, ist nirgends zu finden. Ich dachte schon, auch Sie wollten sich drücken ...«
»Es hat nicht lange gedauert, bis ich hier war«, bemerkte ich ruhig.
»Sie haben immerhin einen guten Namen hier«, knurrte er wütend, ohne mich anzusehen.
»Es freut mich sehr, das von Ihnen zu hören, Sir«, sagte ich.
»Ja. Aber Sie sind nicht da, wenn Sie gebraucht werden. Das ist es. Ihr Steward da hätte es nicht gewagt, eine Nachricht von diesem Amt nicht auszurichten. Wo zum Teufel haben Sie heute denn so lange gesteckt?«
Ich lächelte nur freundlich auf ihn herab, und er schien sich zu besinnen und bat mich, Platz zu nehmen. Er erklärte nun, dass der Kapitän des britischen Schiffes in Bangkok gestorben sei und der Generalkonsul ihm gekabelt habe, er solle einen fähigen Mann hinschicken, der das Kommando übernehmen könne.
Seiner Meinung nach war offenbar nur ich der Mann dafür, wenn auch die Nachricht an das Seemannsheim der Form halber allgemein gehalten war. Ein Vertrag war auch schon vorbereitet. Er gab ihn mir zum Lesen, und als ich ihn mit der Bemerkung zurückgab, dass ich mit den Bedingungen einverstanden sei, unterschrieb ihn der Stellvertreter Neptuns, stempelte ihn mit höchsteigener Hand, faltete ihn vierfach zusammen – es war ein Folioblatt blaues Kanzleipapier – und überreichte ihn mir: eine Gabe, die außerordentliche Wirksamkeit be-

saß, denn als ich sie in die Tasche steckte, wurde mir ein bisschen schwindlig.

»Das ist Ihre Ernennung zum Kapitän«, sagte er mit einer gewissen Feierlichkeit. »Eine offizielle Ernennung, und die Eigentümer haben sich an die Bedingungen zu halten, die Sie angenommen haben. Also, wann können Sie bereit sein?«

Ich sagte, falls nötig, könne ich noch am selben Tage bereit sein. Er nahm mich mit großer Bereitwilligkeit beim Wort. Der Dampfer *Melita* solle noch diesen Abend gegen sieben Uhr nach Bangkok auslaufen. Er werde den Kapitän in amtlicher Eigenschaft bitten, mich mitzunehmen und bis zehn Uhr auf mich zu warten.

Dann erhob er sich von seinem Amtssessel, und auch ich stand auf. Ich fühlte Schwindel, daran war nicht zu zweifeln, und die Glieder waren mir so schwer, als wären sie größer geworden, seit ich mich auf diesen Stuhl gesetzt hatte. Ich verbeugte mich vor ihm.

Kapitän Ellis' Benehmen veränderte sich nun kaum merklich, als hätte er den Dreizack als Stellvertreter Neptuns beiseite gelegt. Es war jedoch nur die Amtsfeder, die er beim Aufstehen hatte fallen lassen.

2

Er schüttelte mir die Hand: »Nun, jetzt sind Sie Ihr eigener Herr, offiziell ernannt auf meine Verantwortung.«

Er begleitete mich wirklich bis zur Tür. Wie lang der Weg mir schien! Ich bewegte mich wie unter Zwang. Aber schließlich standen wir vor der Tür. Ich öffnete sie mit dem Gefühl, dies alles müsse ein Traum sein, dann gewann im letzten Augenblick die Kameradschaft der Seeleute, die stärker ist als der Alters- und Rangunterschied, die Oberhand. Sie äußerte sich auch in Kapitän Ellis' Stimme.

»Auf Wiedersehen – und alles Gute für Sie«, sagte er so herzlich, dass ich ihn nur dankbar anblicken konnte. Dann drehte ich mich um und ging hinaus, um ihn nie wiederzusehen. Ich hatte noch keine drei Schritte ins Kontor draußen getan, als hinter meinem Rücken eine schroffe, laute, gebieterische Stimme erscholl, die Stimme unseres stellvertretenden Neptuns.

Sie galt dem Ersten Heuerbaas, der sich, nachdem er mich eingelassen hatte, offenbar nicht allzu weit entfernt hatte.

»Mr. R., die Hafenbarkasse soll Dampf aufmachen, um den Kapitän hier heute Abend halb zehn an Bord der *Melita* zu bringen.«

Ich wunderte mich, wie überrascht R. antwortete: »Ja, Sir.« Er eilte vor mir hinaus auf den Treppenabsatz. Meine neue Würde war mir noch ungewohnt, und ich begriff nicht gleich, dass mit dem Kapitän ich gemeint war, dem dieser letzte Gunstbeweis galt. Mir war zumute, als seien mir an den Schultern plötzlich Flügel gewachsen. Ich schwebte förmlich über den glänzenden Boden.

R. aber war sehr beeindruckt.

»Na so was!«, rief er im Treppenhaus, wo die malaiische Mannschaft der Hafenbarkasse herumstand und den Mann kalt musterte, um dessentwillen sie so lange im Dienst bleiben musste, der sie vom Spiel, von ihren Mädchen oder ihren rein häuslichen Freuden fern hielt. »Ich muss schon sagen! Seine eigne Barkasse! Was haben Sie mit ihm gemacht?«

Er starrte mich voller Respekt und Neugier an. Ich war ganz verwirrt.

»Galt das mir? Ich hatte keine Ahnung«, stotterte ich. Er nickte mehrmals. »Ja. Und der Letzte, der die Barkasse vor Ihnen gehabt hat, war ein Herzog. Jetzt wissen Sie's!«

Wahrscheinlich hätte ich nun auf der Stelle in Ohnmacht fallen sollen. Aber ich hatte gar keine Zeit, mich bewegt zu zeigen. Meine Gefühle befanden sich ohnehin in solchem Durcheinander, dass diese beeindruckende Mitteilung nichts mehr dazu beitragen konnte. Sie fiel in den siedenden Kessel meines Gehirns, und ich nahm sie mit fort nach einem kurzen, aber überschwänglichen Abschied von R.

Die Gunst des Großen wirft einen Strahlenkranz um das glückliche Geschöpf seiner Wahl. Dieser gute Mann fragte, ob er etwas für mich tun könne. Er kannte mich nur vom Sehen und wusste sehr wohl, dass er mich nie wiedersehen würde; ich war, zusammen mit den andern Seeleuten im Hafen, für einen Mann der Feder und der Tinte, der denen, die außerhalb der geheiligten Mauern der Amtsgebäude mit der Wirklichkeit ringen, künstlich überlegen ist, lediglich der Anlass zu amtlichem Schriftverkehr und auszufüllenden Formularen. Für ihn müssen wir geradezu körperlos gewesen sein! Lediglich Symbole, mit denen man in Büchern und gewichtigen Registern jonglierte, ohne Hirn und Muskeln und Nöte, etwas, was kaum nützlich und von entschieden untergeordneter Bedeutung war.

Und er wollte wissen, ob er etwas für mich tun könne; dabei waren seine Dienststunden zu Ende!

Eigentlich hätte ich zu Tränen gerührt sein müssen. Aber das kam mir nicht in den Sinn. Es war nur eine wunderbare Offenbarung mehr an diesem Tag der Wunder. Ich trennte mich von ihm, als wäre auch er nur ein Symbol. Ich schwebte die Treppen hinunter. Ich schwebte durch das imposante Amtsportal. Ich schwebte weiter und weiter.

Ich verwende lieber dieses Wort als das Wort ›flog‹, denn ich erinnere mich deutlich, dass meine Bewegungen ziemlich bedächtig waren, obwohl mich neue Jugendkraft erfüllte. Dem aus Weißen, Braunen und Gelben

zusammengesetzten Teil der Menschheit, der draußen seinen eigenen Angelegenheiten nachging, bot ich den Anblick eines Mannes, der recht gesetzt seinen Weg nahm. Aber für mein tiefes Losgelöstsein von allen Formen und Farben dieser Welt gab es keinen Ausdruck, Zerstreutheit wäre nicht richtig gewesen. Die Loslösung war sozusagen vollkommen.
Trotzdem erkannte ich plötzlich Hamilton. Ich erkannte ihn ohne Mühe, ohne Schrecken, ohne Verwunderung. Da ging er, schlenderte zum Hafenamt mit seinem steifen, arroganten Gehabe. Sein rotes Gesicht kündigte ihn schon von weitem an. Es flammte geradezu drüben auf der Schattenseite der Straße.
Auch er hatte mich bemerkt: Irgendetwas, vielleicht unbewusster Übermut, trieb mich dazu, ihm gönnerhaft zuzuwinken. Diese Taktlosigkeit beging ich, ehe mir klar wurde, dass ich einer solchen fähig war.
Meine Anmaßung erschütterte ihn derartig, dass er, wie von einer Kugel getroffen, stehen blieb. Ich glaube, er schwankte sogar, fiel aber, jedenfalls soviel ich sehen konnte, nicht um. Im nächsten Augenblick war ich an ihm vorbei und drehte mich nicht mehr um. Ich hatte seine Existenz vergessen.
Die nächsten zehn Minuten hätten zehn Sekunden oder zehn Jahrhunderte dauern können, es wäre mir nicht bewusst geworden. Wenn die Leute um mich her tot umgefallen, wenn Häuser zusammengestürzt und Kanonen losgegangen wären, ich hätte nichts davon gemerkt. Ich dachte nur: »Himmel, ich habe es bekommen!« Es war das Kommando. Und alles war in einer Weise zugegangen, wie ich sie in meinen bescheidenen Wachträumen nie erhofft hatte.
Ich begriff, dass meine Fantasie sich auf herkömmlichen Bahnen bewegt hatte und meine Hoffnungen stets armselig gewesen waren. Ein Kommando war für mich immer

eine Beförderung gewesen, am Ende einer langen Stufenleiter, die man im Dienst einer hoch angesehenen Firma erklimmen musste. Als Lohn für treue Dienste. Treue Dienste, gewiss. Die leistete man schon um seiner selbst willen, um des Schiffes willen, aus Liebe zu dem Lebensberuf, den man gewählt hatte, nicht um einer Belohnung willen.

Die Vorstellung einer Belohnung hat einen abscheulichen Beigeschmack.

Und nun hatte ich mein Kommando, hier in meiner Tasche, wirklich und wahrhaftig, wenn auch höchst unerwartet; meine Vorstellungen hatten nicht so weit gereicht, alle vernünftigen Erwartungen waren übertroffen; ich hatte mein Kommando, sogar einer heimlichen Intrige zum Trotz, die es vereiteln wollte. Es war zwar eine schwache Intrige gewesen, aber sie verstärkte das Gefühl von einem Wunder – als hätte eine höhere Macht, die über dem nüchternen Zusammenspiel der Kaufmannswelt waltete, mich persönlich für dieses Schiff ausersehen, das ich nicht kannte.

Allmählich durchdrang mich ein seltsames Triumphgefühl. Hätte ich für dieses Kommando zehn Jahre oder länger arbeiten müssen, wäre das Gefühl anders gewesen. Ein bisschen fürchtete ich mich.

»Wir wollen ganz ruhig sein«, sagte ich zu mir.

Am Offiziersheim schien der erbärmliche Steward vor der Tür auf mich zu warten. Ein paar breite Stufen führten hinauf, und er lief auf der obersten hin und her, als wäre er da angekettet. Ein unglücklicher Hund. Er sah aus, als könnte er nicht bellen, weil seine Kehle zu trocken war.

Leider muss ich sagen, dass ich stehen blieb, ehe ich hineinging. In meinem Charakter hatte sich eine Wandlung vollzogen. Er wartete mit offenem Mund, atemlos, während ich ihn ansah, eine halbe Minute lang.

»Und Sie glaubten, Sie könnten mich ausschalten«, bemerkte ich eisig.
»Aber Sie sprachen doch davon, nach Hause zu fahren«, japste er kläglich. »Sie haben es gesagt. Sie haben es gesagt.«
»Ich frage mich, was Kapitän Ellis von solcher Entschuldigung halten würde«, äußerte ich langsam und mit unheilvollem Unterton.
Sein Unterkiefer hatte schon die ganze Zeit gezittert, und seine Stimme klang wie das Meckern einer kranken Ziege. »Sie haben mich verraten? Sie haben mich ruiniert?«
Weder seine Verzweiflung noch deren bare Unvernunft konnten mich besänftigen. Es war das erste Mal, dass jemand mir Schaden zufügen wollte, jedenfalls merkte ich es zum ersten Mal. Und ich war noch zu jung, noch zu sehr diesseits der Schattenlinie, als dass mich solche Dinge nicht überrascht und verletzt hätten.
Ich sah ihn unverwandt an. Sollte der Bursche nur leiden. Er schlug sich vor die Stirn, und ich ging hinein, bis ins Speisezimmer von seiner schrillen Stimme verfolgt: »Ich hab immer gesagt, Sie würden mein Tod sein.«
Das Geschrei war mir nicht nur gefolgt, sondern gleichsam auf die Veranda vorausgeeilt und hatte Kapitän Giles herbeigelockt.
Er stand vor mir in der Tür mit der gewohnten gelassenen Überlegenheit. Die goldene Kette glitzerte auf seiner Brust. Die glimmende Pfeife hielt er fest in der Faust.
Ich streckte ihm lebhaft die Hand entgegen, was ihn zu überraschen schien, doch dann drückte er sie herzlich, leise lächelnd wie einer, der es besser weiß, was meine Dankesäußerungen sogleich wie abgeschnitten verstummen ließ. Ich glaube, ich brachte gerade ein Wort heraus. Und schon das eine – das machte mein heißes Gesicht deutlich – ließ mich erröten, als hätte ich etwas Schlech-

tes getan. Ich nahm einen gleichgültigen Ton an und wollte nun wissen, wie in aller Welt er habe ergründen können, was heimlich gespielt worden sei.
Er murmelte selbstzufrieden, dass sich in der Stadt kaum etwas Wichtiges ereigne, ohne dass er es wisse. Und in diesem Haus wohne er, mit Unterbrechungen, seit fast zehn Jahren. Seiner großen Erfahrung bleibe also nichts verborgen, was geschehe. Es habe ihn keine Mühe gekostet. Ganz und gar nicht.
Dann wollte er in seiner ruhigen, schwerfälligen Art wissen, ob ich mich offiziell über das Benehmen des Stewards beklagt hätte.
Ich sagte, das sei nicht geschehen, obwohl es an Gelegenheit dazu wirklich nicht gefehlt habe. Kapitän Ellis hätte sich in geradezu lächerlicher Weise darüber aufgeregt, dass ich nicht zu finden sei, wenn ich gebraucht würde.
»Komischer alter Herr«, warf Kapitän Giles ein. »Was haben Sie darauf geantwortet?«
»Ich habe nur gesagt, dass ich, sobald ich von seiner Nachricht gehört hätte, gekommen sei. Mehr nicht. Ich wollte den Steward nicht belasten. Ich fände es unter meiner Würde, einem solchen Menschen zu schaden. Nein, ich habe mich nicht beschwert, aber ich glaube, er denkt, ich habe es getan. Soll er's denken. Er hat einen Schreck bekommen, den er nicht so bald vergessen wird, denn Kapitän Ellis würde ihm einen solchen Tritt versetzen, dass er sich in Mittelasien wiederfände …«
»Einen Augenblick«, sagte Kapitän Giles und verließ mich plötzlich. Ich setzte mich, denn ich fühlte mich sehr müde, besonders mein Kopf war schwer. Ehe ich noch einen Gedanken fassen konnte, stand er wieder vor mir und murmelte entschuldigend, er habe zu dem Burschen gehen müssen, um ihn zu beruhigen.
Ich sah überrascht auf. Doch im Grunde war es mir gleichgültig. Er berichtete, er habe den Steward, das Ge-

sicht nach unten, auf dem Rosshaarsofa gefunden. Jetzt sei alles wieder in Ordnung.

»Er wäre schon nicht am Schreck gestorben«, sagte ich verächtlich.

»Nein. Aber er hätte eine Überdosis aus einem der Fläschchen in seinem Zimmer nehmen können«, versetzte Kapitän Giles ernst. »Der verdammte Narr hat einmal versucht, sich zu vergiften – vor ein paar Jahren.«

»Na so was!«, sagte ich ungerührt. »Er scheint wirklich nicht recht in die Welt zu passen.«

»Was das betrifft, so könnte man das von vielen sagen.«

»Übertreiben Sie doch nicht so!«, protestierte ich, gereizt lachend. »Aber was sollte wohl aus diesem Teil der Welt werden, wenn Sie sich nicht mehr darum kümmern würden, Kapitän Giles? An einem Nachmittag haben Sie mir ein Kommando verschafft und dem Steward das Leben gerettet. Es geht allerdings über meinen Verstand, warum Sie an uns beiden so viel Interesse nehmen.«

Kapitän Giles schwieg ein Weilchen.

Dann sagte er ernst: »Es ist eigentlich kein schlechter Steward. Jedenfalls versteht er es, einen guten Koch aufzutreiben. Mehr noch, wenn er ihn hat, dann versteht er auch, ihn zu halten. Ich weiß noch, was für Köche wir hier vor seiner Zeit hatten ...«

Ich muss wohl eine ungeduldige Bewegung gemacht haben, denn er unterbrach sich selbst mit einer Entschuldigung, dass er mich mit langen Reden aufhalte, während ich doch zweifellos meine Zeit brauche, um reisefertig zu werden.

Was ich wirklich brauchte, war vielmehr, eine Weile allein zu sein. Ich nutzte hastig die Gelegenheit. Mein Schlafzimmer war eine stille Zuflucht in einem anscheinend unbenutzten Flügel des Gebäudes. Da ich absolut nichts zu tun hatte – ich hatte meine Sachen noch gar nicht ausgepackt –, setzte ich mich aufs Bett und über-

ließ mich ganz den Einflüssen des Augenblicks. Den unerwarteten Einflüssen …
Als Erstes wunderte ich mich über meine Gemütsverfassung. Warum war meine Überraschung nicht größer? Warum? Ich wurde im Handumdrehen mit einem Kommando betraut, und das geschah nicht, wie es sonst üblich ist, sondern mehr wie durch Zauberei. Ich hätte starr sein müssen vor Staunen. Aber ich war's nicht. Es ging mir so wie den Leuten im Märchen. Die wundern sich auch über nichts. Wenn sich ein Kürbis in eine Galakutsche mit allem Drum und Dran verwandelt, um Aschenbrödel zu einem Ball zu fahren, verliert sie kein Wort. Sie steigt gelassen ein und fährt ihrem großen Glück entgegen.
Fast so unverhofft wie im Märchen hatte Kapitän Ellis – sozusagen als grimmige Fee – ein Kommando aus einer Schublade hervorgeholt. Aber ein Kommando ist ein abstrakter Begriff und erschien mir nur als eine Art ›kleineres Wunder‹, bis es mich plötzlich durchzuckte, dass es das konkrete Vorhandensein eines Schiffes einschloss.
Ein Schiff! Mein Schiff! Es war mein, ganz und ausschließlich mein, mir in Besitz und Obhut gegeben, es forderte Verantwortung und Hingabe. Es wartete auf mich, festgebannt, leblos, außerstande, sich zu regen, in die Welt hinauszugelangen, wie eine verzauberte Prinzessin – bis ich kommen würde. Wie aus den Wolken war sein Ruf zu mir gedrungen. Ich hatte von seiner Existenz nichts geahnt, wusste nicht, wie es aussah, kannte kaum seinen Namen, und doch waren wir für einen bestimmten künftigen Zeitraum auf Gedeih und Verderb unlöslich miteinander verbunden!
Plötzlich durchbrauste mich leidenschaftliche, sehnsüchtige Ungeduld, kam mir das Dasein so eindringlich zu Bewusstsein, wie ich es vorher oder nachher nie wieder empfunden hatte. Ich begriff, wie sehr ich Seemann war,

wie ausschließlich mein Herz, meine Sinne, auch mein Körper für Meer und Schiffe geschaffen waren; das Meer war die einzige Welt, die zählte, und die Schiffe waren der Prüfstein für Männlichkeit, Temperament, Mut und Treue – und Liebe.

Es war ein köstlicher Augenblick. Einzigartig. Ich sprang auf von meinem Platz und ging lange im Zimmer hin und her. Als ich aber dann das Speisezimmer betrat, hatte ich mich einigermaßen gefasst. Ich konnte nur zum Dinner nichts essen.

Als ich erklärte, dass ich nicht zum Hafen fahren, sondern zu Fuß gehen wolle, musste ich dem elenden Steward Gerechtigkeit widerfahren lassen, denn er kümmerte sich darum, für mein Gepäck ein paar Kulis aufzutreiben. Sie nahmen sich meiner ganzen irdischen Habe an, die sie an eine lange Stange hängten, ich trug nur ein bisschen Geld in der Tasche. Kapitän Giles wollte mich auf meinem Weg begleiten. Wir gingen durch die dunkle, schattige Allee auf der Promenade. Unter den Bäumen war es einigermaßen kühl. Plötzlich bemerkte Kapitän Giles lachend: »Ich weiß, wer sich jetzt riesig freut, Sie los zu sein.«

Ich glaubte, dass er den Steward meine. Der Bursche hatte sich mir gegenüber zuletzt trotzig-scheu benommen. Ich drückte meine Verwunderung darüber aus, dass er mir so grundlos hatte einen üblen Streich spielen wollen.

»Merken Sie denn nicht, dass er sich unsern Freund Hamilton vom Halse schaffen wollte, indem er ihm wegen des Postens keine Ruhe ließ. Er sollte ihn haben, nicht Sie. Da wäre er ihn für immer los gewesen, verstehen Sie?«

»Du lieber Himmel!«, rief ich, ein bisschen gedemütigt. »Ist das möglich? Wie dumm muss er denn sein! Dieser aufgeblasene, unverschämte Faulpelz! Wie? Er wäre nicht imstande … Aber beinahe hätte er's geschafft, glaube ich; denn das Hafenamt musste ja irgendjemand hinschicken!«

»Eben. Manchmal kann ein Dummkopf wie unser Steward gefährlich werden«, erklärte Kapitän Giles salbungsvoll. »Gerade weil er ein Dummkopf ist«, setzte er hinzu und erteilte weitere Lehren mit seiner selbstzufriedenen leisen Stimme. »Denn«, fuhr er fort wie bei einer unerschütterlichen Beweisführung, »kein vernünftiger Mensch würde es riskieren, aus der einzigen Stellung verjagt zu werden, die ihn vorm Verhungern bewahrt, bloß weil er etwas loswerden will, was ihn ärgert, ihn stört, nicht wahr?«

»Nein, kaum«, gab ich zu und unterdrückte das Verlangen, über den einigermaßen geheimnisvollen Ernst zu lachen, mit dem er die Schlussfolgerungen seiner Weisheit vortrug, als wären sie das Ergebnis verbotener Spekulationen. »Aber der Bursche sieht danach aus, als wäre er ziemlich verrückt. Er muss es sein.«

»Was das betrifft, so ist wohl jeder ein bisschen verrückt«, verkündete er gelassen.

»Sie meinen, ohne Ausnahme?«, forschte ich, bloß um seine Antwort zu hören.

Er schwieg kurz, aber seine Antwort traf mich dann gehörig.

»Je nun, Kent sagt das sogar von Ihnen.«

»Wirklich?«, entgegnete ich, plötzlich heftig erbittert über meinen früheren Kapitän. »Davon schreibt er aber nichts in dem Zeugnis, das ich in der Tasche habe. Hat er Ihnen irgendwelche Beispiele für meine Verrücktheit genannt?«

Kapitän Giles erklärte beschwichtigend, dass es sich nur um eine freundschaftliche Bemerkung gehandelt habe, die in Verbindung mit meinem so plötzlichen und offenbar grundlosen Abgang vom Schiff gefallen sei.

»Ach, weil ich sein Schiff verließ«, murrte ich ärgerlich und beschleunigte meine Schritte. In der tiefen Dunkelheit der Straße blieb er an meiner Seite, als wäre es seine Gewissenspflicht, mich als unerwünschte Person aus der Niederlassung zu geleiten. Er keuchte ein bisschen, was nun wieder Mitleid verdiente. Ich hatte aber keins. Im Gegenteil. Seine Mühe gewährte mir so etwas wie boshaftes Vergnügen.
Bald aber ließ ich mich erweichen, ging langsamer und sagte: »In Wahrheit wollte ich nur etwas Neues anfangen. Ich hielt es für an der Zeit. Ist das so verrückt?«
Er gab keine Antwort. Wir verließen nun die Allee. Auf der Kanalbrücke schien eine dunkle, unschlüssige Gestalt auf irgendetwas oder irgendjemand zu warten.
Es war ein malaiischer Polizist in seiner blauen Uniform, barfüßig. Die Silberlitze an seinem runden Käppchen schimmerte matt im Licht der Straßenlaterne. Er spähte zaghaft in unsere Richtung.
Ehe wir bei ihm waren, drehte er sich um und ging vor uns dem Anlegeplatz zu. Dieser war vielleicht einige hundert Yard entfernt, und bald fand ich meine Kulis, auf den Fersen hockend. Die Stange ruhte noch auf ihren Schultern, doch all meine irdische Habe, die an der Stange befestigt war, lag auf dem Boden zwischen ihnen. Weit und breit war auf dem Kai keine Menschenseele zu sehen außer dem eingeborenen Polizisten, der nun vor uns salutierte.
Offenbar hatte er die Kulis als verdächtige Subjekte angehalten und ihnen den Aufenthalt am Anlegeplatz verboten. Auf ein Zeichen von mir hob er jedoch das Verbot bereitwillig auf. Die beiden geduldigen Burschen standen gleichzeitig mit leisem Ächzen auf und trabten die Planken entlang, während ich mich anschickte, von Kapitän Giles Abschied zu nehmen, der mit einer Miene dastand, als nähere sich seine Mission ihrem Ende. Es

war nicht zu leugnen, dass er es war, der alles bewerkstelligt hatte. Während ich aber noch nach einem passenden Satz suchte, ließ er sich vernehmen: »Sicher werden Sie alle Hände voll zu tun haben, um Ordnung zu schaffen.«

Ich fragte ihn, warum er das glaube, und er antwortete, seiner allgemeinen Erfahrung nach sei das so. Schiff lange weg vom Heimathafen, Eigentümer durch Kabeldepesche nicht erreichbar, und der Einzige, der die Umstände erklären könne, tot und begraben.

»Und Sie selbst sind gewissermaßen ein Neuling im Geschäft«, schloss er, was nicht zu widerlegen war.

»Sie brauchen das nicht so nachdrücklich zu sagen. Ich weiß das nur zu gut. Ich wünschte bloß, Sie könnten mir, ehe ich gehe, noch ein bisschen was von Ihrer Erfahrung mitteilen. Da das aber nicht in zehn Minuten zu machen ist, frage ich Sie lieber gar nicht erst. Auch wartet die Hafenbarkasse dort schon auf mich. Aber ich werde mich erst ruhig fühlen, wenn ich mein Schiff im Indischen Ozean habe.«

Beiläufig bemerkte er, dass es von Bangkok bis zum Indischen Ozean ganz schön weit sei. Und wie ein schwaches Blinken aus einer dunklen Kabine ließ mich dieses Murmeln für einen Augenblick den breiten Insel- und Riffgürtel sehen, der zwischen dem fremden Schiff, das jetzt das meine war, und der Freiheit der großen Meere des Erdballs lag.

Aber ich empfand keine Furcht. Ich war zu der Zeit mit dem Archipel zur Genüge vertraut. Mit größter Geduld und Vorsicht würde ich schon mit dem zerklüfteten Gebiet, den schwachen Winden und den toten Gewässern fertig werden und mein Schiff dahin führen, wo es nach meinem Willen durch die starke Dünung segeln und dem starken Atem gleichmäßiger Winde lauschen würde; mein Schiff sollte fühlen, dass es ein freies, kraftvolleres Leben gab. Es würde ein langer Weg sein. Alle Wege sind lang, die zur Erfüllung eines Herzenswunsches führen. Doch diesen Weg sah ich berufsmäßig im Geist vor mir auf einer Karte, mit allen Komplikationen und Schwierigkeiten, dabei doch einfach genug. Man ist entweder Seemann oder ist es nicht. Und dass ich einer war, stand für mich fest.

Den Golf von Siam kannte ich allerdings nicht. Und das sagte ich Kapitän Giles. Ich machte mir allerdings keine großen Sorgen darüber. Der Golf gehörte ja zum gleichen Gebiet, dessen Eigenheiten ich kannte und dessen innerste Seele sich mir sozusagen offenbart zu haben schien in den letzten Monaten jenes Lebens, mit dem ich nun so plötzlich, wie man sich von einer netten Gesellschaft trennt, gebrochen hatte.

»Der Golf ... Seltsames Gewässer das«, sagte Kapitän Giles.

Das Wort ›seltsam‹ war in diesem Zusammenhang recht vage. Der Satz hörte sich an, als äußere ein vorsichtiger Mensch, der nicht der Verleumdung bezichtigt werden will, seine Meinung.

Ich erkundigte mich nicht näher, was denn daran so seltsam sei. Es war wirklich keine Zeit mehr dazu. Im letzten Augenblick jedoch äußerte er von sich aus eine Warnung.

»Was Sie auch tun, halten Sie sich östlich davon. Auf der westlichen Seite ist es zu dieser Jahreszeit gefährlich. Lassen Sie sich keinesfalls dorthin locken. Sie erleben dort nur Ärger.«

Ich bedankte mich für den Rat, obgleich ich mir kaum vorstellen konnte, was mich veranlassen sollte, mein Schiff zwischen die Strömungen und Riffe der malaiischen Küste zu steuern.

Fest und herzlich ergriff er meinen ausgestreckten Arm, und unsere Bekanntschaft endete jäh mit den Worten: »Gute Nacht.«

›Gute Nacht‹ war alles, was er sagte. Nicht mehr. Ich weiß nicht, was ich hatte sagen wollen, vor Überraschung verschluckte ich es jedenfalls, was es auch war. Ich räusperte mich leicht und rief dann mit beflissener Hast: »O ja, gute Nacht, Kapitän Giles, gute Nacht!«

Seine Bewegungen waren stets bedächtig, doch sein Rücken hatte sich schon ein Stück den verlassenen Kai hinunter entfernt, ehe ich mich zusammenriss, seinem Beispiel zu folgen, und mich dem Anlegeplatz zuwandte. Meine Bewegungen waren allerdings nicht langsam. Ich eilte die Stufen hinunter und sprang in die Barkasse. Kaum war ich im Heck gelandet, da schoss das kleine schlanke Fahrzeug auch schon mit einem plötzlichen Wirbeln der Schraube vom Ankerplatz davon, während der Dampf mittschiffs in raschen Stößen aus dem matt glänzenden Messingschornstein entwich.

Das laute Schäumen am Heck war der einzige Laut ringsum. Die Küste lag in tiefsten Schlummer versunken. Ich sah, wie die Stadt still und lautlos in der heißen Nacht entschwand, bis mich der plötzliche Anruf »Dampfboot ahoi!« herumfahren ließ. Wir waren dicht bei einem geisterhaften weißen Dampfer. Das Deck war erleuchtet, die Bullaugen ebenfalls. Dieselbe Stimme schrie herunter: »Ist das unser Passagier?«

»Ja«, gellte mein Ruf.

Die Mannschaft hielt sich offenbar in Bereitschaft. Ich hörte sie herumlaufen. Der Geist moderner Hast tat sich in den Befehlen kund: von »holt weiter ein das Kabel« bis zu »nieder die Steigleiter« und in der drängenden Aufforderung: »Beeilen Sie sich, Sir! Wir haben Ihretwegen schon drei Stunden verloren … Wir fahren sonst immer um sieben los, wissen Sie.«

Ich trat an Deck. »Nein, das weiß ich nicht«, sagte ich. Der Geist moderner Hast wurde durch einen dünnen Mann mit langen Armen und Beinen und kurz geschore-

nem, grauem Bart verkörpert. Seine magere Hand war heiß und trocken. Heftig erklärte er: »Ich will hängen, wenn ich noch fünf Minuten gewartet hätte – Hafenmeister hin oder her!«
»Das ist Ihre Sache«, sagte ich. »Ich habe Sie nicht gebeten, auf mich zu warten.«
»Sie erwarten hoffentlich kein Abendbrot«, sprudelte er hervor. »Das hier ist keine schwimmende Pension. Sie sind der erste Passagier, den ich je hatte, und ich hoffe bei Gott, Sie werden auch der Letzte sein.«
Auf diese gastfreundliche Äußerung gab ich keine Antwort, er erwartete auch keine, sondern stürzte auf die Brücke, um sein Schiff in Bewegung zu setzen.
In den vier Tagen, die ich an Bord war, gab er diese halb feindliche Haltung nicht auf. Sein Schiff war meinetwegen drei Stunden lang aufgehalten worden, und er konnte mir nicht verzeihen, dass ich keine würdigere Person war. Er sprach das zwar nicht offen aus, aber seine ärgerliche Verwunderung darüber verriet sich in allen seinen Reden.
Er war lächerlich.
Gleichzeitig war er ein viel erfahrener Mann, und das strich er gern heraus, doch konnte man sich keinen größeren Gegensatz zu Kapitän Giles vorstellen. Er hätte mich amüsiert, wenn mir der Sinn danach gestanden hätte. Aber das war nicht der Fall. Mir war zumute wie einem Liebhaber, der eine Begegnung herbeisehnt. Menschliche Feindseligkeit berührte mich nicht. Ich dachte an mein unbekanntes Schiff. Mehr Unterhaltung, mehr Qual, mehr Beschäftigung brauchte ich nicht.
Er merkte, in welcher Verfassung ich mich befand, denn sein Verstand war scharf genug dazu, und machte sich heimlich über meine Versunkenheit lustig, wie es hässliche, zynische alte Männer tun, wenn sie die Träume und Illusionen der Jugend verspotten. Ich meinerseits

vermied es, ihn zu fragen, wie mein Schiff aussehe, obwohl ich wusste, dass er ungefähr jeden Monat einmal in Bangkok war und es kennen musste. Über das Schiff – mein Schiff – wollte ich aber keine abschätzige Bemerkung hören.

In meinem Leben war er der erste Mann, der keinerlei Teilnahme kannte. Ich musste noch viel dazulernen, doch das wusste ich nicht. Nein, ich wusste es nicht.

Ich wusste nur, dass er mich nicht leiden mochte und Missachtung für mich hegte. Warum? Wahrscheinlich, weil sein Schiff drei Stunden hatte auf mich warten müssen. Wer war ich denn, dass Derartiges für mich geschehen musste? Ihm selbst war dergleichen nie widerfahren. Es war so etwas wie eifersüchtige Erbitterung.

Meine mit Furcht gemischten Erwartungen waren aufs Höchste gespannt. Wie langsam verstrichen die Tage der Fahrt, und wie schnell waren sie vorüber. Eines frühen Morgens passierten wir die Barre, und während die Sonne strahlend über dem flachen Landstrich aufging, dampften wir die unzähligen Windungen des Flusses hinauf, glitten unter dem Schatten der großen vergoldeten Pagode dahin und befanden uns in den Außenbezirken der Stadt.

An beiden Ufern breitete sich die orientalische Hauptstadt aus, die noch keinen weißen Eroberer hatte erdulden müssen. Weithin zogen sich braune Häuser aus Bambusrohr, Matten oder Blättern, eine Bauweise, die sich der dem braunen Erdreich an den Ufern des schlammigen Flusses entsprießenden Pflanzenstoffe bediente. Der Gedanke, dass in dieser riesigen Ansammlung menschlicher Behausungen wahrscheinlich keine sechs Pfund Nägel steckten, war überwältigend. Manche dieser Häuser aus Stangen und Binsen klebten wie die Nester von Wasservögeln an den niedrigen Ufern. Andere schienen aus dem Wasser zu wachsen; andere wieder schwammen mitten im Strom, in langen Reihen verankert. Hier und da erhoben sich in der Ferne über dem zusammengedrängten Haufen niedriger brauner Dachfirste die Umrisse großer Steinmassen, der Königspalast und die Tempel, prunkvoll und baufällig, zerbröckelnd unter dem grellen, unbarmherzigen, fast greifbaren senkrechten Sonnenlicht, das mit jedem Atemzug durch die Nase in die Brust und durch alle Poren in die Glieder zu dringen schien.

Das lächerliche Opfer der Eifersucht hatte aus irgendeinem Grunde gerade die Maschinen stoppen lassen. Der Dampfer trieb langsam mit der Flut den Fluss hinauf. Ohne auf meine neue Umgebung zu achten, ging ich in unruhiger, dumpfer Zerstreutheit an Deck umher, halb in romantischer Träumerei, halb in einer höchst nüchternen Bestandsaufnahme meiner Fähigkeiten befangen. Denn jetzt war der Zeitpunkt für mich gekommen, mein Kommando anzutreten und in einer letzten Prüfung zu beweisen, was ich in meinem Beruf taugte.

Plötzlich wurde ich von jenem Einfaltspinsel angerufen. Er winkte mich auf die Brücke hinauf.

Ich hatte zwar keine große Lust dazu, doch da er mir vielleicht etwas Besonderes zu sagen hatte, stieg ich die Treppe hinauf.

Er legte mir die Hand auf die Schulter, drehte mich leicht zur Seite und wies mit dem andern Arm hinaus.

»Da! Da ist Ihr Schiff, Kapitän«, sagte er. Ich fühlte einen dumpfen Stoß in der Brust – nur einen, als hätte mein Herz damit aufgehört zu schlagen. Zehn Schiffe oder mehr lagen vertäut am Ufer, aber das eine, das er meinte, war zum Teil meinem Blick verborgen durch das Achterschiff des nächsten Schiffes. Er sagte: »Wir werden gleich an ihm vorbeitreiben.«

Was lag in seinem Ton? Spott? Drohung? Oder Gleichgültigkeit? Ich wusste es nicht. Vermutlich lag in der unerwartet geäußerten Teilnahme ein Teil Bosheit verborgen.

Er verließ mich, und ich lehnte mich an die Reling der Brücke und sah über Bord. Ich wagte die Augen nicht zu heben. Doch es musste ja sein, ich hätte dem nicht ausweichen können. Ich glaube, ich zitterte.
Sobald aber meine Augen auf dem Schiff ruhten, schwanden alle meine Ängste. Sie verflogen so rasch wie ein böser Traum. Ein Traum hinterlässt allerdings kein Schamgefühl, aber ich empfand einen Augenblick lang Scham über mein unwürdiges Misstrauen.
Ja, da lag es. Der Rumpf, die Takelage waren geradezu eine Augenweide. Das Gefühl der Lebensleere, das mich in den letzten Monaten gequält hatte, verlor seinen bitteren Geschmack, sein schädlicher Einfluss löste sich in einem Strom freudiger Erregung.
Auf den ersten Blick erkannte ich, dass es ein erstklassiges Schiff war, harmonisch in den Linien des schönen Schiffskörpers, im Ebenmaß der hohen, schlanken Rundhölzer. Wie alt es auch sein oder was hinter ihm liegen mochte, es trug immer noch den Stempel seiner Herkunft. Es war eins von den Fahrzeugen, deren Grundriss und letzte Vollendung kein Alter verraten. Unter den am Ufer vertäuten Gefährten, die sämtlich größer waren, wirkte es wie ein reinrassiges Geschöpf – ein Araberross unter einer Herde von Karrengäulen.
Hinter mir bemerkte eine Stimme in unangenehmem, zweideutigem Ton: »Ich hoffe, Kapitän, Sie sind mit ihm zufrieden.« Ich drehte nicht einmal den Kopf. Es war der Kapitän des Dampfers; was er auch meinte oder von dem Schiff dachte, ich wusste, dass es wie manche Frauen zu den Geschöpfen gehörte, deren bloßes Vorhandensein schon selbstloses Entzücken weckt. Man fühlt, dass es gut ist in einer Welt, zu der es gehört.
Die Illusion eines eigentümlichen Lebens, die uns an den schönsten menschlichen Schöpfungen entzückt, strahlte von ihm aus. Ein riesiger Teakholzbalken schwebte über

dem Lukenschacht, ein lebloser Gegenstand, schwerer und größer als alles andere an Bord. Als man begann, den Balken hinunterzulassen, ließ das zurückgleitende Takel das Schiff von der Wasserlinie bis zu den feinen Verästelungen der Takelage erbeben, als schaudere ihm vor dem Gewicht. Es so zu beladen schien grausam …

Als ich eine halbe Stunde später meinen Fuß zum ersten Mal an Deck setzte, erfuhr ich das Gefühl tiefer körperlicher Befriedigung. Nichts kam der Erfüllung dieses Augenblickes gleich, der höchsten Vollkommenheit dieses Gefühlserlebnisses, das mir ohne die Mühsal und die Enttäuschungen einer gewöhnlichen Laufbahn zuteil geworden war.

Mein Blick glitt rasch über das Schiff, umfasste es, ergriff Besitz von den Linien, die den abstrakten Gedanken meines Kommandos verkörperten. Viele Einzelheiten, die ein Seemann wahrnimmt, fielen mir in dieser Sekunde ins Auge. Im Übrigen sah ich mein Schiff frei von den Notwendigkeiten seines Daseins. Das Ufer, an dem es vertäut lag, war wie nicht vorhanden. Was bedeuteten mir alle Länder der Erde? In allen Teilen der Welt, die schiffbare Gewässer umspülen, würde unsere Beziehung zueinander die Gleiche bleiben – enger, als alle Worte es ausdrücken können. Jede Landschaft, jedes Ereignis musste dagegen wie vorüberziehende Bilder anmuten. Selbst der Haufen der um die Großluke beschäftigten gelben Kulis war weniger wirklich als der Stoff, aus dem die Träume sind. Denn wer würde schon von Chinesen träumen? …

Ich ging nach achtern und stieg auf das Achterdeck, wo unter dem Sonnensegel das Messing der jachtähnlichen Fittings, die polierten Flächen der Reling, das Glas der Deckslichter blinkte. Ein Stück weiter waren zwei Matrosen eifrig beim Putzen der Ruderanlage, wobei kleine Lichtreflexe lustig über ihre gebeugten Rücken spielten;

sie arbeiteten weiter, ohne mich und den fast liebevollen Blick zu bemerken, den ich ihnen im Vorbeigehen zuwarf, als ich auf den Niedergang zur Kajüte zuschritt.
Die Türen standen weit offen, die Kappe war ganz zurückgeschoben. Durch die halbe Wendung der Treppe lag die Kajüte mit ihrem Vorraum verborgen. Leises Summen drang herauf, verstummte jedoch jäh beim Geräusch meiner Schritte, als ich hinunterstieg.

3

Das Erste, was ich unten sah, war ein menschlicher Oberkörper, der mit dem Rücken gleichsam aus einer Tür am Treppenfuß hervorschoss. Seine Augen sahen mich groß und sanft an. In der einen Hand hielt er einen Teller, in der anderen ein Tuch.
»Ich bin Ihr neuer Kapitän«, sagte ich ruhig.
Augenblicklich ließ er Teller und Tuch sein und sprang herzu, um die Kajütentür zu öffnen. Er verschwand, sobald ich die Kajüte betreten hatte, erschien jedoch im Nu wieder und knöpfte eine Jacke zu, die er sich mit der Schnelligkeit eines Verwandlungskünstlers angezogen hatte.
»Wo ist der Erste Steuermann?«, fragte ich.
»Ich glaube, im Laderaum, Sir. Ich sah ihn vor zehn Minuten die achtere Luke hinuntersteigen.«
»Sagen Sie ihm, dass ich an Bord bin.«
Der Mahagonitisch unter dem Deckslicht blinkte im Halbdunkel wie ein schwärzlicher Teich. Das Büfett hatte eine Marmorplatte, darüber hing ein breiter Spiegel in vergoldetem Rahmen. Auf der Platte standen zwei silberplattierte Lampen und einiges andere – offenbar sollte damit im Hafen geprunkt werden. Die Kajüte war mit

zwei verschiedenen Hölzern getäfelt, in dem einfachen, aber vorzüglichen Geschmack, der damals herrschte, als das Schiff gebaut wurde.
Ich setzte mich in den Lehnstuhl am Kopfende des Tisches, in den Kapitänsstuhl, über dem ein kleiner Deckenkompass schwang – ein stummer Mahner zu unablässiger Wachsamkeit.
Eine Reihe von Männern war einander auf diesem Stuhl gefolgt. Das wurde mir plötzlich lebhaft bewusst, als hätte ein jeder etwas von sich in diesen vier getäfelten Schottwänden zurückgelassen, als hätte ein gemeinsamer Geist, der Kapitänsgeist, dem meinen plötzlich etwas von langen Tagen auf See und sorgenvollen Augenblicken zugeflüstert.
›Auch du‹, schien er zu sagen, ›auch du sollst den Frieden kennen lernen und die Unruhe, wenn du dich selbst erforschst – einsam wie wir und doch erhaben im Angesicht aller Winde und Wellen, vor einer Unendlichkeit, die nichts beeindruckt, die keine Erinnerung bewahrt und keine Rechenschaft von Menschenleben gibt.‹
Im Hintergrund des angelaufenen vergoldeten Spiegelrahmens sah ich im heißen Zwielicht, das durch das Sonnensegel sickerte, mein eigenes Gesicht, in beide Hände gestützt. Und ich starrte mich an, durch die Entfernung losgelöst von mir, mehr von Neugierde als einem anderen Gefühl beherrscht, vielleicht war noch etwas Teilnahme dabei für diesen Mann, der gewissermaßen der letzte Vertreter einer Dynastie war, die zwar nicht durch Blutsverwandtschaft fortdauert, sondern durch Erfahrung, Erziehung, Pflichtgefühl und die wohltuende Schlichtheit überkommener Lebensanschauung.
Da kam mir der Gedanke, dass dieser still starrende Mann, den ich beobachtete, als wäre er gleichzeitig ich selbst und ein anderer, nicht wirklich einsam war. Er hatte seinen Platz unter Männern, die er nicht kannte,

von denen er nie gehört hatte, die jedoch von den gleichen Mächten geformt waren und deren Inneres in Bezug auf ihr bescheidenes Lebenswerk keine Geheimnisse für ihn barg.
Plötzlich bemerkte ich, dass noch ein anderer Mann in der Kajüte war, er stand etwas abseits und musterte mich eindringlich. Der Erste Steuermann. Sein Gesicht, das von einem langen roten Schnurrbart geprägt wurde, mutete mich sonderbarerweise erschreckend streitsüchtig an.
Wie lange hatte er da schon gestanden und mich in meinem heimlichen Wachtraum beobachtet? Meine Verwirrung wäre größer gewesen, hätte ich nicht bemerkt, dass der große Zeiger der Uhr, oben im Spiegelrahmen direkt vor mir, kaum weitergerückt war.
Ich konnte nicht länger als insgesamt zwei Minuten in der Kajüte gewesen sein. Vielleicht drei ... Also konnte er mich höchstens sekundenlang beobachtet haben, zum Glück. Dennoch bedauerte ich den Vorfall.
Ich ließ mir aber nichts anmerken, als ich mich gemächlich erhob – so musste es sein – und ihn äußerst freundlich begrüßte.
In seinem Wesen lag etwas von Widerstreben und zugleich Entgegenkommen. Sein Name war Burns. Wir verließen die Kajüte und machten zusammen die Runde durch das Schiff. Im hellen Tageslicht wirkte sein Gesicht recht angegriffen, mager, ja sogar abgezehrt. Ich scheute mich aus irgendeinem Grund, ihn allzu oft anzusehen; seine Augen dagegen hingen förmlich an meinem Gesicht. Sie waren grünlich und blickten erwartungsvoll.
Er beantwortete alle meine Fragen recht prompt, doch schien mir ein unwilliger Ton mitzuschwingen. Der Zweite Steuermann war mit einigen Matrosen vorn beschäftigt. Der Erste nannte seinen Namen, und ich nickte ihm im Vorbeigehen zu. Er war sehr jung. Er kam mir reichlich ungelenk vor.

Als wir wieder unten waren, setzte ich mich ans Ende eines breiten, halbkreisförmigen oder vielmehr halbovalen, mit rotem Plüsch bezogenen Sofas. Es nahm die ganze Rückseite der Kajüte ein. Mr. Burns, durch eine Handbewegung aufgefordert, Platz zu nehmen, ließ sich in einen der Drehstühle am Tisch fallen und sah mich weiter beharrlich mit dem sonderbaren Ausdruck an, als sei dies alles nicht wirklich und ich würde aufstehen, in Lachen ausbrechen, ihm auf den Rücken klopfen und aus der Kajüte verschwinden.
Es herrschte eine eigentümliche Spannung, sodass mir unbehaglich zumute wurde. Ich suchte dieses unklare Gefühl abzuschütteln.
›Es ist nur meine Unerfahrenheit‹, dachte ich.
Im Gesicht des Mannes vor mir, der mehrere Jahre älter sein musste als ich, erkannte ich etwas, was ich schon hinter mir gelassen hatte – meine Jugend. Das war freilich nur ein schwacher Trost. Jugend ist etwas Schönes, eine gewaltige Kraft – solange man nicht darüber nachdenkt. Ich fühlte mich von Selbsterkenntnis durchdrungen. Fast gegen meinen Willen nahm ich eine gemessene Würde an. »Ich sehe, Sie haben das Schiff recht gut in Ordnung gehalten, Mr. Burns«, sagte ich.
Kaum hatte ich diese Worte gesprochen, da fragte ich mich ärgerlich, warum zum Teufel ich das sagen musste. Mr. Burns antwortete darauf nur mit Blinzeln. Was in aller Welt sollte das heißen?
Ich nahm meine Zuflucht zu einer Frage, die mich schon lange beschäftigt hatte – einer ganz natürlichen Frage aus dem Munde jedes Seemanns, der ein Schiff betritt. Ich stellte sie – zum Kuckuck mit dieser Schwäche – in heiterem Ton, der unbefangen sein sollte: »Es ist wohl ein schnelles Schiff?«
Auf eine solche Frage hätte man nun entweder mit entschuldigendem Unmut oder auch mit sichtbar unterdrück-

tem Stolz antworten können: »Ich will nicht prahlen, aber Sie werden ja sehen.« Mancher Seemann hätte auch derb herausplatzen können: »Faules Luder« oder, offenkundig entzückt: »Schnell wie der Blitz.« Vier Methoden, zweierlei auszudrücken.

Mr. Burns kannte jedoch noch eine andere – seine eigene –, die jedenfalls, wenn keinen anderen, den einen Vorteil hatte, dass er Atem sparte.

Er sagte wieder einmal nichts. Er runzelte nur die Stirn. Und es war ein ärgerliches Stirnrunzeln. Ich wartete. Doch nichts folgte.

Was ist los? Können Sie nichts darüber sagen, nachdem Sie fast zwei Jahre auf dem Schiff sind?« Meine Worte klangen scharf.

Er sah einen Augenblick erschrocken aus, als sei ihm meine Gegenwart gerade erst bewusst geworden. Doch er fasste sich sogleich wieder. Er setzte eine gleichgültige Miene auf. Dann hielt er es offenbar für besser, etwas zu sagen. Ein Schiff müsse, genau wie ein Mensch, Gelegenheit haben zu zeigen, was in ihm stecke, äußerte er, doch dieses Schiff habe, solange er an Bord sei, keine Gelegenheit dazu gehabt. Nicht dass er wüsste. Der letzte Kapitän … Er verstummte.

»Hat er denn so viel Pech gehabt?«, fragte ich, offenkundig ungläubig. Mr. Burns wandte die Augen von mir. Nein, Pech habe der letzte Kapitän nicht gehabt. Das könne man nicht sagen. Aber sein Glück habe er wohl auch nicht nutzen wollen. Mr. Burns – ein Mensch von rätselhaftem Gemüt – erklärte dies mit unbewegtem Gesicht und starrte unverwandt auf den Ruderkoker. Die Worte enthielten eine unklare Andeutung.

»Wo ist er gestorben?«, fragte ich ruhig.

»In dieser Kajüte. Da, wo Sie gerade sitzen«, antwortete Mr. Burns.

Ich unterdrückte ein törichtes Verlangen aufzuspringen, aber es erleichterte mich immerhin zu hören, dass er

nicht in der Koje gestorben war, in der ich jetzt schlafen sollte. Ich bedeutete dem Steuermann, eigentlich wolle ich wissen, wo er den früheren Kapitän bestattet habe.
Das sei am Zugang zum Golf geschehen, sagte Mr. Burns. Ein geräumiges Grab; die Antwort hätte genügt. Doch der Steuermann, der sichtlich etwas überwand – vielleicht ein wunderliches Widerstreben, an meine Ankunft zu glauben, sie jedenfalls als unwiderrufliche Tatsache gelten zu lassen, beließ es nicht dabei, wenn es ihm anders auch lieber gewesen wäre.
Wahrscheinlich um seine Gefühle zu beschwichtigen, richtete er seine Worte beharrlich an den Ruderkoker, sodass er auf mich wie ein Mann wirkte, der – allerdings halb unbewusst – Selbstgespräche hält.
Seiner Erzählung nach hatte er bei sieben Glasen in der Vormittagswache die Mannschaft auf dem Achterdeck versammelt und allen gesagt, sie sollten hinuntergehen und Abschied nehmen vom Kapitän.
Diese Worte, widerwillig geäußert, als spräche er zu einem Eindringling, genügten, um mir die seltsame Szene lebhaft vor Augen zu rufen. Die barfüßigen, barhäuptigen Matrosen, die sich scheu in die Kajüte schieben, ein Häuflein, das sich ans Büfett drückt und eher Unbehagen als Rührung empfindet, das Hemd offen über der sonnenverbrannten Brust, wetterharte Gesichter, und alle starren mit dem gleichen ernsten, erwartungsvollen Ausdruck auf den Sterbenden.
»War er bei Bewusstsein?«, fragte ich.
»Er sprach nicht, aber er wandte ihnen die Augen zu und sah sie an«, sagte der Steuermann.
Nach einem Weilchen bedeutete Mr. Burns der Mannschaft, die Kajüte zu verlassen, die zwei Ältesten jedoch sollten beim Kapitän bleiben, während er mit dem Sextanten an Deck ging, um ›die Sonne zu schießen‹. Es ging auf Mittag zu, und er wollte die Breite gern genau

bestimmen. Als er wieder hinunterging, um den Sextanten fortzuräumen, bemerkte er, dass die beiden Männer sich in den Vorraum zurückgezogen hatten. Durch die offene Tür sah er den Kapitän leicht zurückgesunken in den Kissen liegen. Er war ›hinübergegangen‹, während Mr. Burns seine Beobachtung machte. Fast genau zur Mittagszeit. Er hatte seine Lage kaum verändert.

Mr. Burns seufzte, blickte mich forschend an, als wolle er sagen: ›Gehen Sie denn noch nicht?‹, kehrte dann mit seinen Gedanken vom neuen zum alten Kapitän zurück, der, weil er tot war, keine Befehlsgewalt mehr besaß, niemandem im Wege war und mit dem man viel leichter fertig werden konnte.

Mr. Burns erzählte nun ausführlicher von ihm. Er war ein sonderbarer Mann gewesen – ungefähr fünfundsechzig –, eisengrau, mit harten Zügen, eigensinnig und verschlossen. Aus unerforschlichen Gründen ließ er das Schiff meist auf See umherlungern. Manchmal kam er nachts an Deck, ließ einige Segel wegnehmen, nur Gott mochte wissen, wozu und warum, ging dann wieder hinunter, schloss sich in seiner Kammer ein und spielte stundenlang auf der Geige, etwa bis zum Morgengrauen. Ob Tag oder Nacht, er verbrachte tatsächlich die meiste Zeit damit, Geige zu spielen. Das heißt, wenn ihn die Laune ankam. Und laut spielte er auch.

Eines Tages nun nahm Mr. Burns allen Mut zusammen und machte dem Kapitän ernstlich Vorhaltungen. Weder er noch der Zweite Steuermann könnten in ihrer Freiwache wegen des Lärms unten ein Auge zutun. Wie sollten sie denn da im Dienst munter bleiben?, fragte er eindringlich. Die Antwort des hartherzigen Mannes lautete, wenn ihn und den Zweiten Steuermann der Lärm störe, dann könnten sie gern ihre Siebensachen packen und verschwinden. Als dies vorgeschlagen wurde, war das Schiff gerade sechshundert Meilen vom nächsten Land entfernt.

Hierbei sah mich Mr. Burns mit forschendem Blick an. Allmählich hielt ich meinen Vorgänger für einen überaus sonderbaren alten Mann.
Aber ich sollte noch seltsamere Dinge zu hören bekommen. Es stellte sich heraus, dass dieser hartherzige, grimmige, luftgebräunte, raue, erfahrene, wortkarge Seemann von fünfundsechzig Jahren nicht nur Künstler, sondern auch Liebhaber war. Als sie nach mehreren sehr wenig einträglichen Irrfahrten – zweimal hätten sie das Schiff dabei fast verloren – in Hai-phong waren, brachte er es fertig, sich, wie Mr. Burns es ausdrückte, mit einer Frau ›einzulassen‹. Näheres wusste Mr. Burns nicht von der Geschichte, doch ein sicherer Beweis dafür war eine Fotografie, in Hai-phong aufgenommen. Mr. Burns hatte sie in einer Schublade in der Kammer des Kapitäns gefunden.
Auch mir kam eines Tages dieses erstaunliche menschliche Dokument zu Gesicht – ich warf es später sogar über Bord –: Er saß da, die Hände auf die Knie gestützt, kahl, untersetzt, grau, borstig, irgendwie erinnerte er an ein Wildschwein, und neben ihm ragte eine fürchterliche weiße Frau auf, ältlich, mit raubgierigen Nasenlöchern und einem gemeinen, unglückverheißenden Ausdruck in den übergroßen Augen. Sie war mit einem scheußlichen halb orientalischen Fantasiegewand bekleidet. Sie sah aus wie ein billiges Medium oder wie eine von denen, die für eine halbe Krone aus den Karten lesen. Und doch wirkte sie eindrucksvoll. Eine berufsmäßige Taschenspielerin aus den Spelunken. Es war unfassbar. Der Gedanke, dass sie der letzte Abglanz aus der Welt der Leidenschaften für die ungestüme Seele war, die einen aus dem sardonischen, wilden Gesicht des alten Seemanns anzublicken schien, barg etwas Schreckliches. Wie ich bemerkte, hielt sie jedoch ein Musikinstrument – eine Gitarre oder Mandoline – in der Hand. Vielleicht lag darin das Geheimnis ihres Zaubers.

Für Mr. Burns war diese Fotografie die Erklärung dafür, warum das Schiff, das seine Ladung gelöscht hatte, drei Wochen in einem verpesteten, erstickend heißen Hafen schmachtend vor Anker liegen musste. Sie lagen da und schnappten nach Luft. Der Kapitän, der ab und zu an Bord kam, murmelte Mr. Burns unglaubwürdige Geschichten von Briefen zu, auf die er warte.
Nachdem er eine Woche lang verschwunden gewesen war, kam er eines Mitternachts plötzlich an Bord und ging mit dem ersten Morgengrauen in See. Bei Tageslicht erwies es sich, wie seltsam und krank er aussah. Zwei Tage brauchten sie, um nur von Land freizukommen, dabei streiften sie irgendwie auch leicht ein Riff. Es entstand jedoch kein Leck, und nachdem der Kapitän gebrummt hatte: »Es ist nichts«, ließ er Mr. Burns wissen, dass er sich entschlossen hätte, das Schiff nach Hongkong ins Trockendock zu bringen.
Diese Mitteilung stürzte Mr. Burns in Verzweiflung. Denn gegen einen heftigen Monsun nach Hongkong aufzukreuzen, mit einem Schiff, dem es an Ballast fehlte und das seinen Wasservorrat nicht aufgefüllt hatte, war wirklich ein wahnwitziger Plan. Aber der Kapitän knurrte verbissen: »Es bleibt dabei«, und Mr. Burns, erschrocken und voll Wut, blieb dabei und hielt durch, während die Segel in Fetzen gingen, die Spieren fast brachen, die Mannschaft bis zum Umfallen gejagt wurde – fast rasend und der felsenfesten Überzeugung, dass der Versuch vergeblich sein und mit einer Katastrophe enden musste.
Der Kapitän hockte indessen in seiner Kajüte, fest in eine Sofaecke gedrückt, um den närrischen Sprüngen seines Schiffes standzuhalten, und spielte auf der Geige – oder kratzte jedenfalls unablässig darauf herum.
Wenn er an Deck erschien, sagte er nichts, und wenn er angesprochen wurde, antwortete er nicht immer. Offen-

sichtlich war er auf eine rätselhafte Weise krank, und es ging allmählich zu Ende mit ihm.
Im Verlauf der Tage wurden die Geigentöne leiser und leiser, bis schließlich nur noch ein schwaches Kratzen an Mr. Burns' Ohr drang, als er in der Kajüte stand und vor der Kapitänskammer lauschte.
Eines Nachmittags stürzte er völlig verzweifelt in diese Kammer und führte eine regelrechte Szene auf, raufte sich das Haar und fluchte dermaßen fürchterlich, dass er den trotzigen Geist des Kranken wanken machte. In den Tanks sei nicht mehr viel Wasser, und sie hätten in vierzehn Tagen keine fünfzig Meilen hinter sich gebracht. Das Schiff würde nie bis nach Hongkong kommen.
Für das Schiff und die Männer war es gleichsam ein verzweifelter Kampf gegen die Vernichtung. Das war ohne Worte klar. Mr. Burns verlor alle Beherrschung, schob sein Gesicht dicht vor das des Kapitäns und brüllte geradezu: »Sie werden diese Welt bald verlassen, Sir! Doch ich kann nicht warten, bis Sie tot sind, ehe ich den Kurs ändere. Sie müssen es selbst tun! Und Sie müssen es jetzt tun!«
Der Mann auf dem Sofa knurrte verächtlich: »Ich verlasse also diese Welt, was?«
»Ja, Sir, lange wird's nicht mehr dauern«, sagte Mr. Burns, schon ruhiger. »Man sieht's Ihnen am Gesicht an.«
»Am Gesicht? … Gut, ändern Sie den Kurs, und scheren Sie sich zum Teufel!«
Mr. Burns schoss an Deck, brachte das Schiff vor den Wind, dann kehrte er zurück, gefasst, aber entschlossen.
»Ich habe Kurs auf Pulo Condor genommen, Sir«, sagte er. »Wenn wir das schaffen und Sie sind noch bei uns, dann werden Sie mir sagen, in welchen Hafen ich das Schiff bringen soll, und ich werde es tun.«
Der alte Mann sah ihn mit wildem Hass an und äußerte in unversöhnlichem, langsamem Ton die abscheulichen

Worte: »Wenn es nach mir ginge, würde weder das Schiff noch irgendeiner von euch je wieder einen Hafen sehn. Ich kann nur hoffen, dass es so kommt!«

Mr. Burns war äußerst betroffen. Ich glaube, er war damals geradezu entsetzt. Es gelang ihm aber wohl, ein so echtes Lachen anzuschlagen, dass der alte Mann nun seinerseits erschrak. Er schrumpfte in sich zusammen und drehte ihm den Rücken zu.

»Und damals war er noch bei Verstand«, versicherte Mr. Burns erregt. »Es war ihm wirklich ernst damit.«

Das waren praktisch die letzten Worte des früheren Kapitäns. Danach kam kein zusammenhängender Satz mehr über seine Lippen. In dieser Nacht benutzte er seine letzte Kraft dazu, seine Fiedel über Bord zu werfen. Gesehen hat ihn allerdings niemand dabei, doch nach seinem Tod konnte Mr. Burns das Ding nirgends finden. Der leere Kasten war zwar da, die Fiedel aber augenscheinlich nicht mehr auf dem Schiff. Und wenn sie nicht über Bord gegangen war, wo sollte sie dann wohl sein?

»Er hätte seine Geige über Bord geworfen?«, rief ich.

»Das hat er«, erwiderte Mr. Burns erregt. »Und ich bin überzeugt, er hätte das Schiff mit hinuntergenommen, wenn es in Menschenmacht gestanden hätte. Es sollte nie wieder in einem Hafen liegen. Er wollte nicht an die Reeder schreiben, an seine alte Frau schrieb er auch nicht – er dachte nicht daran. Er war entschlossen, sich von allem zu befreien. Das war's. Er scherte sich weder um Handel noch um Frachten noch wohin die Reise ging. Er wollte in der Welt umherirren, bis das Schiff mit der ganzen Mannschaft beim Teufel war.«

Mr. Burns sah aus wie jemand, der einer großen Gefahr entronnen war. Es fehlte nur der Ausruf: Wenn ich nicht gewesen wäre! Und die klare Einfalt seiner entrüsteten Augen wurde auf wunderliche Weise von seinem stolzen

Schnurrbart unterstrichen, den er jetzt, als solle er länger werden, waagerecht drehte.
Vielleicht hätte ich gelächelt, wenn ich nicht mit meinen eigenen Gefühlen beschäftigt gewesen wäre, die mit denen von Mr. Burns nichts zu schaffen hatten. Ich hatte bereits das Kommando übernommen. Meine Gefühle konnten also nicht dieselben sein wie die irgendeines andern an Bord. In dieser Gemeinschaft stand ich wie ein König in seinem Land, als der Einzige einer Klasse. Ich meine einen König durch Erbfolge, nicht ein nur gewähltes Staatsoberhaupt. Die Herrschaft war mir durch eine Macht übertragen worden, die den Männern so fremd und unerforschlich sein musste wie die Gnade Gottes. Und wie als Glied einer Dynastie mit dem Toten auf halb mystische Weise verbunden, war ich tief betroffen von meinem unmittelbaren Vorgänger.
Von seinem Alter abgesehen, hätte im Wesentlichen kein Unterschied zwischen uns bestanden. Doch das Ende seines Lebens war offener Verrat, war Treubruch an einer Überlieferung, die mir so gebieterisch schien wie jegliche Richtschnur auf Erden. Offenbar konnte ein Mann sogar auf See bösen Geistern zum Opfer fallen. Ich spürte im Gesicht den Hauch unbekannter Mächte, die unser Schicksal bestimmen.
Damit das Schweigen nicht zu lange währte, fragte ich Mr. Burns, ob er der Frau seines Kapitäns geschrieben hätte. Er schüttelte den Kopf. Er hätte an niemand geschrieben. Sogleich wurde er mürrisch. Er dächte nicht ans Schreiben. Er sei vollauf damit beschäftigt, einen schurkischen chinesischen Stauer ständig beim Laden zu überwachen. Damit gewährte mir Mr. Burns den ersten Einblick in die wirkliche Steuermannsseele, die verdrießlich in seinem Körper hauste.
Er überlegte, dann fuhr er eilig mit düsterem Nachdruck fort: »Ja, der Kapitän starb ganz kurz vor Mittag. Am Nach-

mittag sah ich seine Papiere durch. Bei Sonnenuntergang las ich die Andacht für ihn. Und dann hielt ich nach Norden und brachte das Schiff hierher. Ich – brachte – es – hierher!«

Er schlug mit der Faust auf den Tisch.

»Von selbst wäre es kaum hergekommen«, bemerkte ich. »Warum sind Sie aber nicht nach Singapore gefahren?«

Seine Augen wichen aus. »Der nächste Hafen«, murmelte er grämlich.

Ich hatte die Frage in aller Unschuld gestellt, doch diese Antwort – der Unterschied in der Entfernung war gering – und sein Benehmen gaben einen Hinweis auf den wahren Grund. Er brachte das Schiff in einen Hafen, wo er darauf rechnen konnte, dass man ihm, aus Mangel an einem geeigneten Kapitän als Vorgesetztem, sein augenblickliches Kommando beließ. In Singapore dagegen, wie er richtig vermutete, gab es genug Männer, die dafür in Frage kamen. Bei seinem naiven Schluss hatte er jedoch nicht an das Telegrafenkabel gedacht, das auf dem Grund des Golfs ruhte, in den er das Schiff steuerte, das er vor dem Untergang gerettet zu haben glaubte. Daher der bittere Unterton unserer Unterhaltung. Ich spürte ihn immer deutlicher – und er war immer weniger nach meinem Geschmack.

»Hören Sie, Mr. Burns«, begann ich ganz entschlossen. »Sie sollen wissen, dass ich diesem Kommando nicht nachgelaufen bin. Es wurde mir aufgedrängt. Ich habe es angenommen. Ich bin hier, um das Schiff vor allen Dingen heimzubringen, und Sie können sich darauf verlassen, ich werde dafür sorgen, dass jedermann an Bord zu diesem Zweck seine Pflicht tut. Das ist alles, was ich dazu zu sagen habe – im Augenblick.«

Er war jetzt auf den Füßen, doch statt sich zu entfernen, blieb er mit zitternden, entrüsteten Lippen stehen und starrte mich schmerzlich an, als bliebe mir nach all dem aus Anstand nichts anderes übrig, als seinem tief beleidigten Blick zu entschwinden. Es war ergreifend wie jede ganz ungeheuchelte Gefühlsäußerung. Ich bedauerte ihn, beinahe mitfühlend, bis er – als er mich nicht verschwinden sah – mit erzwungener Zurückhaltung das Wort nahm.

»Sie können mir glauben, Sir, hätte ich nicht Frau und Kind zu Hause, so hätte ich Sie im selben Augenblick, als Sie an Bord kamen, um meinen Abschied gebeten.«

Ich antwortete ihm mit einer selbstverständlichen Gelassenheit, als handle es sich um eine fremde dritte Person.

»Und ich, Mr. Burns, hätte Sie nicht gehen lassen. Sie haben den Heuervertrag als Erster Steuermann unterschrieben, der Vertrag gilt, bis wir im Bestimmungshafen sind, und ich erwarte, dass Sie so lange Ihre Pflicht tun und mir nach besten Kräften mit Ihrer Erfahrung beistehn.«

In seinen Augen lag noch kaltes, ungläubiges Zögern, aber es schmolz vor meiner freundlichen Haltung. Mit einem unmerklichen Aufwerfen der Arme – diese Geste wurde mir später gut vertraut – stürzte er aus der Kajüte.

Wir hätten uns dieses kleine Zwischenspiel einer harmlosen Plänkelei sparen können. Denn nach wenigen Tagen schon bat ich Mr. Burns inständig, ihn nicht zurückzulassen, während ich ihm nur ausweichende Antworten geben konnte. Das Ganze nahm etwas tragische Züge an.

Und diese schreckliche Geschichte war nur eine unwesentliche Episode, sie komplizierte lediglich das Hauptanliegen, wie man das Schiff – das mir gehörte mit allem Drum und Dran und seiner Mannschaft und dessen Leib und Seele jetzt in diesem verpesteten Fluss schlummerte –, wie man es hinausbrachte auf See.

Als Mr. Burns noch als Kapitän fungierte, hatte er übereilt einen Frachtkontrakt unterzeichnet, der in einer mustergültigen Welt ohne Hintergedanken ein vorzügliches Dokument gewesen wäre. Sobald ich ihn überflogen hatte, sah ich Ärger voraus, wenn die Leute auf der anderen Seite nicht ganz besonders ehrlich und einsichtsvoll waren.

Mr. Burns, dem ich meine Besorgnisse mitteilte, nahm sie sehr übel. Er starrte mich ungläubig an wie immer und sagte bitter: »Vermutlich wollen Sie damit zum Ausdruck bringen, Sir, dass ich wie ein Narr gehandelt habe?«

Ich erklärte ihm mit meiner absichtsvollen Freundlichkeit, die sein Staunen nur stets zu mehren schien, dass ich nichts damit hätte zum Ausdruck bringen wollen. Das wolle ich der Zukunft überlassen.

Und natürlich brachte die Zukunft eine Menge Ärger. An manchen Tagen dachte ich an Kapitän Giles nicht anders als mit Abscheu. Seine verdammte Schlauheit hatte mir den Posten eingetragen, und da sich seine Prophezeiung, dass ich ›alle Hände voll zu tun haben‹ würde, bewahrheitete, schien es, als wäre es mit Absicht geschehen, um meiner jugendlichen Unschuld einen bösen Streich zu spielen.

Ja, ich hatte alle Hände voll zu tun mit Schwierigkeiten, die als ›Erfahrung‹ höchst wertvoll waren. Der Nutzen der Erfahrung wird im Allgemeinen hoch geschätzt. Aber in diesem Zusammenhang bedeuten Erfahrungen immer Unannehmlichkeiten, die dem Zauber und der Unschuld der Illusionen widersprechen. Ich muss sagen, die meinen verflogen sehr schnell. Über all diese lehrreichen Schwierigkeiten will ich mich aber nicht weiter verbreiten, ich möchte nur sagen, sie alle konnten in dem Wort zusammengefast werden: Zeitverlust.

Eine Menschheit, die das Sprichwort ›Zeit ist Geld‹ erfunden hat, wird meinen Kummer verstehen. Das Wort ›Zeitverlust‹ drang bis ins geheimste Kämmerlein meines

Hirns, wo es unerträglich laut wie eine Glocke widerhallte, alle Sinne beeinträchtigte, eine bedrohliche Gestalt, einen bitteren Geschmack, eine unheilvolle Bedeutung annahm.
»Es tut mir wirklich leid, dass Sie so viel Verdruss haben, wirklich sehr leid …«
Das waren die einzigen menschenfreundlichen Reden, die ich damals zu hören bekam. Und bezeichnenderweise war es ein Arzt, der diese Worte sprach.
Ein Arzt ist schon der Bestimmung nach ein Menschenfreund. Bei diesem Mann aber traf es wirklich zu. Seine Worte waren nicht berufsmäßig gesprochen. Ich war nicht krank. Für andere aber traf das zu, und das war der Grund für seinen Besuch an Bord.
Es war der Arzt unserer Gesandtschaft und natürlich auch des Konsulats. Er kümmerte sich auf dem Schiff um das körperliche Wohl, das im Ganzen schlecht war, denn die Mannschaft war dem Zusammenbruch nahe. Ja, die Männer waren nicht auf dem Posten. Und daher war die Zeit nicht allein Geld, sondern zugleich auch Leben.
Eine so pflichttreue Mannschaft hatte ich noch nie erlebt. Der Arzt bemerkte dazu: »Ihre Matrosen scheinen wirklich anständige Burschen zu sein.« Sie waren nicht nur ständig nüchtern, sie wollten nicht einmal an Land gehen. Es wurde dafür gesorgt, dass sie so wenig wie möglich der Sonne ausgesetzt waren. Sie wurden mit leichten Arbeiten unter den Sonnensegeln beschäftigt. Der menschenfreundliche Arzt lobte mich dafür.
»Ihre Anordnungen erscheinen mir sehr verständig, mein lieber Kapitän.«
Es ist kaum zu sagen, wie sehr mich dieser Ausspruch tröstete. Das von einem blonden Bart umrahmte volle, runde Gesicht des Arztes zeigte den Ausdruck größter Freundlichkeit. Er war der einzige Mensch auf der Welt, der überhaupt Anteil an mir zu nehmen schien. Für ge-

wöhnlich saß er bei jedem Besuch ungefähr eine halbe Stunde in der Kajüte.
Eines Tages sagte ich zu ihm: »Vermutlich kann man sie jetzt nicht anders behandeln, als Sie es tun, bis ich das Schiff draußen auf See habe?«
Er neigte den Kopf, schloss die Augen hinter der großen Brille und murmelte: »Die See ... zweifellos.«
Der Erste von der Mannschaft, den es richtig erwischte, war der Steward, der erste Mann, mit dem ich an Bord gesprochen hatte. Er wurde an Land gebracht – mit Anzeichen von Cholera – und starb dort nach Ablauf einer Woche. Während meine Bestürzung über diesen harten Schlag des Klimas noch andauerte, kam die Reihe an Mr. Burns, der sich mit hohem Fieber ins Bett legte, ohne jemandem ein Wort zu sagen.
Ich glaube, er hatte sich die Krankheit zum Teil selbst an den Hals geärgert, und das Klima tat das seine mit der Schnelligkeit eines unsichtbaren Ungeheuers, das in der Luft, im Wasser, im Schlamm des Flussufers lauerte. Mr. Burns war von vornherein als Opfer ausersehen.
Ich fand ihn, wie er auf dem Rücken lag, verdrießlich vor sich hin starrte und eine Hitze ausstrahlte wie ein kleiner Heizkessel. Er antwortete kaum auf meine Fragen und brummte nur: »Kann man sich mit so scheußlichen Kopfschmerzen nicht wenigstens mal einen Nachmittag freinehmen?« Als ich an diesem Abend nach dem Dinner in der Kajüte saß, hörte ich ihn unablässig murmeln in seiner Kammer. Ransome, der den Tisch abräumte, sagte: »Ich fürchte, Sir, ich werde mich nicht so um den Steuermann kümmern können, wie es wahrscheinlich nötig ist. Ich werde die meiste Zeit vorn in der Kombüse sein müssen.« Ransome war der Koch. Der Steuermann hatte mich gleich am ersten Tag auf ihn aufmerksam gemacht, als er an Deck stand, die Arme vor der breiten Brust gekreuzt, und auf den Fluss blickte.

Schon von weitem fiel er auf durch seine ebenmäßige Gestalt und die unverkennbare Gelassenheit des Seemanns. Bei näherem Zusehen wiesen ihn die klugen, ruhigen Augen, das hübsche Gesicht, das disziplinierte Selbstvertrauen seines Wesens als angenehme Persönlichkeit aus. Als Mr. Burns mir dann noch erzählte, dass er der beste Seemann auf dem Schiff sei, drückte ich mein Erstaunen darüber aus, dass er, im besten Mannesalter und von solcher Erscheinung, als Koch an Bord eines Schiffes anmustere.
»Sein Herz ist nicht ganz in Ordnung«, hatte Mr. Burns gesagt. »Er darf sich nicht zu sehr anstrengen, sonst kann er plötzlich tot umfallen.«
Und er war der Einzige, dem das Klima nichts anhaben konnte, vielleicht weil er, der einen tödlichen Feind in der Brust trug, sich an eine ständige Kontrolle seiner Gefühle und Bewegungen gewöhnt hatte. Wenn man das Geheimnis kannte, wurde es in seinem Wesen deutlich. Als der arme Steward starb und sich in diesem orientalischen Hafen kein Weißer als Ersatz fand, hatte Ransome sich erboten, seine Arbeit mit zu übernehmen.
»Ich kann es schaffen, Sir, solange ich es in Ruhe mache«, hatte er mir versichert.
Aber schließlich konnte man nicht auch noch Krankenpflege von ihm erwarten. Überdies hatte der Arzt angeordnet, Mr. Burns solle an Land gebracht werden.
Zwischen zwei Matrosen, die ihn unter den Armen gefasst hielten, ging Mr. Burns über die Laufplanke, mürrischer noch als gewöhnlich. Wir betteten ihn im Wagen auf Kissen, und er brachte mit Anstrengung die abgerissenen Worte hervor: »Nun – haben Sie ja – was Sie wollten – haben mich runter vom Schiff.«
»Sie haben sich in Ihrem Leben nie gründlicher geirrt als jetzt, Mr. Burns«, sagte ich ruhig und lächelte ihm zu wie sonst auch, und die Kutsche fuhr davon zu einer Art von

Sanatorium, einem Pavillon aus Ziegelsteinen, der auf dem Grundstück des Arztes stand.
Ich besuchte Mr. Burns regelmäßig. Zuerst erkannte er niemanden, aber nach einigen Tagen empfing er mich, als käme ich nur, um mich entweder am Anblick eines vernichteten Feindes zu weiden oder um mich bei einem Menschen einzuschmeicheln, dem tiefstes Unrecht geschehen war. Er hielt es für das eine oder das andere, je nachdem wie es um seine wunderliche Krankenzimmerlaune stand. Er machte mir jedenfalls stets begreiflich, wie er dachte, selbst während der Zeit, als er fast zu schwach zum Sprechen schien. Ich dagegen behandelte ihn unverändert freundlich.
Eines Tages dann brach die Angst plötzlich wie ein Sturzbach hinter diesem wunderlichen Gebaren hervor.
Falls ich ihn an diesem schrecklichen Ort zurückließe, würde er sterben. Er fühle das, er sei ganz sicher. Aber ich würde doch wohl nicht das Herz dazu haben, ihn an Land zurückzulassen. Er habe Weib und Kind in Sydney.
Er zog seine abgezehrten Unterarme unter der Decke hervor, die ihn umhüllte, und faltete die fleischlosen Pranken. Er würde sterben. Er würde sterben hier …
Er brachte es fertig, sich aufzusetzen, allerdings nur für einen Augenblick, und als er zurückfiel, glaubte ich wirklich, dass er jetzt und hier sterben würde. Ich rief den bengalischen Pfleger und verließ hastig das Zimmer.
Am nächsten Tag brachte er mich durch neuerliche Bitten ganz aus der Fassung. Ich gab eine ausweichende Antwort und verließ ihn im Zustand grässlicher Verzweiflung. Einen Tag später ging ich nur zögernd zu ihm, und er überfiel mich zu meiner Überraschung sogleich mit einer kräftigeren Stimme und einem Schwall von Argumenten. Er schilderte seinen Fall mit geradezu leidenschaftlicher Beredsamkeit und fragte mich schließlich, ob ich den Tod eines Menschen auf dem Gewissen

haben wolle. Ich solle ihm versprechen, nicht ohne ihn abzusegeln.
Ich sagte, dass ich dazu natürlich erst den Arzt befragen müsste: Dagegen protestierte er. Den Arzt! Niemals! Das würde ein Todesurteil bedeuten.
Die Anstrengung hatte ihn erschöpft. Er schloss die Augen und flüsterte nun unzusammenhängend vor sich hin. Ich hätte ihn von Anfang an gehasst. Auch der frühere Kapitän hätte ihn gehasst. Hätte ihm den Tod gewünscht. Hätte allen Matrosen den Tod gewünscht …
»Wollen Sie denn mit dem gottlosen Toten unter einer Decke stecken, Sir? Er wird Sie auch noch kriegen«, schloss er und sah mit glasigen, leeren Augen vor sich hin.
»Mr. Burns«, rief ich ganz betroffen, »was in aller Welt reden Sie da?«
Er schien zu sich zu kommen, obwohl er zu schwach war, sich zu bewegen.
»Ich weiß nicht«, sagte er matt. »Aber fragen Sie den Doktor nicht. Sie und ich sind Seeleute. Fragen Sie ihn nicht, Sir. Vielleicht haben auch Sie eines Tages Frau und Kind.«
Und wieder bat er um das Versprechen, ihn nicht zurückzulassen.
Ich war so standhaft, es nicht zu geben. Hinterher schien diese Härte geradezu verbrecherisch, denn mein Entschluss war bereits gefasst. Dieser geschwächte Mann, der kaum die Kraft zum Atmen hatte, der unter nagender Angst litt, brach jeden Widerstand. Außerdem hatte er zufällig die richtigen Worte gebraucht. Er und ich waren Seeleute. Das bedeutete einen Anspruch, denn ich hatte sonst keine Familie. Daneben verblasste das Argument von Frau und Kind, die ich eines Tages haben würde, völlig. Es klang wie reine Fantasie.
Ich konnte mir keinen gewichtigeren und zwingenderen Anspruch denken als den des Schiffes und der Männer,

die durch alberne kaufmännische Schwierigkeiten auf diesem Fluss festsaßen wie in einer giftigen Falle.
Ich hatte mir allerdings den Weg hinaus fast erkämpft. Hinaus aufs Meer, das rein, gesund und heilsam war. Drei Tage noch.
Dieser Gedanke hielt mich aufrecht und beflügelte mich bei meiner Rückkehr aufs Schiff. In der Kajüte begrüßte mich die Stimme des Arztes, und zu der Stimme gesellte sich seine große Gestalt, die aus der unbesetzten Steuerbordkammer trat, wo der Arzneikasten des Schiffes fest verzurrt in der Koje lag.
Als er mich nicht an Bord fand, war er dort hineingegangen, um zu prüfen, was an Arzneien, Verbandstoffen und so weiter vorhanden war. Alles sei ergänzt und in Ordnung nun.
Ich dankte ihm; gerade hätte ich daran gedacht, ihn um ebendiesen Dienst zu bitten, da wir ja, wie er wüsste, in einigen Tagen hinauswollten, wo all unsere Leiden endlich vorbei sein würden.
Er hörte ernst zu und antwortete nicht. Doch als ich ihm meinen Entschluss mitteilte, Mr. Burns mitzunehmen, setzte er sich neben mich, legte mir freundlich die Hand aufs Knie und bat mich zu bedenken, was das für mich bedeute. Der Mann könne gerade den Transport überstehen, mehr aber nicht. Einem erneuten Fieberanfall sei er nicht gewachsen. Ich hätte eine Fahrt von vielleicht sechzig Tagen vor mir, die mit schwieriger Navigation begönne und wahrscheinlich mit viel Schlechtwetter endete. Könnte ich es wagen, das allein auf mich zu nehmen, ohne Ersten Steuermann und mit einem Zweiten, der fast noch ein Knabe sei? …
Er hätte hinzufügen können, dass es außerdem mein erstes Kommando sei. Wahrscheinlich dachte er es auch, denn er verstummte plötzlich. Mir war der Gedanke jedenfalls sehr gegenwärtig.

Er riet mir nachdrücklich, um einen Ersten Steuermann nach Singapore zu kabeln, auch wenn ich deshalb eine Woche später segeln müsste.
»Ich bleibe keinen Tag länger«, sagte ich. Schon der Gedanke ließ mich schaudern. Die Matrosen schienen einigermaßen auf dem Posten zu sein, und es war höchste Zeit, sie hier wegzubringen. War ich erst einmal auf See, dann brauchte ich mir keine Sorgen mehr zu machen. Die See war jetzt das einzige Heilmittel für alle meine Sorgen.
Die Brillengläser des Arztes waren auf mich gerichtet wie zwei Lampen, die prüfen wollten, wie ernst es mir mit meinem Entschluss war. Er öffnete die Lippen, als wolle er weitere Gründe anführen, schloss sie aber wieder, ohne etwas zu äußern.
Ich sah den armen Burns im Geiste ganz deutlich vor mir, erschöpft, hilflos und tief bekümmert, und das Bild ergriff mich mehr als die Wirklichkeit, die ich erst vor einer Stunde erlebt hatte. Das Bild zeigte ihn ohne die Schattenseiten seiner Persönlichkeit, ich konnte ihm nicht widerstehen.
»Hören Sie«, sagte ich, »wenn Sie mir nicht in Ihrer Amtseigenschaft erklären, dass der Mann transportunfähig ist, so werde ich Anweisung geben, dass er morgen an Bord gebracht wird, und mit dem Schiff am nächsten Tag früh den Fluss verlassen, auch wenn ich außerhalb der Barre ein paar Tage vor Anker liegen muss, bis das Schiff seeklar ist.«
»Oh, alles Nötige werde ich schon veranlassen«, sagte der Arzt sogleich. »Ich habe eigentlich nur als Freund gesprochen, als einer, der es gut meint jedenfalls.«
Er erhob sich in seiner würdevollen Schlichtheit und schüttelte mir die Hand, herzlich und, wie mir schien, ziemlich feierlich. Aber er hielt sein Wort. Als die Trage mit Mr. Burns an der Laufplanke eintraf, schritt der Arzt

neben ihr. Der Plan war insofern geändert worden, als der Transport bis zum letzten Augenblick aufgeschoben wurde, also bis zum Morgen der Abfahrt.
Es war kaum eine Stunde nach Sonnenaufgang. Der Arzt winkte mir vom Ufer mit seinem langen Arm zu und ging sogleich zu seiner Kutsche, die ihm leer gefolgt war. Als Mr. Burns über das Achterdeck getragen wurde, schien kein Leben mehr in ihm zu sein. Ransome ging mit, um ihn in seine Kammer hinunterzubringen. Ich musste an Deck bleiben und mich um das Schiff kümmern, denn der Schlepper hatte uns bereits auf den Haken genommen.
Als unsere Festmacher ins Wasser klatschten, vollzog sich ein Wandel in meinen Gefühlen. Es war wie die verzagte Erleichterung beim Erwachen aus einem Albtraum. Doch als das Schiff mit dem Bug voran den Fluss hinunterglitt, fort von dieser schmutzigen orientalischen Stadt, blieb die erwartete Freude über den herbeigesehnten Augenblick aus. Die Spannung ließ zwar unbestreitbar nach, doch an ihre Stelle trat die Müdigkeit nach einem unrühmlichen Kampf.
Eine Meile außerhalb der Barre warfen wir gegen Mittag Anker. Alle Mann waren den Nachmittag über beschäftigt. Während der ganzen Zeit überwachte ich vom Achterdeck her die Arbeit und merkte, dass in der Mannschaft noch etwas von der Trägheit der sechs Wochen steckte, die sie in der dampfenden Hitze des Flusses verbracht hatte. Mit der ersten Brise würde das verfliegen. Im Augenblick jedoch herrschte völlige Windstille. Der Zweite Steuermann – ein unreifer Jüngling mit einem nicht gerade vielversprechenden Gesicht – war, meiner Ansicht nach und gelinde ausgedrückt, nicht aus dem unschätzbaren Stoff, aus dem die rechte Hand des Kapitäns gemacht ist. Doch ich war froh, dass ich hin und wieder ein Lächeln auf den Gesichtern der Matrosen

erspähte, die ich mir bisher noch gar nicht richtig hatte ansehen können. Nachdem ich das Wirrsal des Daseins an Land hinter mir hatte, fühlte ich mich vertraut mit ihnen und doch etwas fremd, wie ein Wanderer, der nach langer Zeit heimkehrt.

Ransome eilte unablässig zwischen Kombüse und Kajüte hin und her. Es machte Vergnügen, ihn anzusehen. Der Mann war wirklich ein erfreulicher Anblick. Von der Mannschaft war er allein im Hafen nicht einen Tag lang krank gewesen. Ich wusste aber von dem angegriffenen Herzen in seiner Brust und bemerkte daher, dass er sich in der natürlichen seemännischen Flinkheit seiner Bewegungen zurückhielt. Es war, als trage er etwas sehr Zerbrechliches oder Hochexplosives mit sich herum und sei sich dessen ständig bewusst.

Ein- oder zweimal bot sich Gelegenheit, ihn anzusprechen. Er antwortete mit seiner angenehmen ruhigen Stimme und mit einem leichten, etwas ernsten Lächeln. Mr. Burns scheine zu schlafen und sich ganz behaglich zu fühlen.

Nach Sonnenuntergang stieg ich wieder an Deck, wo lautlose Stille herrschte. Der feine, verschwommene Küstensaum war nicht zu erkennen. Rings um das Schiff hatte sich wie eine geheimnisvolle Ausstrahlung der stummen, einsamen Wasser die Dunkelheit erhoben. Ich lehnte an der Reling und lauschte den Schatten der Nacht. Kein Laut. Mein Schiff hätte ein Planet sein können, der in einem Raum unendlichen Schweigens auf seiner vorgezeichneten Bahn dahinwirbelte. Ich klammerte mich an die Reling, als hätte ich keinerlei Gleichgewichtsgefühl mehr. Was für ein Unsinn. Nervös rief ich: »Deckswache!«

Die unmittelbare Antwort »Ja, Sir« brach den Bann. Der Mann von der Ankerwache eilte die Treppe zum Achterdeck herauf. Ich befahl ihm, mir auch das kleinste Anzeichen einer aufkommenden Brise zu melden.

Als ich hinunterging, warf ich einen Blick zu Mr. Burns hinein. Ich konnte es gar nicht vermeiden, ihn zu sehen, denn seine Tür stand offen. Der Mann war so abgezehrt, dass sein roter Schnurrbart in der weißen Kammer von dem weißen Laken und dem weißen Kissen, in dem sein jetzt so kleiner Kopf versunken lag, besonders abstach, als sei er etwas Künstliches – ein Schnurrbart aus einem Laden, der dort im grellen Licht der nackten Wandlampe ausgestellt war.

Während ich verwundert hinstarrte, machte er sich bemerkbar, indem er die Augen aufschlug und sie sogar zu mir wandern ließ. Eine kaum merkliche Bewegung.

»Völlig windstill, Mr. Burns«, sagte ich resigniert.

Mr. Burns begann eine wirre Rede mit unerwartet deutlicher Stimme. Sie klang ganz sonderbar, nicht wie von der Krankheit in Mitleidenschaft gezogen, sondern als sei sie ganz fremd. Sie klang überirdisch. Immerhin glaubte ich zu verstehen, es sei die Schuld des ›Alten‹ – des verstorbenen Kapitäns –, der da unten im Wasser mit bösen Absichten laure. Es war eine unheimliche Geschichte.

Ich hörte bis zum Ende zu, dann trat ich in die Kammer und legte die Hand auf die Stirn des Steuermanns. Sie war kühl. Er fantasierte lediglich aus übergroßer Schwäche. Plötzlich schien er mich zu erkennen und fragte bedrückt mit seiner natürlichen Stimme, die allerdings sehr leise war: »Gar keine Hoffnung, Sir, dass wir fortkommen?«

»Sollen wir den Anker lichten, um uns treiben zu lassen, Mr. Burns?«, gab ich zurück.

Er seufzte, und ich überließ ihn seiner Untätigkeit. Sein Leben und sein Verstand waren gleichermaßen bedroht. Dass ich die Verantwortung so einsam tragen musste, bedrückte mich. Ich ging in meine Kammer, um für ein paar Stunden im Schlaf Trost zu finden, doch gerade als ich die

Augen schloss, kam der Mann von der Wache und meldete eine leichte Brise. Genug, um loszusegeln, sagte er. Zu mehr reichte es aber auch nicht. Ich befahl, das Spill zu bemannen, die Segel loszumachen und die Marssegel zu setzen. Doch bis ich mit dem Schiff abgefallen war, spürte ich kaum noch einen Hauch von Wind. Trotzdem brasste ich die Rahen an und setzte jeden Fetzen. Ich wollte nichts unversucht lassen.

4

Mit dem Anker auf dem Bug und alle Segel gesetzt, schien mein Schiff so unbeweglich zu stehen wie ein Modell auf glänzend poliertem, dunklem Marmor. Es war unmöglich, in der rätselhaften Stille der ungeheuren Kräfte des Universums Land und Wasser zu unterscheiden. Plötzlich packte mich Ungeduld.

»Will es dem Ruder gar nicht gehorchen?«, fragte ich gereizt den Mann, der in seinen kräftigen braunen Händen, die sich hell von der Dunkelheit abhoben, die Speichen des Steuerrades hielt, ein Sinnbild für den Anspruch der Menschheit, das eigene Schicksal zu bestimmen. Er antwortete: »Doch, Sir, langsam kommt es in den Wind.«

»Lassen Sie den Bug aufkommen, bis Süd anliegt.«

»Aye, aye, Sir.«

Ich ging auf dem Achterdeck auf und ab. Außer meinen Schritten war nichts zu hören, bis der Mann wieder sprach.

»Süd liegt an, Sir.«

Ich fühlte eine leichte Beklemmung in der Brust, als ich in die stumme, tauschwere, sternfunkelnde Nacht hinein zum ersten Mal als Kapitän den Kurs angab.

»Recht so«, sagte ich. »Kurs bleibt Süd.«

»Süd, Sir«, wiederholte der Mann.

Ich schickte den Zweiten Steuermann mit seiner Wache nach unten, blieb an seiner Stelle oben und verbrachte die kühlen, schlafschweren Stunden vor der Dämmerung mit Hinundherwandern an Deck.
Leichte Windstöße kamen und gingen, und jedes Mal, wenn sie kräftig genug waren, das dunkle Wasser zu beleben, durchrieselte das Murmeln längsseits mich im tiefsten Innern in einem zarten Crescendo des Entzückens, doch es erstarb rasch. Ich war todmüde. Sogar die Sterne schienen es überdrüssig zu sein, auf den neuen Tag zu warten. Schließlich zog er herauf, als Perlmuttglanz am Zenit, wie ich ihn nie zuvor in den Tropen gesehen hatte, verhangen, fast grau, was merkwürdig an höhere Breitengrade erinnerte.
Der Mann vorn im Ausguck rief: »Land backbord voraus, Sir!«
»Gut.«
Ich hob nicht einmal die Augen, während ich auf der Reling lehnte. Das Schiff kam kaum von der Stelle. Bald darauf brachte mir Ransome meinen Morgenkaffee. Als ich die Tasse ausgetrunken hatte, blickte ich voraus und sah das Land, das sich, wie aus schwarzem Papier geschnitten, flach von dem stillen, blass orangefarben leuchtenden Streifen abhob, es schien wie ein Kork auf dem Wasser zu schwimmen. Unter der aufgehenden Sonne löste sich das Bild in schwarzen Dunst auf, wurde ein schwerer, undeutlich im heißen Glanz flirrender Schatten.
Die Wache hatte gerade das Deck gewaschen. Ich ging hinunter und blieb an Mr. Burns' Tür stehen – er wollte sie nicht geschlossen haben –, zögerte jedoch, ihn anzureden, bis er die Augen hob. Ich erzählte ihm, was es Neues gab.
»Haben Kap Liant bei Tagesanbruch gesichtet. Etwa fünfzehn Meilen.«

Er bewegte die Lippen, doch ich hörte keinen Laut, bis ich mein Ohr hinabbeugte und die mürrische Bemerkung auffing: »Das ist Kriechen ... Kein Glück.«
»Mehr Glück jedenfalls, als stillzuliegen«, sagte ich resigniert und überließ ihn den Gedanken oder Fantasien, die ihn in seiner verzweifelten Niedergeschlagenheit heimsuchen mochten.
Als ich dann später am Vormittag von meinem Zweiten Steuermann abgelöst wurde, warf ich mich in meine Koje und fand wirklich für ungefähr drei Stunden Vergessen. Es war so vollkommen, dass ich beim Erwachen nicht wusste, wo ich war. Dann fühlte ich unendliche Erleichterung bei dem Gedanken: an Bord meines Schiffes. Auf See, auf See! Durch die Bullaugen bot sich ein glatter, sonnenbeschienener Horizont. Der Horizont eines windstillen Tages. Aber schon seine Weite genügte, dass ich mich wie ein glücklich Entkommener fühlte und einen Augenblick lang den Triumph der Freiheit genoss.
Ich ging in die Kajüte hinüber, und mein Herz war so leicht wie seit Tagen nicht. Am Büfett war Ransome damit beschäftigt, den Tisch für die erste Mittagsmahlzeit während dieser Reise zu decken. Er wandte den Kopf, und etwas in seinen Augen dämpfte meine bescheidene Freude.
»Was ist es jetzt?«, fragte ich unwillkürlich und erwartete nicht im Mindesten die Antwort, die folgte. Sie wurde mit der beherrschten, für diesen Mann charakteristischen Gelassenheit gegeben.
»Ich fürchte, wir haben die Krankheit noch nicht hinter uns, Sir.«
»Nein? Was ist geschehen?«
Er erzählte mir nun, dass zwei von unsern Matrosen in der Nacht schlimmes Fieber bekommen hätten. Der eine glühte, der andere fror, doch seiner Meinung nach mache

das keinen Unterschied. Das dachte ich auch. Ich erschrak bei dem Bericht. »Der eine glüht, der andere friert, sagen Sie? Nein. Wir haben die Krankheit noch nicht hinter uns. Sieht es sehr schlimm aus?«

»Einigermaßen, Sir.« Ransomes Augen blickten unverwandt in die meinen. Wir tauschten ein Lächeln. Bei Ransome fiel es wie gewöhnlich ein bisschen ernst aus, bei mir zweifellos reichlich grimmig, wie es meiner inneren Erregung entsprach.

»War heute Morgen überhaupt Wind?«, fragte ich.

»Eigentlich nicht, Sir. Wir sind aber trotzdem vorwärts gekommen. Das Land voraus scheint ein bisschen näher zu sein.«

So war's. Ein bisschen näher. Wenn wir nur ein bisschen mehr Wind gehabt hätten, nur ein ganz klein bisschen mehr, hätten wir schon querab von Liant sein können und hätten uns allmählich von dieser verpesteten Küste entfernt. Aber nicht allein die Entfernung zählte. Mir schien, als hätte eine stärkere Brise das ansteckende Gift, mit dem das Schiff behaftet war, fortblasen können. Ganz offensichtlich war es damit behaftet. Zwei Matrosen. Der eine glühte, der andere fror. Ich fühlte deutlich Abneigung, zu ihnen zu gehen und sie mir anzusehen. Was sollte es nützen? Gift ist Gift. Tropenfieber ist Tropenfieber. Doch es kam mir ungewöhnlich und unfair vor, dass es seine Klauen auch noch über das Meer nach uns ausstreckte. Eigentlich glaubte ich nicht, dass es etwas Schlimmeres sein konnte als der letzte verzweifelte Angriff des Übels, vor dem wir in den reinen Atem der See flüchteten. Wenn dieser Atem nur ein bisschen kräftiger gewesen wäre. Immerhin hatten wir Chinin gegen das Fieber. Ich ging in die freie Kammer, wo der Medizinkasten stand, um zweimal ein Quantum abzumessen. Ich öffnete den Kasten so vertrauensvoll wie jemand, der einen Heiligenschrein öffnet. Das obere

Fach enthielt eine Anzahl dickbäuchiger Flaschen, von denen eine wie die andere aussah. Unter dieser ordentlichen Reihe waren zwei Schubladen, bis an den Rand gefüllt mit eingewickelten Päckchen, Verbandmaterial und vorschriftsmäßig beschrifteten Pappschachteln. In der unteren Lade lag in einem Fach für sich unser Chininvorrat.

Es waren fünf Flaschen, alle rund und gleich groß. Eine war nur zu einem Drittel gefüllt. Die übrigen vier waren noch verpackt und versiegelt. Ich hatte jedoch keinesfalls erwartet, einen Briefumschlag obenauf zu finden. Einen viereckigen Umschlag, der in der Tat dem an Bord vorhandenen Briefpapier entstammte.

Ich bemerkte, dass er nicht zugeklebt war, und als ich ihn nahm und umdrehte, sah ich, dass er an mich adressiert war. Er enthielt einen halben Bogen Papier, und ich öffnete ihn mit dem eigentümlichen Gefühl, dass etwas nicht ganz in Ordnung sei, doch ohne jede Erregung, so wie die Menschen im Traum ungewöhnliche Dinge tun oder erleben.

›Mein lieber Kapitän‹, hieß es da, doch ich sah schnell nach der Unterschrift. Der Brief stammte vom Arzt. Er war an dem Tag geschrieben worden, als ich Mr. Burns im Hospital besucht und bei der Rückkehr den guten Doktor in der Kajüte angetroffen hatte, wo er mich erwartete und mir erzählte, dass er mittlerweile den Medizinkasten für mich inspiziert hätte. Wie merkwürdig! Er musste mich jeden Augenblick zurückerwarten und vertrieb sich die Zeit damit, mir einen Brief zu schreiben, und als ich dann kam, hatte er ihn schnell in den Medizinkasten geschoben. Ein reichlich sonderbares Verhalten. Verwundert begann ich die Zeilen zu lesen.

In großer, flüchtiger, doch lesbarer Schrift warnte mich der gute, teilnahmsvolle Mann aus irgendeinem Grund, entweder aus Freundlichkeit oder eher noch von dem

unbezwinglichen Verlangen getrieben, seine Ansicht zu äußern, mit der er zuvor meine Hoffnungen nicht hatte entmutigen wollen, nicht mein ganzes Vertrauen auf die Wohltat zu setzen, die ein Wechsel von Land- zu Seeluft bewirken sollte. ›Ich wollte Ihnen nicht die Hoffnung nehmen und Ihre Kümmernisse mehren‹, schrieb er. ›Ich fürchte, dass Ihre Sorgen, medizinisch gesehen, noch nicht vorüber sind.‹ Kurz, er rechnete damit, dass ich eine Wiederkehr der Tropenkrankheit bekämpfen müsste. Zum Glück hätte ich genügend Chinin. Ich sollte darauf vertrauen und es regelmäßig verabreichen, dann würde sich das Befinden an Bord bestimmt bessern.
Ich knüllte den Brief zusammen und stopfte ihn in die Tasche. Ransome brachte den beiden Kranken vorn je eine große Dosis Chinin. Ich ging aber noch nicht an Deck. Ich ging vielmehr zu Mr. Burns' Tür und berichtete ihm auch diese Neuigkeit. Welchen Eindruck sie auf ihn machte, war nicht festzustellen. Zuerst dachte ich, er sei sprachlos. Sein Kopf lag tief im Kissen. Er bewegte die Lippen jedoch zur Genüge, um mir zu versichern, dass er sich viel kräftiger fühle, eine Behauptung, die sich selbst Lügen strafte.
Am Nachmittag übernahm ich wie selbstverständlich die Wache. Eine große, glühheiße Stille umgab das Schiff und schien es regungslos in einem Flammenrund festzuhalten, das aus zwei Blautönen gefügt war. Manchmal blähte ein schwacher heißer Hauch kraftlos die Segel. Und doch machte das Schiff Fahrt. Es musste wohl so sein. Denn als die Sonne unterging, hatten wir Kap Liant passiert und es hinter uns gelassen: als drohenden, zurückweichenden Schatten im letzten Schimmer des Zwielichts.
Am Abend, im grellen Licht der Lampe, schien Mr. Burns nicht mehr so tief in den Kissen zu liegen. Als wäre eine Hand von ihm genommen, die ihn bisher nie-

dergedrückt hatte. Er beantwortete meinen kurzen Bericht mit einer verhältnismäßig langen, zusammenhängenden Rede. Er gab sich energisch. Wenn ihn die träge Hitze nicht ersticken würde, so sagte er, dann glaube er fest daran, in wenigen Tagen wieder an Deck kommen und mir helfen zu können.

Während er sprach, zitterte ich in der Furcht, die Kraftanstrengung würde ihn vor meinen Augen leblos zurücksinken lassen. Doch ich kann nicht leugnen, dass in seiner Bereitwilligkeit etwas Tröstliches lag. Ich gab eine angemessene Antwort, bedeutete ihm aber, das Einzige, was uns helfen könne, sei Wind, ordentlicher Wind.

Ungeduldig warf er den Kopf auf dem Kissen hin und her. Und es war gar nicht tröstlich, als er wieder allerlei Verrücktes über den verstorbenen Kapitän murmelte, der auf 8° 20' nördlicher Breite begraben war – mitten auf unserem Weg – und am Eingang des Golfs lauerte.

»Denken Sie immer noch an Ihren toten Kapitän, Mr. Burns?«, fragte ich. »Ich glaube, die Toten fühlen keinen Hass gegen die Lebenden. Sie haben nichts mit ihnen zu schaffen.«

»Diesen hier kennen Sie nicht«, flüsterte er matt.

»Nein, ich kannte ihn nicht und er mich nicht. Also kann er auch keinen Groll gegen mich hegen.«

»Ja. Aber wir andern sind noch an Bord«, beharrte er.

Ich fühlte, wie die alles überdauernde Kraft des gesunden Menschenverstandes von diesem grausigen, törichten Wahn heimtückisch bedroht wurde. »Sie dürfen nicht so viel sprechen«, mahnte ich. »Sie ermüden sich damit.«

»Und dann ist da auch noch das Schiff«, flüsterte er beharrlich.

»Also, kein Wort mehr«, sagte ich, trat zu ihm und legte die Hand auf seine Stirn, die kühl war. Daran erkannte ich, dass dieser fürchterliche Unsinn in dem Manne selbst und nicht in der Krankheit begründet lag, die ihm

offenbar alle geistigen wie körperlichen Kräfte geraubt hatte, nur diese eine fixe Idee nicht.
In den nächsten Tagen vermied ich es, Mr. Burns Gelegenheit zur Unterhaltung zu geben. Ich warf ihm lediglich im Vorbeigehen ein eiliges, aufheiterndes Wort zu. Ich glaube, wenn er die Kraft dazu besessen hätte, so hätte er mir mehr als einmal nachgerufen. Aber er hatte die Kraft nicht. Eines Nachmittags bemerkte Ransome jedoch, der Steuermann scheine sich ›großartig zu erholen‹.
»Hat er Ihnen in letzter Zeit irgendwelchen Unsinn vorgeschwatzt?«, fragte ich beiläufig.
»Nein, Sir.« Ransome war von der direkten Frage überrascht, setzte aber nach einer Pause gleichmütig hinzu: »Er erzählte mir heute Morgen, Sir, er bereue es, dass er unsern verstorbenen Kapitän sozusagen direkt auf unserm Kurs, vor dem Golf, begraben habe.«
»Halten Sie das nicht für baren Unsinn?«, fragte ich und blickte dabei vertrauensvoll in das intelligente, ruhige Gesicht, das von dem heimlichen Unbehagen in seiner Brust wie mit einem durchsichtigen Schleier der Sorge überzogen war.
Ransome wusste es nicht. Er hatte noch nicht darüber nachgedacht. Mit einem flüchtigen Lächeln eilte er davon, um mit gewohntem, behutsamem Eifer unablässig seine Pflichten zu erfüllen.
Zwei Tage verstrichen. Wir waren eine Strecke vorangekommen, viel war es nicht, nur ein Stück weiter in den Golf von Siam hinaus. Wenn ich auch sehr stolz war auf das erste Kommando, das mir durch Kapitän Giles' Vermittlung in den Schoß gefallen war, so hatte ich doch das unbehagliche Gefühl, dass solch Glück vielleicht in irgendeiner Weise bezahlt werden müsse. Beruflich gesehen, hatte ich meine Aussichten eingeschätzt. Dazu war ich immerhin kompetent. Zumindest dachte ich so. Ich war davon überzeugt, dass ich den Anforderungen genü-

gen würde, und so empfindet nur der, der einem geliebten Beruf nachgeht. Dieses Gefühl schien mir die natürlichste Sache der Welt zu sein. So natürlich wie das Atmen. Ein Leben ohne diese Überzeugung hätte ich nicht für möglich gehalten.

Ich weiß nicht, was ich erwartete. Vielleicht wollte ich nichts anderes, als das Dasein nur besonders intensiv erleben, was ja das Beste am jugendlichen Streben ist. Was ich auch erwartete, Orkane jedenfalls nicht. Das wusste ich besser. Im Golf von Siam gab es keine Orkane. Andererseits hatte ich auch nicht erwartet, an Händen und Füßen in einem Ausmaß gefesselt zu sein, das ich im Verlauf der Tage als hoffnungslos erkennen musste.

Nicht dass der böse Zauber uns jeder Bewegung beraubt hätte. Verborgene Strömungen trieben uns hierhin und dorthin, ihre verstohlene Macht wurde deutlich am wechselnden Anblick der Inseln, die die Ostküste des Golfs säumten. Auch Brisen wehten, launische, trügerische. Sie weckten Hoffnungen und stürzten nur in bitterste Enttäuschung, sie verhießen Fahrt und führten in die Irre, sie erstarben in Seufzern, sanken dahin in lautlose Stille, in der die Strömungen ihr Spiel trieben, ihr feindseliges Spiel.

Die Insel Koh-ring, eine große schwarze, gewölbte Erhebung inmitten zahlreicher winziger Inseln, die auf dem glatten Wasser wie ein Molch unter Elritzen wirkte, schien der Mittelpunkt des unheilvollen Kreises zu sein. Es schien unmöglich, sich daraus zu lösen. Tag um Tag blieb die Insel in Sicht. Bei günstiger Brise nahm ich ihre Peilung mehr als einmal im rasch schwindenden Zwielicht, in der Hoffnung, es möge das letzte Mal sein. Die Hoffnung trog. Eine Nacht voll launischer Winde führte uns zurück, und bei Sonnenaufgang erhob sich der schwarze Umriss von Koh-ring kahler, unwirtlicher und grimmiger als zuvor.

»Wirklich, es ist wie verhext«, sagte ich einmal zu Mr. Burns, als ich wie gewöhnlich an seiner Tür stand.
Er saß aufrecht in seiner Koje. Allmählich näherte er sich der Welt der Lebenden, wenn man ihn auch noch nicht wieder als ihr zugehörig bezeichnen konnte. Er nickte mir mit schmalem, abgezehrtem Kopf weise und geheimnisvoll zu.
»O ja, ich weiß, was Sie meinen«, sagte ich. »Aber Sie können von mir nicht erwarten, dass ich glaube, ein Toter habe die Macht, das Wetter in diesem Teil der Welt zu bestimmen. Es scheint allerdings völlig aus den Fugen zu sein. Die Winde, ob von Land oder See, zerflattern einfach, wir können uns nicht fünf Minuten lang auf sie verlassen.«
»Es wird nicht mehr lange dauern, bis ich an Deck kommen kann«, murmelte Mr. Burns, »und dann werden wir sehen.«
Ob dies als Versprechen gedacht war, dass er es mit der übernatürlichen Bosheit aufnehmen wolle, wusste ich nicht. Jedenfalls war es nicht die Art von Hilfe, die ich brauchte. Andererseits hatte ich praktisch Tag und Nacht an Deck verbracht, um nur jede Gelegenheit zu nutzen, mein Schiff etwas weiter nach Süden zu bringen. Der Steuermann war aber, das sah ich, noch äußerst schwach und in seinem Wahn befangen, der mir ein Merkmal seiner Krankheit zu sein schien. Man durfte jedoch die frohe Hoffnung eines Kranken keinesfalls enttäuschen. Ich sagte also: »Sie werden mir an Deck höchst willkommen sein, wirklich, Mr. Burns. Wenn Sie weiter solche Fortschritte machen, sind Sie bald einer der Gesündesten auf dem Schiff.« Das freute ihn, doch weil er so entsetzlich abgemagert war, brachte er kein selbstzufriedenes Lächeln zustande, sondern bleckte nur grässlich die Zähne unter dem roten Schnurrbart.
»Geht's den Leuten noch nicht besser, Sir?«, fragte er vernünftig, und sein Gesicht drückte deutlich Sorge aus.

Ich antwortete nur mit einer unbestimmten Geste und verließ meinen Platz an der Tür. Die Wahrheit war, dass die Krankheit ebenso launenhaft mit uns umsprang wie der Wind. Sie wanderte vom einen zum andern, äußerte sich einmal leichter, einmal schwerer, hinterließ aber immer Spuren; die einen machte sie nur taumeln, die andern warf sie eine Zeit lang nieder, vom einen ließ sie ab, den andern überfiel sie zum zweiten Mal, sodass allesamt hinfällig aussahen und ängstlich und gehetzt dreinblickten, während Ransome und ich, die Einzigen, die verschont geblieben waren, umhergingen und unermüdlich Chinin austeilten. Es war ein zweifacher Kampf. Einerseits hielt uns das ungünstige Wetter fest, andererseits bedrängte uns die Krankheit. Ich muss aber sagen, die Männer hielten sich sehr gut. Sie unterzogen sich willig der Plackerei, ständig die Rahen zu brassen. Doch ihre Glieder hatten alle Spannkraft verloren, und wenn ich ihnen vom Achterdeck aus zusah, konnte ich mich des schrecklichen Eindrucks nicht erwehren, dass sie sich in giftiger Luft bewegten.
Mr. Burns in seiner Kammer unten ging es so weit besser, dass er sich nicht nur aufsetzen, sondern sogar die Beine anziehen konnte. Mit knochigen Armen, die zu einem lebendigen Skelett zu gehören schienen, hielt er sie umschlungen und stieß tiefe, ungeduldige Seufzer aus.
»Die Hauptsache, Sir«, erklärte er mir, wann immer ich ihm Gelegenheit dazu gab, »die Hauptsache ist, das Schiff über 8° 20′ nördlicher Breite hinauszubringen. Ist es darüber weg, ist alles in Ordnung.«
Zuerst lächelte ich ihm immer nur zu, obwohl mir weiß Gott kaum zum Lächeln zumute war. Doch schließlich verlor ich die Geduld.
»Ach ja. 8° 20′ nördlicher Breite. Da haben Sie Ihren toten Kapitän gelassen, nicht wahr?« Und dann sagte ich

mit Nachdruck: »Meinen Sie nicht, Mr. Burns, es wäre an der Zeit, den ganzen Unsinn zu vergessen?«

Aus tief liegenden Augen warf er mir einen Blick voll unerschütterlichen Eigensinns zu. Im Übrigen murmelte er, grade laut genug, dass ich es hörte, etwas von: »Nicht wundern ... finden ... uns noch einen gemeinen Streich spielen ...«

Solche Vorfälle ermutigten mich nicht gerade. Allmählich bedrückte mich das Missgeschick. Gleichzeitig verachtete ich diese heimliche Seelenschwäche. Ich sagte mir voller Geringschätzung, es brauche mehr als das, um meine Standhaftigkeit auch nur im Geringsten zu erschüttern.

Ich wusste damals nicht, wie bald und aus welch unerwarteter Richtung sie bedrängt werden sollte.

Es geschah schon am nächsten Tag. Die Sonne stand bereits über dem südlichen Vorsprung von Koh-ring, das immer noch wie ein boshafter Gefährte backbords lauerte. Der Anblick war mir nachgerade verhasst. In der Nacht hatten wir uns rund um die Kompassrose gedreht und die Rahen wieder und wieder bei Windhauch gebrasst, der größtenteils nur eingebildet war, fürchte ich. Gerade bei Sonnenaufgang dann wehte uns eine unerklärliche, stetige Brise für eine Stunde genau entgegen. Es war unbegreiflich. Das entsprach weder der Jahreszeit noch den jahrhundertelangen Erfahrungen der Seeleute, die in Büchern zu lesen sind, noch dem Aussehen des Himmels. Das ließ sich nur mit absichtlicher Bosheit erklären. Wir wurden schnell von unserm eigentlichen Kurs abgetrieben, und wären wir zum Vergnügen gesegelt, hätten wir die Brise bei munter glitzerndem Wasser, dem Gefühl der Bewegung und der ungewohnten Kühle herrlich gefunden. Dann plötzlich flaute der Wind ab, als verschmähe er es, den traurigen Scherz weiter zu treiben, und erstarb in weniger als fünf

Minuten ganz und gar. Der Bug des Schiffes schwang herum, es krängte, das wieder glatte Meer glänzte wie eine Stahlplatte.
Ich ging hinunter, nicht weil ich ausruhen wollte, sondern weil ich den Anblick jetzt einfach nicht ertragen konnte. Der unverdrossene Ransome machte sich in der Kajüte zu schaffen. Es war ihm zur Gewohnheit geworden, mir morgens beiläufig einen Gesundheitsbericht zu erstatten. Er wandte sich vom Büfett ab mit seinem stets freundlichen, ruhigen Blick. Kein Schatten lag auf seiner klugen Stirn.
»Heute morgen geht's einer ganzen Reihe ziemlich schlecht, Sir«, sagte er in ruhigem Ton.
»Was? Hat es alle erwischt?«
»In der Koje liegen nur zwei, aber …«
»Die letzte Nacht wird schuld sein. Wir haben ja die ganze Zeit ziehen und anluven müssen.«
»Ich hab's gehört, Sir. Ich wollte schon heraufkommen und helfen, nur, Sie wissen …«
»Nein, nein. Das sollen Sie nicht … Die Leute liegen nachts auch an Deck. Das ist nicht gut für sie …«
Ransome stimmte zu. Auf Männer könne man aber nicht aufpassen wie auf Kinder. Man könne es ihnen auch nicht verdenken, wenn sie so viel wie möglich Kühle und Luft haben wollten, was sie nur an Deck fänden. Er selbst wisse es natürlich besser.
Er war wirklich ein vernünftiger Mann. Doch man konnte kaum behaupten, dass die anderen es nicht waren. Die letzten Tage waren wie eine harte Feuerprobe für uns gewesen. Man konnte sie wirklich nicht tadeln, dass sie in ihrer kurzsichtigen, allgemein menschlichen Art nach Augenblicken der Erleichterung suchten, wenn die Nacht ihnen Kühle vorgaukelte und das Sternenlicht durch die drückende, tauschwere Luft blinkte. Außerdem waren die meisten so geschwächt, dass kaum etwas

getan werden konnte, ohne dass sich jeder, der nur irgend imstande war, an die Brassen schleppte. Nein, es hatte keinen Zweck, ihnen Vorhaltungen zu machen. Ich glaubte aber fest daran, Chinin sei wirklich eine große Hilfe.

Ich glaubte daran. Ich setzte mein ganzes Vertrauen darein. Mit seiner Heilkraft würde es die Leute und das Schiff retten, den Bann brechen, das Wetter als ein zeitweiliges Ärgernis erscheinen lassen und, wie ein Zauberpulver vor verborgenem Unheil bewahrt, die erste Fahrt unter meinem ersten Kommando gegen die bösen Mächte von Windstille und Seuche schützen. Es war mir wertvoller als Gold, und das Schiff hatte genug Chinin, wogegen es Gold anscheinend nie und nirgends genug gibt. Ich ging in die Kammer, weil ich für jeden die Dosis abwiegen wollte. Ich streckte die Hand aus und fühlte mich wie ein Mann, der nach einem unfehlbaren Allheilmittel greift, nahm eine neue Flasche, packte sie aus und bemerkte dabei, dass oben und unten die Siegel fehlten …

Doch warum alles aufzählen, was so schnell zu der entsetzlichen Entdeckung führte. Sie werden sich die Wahrheit schon denken können. Da war die Verpackung, die Flasche und das weiße Pulver darin, irgendein Pulver! Doch es war kein Chinin! Ein Blick genügte dafür. Ich erinnere mich, dass mir in dem Augenblick, als ich die Flasche in die Hand nahm, noch ehe ich sie auspackte, bei ihrem Gewicht eine leise Vorahnung dämmerte. Chinin wiegt nämlich so gut wie nichts, und meine Nerven müssen einen ganz schönen Schreck bekommen haben. Ich ließ die Flasche auf dem Boden zersplittern. Das Zeug, was es auch war, knirschte unter meinen Schuhsohlen. Ich riss die nächste Flasche heraus und wieder eine. Schon das Gewicht sagte alles. Eine nach der andern fiel und zerbrach zu meinen Füßen, ich warf sie

nicht etwa vor Schrecken hin, nein, sie glitten mir aus den Fingern, als hätte mir die Entdeckung alle Kraft geraubt.
Es trifft zu, dass gerade die Wucht einen Schlag erträglich macht, weil sie eine zeitweilige Unempfindlichkeit zur Folge hat. Betäubt verließ ich die Kammer, als wäre mir etwas Schweres auf den Kopf gefallen. Ransome stand auf der andern Seite der Kajüte, ein Staubtuch in der Hand, und starrte mich über den Tisch mit offenem Mund an. Vielleicht sah ich gar nicht erregt aus. Es ist gut möglich, dass ich wie in Eile wirkte, weil ich instinktiv an Deck hastete. Ein Beispiel für gewohnheitsmäßigen Instinkt. Auf See kann man nämlich den Schwierigkeiten, den Gefahren, den Nöten eines Schiffes nur an Deck begegnen.
Das ist eine Tatsache, und ich handelte instinktiv danach, als müsse es so sein, was als Beweis dafür gelten mag, dass ich einen Augenblick lang meinen Verstand verloren haben muss.
Ich war ganz aus dem Gleichgewicht geraten und gab jeder Regung nach, denn am Fuße der Treppe kehrte ich um und stürzte zu Mr. Burns' Tür. Das Wunderliche seines Anblicks ließ mich zur Besinnung kommen. Er saß aufrecht in seiner Koje, seine Gestalt wirkte ungeheuer lang, und der Kopf war mit geziertem Selbstgefallen leicht zur Seite geneigt. Mit zitternder Hand und einem Arm, der nicht dicker war als ein derber Spazierstock, schwang er eine glänzende Schere und versuchte sie vor meinen Augen in seine Kehle zu stoßen.
Ich war einigermaßen erschrocken, doch es war mehr ein Schreck zweiten Ranges, der jedenfalls nicht so groß war, dass ich etwa geschrien hätte: Halt! ... Um Himmels willen! ... Was tun Sie da?
In Wahrheit unternahm er, in Überschätzung seiner wiederkehrenden Kräfte, nur einen zittrigen Versuch, sei-

nem übermäßig wuchernden roten Bart zu Leibe zu gehen. Ein großes Handtuch lag auf seinem Schoß, und bei jedem Klappern der Schere fielen die Stoppeln haufenweise wie Kupferdrahtstückchen.
Er wandte mir das Gesicht zu, das weit grotesker anmutete als verrückte Traumgespinste: Eine Wange war buschig bewachsen, wie von einer Flamme umloht, die andere nackt und eingefallen, von dem unversehrten langen Schnurrbart einsam und grimmig überragt. Ungestüm schleuderte ich ihm meine Entdeckung ins Gesicht, in sechs Worten, ohne weitere Erklärung, während er mich, die offene Schere in den Fingern, wie vom Donner gerührt anstarrte.

5

Ich hörte, wie ihm die Schere klappernd aus der Hand fiel, sah, wie sich seine Gestalt in gefährlicher Weise über den Kojenrand hinterherschob, dann ging ich an Deck, wie es meine Absicht gewesen war. Das glitzernde Wasser blendete meine Augen. Glänzend und leblos, eintönig und hoffnungslos lag es unter dem leeren Himmelsbogen. Die Segel hingen still und schwer, die Falten in der schlaffen Fläche rührten sich so wenig wie behauener Granit. Bei meinem ungestümen Auftauchen fuhr der Rudergänger leicht zusammen. Merkwürdigerweise knarrte oben ein Block, was konnte ihn bloß knarren lassen? Es klang wie das Pfeifen eines Vogels. Lange, lange sah ich in eine leere, in grenzenlose Stille versunkene Welt hinaus, die in rätselhafter Absicht vom Sonnenschein überflutet und überstrahlt wurde. Da hörte ich Ransomes Stimme neben mir.
»Ich habe Mr. Burns wieder ins Bett gebracht, Sir.«

»So.«
»Ja, Sir, er war aufgestanden, ganz plötzlich, doch er fiel hin, als er sich nicht mehr am Kojenrand fest hielt. Er ist aber nicht wirr im Kopfe, denke ich.«
»Nein«, sagte ich gleichgültig, ohne Ransome anzusehen. Er wartete einen Augenblick, dann begann er behutsam, als wolle er keinen Anstoß erregen: »Ich glaube, von dem Zeug braucht nicht viel verloren zu gehen, Sir. Ich kann es zusammenkehren, fast alles, dann können wir das Glas heraussieben. Ich werde mich gleich daranmachen. Das Frühstück wird dadurch nicht später fertig, es dauert keine zehn Minuten.«
»Ach ja«, sagte ich bitter, »lassen Sie das Frühstück warten. Kehren Sie alles zusammen, und werfen Sie den verdammten Kram dann über Bord.«
Wieder herrschte tiefe Stille, und als ich über die Schulter blickte, war Ransome – der kluge, ernsthafte Ransome – von meiner Seite verschwunden. Die lastende Einsamkeit der See war wie Gift für meinen Verstand. Als ich auf das Schiff blickte, überkam mich die krankhafte Vision von einem schwimmenden Grab. Wer hat nicht schon von Schiffen gehört, die steuerlos dahintreiben, weil niemand von der Besatzung mehr lebt? Ich sah zu dem Rudergänger hinüber, ich wollte mit ihm sprechen, und sein Gesicht nahm schon einen erwartungsvollen Ausdruck an, als hätte er meine Absicht erraten. Dann ging ich aber doch hinunter, ich wollte ein Weilchen mit meiner Sorgenlast allein sein. Mr. Burns sah mich jedoch durch seine offene Tür herunterkommen und fragte verdrießlich: »Wie sieht's aus, Sir?«
Ich trat ein. »Gar nicht gut«, sagte ich.
Mr. Burns, der in seine Koje zurückbefördert war, verbarg seine borstige Wange mit der Hand.
»Dieser dumme Kerl hat mir die Schere weggenommen«, waren seine nächsten Worte.

Ich litt unter einer derart großen Spannung, dass es vielleicht ganz gut war, dass Mr. Burns mit dieser Beschwerde anfing. Er schien sehr erbost und knurrte: »Denkt er etwa, ich bin verrückt?«

»Das glaube ich nicht, Mr. Burns«, sagte ich. In diesem Augenblick erschien er mir wie ein Muster an Selbstbeherrschung. Ich empfand sogar deshalb etwas wie Bewunderung für diesen Mann, der sich – abgesehen von dem deutlich wahrnehmbaren stofflichen Überbleibsel seines Bartes – aus einem Lebewesen fast in einen körperlosen Geist verwandelt hatte. Ich bemerkte, wie unnatürlich scharf sein Nasenrücken war, wie tief die Höhlen an seinen Schläfen, und beneidete ihn. Er war so abgemagert, dass er wahrscheinlich sehr bald sterben würde. Beneidenswerter Mensch! Dem Erlöschen so nahe – während ich einen Aufruhr von qualvoller Lebenskraft, von Zweifel, Beschämung, Selbstvorwurf mit mir herumtragen musste, vermischt mit einem unbestimmten Widerwillen, mich der entsetzlichen Logik der Situation zu stellen. Unwillkürlich murmelte ich: »Mir ist zumute, als würde ich selbst verrückt.«

Mr. Burns starrte zwar wie ein Geist, aber doch wunderbar gefasst.

»Ich habe immer erwartet, dass er uns einen tödlichen Streich spielen würde«, sagte er, wobei er das *er* besonders betonte.

Ich erschrak innerlich, doch ich hatte weder den Mut noch das Herz noch die Kraft, ihm zu widersprechen. Meine Krankheit war Gleichgültigkeit. Die schleichende Lähmung einer hoffnungslosen Lage. Also starrte ich ihn nur an. Mr. Burns fuhr in seiner Rede fort.

»Wie? Was? Nein! Sie wollen es nicht glauben? Na, wie erklären Sie sich's dann? Wie hätte es denn sonst passieren können?«

»Passieren können?«, wiederholte ich stumpf. »Wie, ja, wie bei allen Mächten der Hölle konnte das passieren?«

Wenn man darüber nachdachte, so schien es wirklich unfassbar, dass es gerade so gewesen sein musste: Die Flaschen wurden geleert, wieder gefüllt, neu verpackt und zurückgestellt. Gewissermaßen ein Anschlag, ein arglistiger Täuschungsversuch, eine Handlung, die einer heimlichen Rache glich – wofür aber? –, oder ein teuflischer Scherz. Doch Mr. Burns hatte eine Erklärung dafür. Sie war einfach, und er äußerte sie ernsthaft und mit hohler Stimme.

»Man wird ihm wohl in Hai-phong für das bisschen Zeug ungefähr fünfzehn Pfund gezahlt haben.«

»Mr. Burns!«, schrie ich.

Es wirkte grotesk, als er mir über seinen angezogenen Beinen zunickte, die wie zwei Besenstiele im Pyjama steckten und in riesengroßen nackten Füßen endeten.

»Warum nicht? In diesem Teil der Welt ist das Zeug ganz schön teuer, und in Tongking hatten sie wenig davon. Und was kümmerte es ihn? Sie haben ihn nicht gekannt. Ich schon, und ich habe ihm Trotz geboten. Er fürchtete weder Gott noch den Teufel, nicht die Menschen, den Wind, die See oder sein eigenes Gewissen. Und ich glaube, er hasste alle und alles. Aber er fürchtete sich vor dem Sterben. Ich glaube, ich bin der Einzige, der sich ihm jemals widersetzt hat. In dieser Kajüte, die Sie jetzt bewohnen, habe ich ihm, als er krank war, die Stirn geboten und ihn auch eingeschüchtert. Er dachte, ich wolle ihm den Hals umdrehen. Wenn es nach seinem Willen gegangen wäre, hätten wir, solange Leben in ihm war, gegen den Nordostmonsun gekreuzt, und zwar bis in alle Ewigkeit. Als Fliegender Holländer im Chinesischen Meer! Ha! Ha!«

»Warum aber sollte er die Flaschen so wieder hingestellt haben …?«, sagte ich.

»Warum nicht? Warum sollte er die Flaschen denn wegwerfen? Sie passen in die Lade. Sie gehören zum Medizinkasten.«

»Und sie waren verpackt!«, rief ich.
»Ja, die Verpackung war da. Das Verpacken geschah wohl gewohnheitsmäßig, und was das Füllen der Flaschen betrifft: Man bekommt eine Menge Zeug, das in Papier abgepackt ist, was nach einiger Zeit platzt. Übrigens, wer weiß? Sie haben es vermutlich nicht gekostet, Sir? Sie sind aber natürlich sicher …?«
»Nein«, sagte ich, »gekostet habe ich es nicht. Alles ist auch schon über Bord.«
Hinter mir bemerkte eine leise, höfliche Stimme: »Ich habe es probiert. Es schien alles Mögliche drin zu sein, Süßes, Salziges, ganz scheußlich.«
Ransome trat aus der Anrichte; er hatte ein Weilchen zugehört, was in seinem Falle immerhin entschuldbar war.
»Ein niederträchtiger Streich«, sagte Mr. Burns. »Ich hab immer gesagt, dass er dazu imstande ist.«
Meine Entrüstung war grenzenlos. Sie richtete sich auch gegen den freundlichen, teilnahmsvollen Arzt. Der einzige teilnahmsvolle Mensch, dem ich je begegnet war … warum hatte er, anstatt in lauterster Teilnahme den warnenden Brief zu schreiben, nicht alles ordentlich überprüft? Doch im Grunde war dem Doktor kaum etwas vorzuwerfen. Der Medizinkasten entsprach den behördlichen Vorschriften, es war alles vorhanden. Es gab auch nicht den geringsten Anlass zum Argwohn. Ich allein war es, dem ich niemals verzeihen konnte. Nichts durfte man je für selbstverständlich halten. Die Saat ewiger Gewissensbisse lag in meiner Brust.
»Ich glaube, ich allein trage die Schuld daran, ich und kein andrer. Das glaube ich. Ich werde es mir nie verzeihen.«
»Das ist einfach lächerlich, Sir«, sagte Mr. Burns heftig.
Nach dieser Anstrengung fiel er erschöpft aufs Bett zurück. Er schloss die Augen, er keuchte; diese Geschichte, diese ungeheuerliche Überraschung hatte auch ihn er-

schüttert. Als ich mich abwandte, begegnete ich Ransomes bestürztem Blick. Er hatte erfasst, worum es ging, brachte aber doch sein freundliches, ernstes Lächeln zustande. Dann trat er in seine Anrichte zurück, und ich eilte wieder an Deck, ob nicht vielleicht etwas Wind aufkäme, ein Hauch unter dem Himmel, ein Lüftchen, ein Hoffnungsschimmer. Wie zuvor herrschte Totenstille. Nichts hatte sich geändert, nur stand jetzt ein anderer Mann am Steuerrad. Er sah krank aus. Seine Haltung war schlapp, er schien sich eher an die Speichen zu klammern, als dass er sie in der Gewalt hatte. »Sie gehören nicht ans Steuerrad«, sagte ich zu ihm.

»Es geht schon, Sir«, sagte er matt.

Eigentlich hatte er auch nichts zu tun. Das Schiff machte keine Fahrt. Der Bug wies nach Westen, achteraus lagen unveränderlich Koh-ring und einige kleine Inseln, die als schwarze Punkte vor meinen sorgenvollen Augen in der blendenden Helle verschwammen. Außer diesen winzigen Stückchen Land gab es keinen Fleck am Himmel, keinen Fleck auf dem Wasser, keinen Dunststreifen, kein Segel, kein Boot, keinen menschlichen Laut, kein Lebenszeichen, nichts!

Die erste Frage war, was tun? Was konnte man tun? Als Erstes musste die Besatzung unterrichtet werden. Ich tat es noch am selben Tage. Ich wollte nicht, dass sich die Angelegenheit nur so herumsprach. Ich wollte ihnen mutig gegenübertreten. Sie wurden deshalb auf das Achterdeck gerufen. Ehe ich zu ihnen hinaustrat, begriff ich, dass es im Leben schreckliche Augenblicke gibt. Kein geständiger Verbrecher hat je seine Schuld so bedrückend empfunden. Vielleicht war deshalb mein Gesicht hart und meine Stimme barsch und kalt, als ich meine Erklärung abgab, dass ich, was Medikamente beträfe, für die Kranken nichts mehr tun könne. Sie wüssten, was an Pflege möglich gewesen sei, wäre ihnen zuteil geworden.

Sie wären nur im Recht gewesen, wenn sie mich einzeln Glied um Glied zerrissen hätten. Das Schweigen, das meinen Worten folgte, war fast schwerer zu ertragen als der schlimmste Aufruhr. Ich war wie vernichtet von diesem abgrundtiefen Vorwurf. Doch ich irrte mich, wie sich zeigte. Es kostete mich große Mühe, mit fester Stimme fortzufahren: »Ich denke, Leute, ihr habt verstanden, was ich gesagt habe, und wisst, was es bedeutet.«
Ein, zwei Stimmen erhoben sich: »Ja, Sir … Wir haben verstanden.«
Sie hatten nur geschwiegen, weil sie dachten, sie brauchten nichts zu antworten; als ich ihnen sagte, dass ich Singapore anlaufen wolle und dass die größte Chance für Schiff und Mannschaft darin läge, wenn wir alle, Kranke und Gesunde, uns nach Kräften anstrengten, das Schiff von hier fortzubringen, da wurde ich von leisem, zustimmendem Gemurmel und von einem lauteren Ausruf ermutigt: »Es muss doch möglich sein, aus dieser verdammten Ecke fortzukommen.«

Hier ist ein Auszug aus den Aufzeichnungen, die ich damals machte:

Wir haben Koh-ring endlich hinter uns. Seit Tagen wohl bin ich kaum mehr als zwei Stunden insgesamt unten gewesen. Ich bleibe natürlich an Deck, Tag und Nacht; die Tage und Nächte wälzen sich nacheinander über uns hin, ob lang oder kurz, wer weiß es? Jeder Zeitsinn ist verloren gegangen, Erwartung, Hoffnung, Wunsch sind immer gleich und haben nur ein Ziel: das Schiff nach Süden bringen! Das Schiff nach Süden bringen! Im Wesentlichen verläuft alles merkwürdig mechanisch: Die Sonne geht auf und unter, die Nacht schwebt über unseren Köpfen, als drehte unter dem Horizont jemand eine Kurbel. Alles ist höchst sinn- und zwecklos! … und während dieses elende Spiel vor sich geht, wandere ich an Deck hin und her, hin und her. Wie viele Meilen habe ich auf dem Achterdeck dieses Schiffes zurückgelegt! Es ist eine beharrliche, schier rastlose Pilgerreise, unterbrochen von kurzen Abstechern zu Mr. Burns unten, um nach ihm zu sehen. Ich weiß nicht, ob es Einbildung ist, aber er scheint von Tag zu Tag mehr er selbst zu werden. Er spricht nicht viel, denn die Lage bietet wahrhaftig keinen Anlass zu nichtigem Gerede. Die Matrosen halten es genauso, wenn ich sehe, wie sie sich an Deck bewegen oder herumsitzen. Sie sprechen nicht miteinander. Der Gedanke überfällt mich: Falls es ein unsichtbares Ohr gibt, das jedes Flüstern erlauscht, so wäre dieses Schiff der stillste Ort auf Erden …

Nein, Mr. Burns hat mir nicht viel zu sagen. Er hockt in seiner Koje, ohne Bart, aber mit flammendem Schnurrbart, sein kreideweißes Gesicht zeigt schweigende Entschlossenheit. Ransome berichtet, dass er alles, was man ihm zu essen bringe, bis zum letzten Bissen verzehre, anscheinend aber sehr wenig schlafe. Selbst in der Nacht, wenn ich hinuntergehe, um meine Pfeife zu stopfen, bemerke ich, dass er, obwohl er auf dem Rücken liegend vor sich hin dämmert, immer noch sehr entschlossen aussieht. Wenn er wach ist und mir einen Seitenblick zuwirft, ist es fast, als sei er ärgerlich darüber, bei einer mühsamen geistigen Beschäftigung gestört zu werden; und steige ich an Deck, so bietet sich mir das geordnete Bild der Sterne, wolkenlos, ermüdend bis zum Überdruss. Sterne, Sonne, Meer, Licht, Dunkelheit, Himmelsraum, die großen Wasser, alles ist da: das gewaltige Werk der sieben Tage, in das die Menschheit ungebeten hineingestolpert zu sein scheint. Oder hineingelockt wurde. Genauso wie ich zu diesem furchtbaren, vom Tode verfolgten Kommando verlockt wurde …

Nachts kam das einzige Licht auf dem Schiff von den Kompasslampen, die die Gesichter der einander ablösenden Rudergänger beleuchteten; die andern waren verloren in der Dunkelheit, ich, der ich auf dem Achterdeck hin und her ging, und die Männer, die auf den Decks lagen. Sie alle waren von der Krankheit so mitgenommen, dass keine Wacheinteilung mehr möglich war. Die imstande waren zu gehen, blieben die ganze Zeit auf Posten, lagen auf dem Hauptdeck im Schatten, bis meine zum Befehl erhobene Stimme sie als schwankendes Grüppchen auf die kraftlosen Füße brachte, ein Grüppchen, das sich geduldig über das Schiff schleppte, kaum dass ein Murmeln, ein Flüstern unter ihnen laut wurde. Und wenn ich meine Stimme erheben musste, packten mich Reue und Mitleid.

Gegen vier Uhr in der Frühe flammte dann ein Licht in der Kombüse auf. Der unermüdliche Ransome mit dem unruhigen Herzen, der gegen die Krankheit gefeit war, bereitete gelassen und geschäftig den Morgenkaffee für die Mannschaft. Bald würde er mir eine Tasse aufs Achterdeck bringen, und dann würde ich mir selbst erlauben, in meinen Deckstuhl zu fallen und ein paar Stunden richtig zu schlafen. Sicher bin ich manchmal kurz eingenickt, wenn ich mich für Augenblicke ganz erschöpft an die Reling lehnte, doch das ist mir wirklich nicht anders bewusst geworden als durch ein schmerzhaftes, plötzliches, krampfartiges Zusammenfahren, das mich sogar beim Gehen zu überfallen schien. Von ungefähr fünf Uhr an bis nach sieben konnte ich jedoch unter den verblassenden Sternen richtig schlafen.

Ich sagte zum Rudergänger: »Rufen Sie mich, wenn's notwendig ist«, sank in den Stuhl und schloss die Augen mit dem Gefühl, dass es auf Erden keinen Schlaf mehr für mich gäbe. Dann wusste ich nichts mehr, bis mich zwischen sieben und acht Uhr jemand an der Schulter berührte und ich beim Aufblicken Ransome sah, der mit seinem leisen, ernsten Lächeln und den freundlichen grauen Augen Freude an meinen Schlummerstunden zu haben schien. Manchmal erschien der Zweite Steuermann zum ersten Morgenkaffee und löste mich ab. Aber es kam wirklich nicht darauf an. Für gewöhnlich herrschte völlige Flaute, oder es wehte ein so schwaches, unbeständiges Lüftchen, dass es sich gar nicht lohnte, deshalb eine Brasse anzurühren. Hätte der Wind stetig geweht, so hätte der Rudergänger ganz sicher warnend gerufen: Segel back, Sir!, und das hätte mich wie bei einem Trompetenstoß einen Fuß hoch springen lassen. Solche Worte hätten mich wahrscheinlich auch aus dem ewigen Schlaf aufspringen lassen. Aber das geschah selten genug. Nie wieder habe ich solche totenstillen Sonnenaufgänge erlebt. Wenn der Zweite Steuermann manchmal an Deck war – von drei Tagen war er meist einen fieberfrei –, dann fand ich ihn, wie er halb besinnungslos auf einem Deckslicht hockte und mit leerem Blick auf etwas vor sich starrte, auf einen Tampen, eine Klampe, einen Belegnagel, einen Ringbolzen.

Mit diesem jungen Mann war nicht leicht umzugehen. Er blieb auch in seinen Leiden unbeholfen. Er schien völlig närrisch geworden zu sein; wenn ihn nämlich das wiederkehrende Fieber in seine Kammer hinuntertrieb, war er gleich darauf dort nicht mehr zu finden. Als dies das erste Mal geschah, waren Ransome und ich sehr erschrocken. Verstohlen gingen wir auf die Suche, und Ransome entdeckte ihn schließlich zusammengekauert in der Segelkammer, die durch eine Schiebetür von dem Raum vor der Kapitänskajüte getrennt war. Als man ihm dieserhalb Vorhaltungen machte, murrte er trotzig: »Es ist kühl da drin.« Aber das stimmte nicht. Es war nur dunkel dort.

Sein grundhässliches Gesicht wurde durch die gleichmäßige Fahlheit nicht gerade schöner. Anders war es bei vielen von der Mannschaft. Die zehrende Krankheit schien allgemein den Ausdruck ihrer Züge zu veredeln, sie enthüllte die unvermutete Würde der einen, die Stärke der anderen, in einem Falle brachte sie ein richtig komisches Aussehen hervor. Es handelte sich um einen kleinen, munteren rothaarigen Mann mit einer Nase und einem Kinn wie bei einem Hanswurst, der von seinen Kameraden ›Frenchy‹ genannt wurde. Warum, weiß ich nicht. Vielleicht war er Franzose; allerdings habe ich nie ein Wort Französisch von ihm gehört.

Wenn man ihn nach achtern zum Steuerrad gehen sah, tröstete es einen. Die groben blauen Baumwollhosen, die bis zur Wade aufgekrempelt waren, am einen Bein höher als am anderen, das saubere karierte Hemd, die weiße, offenbar selbst verfertigte Segeltuchmütze ließen ihn ganz besonders flott wirken, dazu verriet sein beharrlich beibehaltener elastischer Gang seinen unerschütterlichen Sinn, selbst wenn der arme Kerl nur taumeln konnte. Dann war da noch einer namens Gambril. Er war der einzige Grauhaarige auf dem Schiff. Sein Gesicht trug einen strengen Ausdruck. Doch wenn ich mich auch aller ihrer Gesichter erinnere, die tragisch vor meinen Augen verfielen: Ihre Namen hat mein Gedächtnis fast alle vergessen.

Im Verhältnis zu unserer Lage wechselten wir nur wenige und nichtssagende Worte. Ich musste mich zwingen, ihnen ins Gesicht zu sehen. Ich erwartete vorwurfsvolle Blicke von ihnen. Aber die gab es nicht. Der Leidensausdruck ihrer Augen war schon schwer genug zu ertragen. Doch das war nicht Absicht. Im Übrigen frage ich mich, ob es an ihrer Gemütsverfassung lag oder an ihrer mitfühlenden Vorstellungskraft, dass sie sich so großartig benahmen und meine unvergängliche Hochachtung errangen.

Mein Gemüt nämlich war weder besonders ausgeglichen, noch hatte ich meine Fantasie richtig in der Gewalt. In manchen Augenblicken glaubte ich nicht nur, verrückt werden zu müssen, sondern schon verrückt zu sein, sodass ich nicht den Mund zu öffnen wagte, aus Angst, mich durch einen irren Schrei zu verraten. Zum Glück brauchte ich nur Befehle zu geben, und ein Befehl hat auf den, der ihn geben muss, einen beruhigenden Einfluss. Zudem war der Seemann, der Wachhabende in mir noch hinreichend bei Verstand. Ich war wie ein wahnsinniger Zimmermann, der eine Kiste macht. Auch wenn er glaubt, der König von Jerusalem zu sein, so wird die Kiste, die er zimmert, immer eine ordentliche Kiste sein. Ich fürchtete nur, dass mir unwillkürlich ein schriller Ton entschlüpfen und mich aus dem Gleichgewicht reißen würde. Wiederum zum Glück war es nicht notwendig, die Stimme zu erheben. Die brütende Stille der Welt schien auf den leisesten Laut zu reagieren wie eine Flüstergalerie. Die übliche Lautstärke genügte, um ein Wort vom einen Ende des Schiffes zum andern zu tragen. Schrecklich war allerdings, dass ich immer nur meine eigene Stimme hörte. Besonders nachts hallte sie recht einsam zwischen den unbewegten Segelflächen.

Mr. Burns, der noch immer mit der Miene heimlicher Entschlossenheit das Bett hütete, fühlte sich gedrungen, über vieles zu murren. Unsere Unterhaltungen beschränkten sich zwar auf fünf Minuten, fanden aber häufig statt. Ich lief immer wieder hinunter, um meine Pfeife anzuzünden, obwohl ich damals nicht viel Tabak verbrauchte. Die Pfeife ging dauernd aus, denn im Grunde besaß ich nicht die nötige Ruhe, um einen richtigen Zug zu tun. Allerdings hätte ich bei Tag und Nacht die Streichhölzer meist ebenso gut an Deck anzünden und hochhalten können, bis die Flamme mir die Finger verbrannte. Doch ich lief immer hinunter. Es war eine Abwechslung. Es war die einzige Unterbrechung der unaufhörlichen Anspannung, und Mr. Burns sah mich natürlich durch seine offene Tür jedes Mal kommen und gehen.

Wie er dahockte, die Knie bis zum Kinn hochgezogen, mit grünlichen Augen darüberhin starrend, war er eine unheimliche und nicht sehr anziehende Gestalt für mich, zumal ich wusste, was für ein närrischer Gedanke in seinem Kopf kreiste. Doch ab und zu musste ich mit ihm reden, und eines Tages klagte er, dass das Schiff so still sei. Stundenlang liege er da, sagte er, ohne einen Laut zu hören, bis er nicht mehr wisse, was er mit sich anfangen solle.

»Wenn Ransome vorn in seiner Kombüse ist, dann ist alles so still, dass man glauben könnte, an Bord lebt niemand mehr«, murrte er. »Ihre Stimme ist die einzige, die ich manchmal höre, Sir, und das genügt nicht, um mich aufzumuntern. Was ist los mit den Leuten? Gibt's niemand mehr, der bei der Arbeit aussingt?«

»Niemand, Mr. Burns«, sagte ich. »Auf diesem Schiff hat niemand mehr den Atem dazu. Wissen Sie, dass ich für eine Arbeit manchmal nicht mehr als drei Matrosen zusammenbringe?«

Er fragte rasch, aber ängstlich: »Niemand bisher gestorben, Sir?«

»Nein.«

»Das darf auch nicht passieren«, erklärte Mr. Burns ungestüm. »Wir dürfen's ihm nicht erlauben. Wenn er einen kriegt, wird er sie alle kriegen.«

Ich protestierte ärgerlich. Ich glaube, ich fluchte sogar über den schädlichen Einfluss dieser Worte. Sie vernichteten, was mir an Selbstbeherrschung geblieben war. Bei meinen endlosen Nachtwachen im Angesicht des Feindes war ich zur Genüge von schauerlichen Bildern heimgesucht worden. Visionen waren mir erschienen von einem Schiff, das bei Windstille dahintreibt oder von sanften Winden geschaukelt wird, während die Mannschaft auf den Decks langsam dahinstirbt. Solche Dinge haben sich schon zugetragen.

Mr. Burns begegnete meinem Ausbruch mit geheimnisvollem Schweigen.

»Hören Sie, Sie glauben ja selber nicht, was Sie sagen«, bemerkte ich. »Sie können's gar nicht. Das ist unmöglich. Ich habe ein Recht darauf, anderes von Ihnen zu erwarten. Meine Lage ist schlimm genug, ohne dass Sie mich noch mit Ihren törichten Einfällen behelligen.«

Er blieb ungerührt. Bei der Art, wie das Licht auf seinen Kopf fiel, konnte ich nicht ausmachen, ob er leise lächelte oder nicht. Ich wechselte den Ton.

»Hören Sie«, sagte ich, »unsere Lage ist jetzt so verzweifelt, dass ich, da wir nach Süden nicht vorankommen, einen Augenblick daran gedacht habe, ob ich nicht versuchen sollte, Kurs nach Westen zu nehmen, um auf die Paketbootroute zu treffen. Dann könnten wir doch wenigstens etwas Chinin bekommen. Was meinen Sie?«

Er rief: »Nein, nein, nein! Tun Sie das nicht, Sir! Sie dürfen dem alten Teufel auch nicht einen Augenblick lang ausweichen. Wenn Sie das tun, wird er uns alle unterkriegen.«

Ich verließ ihn. Mit ihm war nicht zu reden. Es war wie ein Fall von Besessenheit. Sein Protest war jedoch eigentlich wohlbegründet. Mein Einfall, nach Westen zu steuern, um vielleicht einem Dampfer zu begegnen, hielt ruhiger Überlegung nicht stand. Dort, wo wir waren, hatten wir zumindest ab und zu genug Wind, um uns nach Süden durchzukämpfen. Genug Wind zumindest, um die Hoffnung lebendig zu erhalten. Doch angenommen, ich wäre mit diesen launischen Windstößen nach Westen gesegelt, in eine Gegend, wo tagelang kein Hauch wehte, was dann? Vielleicht würde sich dann meine grausige Vision von einem treibenden Schiff samt

toter Besatzung, das Wochen später von entsetzten Matrosen gefunden würde, bewahrheiten.
An diesem Nachmittag brachte mir Ransome eine Tasse Tee hinauf, und während er mit dem Tablett in der Hand wartete, bemerkte er in aufrichtiger Teilnahme: »Sie halten gut durch, Sir.«
»Ja«, sagte ich, »Sie und ich sind offenbar vergessen worden.«
»Vergessen, Sir?«
»Ja, von dem Fieberteufel, der sich an Bord dieses Schiffes geschlichen hat«, sagte ich.
Ransome sah mich schnell mit seinen aufmerksamen, klugen Augen an und entfernte sich mit dem Tablett. Mir fiel auf, dass ich ein bisschen wie Mr. Burns gesprochen hatte, und das ärgerte mich. Doch verfiel ich jetzt in düsteren Augenblicken unseren Nöten gegenüber oft in eine Haltung, die einem Kampf gegen einen lebendigen Feind angemessener gewesen wäre.
Ja. Der Fieberteufel hatte seine Hand bisher weder auf Ransome noch auf mich fallen lassen. Doch es konnte jederzeit geschehen. Das war nun ein Gedanke, den man um jeden Preis bekämpfen und sich vom Leibe halten musste. In Betracht zu ziehen, dass Ransome, der Hausvater des Schiffes, krank werden könnte, war mir unerträglich. Und was sollte aus meinem Schiff werden, wenn ich zusammenbrach, während Mr. Burns so schwach war, dass er nicht stehen konnte, ohne sich an seiner Koje fest zu halten, und der Zweite Steuermann völlig närrisch geworden war? Eine solche Vorstellung war unmöglich, oder sie war vielmehr nur zu leicht denkbar.
Ich war allein auf dem Achterdeck. Da das Schiff keine Fahrt machte, hatte ich dem Rudergänger gesagt, er solle sich irgendwo in den Schatten setzen oder legen. Die Leute hatten nur noch wenig Kraft, sodass alle unnötigen Anstrengungen vermieden werden mussten. Dies-

mal war's der ernste Gambril mit dem grauen Bart. Er entfernte sich zwar willig, doch war der arme Kerl von wiederholten Fieberanfällen so geschwächt, dass er sich mit beiden Händen seitlich am Messinggeländer fest halten musste, um die Treppe vom Achterdeck hinunterzusteigen. Der Anblick war geradezu herzzerreißend. Dabei ging es ihm weder schlechter noch besser als den meisten von dem Halbdutzend Elendsopfern, die ich noch an Deck zusammenbrachte.

Es war ein furchtbar stiller Nachmittag. Tagelang waren in der Ferne tief liegende Wolken aufgezogen, weiße Massen, die dann dunkel geballt, regungslos, fast undurchdringlich auf dem Wasser ruhten, deren Anblick jedoch die ganze Zeit über unmerklich wechselte. In der Regel verschwanden sie gegen Abend. Aber heute warteten sie den Untergang der Sonne ab, die düster zwischen ihnen glühte und glimmte, ehe sie versank. Pünktlich erschienen die langweiligen Sterne wieder über unseren Mastknöpfen, doch die Luft blieb still und drückend.

Der unermüdliche Ransome zündete die Kompasslampen an und glitt dann als Schatten zu mir herauf.

»Wollen Sie nicht hinuntergehen und versuchen, etwas zu essen, Sir?«, fragte er.

Seine leise Stimme erschreckte mich. Ich hatte an der Reling gestanden und hinausgeschaut, ohne zu reden, ohne etwas zu fühlen, auch meine müden Glieder nicht, ganz überwältigt von dem bösen Bann.

»Ransome, wie lange bin ich schon an Deck?«, fragte ich plötzlich. »Ich verliere das Gefühl für die Zeit.«

»Vierzehn Tage, Sir«, antwortete er. »Vergangenen Montag waren es vierzehn Tage, dass wir den Anker lichteten.« Seine gleichmäßige Stimme klang irgendwie bekümmert. Er wartete ein Weilchen und fügte dann hinzu: »Es sieht zum ersten Mal so aus, als sollten wir Regen bekommen.«

Da bemerkte ich den breiten Schatten am Horizont, der die niedrigen Sterne verdeckte, während die über uns, als ich hinaufschaute, durch einen Rauchschleier zu leuchten schienen.

Wie er dort entstanden und wie er so hoch gestiegen war, wusste ich nicht zu sagen. Es sah nach Unheil aus. Die Luft regte sich nicht. Nach einer neuerlichen Aufforderung Ransomes ging ich hinunter, um, wie er sagte, zu ›versuchen, etwas zu essen‹. Ich weiß nicht, ob der Versuch sehr erfolgreich war. Vermutlich habe ich damals von Nahrung gelebt wie sonst auch, in der Erinnerung aber ist mir, als hätte ich mich damals nur von unüberwindlicher Qual als einem anregenden und zugleich zerstörenden Reizmittel höllischer Art genährt.

Es ist der einzige Abschnitt in meinem Leben, in dem ich ein Tagebuch zu führen versuchte. Nein, nicht der Einzige. Jahre später, als ich innerlich vereinsamt lebte, brachte ich die Gedanken und Ereignisse einer Reihe von Tagen zu Papier. Doch jetzt war es das erste Mal. Ich weiß nicht, wie es dazu kam oder wie mir Notizbuch und Bleistift in die Hand gerieten. Dass ich etwa danach gesucht haben sollte, ist undenkbar. Vermutlich bewahrten sie mich vor der verrückten Angewohnheit, mit mir selbst zu sprechen.

Diese Zuflucht suchte ich merkwürdigerweise beide Male in einer Lage, aus der ich, wie man so sagt, nicht ›herauszukommen‹ glaubte.

Ich konnte aber auch nicht erwarten, dass die Niederschrift mich überleben würde. Daraus geht hervor, dass es ein ganz persönliches Bedürfnis war, mich innerlich zu erleichtern, nicht ein Drang, von mir selbst zu sprechen.

Ich muss hier eine weitere Probe davon geben, ein paar Zeilen von den Seiten, die ich an jenem Abend schrieb und die mir heute gespenstisch vorkommen.

Am Himmel geht etwas wie eine Auflösung, wie eine Zersetzung der Luft vor sich, die still bleibt wie immer. Letzten Endes nur Wolken, die vielleicht Regen oder Wind bringen, vielleicht auch nicht. Merkwürdig, dass ich mich davon beunruhigen lasse. Mir ist zumute, als stünden alle meine Sünden vor mir. Doch ich glaube, es ist nur die Unruhe darüber, dass das Schiff so still liegt und nicht dem Ruder gehorcht und dass ich nichts zu tun habe, was meine Fantasie daran hindert, sich vom Schlimmsten, was uns zustoßen kann, verheerende Bilder auszumalen. Was wird geschehen? Wahrscheinlich nichts. Oder alles Mögliche. Vielleicht eine wütende Bö als schlimmer Vorbote. Und an Deck fünf Mann, die bestenfalls so viel wert sind wie zwei. Alle Segel könnten uns fortgerissen werden. Das kleinste Stückchen Segel ist gesetzt, seit wir den Ankergrund in der Mündung des Mei-nam verließen, vor fünfzehn Tagen - oder fünfzehn Jahrhunderten. Das ganze Leben vor diesem wichtigen Tag scheint mir unendlich fern zu liegen, es ist wie eine halb vergessene Erinnerung an sorglose Jugend, an Dinge, die jenseits eines Schattens liegen. Ja, die Segel könnten ohne weiteres fortgeweht werden. Und das wäre wie ein Todesurteil für die Männer. Wir haben an Bord nicht die Kraft dazu, neue unterzuschlagen; ein unglaublicher Gedanke, aber es ist wahr. Wir könnten auch die Masten verlieren. Schiffe sind entmastet worden, weil sie bei Böen einfach nicht schnell genug bedient werden konnten, und wir sind außerstande, die Rahen umzubrassen. Es ist ungefähr so, als sei man an Händen und Füßen gefesselt worden, ehe einem die Kehle durchgeschnitten wird. Das Schlimmste dabei ist aber, dass ich mich scheue, an Deck zu gehen, um den Dingen ins Gesicht zu sehen. Ich bin es dem Schiff, ich bin es den Männern schuldig, die an Deck sind - denen nämlich, die auf ein Wort von mir bereit sind, den letzten Rest ihrer Kraft herzugeben. Und ich scheue davor zurück. Vor dem Gedanken schon. Mein erstes Kommando. Jetzt verstehe ich die merkwürdige Unsicherheit, die ich früher empfand. Ich habe immer an meinen Fähigkeiten gezweifelt. Und hier ist der eindeutige Beweis, ich möchte ausweichen, ich bin unfähig.

In diesem oder vielleicht im nächsten Augenblick sah ich Ransome in der Kajüte stehen. Etwas in seiner Miene ließ mich erschrecken. Ich wusste aber nicht, was es sein konnte.
»Jemand ist gestorben!«, rief ich.
Nun sah er seinerseits erschrocken aus.
»Tot? Nicht dass ich wüsste, Sir. Ich bin erst vor zehn Minuten im Logis gewesen, und da war keiner tot.«
»Sie haben mir einen Schrecken eingejagt«, sagte ich.
Seine Stimme klang überaus angenehm im Ohr. Er erklärte, er sei heruntergekommen, um das Bullauge bei Mr. Burns für den Fall zu schließen, dass es regnen sollte. Er habe nicht gewusst, dass ich in der Kajüte sei, setzte er hinzu.
»Wie sieht es draußen aus?«, fragte ich.
»Wirklich sehr dunkel, Sir. Da braut sich wieder was zusammen.«
»In welcher Richtung?«
»Ringsum, Sir.«
Ich wiederholte träge, die Ellbogen auf dem Tisch: »Ringsum. Natürlich.«
Ransome blieb in der Kajüte, als müsse er dort irgendetwas erledigen, zögere aber noch, es zu tun.
Plötzlich sagte ich: »Sie denken, ich sollte an Deck sein?«
Er antwortete sofort, doch ohne besonderen Nachdruck oder Betonung: »Ja, Sir.«
Schnell stand ich auf, und er trat zurück, um mich hinauszulassen. Als ich durch den Vorraum ging, hörte

ich die Stimme von Mr. Burns: »Machen Sie bitte meine Tür zu, Steward?« Darauf Ransomes Stimme, ziemlich überrascht: »Natürlich, Sir.«
Ich hatte gedacht, meine Gefühle seien bis zu völliger Gleichgültigkeit abgestumpft. Doch der Aufenthalt an Deck war wiederum bedrückend. Das undurchdringliche Dunkel rings um das Schiff schien so dicht, dass man fast erwartete, ein unirdisches Gespinst zu berühren, wenn man die Hand über Bord streckte. Ein unvorstellbares Grauen und ein unaussprechliches Geheimnis schienen dahinter verborgen. Die wenigen Sterne oben ließen in vereinzelten Strahlen, die eine zu Ruß verwandelte Atmosphäre durchdrangen, trübes Licht auf das Schiff fallen, nur auf dem Wasser zeigte sich kein einziger Schimmer. Derartiges hatte ich noch nie gesehen, es war ungewiss, aus welcher Richtung eine Veränderung kommen würde, die Gefahr drohte von allen Seiten.
Am Steuerrad stand noch niemand. Alles und jedes war unbeweglich. War die Luft schwarz geworden, so konnte auch das Meer eine feste Masse werden. Es war sinnlos, in irgendeiner Richtung zu forschen, nach irgendeinem Zeichen zu suchen und darüber zu grübeln, was in Kürze zu erwarten stand. Wenn es soweit war, würde die Dunkelheit das Sternenlicht, das spärlich auf das Schiff fiel, lautlos verschlucken, und das Ende aller Dinge wäre da, kein Seufzer, keine Regung, kein Murmeln, nichts wäre zu hören, und der Schlag aller Herzen würde verstummen wie der Schlag abgelaufener Uhren.
Es war unmöglich, dieses Gefühl vom Ende abzuschütteln. Die Ruhe, die mich überkam, war wie ein Vorgeschmack vom Nichts. Das Gefühl war gewissermaßen tröstlich, als befände sich meine Seele plötzlich im Einklang mit einer immer währenden undurchdringlichen Stille.

Der Instinkt des Seemanns allerdings blieb von meiner innerlichen Preisgabe völlig unberührt. Ich stieg die Treppe vom Achterdeck hinab. Das Sternenlicht schien zu verlöschen, ehe ich unten war, doch als ich ruhig fragte: »Seid ihr da?«, unterschieden meine Augen schattengleiche Gestalten, die sich in geringer Zahl und undeutlich rings um mich erhoben, und eine Stimme sprach: »Alle da, Sir.«
Eine andere verbesserte bekümmert: »Alle, die noch was taugen, Sir.«
Beide Stimmen waren ruhig und gleichmütig, ohne besondere Fassung oder Mutlosigkeit auszudrücken. Sehr sachliche Stimmen.
»Wir müssen versuchen, das Großsegel zu bergen«, sagte ich.
Die Schatten verließen mich schwankend und wortlos. Diese Männer waren nur noch Gespenster ihrer selbst, und sie konnten mit ihrem Gewicht an einem Tau nicht mehr ausrichten als ein Häuflein Gespenster mit dem seinen. Wenn also je ein Segel allein durch Geisteskraft geborgen wurde, dann dieses, denn eigentlich besaß die Mannschaft insgesamt nicht mehr die Muskelkraft für diese Aufgabe, geschweige denn unser elendes Trüpplein an Deck. Natürlich ging ich ihnen bei der Arbeit voran. Sie wankten nur noch von Tau zu Tau, stolpernd und keuchend. Sie plagten sich wie die Titanen. Eine Stunde mindestens verging damit, und die ganze Zeit über gab das dunkle Weltall keinen Laut von sich. Als die letzte Gording belegt war, bot sich meinen nun an die Dunkelheit gewöhnten Augen der Anblick der ausgepumpten Männer, die über der Reling hingen oder auf die Lukendeckel gesunken waren. Einer lag nach Atem ringend über dem achteren Gangspill, und ich stand zwischen ihnen wie ein Turm der Stärke, übergangen von der Krankheit, und fühlte nur die Schwäche meiner

Seele. Ich wartete eine Weile und kämpfte an gegen die Schwere meiner Sünden, gegen das Gefühl, unwürdig zu sein, dann sagte ich: »Jetzt, Leute, wollen wir nach achtern gehn und die Großrah vierkant brassen. Das ist so ziemlich alles, was wir für das Schiff tun können; nun muss es sich auf sein Glück verlassen.«

6

Als wir alle hinaufgingen, fiel mir ein, dass ein Mann am Steuerrad sein sollte. Ich erhob die Stimme, doch ein Flüstern genügte, und stumm tauchte ein klagloser Geist in einem fieberschwachen Körper achtern auf, wo sich der Kopf mit den hohlen Augen hell gegen die Finsternis abhob, die unsere Welt verschlungen hatte – das ganze Weltall. Der nackte Unterarm, der über den oberen Speichen lag, schien aus sich heraus zu leuchten. Ich murmelte der lichten Erscheinung zu: »Halten Sie das Ruder mittschiffs.«

Sie antwortete im Ton geduldigen Leidens: »Ruder mittschiffs, Sir.«

Dann stieg ich vom Achterdeck hinunter. Aus welcher Richtung der Schlag kommen würde, war ungewiss. Sah man sich auf dem Schiff um, dann war es, als blickte man in ein grundloses schwarzes Loch. Das Auge verlor sich in unfassbaren Tiefen. Ich wollte mich vergewissern, ob die Enden aufgeschossen waren. Das ließ sich nur durch Tasten mit den Füßen feststellen. Als ich das vorsichtig tat, stieß ich gegen einen Mann und erkannte Ransome. Er besaß unverminderte körperliche Festigkeit, was mir bei der Berührung deutlich wurde. Er lehnte am achteren Gangspill und verharrte schweigend. Es fiel mir wie Schuppen von den Augen. Er war die zusammengebrochene, nach Atem ringende Gestalt gewesen, die ich bemerkt hatte, ehe wir aufs Achterdeck stiegen.

»Sie haben beim Großsegel mitgeholfen!«, rief ich leise.

»Ja, Sir«, ertönte seine ruhige Stimme.

»Mann! Was haben Sie sich gedacht? So etwas dürfen Sie nicht tun.«

Nach einer Pause gab er zu: »Vermutlich sollte ich es nicht.« Nach weiterem kurzen Schweigen setzte er zwischen verräterischem Keuchen rasch hinzu: »Jetzt geht es mir wieder gut.«

Sonst konnte ich niemand sehen oder hören, aber als ich rief, antwortete trauriges Gemurmel vom Achterdeck, und die Schatten dort schienen sich zu rühren. Ich befahl, alle Rahfallen an Deck klar zum Fieren aufzuschießen.

»Ich werde mich drum kümmern«, erbot sich Ransome mit gewohnter angenehmer Stimme, die einen tröstete, aber auch irgendwie Erbarmen weckte.

Der Mann hätte ins Bett gehört, um sich auszuruhen, und es war offenkundig meine Pflicht, ihn dahin zu schicken. Aber vielleicht hätte er mir nicht gehorcht. Auch fehlte mir die Willenskraft zu dem Versuch. Daher sagte ich nur: »Aber schön langsam, Ransome.«

Als ich wieder auf dem Achterdeck stand, ging ich zu Gambril. Das Licht warf tiefe Schatten auf sein Gesicht, das entsetzlich aussah, wie für immer verstummt. Ich fragte, wie er sich fühle, erwartete aber kaum Antwort. Daher war ich erstaunt, dass er verhältnismäßig ausführlich antwortete: »Nach so 'nem Schüttelfrost bin ich schwach wie 'n kleines Kind, Sir«, sagte er und behauptete dabei die vorbildliche Gelassenheit, die ein Rudergänger gegen alles bewahren muss, was nichts mit seiner Arbeit zu tun hat. »Und eh ich mich zusammengerappelt hab, da kommt 'n Hitzeanfall und haut mich wieder hin.«

Er seufzte. In seiner Stimme war keine Klage, doch die Worte allein genügten, dass ich heftige Selbstvorwürfe empfand. Die machten mich für eine Weile stumm. Als das niederdrückende Gefühl überwunden war, fragte ich: »Fühlen Sie sich stark genug, das Steuerrad festzuhalten, dass es nicht herumschlägt, wenn das Schiff Fahrt über den Achtersteven bekommt? Mit dem Rudergeschirr darf jetzt nichts passieren. Wir haben schon genug Schwierigkeiten auf dem Hals.«

Mit einem Anflug von Ungeduld gab er zurück, dass er Kraft genug habe, es festzuhalten. Er könne mir versprechen, das Rad nicht loszulassen. Mehr könne er nicht sagen.

In diesem Augenblick tauchte Ransome dicht neben mir auf, er trat plötzlich aus der Dunkelheit heraus, als wäre er mit seinem ruhigen Gesicht und seiner angenehmen Stimme soeben erschaffen worden.

Jedes Ende läge aufgeschossen an Deck, klar zum Holen, soweit man sich dessen durch Tasten vergewissern könne. Sehen könne man nichts. Frenchy habe sich vornhin gestellt. Er habe noch ein bisschen Mumm im Leibe, wie er sage.

Bei diesen Worten veränderte ein leises, flüchtiges Lächeln die klaren, festen Linien um seinen Mund. Mit den ernsten, klaren grauen Augen und seinem beherrschten Temperament war er wirklich ein unschätzbarer Mensch. An Seele so fest wie die Muskeln seines Körpers.

Er war der Einzige an Bord – außer mir, der ich Bewegungsfreiheit wahren musste –, auf dessen Muskelkraft man rechnen konnte. Ich fragte mich einen Augenblick, ob ich nicht lieber ihn bitten solle, das Steuerrad zu übernehmen. Doch das schreckliche Wissen um den Feind, den er in sich trug, ließ mich zögern. Ich wusste so wenig von Physiologie, dass mir der Gedanke kam, er

könne womöglich in einem kritischen Augenblick vor Aufregung sterben.
Während diese schauerliche Furcht die Worte zurückhielt, die mir auf der Zunge lagen, trat Ransome zwei Schritte zurück und entschwand meinen Augen.
Sofort befiel mich ein Unbehagen, als wäre mir eine Stütze entzogen worden. Auch ich setzte mich in Bewegung und trat aus dem Lichtkreis in die Dunkelheit, die vor mir stand wie eine Wand. Mit einem Schritt drang ich in sie ein. Ein solches Dunkel muss vor der Schöpfung gewesen sein. Es hatte sich hinter mir geschlossen. Ich wusste, dass ich für den Mann am Steuerrad nicht mehr sichtbar war. Auch ich sah nichts. Er war allein, ich war allein, ein jeder war auf seinem Platz allein. Jeder Umriss war verschwunden, Spieren, Segel, Fittings, Reling; alles war ausgelöscht von der schrecklichen Einförmigkeit dieser absoluten Dunkelheit.
Ein Blitzstrahl wäre eine Erleichterung gewesen, ich meine, physisch. Ich hätte ihn herbeigefleht, wenn mir nicht vor dem Donner gegraut hätte. Ich litt unter der Spannung der Stille, dass ich vermeinte, das erste Krachen müsse mich zu Staub verwandeln.
Donner aber war aller Wahrscheinlichkeit nach als Nächstes zu erwarten. Wie erstarrt, wagte ich kaum zu atmen und verharrte in grauenhaft gespannter Erwartung. Nichts geschah. Es war zum Verrücktwerden. Ein wachsender dumpfer Schmerz in der unteren Gesichtshälfte machte mir jedoch bewusst, dass ich Gott weiß wie lange wie ein Verrückter mit den Zähnen geknirscht hatte.
Ich hätte es hören müssen, es war aber sonderbarerweise nicht so. Mit einer Anstrengung, die mich voll in Anspruch nahm, brachte ich es fertig, die Kiefer still zu halten. Das erforderte viel Aufmerksamkeit, und während ich so beschäftigt war, beirrten mich merkwürdige,

unregelmäßige leise Klopfgeräusche an Deck. Sie ertönten einzeln, zusammen, hintereinander. Ich wunderte mich über das geheimnisvolle teuflische Treiben, da traf mich ein leichter Schlag unter dem linken Auge, und ich fühlte eine riesige Träne über die Wange rollen. Regentropfen. Riesige. Vorboten von irgendetwas. Tapp. Tapp. Tapp ...

Ich drehte mich um und richtete die beschwörende Bitte an Gambril, sich ›am Rad festzuklammern‹. Doch ich konnte vor Erregung kaum sprechen. Der verhängnisvolle Augenblick war da. Ich verhielt den Atem. Das Klopfen hatte so plötzlich aufgehört, wie es begonnen hatte, und darauf folgten wiederum unerträgliche Zweifel, als würde die Folterschraube abermals angezogen. Ich glaube nicht, dass ich geschrien hätte, doch ich weiß, dass ich überzeugt war, man könne nichts anderes tun als schreien.

Plötzlich – ja, wie soll ich es ausdrücken? Nun, plötzlich verwandelte sich die Dunkelheit in Wasser. Das ist das einzig passende Bild. Wenn ein heftiger Guss, ein lauter Platzregen heranzieht, so hört man sein Nahen auf See und sicher auch in der Luft. Aber dies hier war anders. Ohne ein Zischen oder Rauschen, ohne einen Spritzer, ja, ohne die Spur eines Aufschlags wurde ich im Handumdrehen bis auf die Haut nass. Dazu brauchte es nicht viel, da ich nur meinen Schlafanzug trug. Mein Haar war im Nu durchweicht, Wasser strömte über meine Haut, füllte Nase, Ohren, Augen. Im Bruchteil einer Sekunde hatte ich eine ganze Menge Wasser geschluckt.

Gambril wurde förmlich davon erstickt. Er hustete und keuchte jämmerlich, wie eben ein Kranker hustet. Ich sah ihn, wie man einen Fisch im Aquarium beim Licht einer elektrischen Birne sieht, als undeutlichen, phosphoreszierenden Schatten. Nur glitt er nicht davon. Doch etwas anderes geschah. Beide Kompasslampen verloschen.

Vermutlich war Wasser eingedrungen, obgleich ich das nicht für möglich gehalten hätte, denn die Haube darüber schloss dicht.
Der letzte Lichtschimmer im Weltall war verschwunden, gefolgt von einem leisen, bestürzten Aufschrei Gambrils. Ich tastete nach ihm und packte seinen Arm. Schrecklich, wie dünn er war!
»Keine Sorge«, sagte ich. »Sie brauchen kein Licht. Sie müssen den Wind, wenn er kommt, nur immer von hinten spüren. Verstehen Sie?«
»Aye, aye, Sir … Aber Licht wär schon gut«, setzte er hinzu.
Die ganze Zeit über lag das Schiff so ruhig wie ein Felsen. Der Lärm, mit dem das Wasser über Segel und Spieren herabgerauscht und über den Sprung des Achterdecks geflossen war, war verstummt. Die Achterdeckspeigatten gurgelten und gluckten noch ein Weilchen, und dann kündete tiefstes Schweigen, verbunden mit völliger Unbeweglichkeit, davon, dass der Bann unserer Hilflosigkeit noch nicht gebrochen war, dass wir vielmehr kurz vor einem gewaltsamen, im Dunkel lauernden Angriff standen.
Ruhelos eilte ich nach vorn. Ich brauchte nichts zu sehen, um auf dem Achterdeck meines glücklosen ersten Schiffes ganz sicher umherzuwandern. Jeder Quadratfuß seiner Decks war meinem Hirn mit allen Fasern und Knorren der Planken unauslöschlich eingeprägt. Dennoch stolperte ich plötzlich über etwas und fiel der Länge nach auf Hände und Gesicht.
Es war groß und lebendig. Kein Hund – eher noch ein Schaf. Aber es gab keine Tiere auf dem Schiff. Wie konnte also ein Tier … Diesem zusätzlichen unerwarteten Schrecken war ich nicht gewachsen. Mir sträubten sich die Haare auf dem Kopf vor Entsetzen, noch als ich aufstand. Der Schrecken war gewissermaßen einfältig,

aber doch grenzenlos, wie ihn ein kleines Kind empfindet, nicht ein Mann, der sich noch mit seinem Verstand und seiner Vernunft dagegen wehrt.
Jetzt sah ich es, das Etwas! Die Dunkelheit, die sich gerade in so viel Wasser verwandelt hatte, war nicht mehr ganz so dicht. Da war's! Dass es Mr. Burns sein könnte, der auf allen vieren aus dem Niedergang hervorkroch, darauf kam ich gar nicht, bis er aufzustehen versuchte, und auch dann glaubte ich zuerst, es sei ein Bär. Er brummte auch wie ein solcher, als ich die Arme um ihn schlang. Er hatte sich in einen riesigen Wintermantel aus wolligem Material gehüllt, der für seinen geschwächten Zustand viel zu schwer war. Er war wie verloren in der dicken Hülle, kaum ertastete ich die unglaublich dünne Latte, die sein Körper war. Doch sein Brummen klang tief und kräftig. Verflucht stummes Schiff sei das, mit 'ner Mannschaft, die zaghaft auf Zehenspitzen schleiche! Warum könnten sie nicht stampfen und laufen mit 'ner Brasse? Wäre denn von den elenden Landratten keiner mehr imstande, beim Holen eines Endes auszusingen?
»Bringt nichts ein, sich drum herumdrücken zu wollen, Sir«, griff er mich geradezu an. »Sie können sich an dem bösen alten Teufel nicht vorbeischleichen. Das geht nicht. Sie müssen ihm mutig entgegentreten – wie ich's getan habe. Was Ihnen fehlt, ist Mut. Zeigen Sie's ihm, dass Sie sich einen Dreck um seine verfluchten Streiche kümmern. Machen Sie richtig großen Spektakel!«
»Guter Gott, Mr. Burns«, sagte ich ärgerlich, »was wollen Sie eigentlich? Was soll das heißen, in Ihrem Zustand an Deck zu kommen?«
»Na, ebendas! Mut! Die einzige Art, dem unverschämten alten Schurken Angst zu machen.«
Ich schob ihn, der noch immer brummte, an die Reling. »Halten Sie sich da fest«, sagte ich schroff. Ich wusste nicht, was ich mit ihm anfangen sollte. Da rief Gambril

mit schwacher Stimme, er glaube, oben komme etwas Wind auf. Eilig verließ ich Mr. Burns und ging zum Steuerrad. Wirklich hörte auch ich jetzt, wie hoch oben nasses Segeltuch leicht schlug und eine lose Schotkette klirrte …

Das waren unheimliche, verwirrende und beunruhigende Laute in der Totenstille der Luft ringsum. Plötzlich fiel mir ein, was alles ich schon gehört hatte von Marsstengen, die einfach fortgerissen wurden, während an Deck nicht so viel Wind war, um ein Streichholz auszublasen.

»Ich kann die oberen Segel nicht sehen, Sir«, erklärte Gambril zitternd.

»Halten Sie das Steuerrad. Sie können das schon«, sagte ich zuversichtlich.

Der arme Mann war ganz durcheinander. Mir erging es nicht besser. Es war der Augenblick, in dem die Nerven zu versagen drohen, und die Befreiung kam, als ich plötzlich fühlte, dass sich das Schiff wie von selbst unter meinen Füßen bewegte. Deutlich hörte ich das Pfeifen des Windes oben, das leise Knarren der oberen Rahen, die den Winddruck aufnahmen, lange bevor ich den leisesten Hauch auf meinem Gesicht spürte, das nach achtern gewandt war, verlangend und blicklos wie das Gesicht eines Blinden.

Plötzlich füllte ein lauteres Geräusch unsere Ohren; die Dunkelheit drang auf uns ein und fuhr uns eiskalt in die Glieder. Wir beide, Gambril und ich, zitterten heftig in unserer klatschnassen dünnen Baumwollbekleidung.

Ich sagte: »Es ist gut so, mein Freund. Sie müssen nur den Wind von hinten einfallen lassen. Das bringen Sie doch fertig. Bei glatter See könnte ein Kind dieses Schiff steuern.«

»Aye! Ein gesundes Kind!«, murmelte er. Und ich schämte mich, von dem Fieber verschont geblieben zu sein, das jedem die Kraft geraubt hatte, nur mir nicht, damit meine Reue umso bitterer, das Gefühl der Unwürdigkeit umso peinigender und das Bewusstsein der Verantwortung schwerer zu ertragen wäre.

Das Schiff hatte bei der ruhigen See beinahe im Handumdrehen ordentlich Fahrt bekommen. Ich fühlte, wie es dahinglitt, ohne ein anderes Geräusch als ein geheimnisvolles Rauschen längsseits. Sonst war keine Bewegung zu spüren, weder Stampfen noch Schlingern. Dieser Zustand, der nun schon achtzehn Tage dauerte, war entmutigend; denn nie, niemals hatten wir in dieser Zeit genug Wind gehabt, um auch nur den geringsten Widerstand der See zu wecken. Plötzlich frischte der Wind auf. Mir schien es höchste Zeit, Mr. Burns unter Deck zu bringen. Er reizte mich. Ich betrachtete ihn als einen Verrückten, der womöglich auf dem Schiff umherwandern, sich etwas brechen oder über Bord fallen würde.

Ich war wahrhaftig froh, als ich sah, dass er sich ganz vernünftig dort fest hielt, wo ich ihn verlassen hatte. Er murmelte allerdings drohend vor sich hin.

Das war bedenklich. Ich bemerkte ganz sachlich: »Wir haben noch nie so viel Wind gehabt, seit wir die Reede verließen.«

»Da liegt schon Kraft drin«, brummte er verständig. Es war die Bemerkung eines Seemanns, der alle fünf Sinne beisammen hat. Doch fügte er sogleich hinzu: »Es wurde Zeit, dass ich an Deck kam. Ich habe meine Kraft dafür geschont, gerade dafür. Verstehen Sie das, Sir?«

Ich bejahte, bedeutete ihm aber, es sei ratsam für ihn, jetzt hinunterzugehen und sich auszuruhen.

Seine Antwort lautete ganz entrüstet: »Hinuntergehn! Ich denke nicht dran, Sir!«

Sehr ermutigend! Er war geradezu eine Plage. Und plötzlich fing er an zu diskutieren. Ich konnte seine wahnsinnige Erregung fühlen in der Dunkelheit.

»Sie wissen nicht, wie man damit fertig wird, Sir. Wie sollten Sie auch! Das ganze Flüstern und Leisetun taugt nichts. Damit schleichen Sie sich an so einem schlauen, gerissenen Kerl, wie er es war, nicht vorbei. Sie haben ihn nie reden hören. Die Haare sträubten sich einem dabei. Nein! Nein! Er war nicht verrückt. Nicht mehr als ich. Er war nur von Grund auf schlecht. So schlecht, dass sich fast alle vor ihm fürchteten. Ich will Ihnen sagen, was er war. Er war im Grunde nichts anderes als ein Dieb und ein Mörder. Und glauben Sie, das sei nun anders, weil er tot ist? Bei dem nicht! Seine Leiche liegt hundert Faden tief, aber er ist der gleiche … bei 8°20' nördlicher Breite.«

Er schnaubte trotzig. Während er tobte, hatte ich mit müder Resignation zur Kenntnis genommen, dass der Wind etwas abgeflaut war. Mr. Burns tobte weiter.

»Ich hätte den Kerl einfach über Bord werfen sollen, wie einen Hund. Es war nur wegen der Leute … Ich habe die Totenandacht für ein solches Scheusal wie ihn gehalten, stellen Sie sich das vor! … ›Unser dahingeschiedener Bruder‹ … Ich hätte lachen mögen. Das konnte er nämlich nicht ertragen. Ich glaube, ich bin der Einzige, der es jemals gewagt hat, ihm ins Gesicht zu lachen. Als er krank wurde, da hatte er Angst, dieser Bruder … Bruder … dahingeschieden … Lieber noch einen Haifisch Bruder nennen!«

Der Wind war so plötzlich erstorben, dass die nassen Segel durch die Fahrt des Schiffes schwer gegen den Mast schlugen. Wiederum lag der Bann völliger Windstille über uns. Es schien kein Entrinnen zu geben.

»Hallo!«, rief Mr. Burns mit erschrockener Stimme. »Neue Flaute!«

Ich redete mit ihm, als sei er bei Verstand.

»So geht es uns schon seit siebzehn Tagen, Mr. Burns«, sagte ich voller Bitterkeit. »Eine Brise, dann eine Flaute, und Sie werden sehen, in einem Augenblick wird das Schiff krängen und mit dem Bug vom Kurs abfallen, der Teufel weiß wohin!«

Er haschte nach dem Wort. »Der hinterhältige alte Teufel!«, schrie er gellend und brach in ein Lachen aus, wie ich es so laut noch nie gehört hatte. Es war ein herausforderndes, höhnisches Gelächter, das von furchterregendem, schrillem Trotz beherrscht war. Voll Bestürzung trat ich zurück.

Auf dem Achterdeck erhob sich sogleich Unruhe, erschrockenes Gemurmel wurde laut. Eine Stimme rief gequält aus der Dunkelheit unten: »Wer ist denn da verrückt geworden?«

Vielleicht dachten sie, es sei ihr Kapitän! »Rasen« ist nicht das Wort für die höchste Eile, deren sich die armen vier Kerle befleißigten; immerhin fand jeder auf dem Schiff, der noch aufrecht gehen konnte, in erstaunlich kurzer Zeit seinen Weg zum Achterdeck.

Ich rief ihnen zu: »Der Erste Steuermann! Zwei von euch müssen ihn festhalten ...«

Ich hatte erwartet, dieser Auftritt würde in einem heftigen Kampf enden. Mr. Burns jedoch verstummte plötzlich in seinem höhnischen Geschrei und wandte sich wütend brüllend gegen die Männer: »Aha! Ihr Elenden! Jetzt könnt ihr reden, was? Ich hab schon gedacht, ihr wärt stumm. Na denn – lacht! Lacht – sage ich euch! Los – alle zusammen! Eins, zwei, drei – lacht!«

Einen Augenblick lang herrschte Schweigen, so tiefes Schweigen, dass man eine Stecknadel an Deck hätte fallen hören können. Dann äußerte Ransomes gelassene Stimme freundlich die Worte: »Ich glaube, er ist ohnmächtig geworden, Sir ...« Das regungslose Häuflein kam mit leisem, erleichtertem Gemurmel in Bewegung. »Ich hab ihn unter den Armen. Einer soll seine Beine nehmen.«

Ja, es war eine Erleichterung. Er war für eine Weile zum Schweigen gebracht – für eine Weile. Noch so einen Ausbruch irrsinnigen Kreischens hätte ich nicht über mich ergehen lassen können. Das wusste ich genau, und im selben Augenblick bescherte uns Gambril, der ernsthafte Gambril, ebenfalls eine stimmliche Leistung. Er fing an, laut nach Ablösung zu schreien. Kläglich jammerte er in der Dunkelheit: »Jemand muss nach achtern kommen! Ich kann nicht mehr! Wenn das Schiff nun gleich wieder abdreht, und ich kann nicht ...«

Ich rannte selbst nach achtern, da kam mir schon die starke Bö entgegen, deren Nahen Gambrils Ohr von weitem vernommen hatte und die die Segel am Großmast mit wiederholtem, dumpfem Knallen füllte, in das sich das leise Ächzen der Spieren mischte. Ich kam gerade rechtzeitig, um das Steuerrad zu packen, während Frenchy, der mir gefolgt war, den zusammenbrechenden Gambril auffing. Er schleppte ihn beiseite, ermahnte ihn, still liegen zu bleiben, gesellte sich dann zu mir, um mich abzulösen, und fragte ruhig: »Wie soll ich steuern, Sir?«

»Im Augenblick direkt vor dem Wind. Ich werde Ihnen gleich Licht holen.«

Doch als ich nach vorn ging, traf ich auf Ransome, der die Reservekompasslampe brachte. Dieser Mann bemerkte alles, sorgte für alles, verbreitete überall Trost um sich. Als er an mir vorbeiging, äußerte er in beruhigendem Ton, die Sterne träten hervor. So war es auch. Der Wind fegte den düsteren Himmel rein und unterbrach das träge Schweigen der See.

Die fürchterliche Stille, die uns so viele Tage lang wie eine Barriere umschlossen hatte, als wären wir verflucht, war gebrochen. Ich fühlte es. Ich ließ mich auf die Bank am Deckslicht fallen. Eine leichte weiße Schaumlinie, dünn, sehr dünn, brach sich längsseits. Die Erste seit lan-

ger, langer Zeit. Ich hätte jauchzen mögen, wäre nicht das Schuldgefühl gewesen, das sich heimlich in alle meine Gedanken drängte. Da stand Ransome vor mir.
»Was ist mit dem Ersten Steuermann?«, fragte ich besorgt. »Noch bewusstlos?«
»Ach, Sir, ... es ist merkwürdig.« Ransome war offensichtlich verwirrt. »Er hat kein Wort gesprochen, und seine Augen sind geschlossen. Aber ich glaube, es ist eher ein gesunder Schlaf als was anderes.«
Ich ließ diese Ansicht als die am wenigsten beunruhigende oder jedenfalls am wenigsten störende gelten. Ohnmacht oder tiefer Schlummer, Mr. Burns musste sich jetzt selbst überlassen bleiben. Dann bemerkte Ransome plötzlich: »Ich glaube, Sie brauchen einen Rock, Sir.«
»Ja, ich glaube«, seufzte ich auf.
Doch ich rührte mich nicht. Was ich brauchte, wären neue Glieder gewesen. Arme und Beine schienen zu nichts mehr zu taugen, waren wie zerschlagen. Sie schmerzten nicht einmal. Als Ransome meinen Rock heraufbrachte, stand ich dennoch auf, um ihn anzuziehen. Und als er meinte, es sei besser, wenn er Gambril jetzt ›nach vorn bringe‹, sagte ich: »Gut. Ich werde Ihnen helfen, ihn aufs Hauptdeck hinunterzuschaffen.«
Ich merkte, dass ich noch recht gut helfen konnte. Wir hoben Gambril zusammen auf. Er versuchte, sich wie ein Mann selbst fortzuhelfen, erkundigte sich aber immer wieder kläglich: »Sie lassen mich doch nicht fallen, wenn wir zur Treppe kommen? Sie lassen mich doch nicht fallen, wenn wir zur Treppe kommen?«

Der Wind frischte weiter auf und wehte, wehte richtig. Am frühen Morgen brachten wir es durch behutsame Rudermanöver dahin, dass die Fockrah von selbst herumschwang – die See blieb glatt –, und dann gingen wir daran, die Enden steif zu holen.

Von den vier Männern, die ich nachts bei mir gehabt hatte, waren jetzt nur noch zwei zu sehen. Ich erkundigte mich nicht nach den andern. Sie hatten das Feld geräumt. Nur für eine Weile, so hoffte ich.
Unsere verschiedenen Arbeiten vorn beschäftigten uns stundenlang, weil sich die beiden Männer, die mit mir waren, so langsam bewegten und so oft ausruhen mussten. Einer äußerte, dass ›jedes verdammte Ding auf dem Schiff hundertmal schwerer zu sein scheint, als es sonst wiegt‹. Das war die einzige Klage, die laut wurde. Ich weiß nicht, was wir ohne Ransome getan hätten. Er arbeitete mit uns, gleichfalls schweigend, ein leichtes Lächeln war auf seinen Lippen erstarrt. Von Zeit zu Zeit murmelte ich ihm zu: »Vorsichtig« – »Überanstrengen Sie sich nicht, Ransome«, und erhielt als Antwort einen schnellen Blick.
Als wir alles getan hatten, was zur Sicherheit getan werden konnte, verschwand er in seine Kombüse. Als ich einige Zeit später nach vorn ging, um mich umzusehen, erblickte ich ihn durch die offene Tür. Aufrecht saß er auf dem Kasten vor dem Herd und lehnte den Kopf an das Schott. Seine Augen waren geschlossen; seine geschickten Hände hielten sein dünnes Baumwollhemd vorn geöffnet und entblößten in tragischer Weise seine mächtige Brust, die sich qualvoll und mühsam keuchend hob. Er hatte mich nicht gehört.
Leise entfernte ich mich und ging geradenwegs zum Achterdeck, um Frenchy abzulösen, der jetzt sehr krank aussah. Er übergab mir den Kurs ganz fröhlich und wollte sich mit flottem Schritt entfernen, doch ehe er meinen Blicken entschwand, taumelte er zweimal heftig.
Und nun war ich achtern ganz allein, steuerte mein Schiff, das vor dem Wind lief, sich ab und zu fröhlich hob und sogar ein bisschen schlingerte. Dann tauchte Ran-

some mit einem Tablett vor mir auf. Der Anblick von Essen machte mich auf einmal heißhungrig. Er nahm das Steuerrad, während ich mich auf die Achtergräting setzte, um zu frühstücken.
»Die Brise scheint die Mannschaft von den Beinen gefegt zu haben«, murmelte er. »Sie liegen alle, allesamt.«
»Ja«, sagte ich, »ich glaube, Sie und ich sind die Einzigen an Bord, die noch was taugen.«
»Frenchy sagt, er habe noch ein bisschen Mumm. Aber ich weiß nicht. Viel kann's nicht sein«, fuhr Ransome mit seinem stillen Lächeln fort. »Er ist ein braver kleiner Bursche. Angenommen aber, der Wind springt um, Sir, wenn wir dicht vor Land sind, was machen wir dann mit dem Schiff?«
»Wenn der Wind heftig umspringt, nachdem wir schon in Landnähe sind, dann wird das Schiff entweder stranden oder die Masten verlieren oder beides. Wir können nichts mehr tun. Es geht jetzt mit uns durch. Wir können nur steuern, das ist alles. Es ist ein Schiff ohne Mannschaft.«
»Ja. Sie liegen alle«, wiederholte Ransome ruhig. »Ich schaue immer mal vorn bei ihnen hinein, aber ich kann nur wenig für sie tun.«
»Ich, das Schiff und jeder an Bord schulden Ihnen sehr viel, Ransome«, sagte ich herzlich.
Er tat, als habe er mich nicht gehört, und steuerte schweigend, bis ich ihn ablösen konnte. Er übergab mir das Steuerrad, nahm das Tablett und versetzte mir zum Abschied den Schlag, Mr. Burns sei wach und scheine Lust zu haben, an Deck zu kommen.
»Ich weiß nicht, wie ich ihn daran hindern soll, Sir. Ich kann doch nicht die ganze Zeit unten bleiben.«
Natürlich konnte er das nicht. Und wirklich, Mr. Burns kam an Deck und schleppte sich in seinem viel zu großen Mantel mühsam nach achtern. Ich betrachtete ihn

mit ehrlichem Schrecken. Ihn um sich zu haben, der von den Ränken eines Toten faselte, während ich ein wild dahinstürmendes Schiff voll sterbender Männer steuern musste, war eine wenig angenehme Aussicht.

Aber seine ersten Bemerkungen waren, was Sinn und Ton betraf, ganz vernünftig. Anscheinend erinnerte er sich nicht an den nächtlichen Vorfall. Wenn aber doch, so verriet er sich in keiner Weise. Er sprach auch nicht viel. Er saß auf der Bank am Deckslicht und sah zunächst entsetzlich hinfällig aus, doch die steife Brise, vor der auch der letzte Rest der Mannschaft klein beigegeben hatte, schien seinem Körper mit jedem Windstoß neue Lebenskraft einzublasen. Man konnte fast zusehen dabei.

Um zu prüfen, wie es um seine Vernunft bestellt war, erwähnte ich absichtlich den verstorbenen Kapitän. Ich freute mich, als Mr. Burns kein übermäßiges Interesse an diesem Thema zeigte. Mit einem gewissen rachsüchtigen Behagen wiederholte er die alte Geschichte von den Bosheiten des ruchlosen Schurken und schloss dann unerwartet: »Sir, ich glaube, schon ein Jahr, bevor er starb, war er nicht mehr recht bei Verstand.«

Eine staunenswerte Genesung. Ich konnte ihr allerdings nicht die Bewunderung zollen, die sie verdiente, denn ich musste mich voll und ganz aufs Steuern konzentrieren.

Im Vergleich zu dem hoffnungslosen Dahinschleichen früherer Tage war dieses Tempo schwindelerregend. Am Heck blieben zwei Schaumstreifen zurück, und der Wind sang ein herzhaftes Lied, das mir unter anderen Bedingungen als höchste Lebensfreude gegolten hätte. Wenn das aufgeholte Großsegel zu schlagen anfing und in Fetzen aus den Lieken springen wollte, sah Mr. Burns mich jedes Mal besorgt an. »Was soll ich tun, Mr. Burns? Wir können es weder bergen noch setzen. Ich wünschte nur, das alte Ding ginge in Fetzen, und aus. Dieser grässliche Spektakel macht mich verrückt.«

Mr. Burns rang die Hände, dann rief er plötzlich: »Wie wollen Sie das Schiff in den Hafen bringen, wenn niemand Hand anlegen kann, Sir?«

Das konnte ich ihm auch nicht sagen.

Nun – vierzig Stunden später war es geschafft. Die beschwörende Kraft von Mr. Burns' furchtbarem Gelächter hatte den heimtückischen Geist besiegt, den bösen Bann gebrochen, den Fluch aufgehoben. Wir standen nun unter Obhut einer gütigen, tätigen Vorsehung. Sie brachte uns rasch voran …

Die letzte Nacht, dunkel, windig und voller Sterne, werde ich nie vergessen. Ich steuerte. Nachdem Mr. Burns von mir ein feierliches Versprechen erlangt hatte, dass ich ihn mit einem Fußtritt wecken wolle, wenn etwas geschehe, legte er sich einfach an Deck neben dem Kompass zum Schlafen nieder. Genesende brauchen Schlaf. Ransome saß mit dem Rücken am Kreuzmast, eine Decke über den Beinen, und schwieg, doch glaube ich nicht, dass er die Augen nur einmal schloss. Frenchy, diese Munterkeit in Person, der noch in dem Wahn lebte, dass ›Mumm‹ in ihm sei, hatte darauf bestanden, bei uns zu bleiben, sich aber, eingedenk der Disziplin, möglichst weit aufs vordere Achterdeck zurückgezogen und sich neben der Eimerbank ausgestreckt.

Und ich steuerte, zu müde, um Unruhe zu empfinden, zu müde auch, um zusammenhängend zu denken. Manchmal erfüllte mich wildes Frohlocken, dann wieder entfiel mir der Mut ganz und gar, wenn ich ans Vorschiff am anderen Ende des dunklen Decks dachte, wo all die Fieberkranken lagen – und einige davon starben. Durch meine Schuld. Doch Schluss damit. Die Reue musste warten. Meine Aufgabe war es, zu steuern.

In den frühen Morgenstunden flaute die Brise ab und erstarb dann ganz. Gegen fünf erhob sie sich wieder, so leicht, dass wir auf die Reede zuhalten konnten. Der anbrechende Tag fand Mr. Burns, fest eingekeilt von Tauwerksbündeln, auf der Heckgräting sitzen, wie er aus den Abgründen seines Mantels das Schiff mit abgezehrten, wachsweißen Händen steuerte, während Ransome und ich auf den Decks entlanghetzten, um alle Schoten und Fallen loszuwerfen. Dann rannten wir hinauf zur Back. Vor Anstrengung und auch vor Nervosität lief uns der Schweiß nur so über die Köpfe, als wir uns damit abplagten, die Anker vor den Kran zu bringen. Ich wagte Ransome nicht anzublicken, als wir so Seite an Seite arbeiteten. Wir wechselten nur kurze Worte; ich hörte ihn dicht neben mir keuchen und vermied es, die Augen zu ihm zu wenden, denn ich hatte Angst davor, dass er zusammenbrechen und sterben würde, weil er seine Kraft hingab – und wofür? Jedenfalls für ein bestimmtes Ideal.

Der Seemann in ihm war in ganzer Vollendung erwacht. Er brauchte keine Anweisungen. Er wusste, was zu tun war. Jede Anstrengung, jede Bewegung war ein Akt konsequenten Heldenmuts. Einen derart selbstvergessenen Menschen durfte ich nicht ängstlich ansehen.

Schließlich war alles getan, und ich hörte ihn sagen: »Sollte ich jetzt hinuntergehn und die Kettenstopper lösen, Sir?«

»Ja. Tun Sie das«, sagte ich. Und auch jetzt blickte ich nicht zu ihm hin.

Nach einer Weile ertönte seine Stimme vom Hauptdeck: »Wenn's Ihnen recht ist, Sir. Hier am Spill ist alles klar.«

Ich gab Mr. Burns ein Zeichen, das Ruder nach Lee zu legen, und dann ließ ich beide Anker nacheinander fallen, mochte das Schiff sich an Kette nehmen, was es wollte. Beide Ketten rauschten fast aus, ehe das Schiff still lag. Die losen Segel schlugen zurück, damit verstummte der höllische Lärm über mir. Auf dem Schiff herrschte jetzt völlige Ruhe. Und während ich vorn stand,

ein bisschen verloren in der plötzlichen Stille, hörte ich im Vorschiff ein- oder zweimal leises Stöhnen und das abgerissene Gemurmel der Kranken.
An unserem Kreuzmast flatterte das Arztnotsignal, und ehe das Schiff noch richtig still lag, da kamen wirklich schon drei Dampfbarkassen von verschiedenen Kriegsschiffen längsseits, und wenigstens fünf Marineärzte kletterten an Bord. Da standen sie denn auf einem Haufen und ließen die Augen auf dem leeren Hauptdeck umherwandern, dann blickten sie nach oben, wo auch niemand zu sehen war.
Ich ging auf sie zu – eine einsame Gestalt in blaugrau gestreiftem Schlafanzug, einen mit Pfeifenton geweißten Korkhelm auf dem Kopf. Sie waren höchst ungehalten. Sie hatten chirurgische Fälle erwartet. Ein jeder hatte sein Handwerkszeug bei sich. Doch sie überwanden ihre kleine Enttäuschung schnell. In weniger als fünf Minuten dampfte eine Barkasse zur Küste, um ein größeres Boot und einige Leute vom Krankenhaus für den Transport der Mannschaft zu schicken. Die große Dampfpinasse kehrte zu ihrem Schiff zurück, um ein paar Blaujacken zu uns zu bringen, die meine Segel festmachen sollten.
Ein Arzt war an Bord geblieben. Mit undurchdringlichem Gesicht trat er aus dem Vorschiff und begegnete meinem fragenden Blick.
»Da drinnen ist keiner tot, falls Sie das wissen wollen«, sagte er langsam. Dann setzte er verwundert hinzu: »Wirklich die ganze Mannschaft!«
»Und sehr schlimm?«
»Und sehr schlimm«, wiederholte er. Seine Augen schweiften über das Schiff. »Himmel! Was ist das denn?«
»Das«, sagte ich mit einem Blick nach achtern, »ist Mr. Burns, mein Erster Steuermann.«
Mit seinem totenähnlichen Kopf, der am dünnen Stiel seines Halses schwankte, bot Mr. Burns allerdings einen

verblüffenden Anblick. Der Arzt fragte: »Soll er auch ins Hospital?«
»O nein«, sagte ich fröhlich, »Mr. Burns kann nicht an Land gehn, solange der Großmast steht. Ich bin sehr stolz auf ihn. Er ist nämlich mein einziger Rekonvaleszent.«
»Sie selbst ...«, fing der Arzt an und musterte mich. Doch ich unterbrach ihn ungeduldig: »Ich bin nicht krank.«
»Nein ... Sie sehen nur reichlich angegriffen aus.«
»Ach, wissen Sie, ich war siebzehn Tage lang an Deck.«
»Siebzehn! ... Aber Sie müssen doch geschlafen haben.«
»Wahrscheinlich habe ich das. Ich weiß es nicht. In den letzten vierzig Stunden habe ich jedenfalls nicht geschlafen.«
»Schlimm! ... Sie werden aber wohl bald an Land gehn, wie?«
»Sobald ich nur kann. Eine Menge Arbeit wartet dort auf mich.«
Der Arzt ließ meine Hand los, die er bei unserer Unterhaltung ergriffen hatte, zog sein Notizbuch hervor, schrieb eilig etwas auf, riss die Seite heraus und hielt sie mir hin. »Ich rate Ihnen nachdrücklich, lassen Sie sich an Land dieses Rezept ausfolgen. Wenn ich mich nicht sehr täusche, werden Sie es heute Abend brauchen.«
»Was ist es denn?«, fragte ich misstrauisch.
»Ein Schlaftrunk«, gab der Arzt kurz zurück, ging mit teilnahmsvoller Miene auf Mr. Burns zu und zog ihn in eine Unterhaltung.
Als ich hinunterging, um mich für meinen Landgang fertig zu machen, folgte Ransome mir. Er bitte um Verzeihung, aber auch er wolle an Land gebracht werden und abmustern. Ich sah ihn überrascht an. Mit besorgter Miene wartete er auf meine Antwort.
»Sie wollen doch nicht das Schiff verlassen!«, rief ich.
»Doch, Sir, das will ich. Ich möchte irgendwohin gehen und Ruhe haben. Irgendwohin. Das Krankenhaus wäre mir recht.«

»Ransome«, sagte ich, »mir ist der Gedanke zuwider, mich von Ihnen zu trennen.«

»Ich muss gehen«, unterbrach er mich. »Ich habe ein Recht darauf.« Er keuchte, und ein Ausdruck fast wilder Entschlossenheit flog über sein Gesicht. Für einen Augenblick war er völlig verändert. Unter der Würde und dem Anstand des Mannes erkannte ich die bescheidene Wirklichkeit der Dinge. Das Leben war ihm eine Gnade – dieses unsichere, harte Leben –, und er war ernstlich besorgt um sich.

»Natürlich lasse ich Sie abmustern, wenn Sie es wünschen«, sagte ich hastig. »Ich muss Sie nur bitten, bis zum Nachmittag an Bord zu bleiben. Ich kann Mr. Burns nicht stundenlang ganz allein auf dem Schiff lassen.«

Er beruhigte sich sofort und versicherte mir mit einem Lächeln und seiner gewohnten angenehmen Stimme, dass er das sehr gut verstehe.

Als ich wieder an Deck kam, stand alles zum Abtransport der Männer bereit. Es war die letzte Prüfung in diesem Zwischenspiel, das meinen Charakter entwickelt und geformt hatte – wenn ich das auch nicht wusste.

Es war entsetzlich. Man trug sie an mir vorbei, einen nach dem andern – ein jeder ein verkörperter Vorwurf schmerzlichster Art –, bis etwas in mir zu revoltieren begann. Der arme Frenchy war plötzlich zusammengebrochen. Er wurde besinnungslos fortgebracht, sein komisches Gesicht war puterrot und wie geschwollen, sein Atem ging rasselnd. Mehr als je sah er Mr. Punch ähnlich, einem fürchterlich berauschten Mr. Punch.

Dem ernsthaften Gambril hingegen ging es vorübergehend besser. Er wollte unbedingt auf eigenen Füßen zur Reling gehen – allerdings wurde er rechts und links dabei gestützt. Doch als er über Bord gehoben werden sollte, packte ihn auf einmal die Angst, und er jammerte kläglich: »Sie sollen mich nicht fallen lassen, Sir! Sie sollen mich nicht fallen lassen, Sir!« Und ich rief immer wieder: »Schon gut, Gambril. Das tun sie nicht! Das tun sie nicht!« Es war sicher recht lächerlich. Die Blaujacken auf unserm Deck grinsten in sich hinein, und sogar Ransome, der eifrig mit Hand anlegte, musste sein stilles Lächeln flüchtig verstärken.

Ich fuhr mit der Dampfpinasse an Land, und als ich zurückblickte, da stand Mr. Burns, immer noch in seinen gewaltig großen Wollmantel gehüllt, doch wahrhaftig aufrecht an der Heckreling. Im hellen Sonnenlicht wirkte er noch gespenstischer als sonst. Er sah aus wie ein scheußlicher, kunstgerecht herausstaffierter Popanz, der auf das Achterdeck eines todgeweihten Schiffes gestellt war, um die Seevögel von den Leichen fern zu halten.

In der Stadt war unsere Geschichte bereits in aller Munde, jedermann an Land zeigte sich überaus freundlich. Das Hafenamt erließ mir die Hafengebühren, und da es der Zufall wollte, dass die Besatzung eines gescheiterten Schiffes im Seemannsheim wohnte, war es nicht schwer, so viele Leute zu bekommen, wie ich brauchte. Doch als ich fragte, ob ich Kapitän Ellis für einen Augenblick sprechen könne, wurde mir mit Bedauern ob meiner Unwissenheit mitgeteilt, dass unser stellvertretender Neptun seinen Abschied genommen, in Pension gegangen und nach Hause gefahren sei, ungefähr drei Wochen, nachdem ich den Hafen verlassen hatte. Vermutlich war meine Ernennung neben den täglichen Geschäften seine letzte Amtshandlung gewesen.

Sonderbar war, wie sehr mich der federnde Schritt, die lebhaften Augen und das muntere Wesen eines jeden erstaunten, der mir begegnete. Es war verblüffend für mich. Unter denen, die mir begegneten, war natürlich auch Kapitän Giles. Es wäre schon merkwürdig gewesen, wenn ich ihn nicht getroffen hätte. War er an Land, dann gehörte ein ausgedehnter Spaziergang im Geschäftsvier-

tel der Stadt jedenfalls zu seiner allmorgendlichen Beschäftigung.
Schon von weitem glänzte mir die goldene Uhrkette auf seiner Brust entgegen. Er strahlte vor Wohlwollen.
»Was höre ich da?«, fragte er mit dem Lächeln eines ›freundlichen Onkels‹, nachdem wir uns die Hand geschüttelt hatten. »Einundzwanzig Tage von Bangkok?«
»Sonst haben Sie nichts weiter gehört?«, sagte ich. »Sie müssen mit mir zum Gabelfrühstück gehn. Sie sollen genau wissen, was Sie mir aufgehalst haben.«
Er zögerte fast eine Minute.
»Gut – ich will«, entschied er dann leutselig.
Wir gingen ins Hotel. Zu meiner Überraschung merkte ich, dass ich einen recht guten Appetit hatte. Als dann das Tischtuch abgeräumt war, berichtete ich Kapitän Giles alles, was geschehen war, seit ich das Kommando übernommen hatte, zählte sämtliche berufs- und gefühlsmäßigen Punkte auf, während er geduldig die dicke Zigarre rauchte, die ich ihm gereicht hatte.
Danach bemerkte er ernst: »Sie müssen sich ja jetzt ordentlich müde fühlen.«
»Nein«, sagte ich, »müde nicht. Aber ich will Ihnen sagen, was ich fühle, Kapitän Giles. Ich fühle mich alt. Und das bin ich auch. An Land kommen mir alle wie eine Bande ausgelassener junger Burschen vor, die auf der Welt noch keine Sorge gekannt haben.«
Er lächelte nicht. Er sah unerträglich musterhaft aus. »Das geht vorüber«, bemerkte er. »Aber Sie sehen wirklich älter aus – das stimmt.«
»Aha!«, sagte ich.
»Nein, nein! Es ist nur so, dass man von nichts im Leben viel Wesens machen soll, weder vom Guten noch vom Schlechten.«
»Mit halber Kraft leben«, murmelte ich verdrossen. »Das kann nicht jeder.«

»Sie werden bald schon froh sein, wenn Sie wenigstens dazu imstande sind«, entgegnete er mit seiner selbstbewussten Tugendmiene. »Und noch etwas: Ein Mann sollte es mit seinem Missgeschick, seinen Fehlern, seinem Gewissen, und was es sonst noch gibt, aufnehmen können. Ja, denn wogegen sollten Sie sonst kämpfen?«
Ich schwieg. Ich wusste, was er in meinem Gesicht sah, er fragte jedenfalls unvermittelt: »Wie? Sie verzagen doch nicht etwa?«
»Das weiß Gott allein, Kapitän Giles«, lautete meine aufrichtige Antwort.
»Schon gut«, sagte er ruhig. »Sie werden bald lernen, nicht zu verzagen. Ein Mann muss alles lernen – und das verstehen viele von den jungen Burschen nicht.«
»Ich bin doch kein junger Bursche mehr.«
»Nein«, räumte er ein. »Fahren Sie bald?«
»Ich gehe sofort an Bord«, sagte ich. »Ich werde einen Anker aufnehmen und den andern kurzstag hieven, sobald meine neue Mannschaft an Bord ist, und in aller Frühe geht's hinaus.«
»Ja?«, brummte Kapitän Giles billigend. »So ist's richtig. Sie werden es schaffen.«
»Was hatten Sie erwartet? Dass ich mich erst eine Woche an Land ausruhen möchte?«, sagte ich, gereizt von seinem Ton. »Es gibt keine Ruhe für mich, bis das Schiff im Indischen Ozean ist, und dann auch nicht viel.«
Wie umgewandelt paffte er schwermütig seine Zigarre.
»Ja, so ist das eben«, sagte er versonnen. Es schien, als sei ein schwerer Vorhang aufgezogen worden und ein anderer Kapitän Giles zum Vorschein gekommen. Doch das währte nur kurz, so lange nämlich, bis er hinzusetzte: »Man hat verflucht wenig Ruhe im Leben. Lieber nicht darüber nachdenken.«
Wir standen auf, verließen das Hotel und trennten uns auf der Straße mit warmem Händedruck, in einem Augen-

blick, als ich zum ersten Mal während unserer Bekanntschaft Interesse für ihn empfand.
Als ich aufs Schiff zurückkam, erblickte ich als Erstes Ransome, der still auf seiner ordentlich gezurrten Seekiste auf dem Achterdeck saß.
Ich gab ihm einen Wink, mir in die Kajüte zu folgen, wo ich mich hinsetzte, um einen Empfehlungsbrief an jemanden zu schreiben, den ich an Land kannte.
Als ich fertig war, schob ich das Schreiben über den Tisch. »Es könnte Ihnen nützen, wenn Sie das Hospital verlassen.«
Er nahm es und steckte es in die Tasche. Seine Augen waren dabei abgewandt – ins Leere. Sein Gesicht war ängstlich starr.
»Wie fühlen Sie sich jetzt?«, fragte ich.
»Im Augenblick nicht schlecht, Sir«, antwortete er steif. »Aber ich fürchte mich davor, dass es anfängt ...« Das stille Lächeln umspielte flüchtig seinen Mund. »Ich ... ich habe eine Mordsangst um mein Herz, Sir.«
Ich trat mit ausgestreckter Hand auf ihn zu. Seine Augen mieden mich und blickten gespannt. Es war, als warte er auf einen Warnungsruf.
»Wollen Sie mir nicht die Hand geben, Ransome?«, fragte ich freundlich.
Er schrak auf, wurde dunkelrot, schüttelte mir fest die Hand – und gleich darauf war ich allein in der Kajüte und hörte, wie er vorsichtig, Schritt für Schritt, die Niedergangstreppe hinaufstieg, in Todesangst, er könne plötzlich den erzürnen, der unser aller Feind ist und den er als sein hartes Los mit Bewusstsein in seiner treuen Brust trug.

NACHWORT

Ein Jahr vor dem Tod Joseph Conrads (1857–1924) bereitete sein Freund Richard Curle eine Arbeit über ihn vor und befragte ihn nach seinen Erlebnissen. Allzu beharrliches Insistieren auf Einzelheiten beantwortete Conrad brieflich mit dem Wunsch, »endlich von diesem infernalischen Schiffsschweif und dem verrückten Interesse an meinem Leben auf See befreit zu werden, was zu meiner literarischen Existenz, zu meinen schriftstellerischen Qualitäten ungefähr so viel Beziehung hat, wie es die Aufzählung aller Salons, in denen Thackeray verkehrte, zu dessen Begabung als großer Romancier gehabt hätte. Gewiss«, fährt er fort, »ich mag einmal Seemann gewesen sein, aber jetzt bin ich Prosaautor.« Es war die verständliche Reaktion eines Künstlers, der sich mit mühsam erworbenem, langsam steigendem Ruhm als Verfasser von Seeabenteuern und gelegentlich als »Kipling der Meere« missverstanden fühlte. »Sie werden es vielleicht nicht für anmaßend halten«, schrieb er 1917 an einen Bekannten, »wenn ich nach zweiundzwanzig Arbeitsjahren zu behaupten wage, dass man mich keineswegs verstanden hat. Man hat mich einen Schreiber von Seegeschichten, von Tropenromanen genannt, einen Autor von Reisebeschreibungen, einen Romantiker – und auch einen Realisten. Tatsache jedoch ist, dass mein ganzes Interesse stets dem idealen Wert von Menschen, Dingen und Ereignissen gegolten hat.«
Auf der anderen Seite bestand Conrad bei anderen Gelegenheiten ebenso nachdrücklich auf dem buchstäblichen, nachprüfbaren Erlebnisgehalt seiner Werke. Über »Die Schattenlinie« (*The Shadow-Line – A Confession,* 1917) äu-

ßerte er sich brieflich: »Das Ganze ist ein Stück reiner Autobiografie … Sogar die Gespräche sind (ich würde nicht sagen authentisch – das sind sie ohnedies) meiner Ansicht nach bis aufs Wort genau …« Die Äußerung steht für viele ähnliche. Nicht weniger charakteristisch für Conrad sind Zweifel am eigenen Schaffen, die ihn bis zum Ende seines Lebens nicht verlassen und ihn auch, als die Anerkennung seiner Arbeit sich endlich einzustellen beginnt, immer wieder zur Selbstprüfung zwingen. Es kommt nach seiner Erinnerung für ihn selbst überraschend, als er 1889 einem inneren Drang nachgeben muss und seinen ersten Roman »Almayers Wahn« (*Almayer's Folly*, 1895) zu schreiben beginnt, aber: »Ich war keineswegs sicher, dass ich schreiben wollte, weder darüber, ob ich ernsthaft zu schreiben beabsichtigte, noch, ob ich überhaupt etwas zu schreiben hatte.« Er bezweifelt zum einen die Relevanz seiner Stoffe, ihre Mitteilungswürdigkeit und ihre künstlerische Tragfähigkeit. Schon nach Veröffentlichung des Bandes »Taifun und andere Geschichten« (*Typhoon, and other Stories*, 1903) packt ihn das Gefühl, überhaupt sein Erleben ausgeschrieben zu haben. Zum anderen belastet ihn die Frage, ob seine zur Verwandlung autobiografischen Rohmaterials in Kunst notwendige literarische Erfindungsgabe genügen würde: Sie war übrigens nie sehr stark.

Aus Besorgnis, als Autor in einer allzu engen Literaturprovinz angesiedelt zu werden, spielt er die Bedeutung seiner biografischen Reflexe immer wieder herunter, denn »die Art meines Schreibens läuft ständig Gefahr, von der Art meines Stoffes verdunkelt zu werden«. Die Schreibweise, nicht der Stoff, soll zählen. Nicht auf die Beschreibung der Wirklichkeit kommt es an, sondern auf die Deutung des Beschriebenen.

Die hier offenbarten Widersprüche erklären sich verhältnismäßig leicht aus der Verteidigungslage eines Autors, der sich gerade in diesem Punkt missverstanden fühlte. Sie entspringen weiter unterschiedlichen Zielrichtungen zu unterschiedlichen Zeiten, haben aber literarhistorisch gesehen durchaus mit den komplizierten Beziehungen von Leben und Literatur zu tun, die gerade zu Conrads Zeit empfindlich angespannt wurden. Die Dekaden um die Wende vom 19. zu unserem Jahrhundert veränderten mit dem Übergang zur monopolistischen Phase in der Entwicklung der bürgerlichen Gesellschaft nicht nur spürbar die wirtschaftliche und soziale Wirklichkeit, sondern als Folge auch Weltgefühl und Weltverhältnis der bürgerlichen Individuen. Trotz aller gravierenden sozialen Probleme, hervorgerufen letztlich durch den optimistisch gefeierten industriellen Fortschritt, musste das »viktorianische Zeitalter« nun als heile Welt, noch öfter freilich als Welt der Illusionen erscheinen. Nach den Spielregeln der freien Konkurrenz waren dem Einzelnen dort Handlungsraum und der Gesellschaft permanenter Progress verheißen worden. Auf solchen Prämissen gründeten die Wertvorstellungen des Liberalismus, und eben sie wurden durch die kennzeichnenden Vorgänge der neuen Etappe untergraben, denn immer weniger die Initiative des Einzelnen und immer mehr das Wirken erstarkender, zunehmend anonymer Kräftekonzentrationen begannen den Ausschlag zu geben. Zugleich jedoch sieht diese Zeit, vor allem das frühe 20. Jahrhundert, das britische Imperium auf dem Gipfel seiner Macht und seines Reichtums.

Inmitten dieser Widersprüche fanden sich die Schriftsteller der Periode vor die Aufgabe gestellt, den zunehmend auseinander strebenden literarischen Bedürfnissen einer sozial immer differenzierteren Leserschaft Rechnung zu tragen. Eine parasitär gewordene herrschende Schicht prägte einen Kunstgeschmack hedonistischen Genussstrebens, dessen Kehrseite im Drang zur

Flucht aus einer als hässlich empfundenen Wirklichkeit bestand. Fluchtwege konnten in eine idealisierte Schönheit, in die Idylle, ins exotische Abenteuer, in die Gefilde der Religion oder der Mystik führen.

Stofflich und funktional benachbart, aber mit beträchtlichem Qualitätsgefälle, bediente eine neue, rasch expandierende Literaturindustrie massenhafte Kompensationsbedürfnisse. Als Naturalist konnte der Schriftsteller der Wirklichkeit ins Gesicht sehen und sich ihr doch zugleich durch Verzicht auf ihre so sehr erschwerte Deutung entziehen; aber auch mit dem Weltverhältnis des Realisten erwiesen sich tradierte literarische Wege als nicht mehr gangbar.

Noch verwirrender wird das Bild der literarisch überaus produktiven Periode dadurch, dass sich mehrere solcher durchaus gegenläufiger Tendenzen in ein und demselben Werk ausprägen und vermischen konnten. Markantes Merkmal wird indessen, nicht zuletzt vom Standpunkt der nachfolgenden Literatur, die hier einsetzende Subjektivierung von Weltsicht und Romanform.

Sie ist entstehungsgeschichtlich mit dem spätbürgerlichen Rückzug aus der tätigen Welt in die Innerlichkeit verbunden. Conrad nimmt einen wichtigen Platz in diesem Entwicklungsstrom ein; es ist zugleich eine Sonderstellung. Conrad wendet sich mit seinem Werk nachdrücklich gegen eskapistischen Weltverzicht, auch wenn er seine Verlockung nachempfinden kann. Er stellt sich seiner Welt, in der er intensiv das Böse erfährt – Skrupellosigkeit, Korruption und Verbrechen, anarchischen Egoismus in neuer Intensität, den Schrecken und das Grauen des Todes. Insofern verweist er mit seiner Motivstruktur und Bildersprache voraus ins spätere 20. Jahrhundert und wird auch von der spätbürgerlichen Kritik weithin für ihre Traditionslinie beansprucht. Aber das gelingt nur, indem Berührungspunkte bis zur Deckungsgleichheit des Ganzen vergrößert werden. Denn Conrad setzt dem Chaos seinen positiven Wertkanon entgegen, der zweifellos von seinen Erfahrungen auf See geprägt und geprüft ist, der ihn aber auch als Humanist mit den großen Realisten des 18. und 19. Jahrhunderts verbindet: Pflichterfüllung und Treue, selbstloser Einsatz noch für eine verlorene Sache, Opferbereitschaft, und das alles überspannt von dem Gedanken der Verbundenheit aller Menschen (»solidarity of men«) als Prinzip, das trotz alledem den Erhalt der Gattung in Menschlichkeit ermöglicht.

Doch heißt das keineswegs, dass der Prozess der künstlerischen Weltaneignung für Conrad weniger problematisch als für seine formbewussteren Zeitgenossen wäre. Eher im Gegenteil, er geht zwar von der prinzipiellen Möglichkeit aus, Wesen und Wahrheit der Wirklichkeit in Abbildern zu erkennen und auch zu bewerten, resigniert also nicht angesichts einer immer undurchschaubareren Welt. Künstlerische Wahrheit über das Leben ist jedoch für ihn nicht mehr als Absolutum fassbar, und so entfaltet er eine komplizierte Blickpunkttechnik mit seinem berühmten fiktiven Erzähler Kapitän Marlow im Mittelpunkt, mit deren Hilfe die Erzählung von verschiedenen Gesichtspunkten aus gebrochen, aber so, erzählerische Skepsis und Weltaneignung in einem strukturell verbildlichend, gebändigt wird. Deshalb auch zählt die Bedeutung des Erzählten mehr als seine zeitliche und – schwer erkennbare – kausale Abfolge. Mit ihren erzählerischen Merkmalen, ihrer Blickpunkttechnik und unchronologischen Zeitbehandlung, mit der die Handlungsstruktur zeitlich aufgebrochen und zergliedert, aber eben nicht – wie später bei einigen Künstlern des Bewusstseinsstroms – als äußerste Konsequenz atomisiert wird, erweist sich Conrads neue Romanform als noch traditionsverpflichtet und zugleich als Wegbereiter modernen Erzählens.

Am konsequentesten prägt sich die neue Romanform dort aus, wo Conrad dem verborgenen Sinn menschlichen Verhaltens und Handelns bis an die äußersten Grenzen menschlicher Möglichkeiten zum Guten wie zum Bösen nachspürt. Beispiele wären »Lord Jim« (*Lord Jim,* 1900), wo die tatsächlichen Begebenheiten um einen jungen, voller hochfliegender Ideale steckenden Seeoffizier aufgegriffen werden, der in einem winzigen Augenblick der Gefahr, die zudem noch eingebildet ist, über Bord springt und ein Leben lang an seiner Schuld trägt; oder »Herz der Finsternis« (*Heart of Darkness,* 1902): Hier versucht Conrad, das extreme Grauen des kolonialistischen Ausgreifens des Imperialismus im Kongo erzählerisch zu bewältigen.

Deutlich wird: Conrads eingangs zitierter Protest kommt aus dem Zentrum seiner Schaffensprobleme, aus dem spannungsreichen Verhältnis von Werk und Wirklichkeit, aus der Sorge, die Fixierung auf Fakten könnte den herauszuschreibenden Sinn der Fiktion »verdunkeln« und damit die Sinnfindung und ihre Kommunikation behindern.

Damit ist andererseits auch von Conrad selbst – trotz gegenteiligen Anscheins – keinen Augenblick die Bedeutung des eigenen Erlebens und damit der Wirklichkeit für sein Werk angezweifelt. Denn der Prüfung des Menschlichen in der Konfrontation mit den Forderungen und Drohungen eben der wirklichen Welt ist seine Gestaltung verpflichtet.

Und welche weitausgreifende Lebensfülle bringt Conrad durch seine wechselvolle Biografie noch einmal in die englische Literatur ein! John Galsworthy (1867–1933), Romancier und Dramatiker, 1932 für seine »Forsyte Saga« (*The Forsyte Saga,* 1922) mit dem Nobelpreis geehrt, gibt 1924 in einem essayistischen Nachruf auf den Freund einen Eindruck davon. Jener hatte 1893 gerade sein Jurastudium beendet, hatte vergeblich versucht, Robert Louis Stevenson (1850–1894) auf Samoa zu besuchen, und lernte jetzt auf der Fahrt von Adelaide nach Kapstadt Conrad kennen, der auf der *Torrens*, seinem vorletzten Schiff, als Offizier Dienst tat: »Als der großartige Erzähler großartiger Geschichten, der er stets war, blickte er nun schon auf nahezu zwanzig Jahre zurück, die voller Geschichten steckten, mit denen er nicht zurückhielt: Geschichten von Schiffen und Stürmen, von der polnischen Revolution, von seinem Waffenschmuggel für die Karlisten in der Jugend, von den malaiischen Gewässern und dem Kongo, und vor allem immer wieder von Menschen – das alles einem Zuhörer gegenüber, der ihm mit der Unersättlichkeit eines Fünfundzwanzigjährigen lauschte.«

Galsworthy, den mit Conrad spontan das gemeinsame Interesse des Künstlers an Menschenschicksalen verband, der aber wie dieser zu dem Zeitpunkt noch kein Buch veröffentlicht hatte, kennzeichnet hier die beiden großen Lebensabschnitte, welche die dritte als Schriftsteller erst möglich machten. Kindheit und frühe Jugend erlebte Teodor Josef Konrad Korzeniowski im gespaltenen Polen als Sohn einer verarmten Familie aus dem polnischen Landadel, die an vorderster Front in die national-revolutionären Aktivitäten des zerrissenen Landes verwickelt war. In der Verbannung oder an ihren Folgen verstarben Vater und Mutter, ein Onkel väterlicherseits kam während des gescheiterten Aufstandes von 1863 um. Da war viel Leid in der Familie, aber auch aufopfernder Einsatz für die Werte nationaler und bürgerlicher Freiheit und Demokratie, die prägend ins Bewusstsein des jungen Menschen eindrangen und wohl eine Affinität zu England begründeten. Als die Familie endlich seinem frühen Abenteuerdrang nachgab, führte ihn sein Weg aus den bedrückenden, wenig versprechenden

Verhältnissen des zaristisch beherrschten Polen jedoch zunächst nach Frankreich, dessen Sprache er – im Gegensatz zum Englischen – von Kindesbeinen an sprach und zu dessen Kultur in Polen überhaupt enge Traditionsbande bestanden. In diese Zeit frisch gewonnener Bewegungsfreiheit fällt auch das von Galsworthy angedeutete Waffenschmuggel-Unternehmen. Kaum politisch motiviert, sondern eher durch eine romantische Affäre, ist dieses bis heute geheimnisumwittert mitsamt seinen Begleitumständen, zu denen eine Schusswunde in Conrads Brust gehört, deren Ursache wiederum in einem Duell wegen einer umrätselten Frau vermutet wird. Kurz, Conrads Leben gestaltete sich selbst als Abenteuer; und das sollte es auch in den Jahren anstrengenden Seedienstes bleiben.

Conrad begann seine Jahre zur See als Passagier im Dezember 1874 auf dem französischen Handelsschiff *Mont-Blanc,* auf dem er im Juni des folgenden Jahres Schiffsjunge wurde, und beendete sie, abgesehen von einigen Passagierreisen, im Januar 1894 als Zweiter Offizier auf dem englischen Dampfer *Adowa*. Gegen Ende dieser zwanzig Jahre hatte er seinem späteren Freund und Schriftstellerkollegen Galsworthy von seinem Erlebnisfundus mitgeteilt, der den faszinierenden Stoff seiner kommenden Werke enthielt, der aber vor allem sein Denken und Empfinden geformt hatte. Es wurden Geschichten über Möglichkeiten menschlichen Handelns, über Bewährung und Versagen von Menschen unter extremen Bedingungen, die ihre Nerven und die moralischen Maximen ihres Tuns bis zum Zerreißpunkt anspannen.

Conrad hat die Gefährlichkeit des seemännischen Alltags seiner Zeit immer intensiv empfunden. Zwischen 1873 und 1880, einer Zeitspanne also, die Conrad größtenteils auf See verbrachte, gingen allein 1965 britische Schiffe verloren und kamen 10 827 britische Seeleute bei Stürmen, aber auch durch vernachlässigte Sicherheitsvorkehrungen, Seeuntüchtigkeit der Fahrzeuge, Überladungen und dergleichen um. Allein in dem einen besonders sturmreichen Jahr 1880 gingen insgesamt 300 Schiffe und auf britischen Schiffen mit ihren damals kleinen Besatzungen 1209 Seeleute unter. Conrad sah Schiffe sterben; sieben der Schiffe, auf denen er gefahren war, sanken später. Er umschiffte die berüchtigten Wetterecken, zwölfmal das Kap der Guten Hoffnung, zweimal Kap Hoorn. Mit knapper Not entkamen er und seine Kameraden Eisbergen. Conrad zog sich bei Unfällen an Bord mehrere Male Verletzungen zu, deren Folgen ihm, im Verein mit der in Afrika erworbenen schweren Gicht, in seiner dritten Existenz – als Schriftsteller – bis ins Unerträgliche zu schaffen machten.

Auf seinen vielen Fahrten über die Weltmeere, die ihn außer nach Nordamerika, ein unerfüllter Wunsch, zu allen Kontinenten führten, wurde die »unergründliche Grausamkeit« des Meeres, wie er im »Spiegel der See« (*The Mirror of the Sea – Memories and Impressions,* 1906) schreibt, zum Grunderlebnis, aber ebenso die »enge, gleichbleibende Kameradschaft zwischen Schiff und Mann, die einander beistehen im Kampf gegen die unerbittliche, wenn auch manchmal verschleierte Feindseligkeit ihrer Wasserwelt«.

Das Meer fasziniert ihn, aber er liebt es nicht. Nicht das Meer ist der Held seiner Werke, sondern es sind die Menschen, die ihm auf ihren Segelschiffen, zu jeder Stunde von Sturm und Flaute, Felsenriffen und Untiefen bedroht, trotzen. Ihre Fachsprache ist es, vermittels derer er souverän und äußerst detailgetreu überwältigende Wirklichkeitsnähe suggeriert. In einer Zeit, als das technisch und wirtschaftlich überlegene Dampfschiff im Begriff ist, den Segler von den Meeren zu verdrängen, versucht Conrad, wann immer möglich, auf Segelschiffen anzuheuern. Dem historischen Geschehen durchaus adäquat, verbindet sich bei Conrad das robuste Vordrängen der neuen Schiffe mit dem der neuen Gesellschaften, die Seehandel und Seetransport zunehmend monopolisieren. Die stolzen Segelschiffe aber stehen für ihn – nicht immer frei von Idealisierung, aber künstlerisch tragfähig trotz der Grenzen des intendierten Mikrokosmos – für die vormonopolistische Zeit, als sich menschlicher Behauptungswille, auf sich gestellter Mut und unternehmende Initiative im Spiel frei konkurrierender Kräfte, aber auch innerhalb einer freien und dennoch disziplinierten Gemeinschaft bewähren konnten.

Darauf und auf dem Genuss ihrer Beherrschung beruht die Schönheit der Conrad'schen Segelschiffe. Die von Conrad miterlebte Beschneidung des Spielraums des maritimen Kleinunternehmers findet auch in »Das Ende vom Lied« (*The End of the Tether,* 1902) Eingang. Kapitän Whalley hat immer größere Schwierigkeiten, zuerst mit seinem schönen kleinen Segler, der *Fair Maid*, ursprünglich als Pensionärsspielzeug gedacht, und dann, unter den wenig ermutigenden Begleitumständen auf dem Küstendampfer *Sofala*, gegen die Konkurrenz der großen Gesellschaften, darunter deutschen, Frachtgeschäfte zu ergattern. Daraus resultiert ein nicht unwesentlicher Teil seiner Probleme.

Conrad war ein Kenner der fernöstlichen Gewässer, in denen die drei im vorliegenden Band vereinten Erzählungen spielen. Er hatte 1887 sechs Wochen wegen einer Rückgratverletzung, die er sich während eines Sturms auf der Highland Forest zugezogen hatte, in Singapore im Krankenhaus gelegen. Im August musterte er dort als Erster Steuermann auf der *Vidar* an, einem eisernen Schraubendampfer mit Schonertakelung. Sie kehrt in mehreren Erzählungen als *Sofala* oder *Sissie* wieder. Mit der fiktiven *Sofala* wiederholt Conrad äußerst detailgetreu im »Ende vom Lied« die monotonen Handelsreisen der *Vidar*, die ihn nach Borneo und Celebes führten. Hauptanlaufhafen war die malaiische Siedlung Berau am gleichnamigen Fluss – seinerzeit Pantai geheißen – in Ost-Borneo. Die Art Handel, in dem die Vidar eingesetzt war – Stückgut wie Töpfereiprodukte im Austausch gegen Guttapercha, Rotang (eine malaiische Palmenart), Bienenwachs, Vogelnester und Trepang – ließ Conrad jenen »Teil des fernöstlichen Seegebiets, dem ich die meisten Anregungen für mein literarisches Leben verdanke«, wie er in einem Brief schreibt, intim kennen lernen. Sechsmal fuhr er die Route Singapore–Berau–Singapore, wobei er insgesamt drei Wochen in dem bornesischen Dorf verbrachte, in dem einige seiner berühmtesten Romane und Erzählungen spielen – etwa sein Erstling »Almayers Wahn« oder »Lord Jim«.

Im »Ende vom Lied« vergegenständlicht die gleiche Fahrt die immer drückender werdende Last des siebenundsechzigjährigen erblindenden Kapitäns. Auch der Erste Offizier Bunter in »Der schwarze Steuermann« (*The Black Mate,* 1908) versucht wie Whalley, einen existenzgefährdenden Mangel zu verbergen. Er färbt sich das Haar schwarz. Auf der *Loch Etive,* wo Conrad zum ersten Mal als Offizier Dienst tat, hatte er tatsächlich einen Ersten Steuermann erlebt, der aus dem gleichen Grund seine hochgradige Schwerhörigkeit verhehlte. Das Motiv ist jedoch im »Ende vom Lied« in komplexerem, sinngebendem Zusammenhang ausgearbeitet. Es geht ein in eine Geschichte von menschlicher Würde und Anstand in einer Welt, die solchen Tugenden feindlich geworden ist. In der Handlung, die auch hier chronologisch aufgebrochen ist, werden Vergangenheit und Gegenwart zum Vorteil der ersten in Beziehung gesetzt: »Es war eine Zeit gewesen, als Männer noch etwas zählten« – »Damals galt der Einzelne etwas.« Wie rar solche Eigenschaften wirklicher Menschlichkeit in dieser Welt sind, hatte Conrad unter den extremen Verhältnissen des kolonialen Kongo empfunden. Sein Tagebuch bezeugt es, und es ist in »Herz der Finsternis« als aufschlussreiches Motiv ausgeprägt. Der fiktive Erzähler Marlow findet einen einzigen Menschen, mit dem Kontakt möglich wird.

Mr. van Wyk in »Das Ende vom Lied« wird vom Autor in eine ganz ähnliche Situation versetzt, und es ist kein Zufall, dass er vor der Welt der Europäer enttäuscht geflüchtet ist. Dem Motiv ist Skepsis und zugleich Hoffnung Conrads gegenüber dem Menschen ablesbar: Van Wyks und Whalleys Wertschätzung findet jeweils nur im andern ihren Gegenstand, aber diesen einen schätzenswerten Menschen immerhin gibt es.

Was Whalley moralisch so monumental macht, ist die Schlichtheit und Geradheit seiner Gefühle, seiner Wertnormen und auch seiner Vorurteile. Sie tragen andererseits auf durchaus tragische Weise zu seiner Vernichtung bei. Sein schlichter Glaube an das Gute im Menschen und an die Schicksalsfügung durch eine höhere Instanz sind unbefragt und halten vor der Wirklichkeit nicht stand. Der gute Kapitän mit seiner verdienstvollen, erfolgreichen und ehrenvollen Vergangenheit, nach der keiner mehr fragt, wird von den Ereignissen eingekreist. Der Vermögensverlust zwingt ihn nicht nur zur unklugen und erniedrigenden Anlage seines verbliebenen Geldes in Massys Schiff (das wiederum nicht zufällig ein Dampfer ist); er verleitet ihn, den Ehrbewussten, auch dazu, die Überschätzung seiner Wirtschaftslage durch andere nicht richtig zu stellen. Seine Erblindung schließlich sieht er unter dem Aspekt ihrer Konsequenzen für die Tochter, für die er sich aufgeopfert hat. Ebendieser Altruismus aber lässt ihn seine Seemannsehre und seine Verantwortung als Kapitän für das ihm anvertraute Leben und Gut verraten.

In Abständen von zehn und fünf Jahren verfasst, beziehen die drei Erzählungen des Bandes Erinnerungsbilder und Erlebnissubstanz aus dem gleichen, mit etwas über eineinhalb Jahren relativ kurzen Abschnitt in Conrads Leben, der jedoch von ganz entscheidender Bedeutung war. In dieser Zeit bekam Conrad sein erstes Schiffskommando übertragen.

Die Ereignisse verliefen ganz so, wie Conrad sie in »Die Schattenlinie« schildert. Am 5.1.1888 verließ Conrad »aus keinem Grund, den ein vernünftiger Mensch gelten lassen würde«, wie er in »Die Schattenlinie« schreibt, die *Vidar*. Sein Kapitän, ein biederer Mann, dessen Wert er erst später erkannte, kommentierte den Vorgang mit bedauernder Nachsicht, vielleicht sogar mit einer Ahnung der Motive des von ihm geschätzten Ersten Offiziers. In der Erinnerung spricht Conrad von der »Drohung der Leere«: »Eine große Entmutigung befiel mich ... Von der Welt war nichts Ursprüngliches, nichts Neues, Überraschendes, Belebendes zu erwarten: keine Gelegenheiten, etwas über sich selbst herauszufinden, Weisheit zu erlangen, Spaß zu haben. Alles war dumm und wurde überschätzt ...« Auch der zunächst ins Auge gefasste Titel »Das erste Kommando« verweist darauf, dass es ihm um die Betätigung und Bestätigung wesentlicher menschlicher Kräfte ging, um die Gelegenheit, »etwas über sich selbst herauszufinden«.

Die Schattenlinie des Titels ist jene Demarkierungslinie, die Unschuld von Erfahrung trennt, überschäumende Jugendlichkeit, wie Conrad sie in »Jugend« (*Youth*, 1902) zum Thema macht, von Reife, Überschwang von Desillusionierung. Das Überschreiten dieser Schattenlinie mit der Übernahme des Kommandos der *Otago* unter den geschilderten etwas ungewöhnlichen Begleitumständen war ein Erlebnis, das Conrad sein ganzes Leben lang beschäftigt hat, umso mehr, als die *Otago* sein einziges

Kommando blieb. Seine Erinnerung und Wertung der Vorgänge ist ganz in die Figur des jungen Kapitäns projiziert, der sich tatkräftig der erhofften Aufgabe stellt und sie allen Widrigkeiten zum Trotz meistert. Das macht »Die Schattenlinie« zu einem der relativ wenigen Erzählwerke Conrads mit im Grundton zuversichtlichem und daher heiterem Ausgang.

Dennoch ist auch in diese Geschichte einiges hineingedeutet worden. Schon bei ihrem Erscheinen rezensierte sie ein Kritiker als »Gespenstergeschichte« – was von Conrad mit Ingrimm registriert wurde, hatte er doch in seiner kurzen – hier nicht abgedruckten – Vorbemerkung mit der Intensität eines Glaubensbekenntnisses darauf bestanden, die Geschichte solle »nichts Übernatürliches berühren«, es sei vielmehr seine »unbesiegbare Überzeugung«, dass alles sinnlich Wahrnehmbare rationaler Erklärung zugänglich ist. Überdies enthalte die »Welt der Lebenden ohnedies genügend Wunder und Geheimnisse«. Und in der Tat verfolgt der Geist des toten Kapitäns das Schiff unzweideutig in der Vorstellung des – dann auch noch fieberkranken – Ersten Steuermanns.

In einem wesentlicheren Sinn aber verfolgt der Geist des toten Kapitäns seinen jungen Nachfolger wirklich. Überall, in den Berichten der Mannschaft, in der Kajüte, angesichts der chaotischen Geschäftsführung und des offensichtlich verkauften Chininvorrats trifft dieser auf die Spuren des vollkommenen moralischen Zusammenbruchs seines vordem angesehenen Vorgängers. Kein Wunder, dass der Erste Steuermann Burns vom Gespenst der bösen Erinnerung an den alten Kapitän besessen ist: Alles deutet darauf hin, dass er in totaler Verkehrung lebenslang geübter Pflichterfüllung mit sich selbst auch das Schiff in die Tiefe ziehen wollte. Damit ist die Kernthematik des Conradschen Schaffens berührt, Behauptung oder Verlust der Menschlichkeit im menschlichen

Handeln. Immer wieder zeigt Conrad konkret in epischen Bildern, wie groß die Anstrengung menschlicher Bewährung und wie unverzichtbar menschlich es ist, sie auf sich zu nehmen. Angesichts der Zufälligkeit im Leben entsteht Heroismus für ihn viel eher als in der spektakulären romantischen Großtat in beharrlicher, tagtäglicher und auch sachkundiger und intelligenter Pflichterfüllung, wie sie in der Erzählung der herzkranke Ransome beweist. Eben aus diesem Grund entwickelt sich vom jungen Kapitän zu ihm eine tiefere persönliche Beziehung. Auf der anderen Seite fragt Conrad sich und seine Leser mit der Faszination des Grauens vor dem Chaos an der Schwelle zu unserem Jahrhundert – und er fragt aus dem Erlebnis des Kolonialismus und aus beklemmendem, aufkeimendem Begreifen der Schrecken des Imperialismus überhaupt –, wie die Katastrophe zu erklären ist, wie es möglich wird, dass ehrbare Angehörige europäischer Zivilisation wie Kurtz in »Herz der Finsternis« oder auch der alte Kapitän in »Die Schattenlinie« moralisch zerfallen und die Barbarei über ihnen zusammenschlägt.

Auch in »Der geheime Teilhaber« (*The Secret Sharer*, 1912) zehrt Conrad von Grunderlebnis und Grundstimmung seines *Otago*-Kommandos. Die Neuartigkeit der Situation bestimmt den Ton, der junge Kapitän ist noch »ein Fremder für das Schiff« und, wie er sagt, »sich selbst so etwas wie ein Fremder«. Außerdem aber griff Conrad auf ein sensationelles Verbrechen zurück, das im September 1880 an Bord der *Cutty Sark* geschah. Der berühmte Schnellsegler – er ist heute im Trockendock von London als Museumsstück zu besichtigen – lag damals in der javanischen Reede vor Anker: Der Erste Steuermann der *Cutty Sark*, als Despot bekannt, erschlug den schwarzen Seemann John Francis, nachdem dieser einen Befehl zweimal verweigert hatte. Kapitän Wallace

ließ seinen Ersten Steuermann aus Mitleid entkommen. Der sprang über Bord, schwamm zu einem amerikanischen Schiff und wurde später vom Mord freigesprochen, aber von der Jury widerstrebend wegen Totschlags zu sieben Jahren Gefängnis verurteilt.
Nun stellt Conrad mit beträchtlichem Aufwand eine ganz besondere Beziehung zwischen dem jungen Kapitän und Leggatt her, seinem Doppelgänger, seinem »anderen Ich«, »zweiten Ich« oder »geheimen Ich«. Hier liegt der Ansatzpunkt für Deutungen, die in Leggatt ein Symbol eines primitiven, primär instinktgesteuerten, sozusagen niederen unbewussten anderen Ich sehen wollen. Wie Marlow in »Herz der Finsternis« müsse der junge Kapitän die Erkenntnis eigener potenzieller Kriminalität durchleben, um zu überleben. Aber allein der letzte Satz der Erzählung widerspricht der Annahme, Conrad habe etwas Derartiges intendiert: »ein freier Mann, ein stolzer Schwimmer, der einem unbekannten Schicksal entgegenschwamm«. So verhält sich nicht ein Symbol des Unbewussten, sondern die literarische Figur eines gleichgestellten Menschen.
Übrigens war Conrad sehr erzürnt über einen Kritiker, der in Leggatt vordergründig einen Verbrecher gesehen hatte. Er macht im Gegenteil ganz klar, »dass mein Doppelgänger da kein mörderischer Raufbold war«. Später fasst er seine Wertung zusammen: »Alles war ganz einfach. Dieselbe angespannte Kraft, die vierundzwanzig Männern wenigstens eine Chance zum Überleben gab, hatte in einer Art Rückstoß eine unwürdige, meuternde Existenz vernichtet.« Auch hier wieder ein weltanschauliches Kernstück Conradschen Schaffens: Seine ganze Lebenssicht, die alles andere als anarchistisch ist, wie ihm so häufig vorgeworfen wird, lehnt gerade anarchisches, den Zusammenhalt der Gattung gefährdendes Verhalten energisch ab. Zweifellos hängt das wiederum

mit seinem Leben zur See zusammen, wo willig akzeptierte Disziplin Bedingung des Überlebens ist – eine Problematik, die auch das Thema von »Der Nigger von der *Narcissus*«, bildet. Diese Sicht lässt Conrad aber auch den tatsächlichen Vorfall auf der *Cutty Sark* erzählerisch auf charakteristische Weise abwandeln: Leggatt bringt den Matrosen nicht im Hafen, sondern auf hoher See während eines Orkans um, bei dem der Kapitän die Nerven verloren und er, Leggatt, eben das Schiff gerettet hat. Daher handelt Leggatt auch nicht mit kalter Berechnung, sondern im Affekt.

Das so überdeutlich ausgestellte Verbindende zwischen den beiden jungen Seeleuten liegt auf anderer Ebene. Gerade dem jungen Kapitän, dem sein erstes Kommando noch fremd ist und der sich in einer entscheidenden psychologischen Ausnahmesituation der Bewährung selbst erkennen will, geht das Schicksal des anderen nahe, weil es ihm Möglichkeiten menschlichen Handelns zeigt, die durchaus die seinen sein könnten. Dadurch wird Leggatt zu seinem anderen Ich, ihre Schicksale erscheinen austauschbar. Hier wie in seinen anderen Erzählungen und Romanen schreibt Conrad von Möglichkeiten des Menschen zum Guten wie zum Bösen und von Wert und Notwendigkeit menschlicher Verbundenheit angesichts des drohenden Chaos, in der Absicht, wie er im Vorwort zu »Der Nigger von der *Narcissus*« sagt, »euch hören zu lehren, euch fühlen zu lehren und vor allem *sehen* zu lehren. Das ist es, und sonst weiter nichts, und es ist auch alles und jedes.« *Günter Walch*

Erläuterungen

7 *Serang:* Bootsmann einer Eingeborenenmannschaft.
25 *›Lied vom Hemd‹:* bekanntes sozialkritisches Gedicht von Thomas Hood (1799–1845) über die mühevolle, schlecht bezahlte Arbeit einer Näherin.
42 *Cochin-China:* alte Bezeichnung für den Südteil von Vietnam.
133 *atschinesischer Krieg:* Kampf der Niederländer 1873/74 gegen den Sultan von Atschin auf der Nordspitze der Insel Sumatra.
172 *Kapernaum:* Ort am Nordwestufer des Sees Genezareth mit bedeutenden Synagogenresten, deren Datierung umstritten ist.
204 *Conway:* Schulschiff der englischen Handelsmarine.
232 *Pâté de foie gras:* frz., Gänseleberpastete.
251 *... D'autres fois ...* Dann wieder still, ein Spiegel glatt und weit/der Hoffnungslosigkeit. Aus dem Gedicht ›Die Musik‹, enthalten in ›Die Blumen des Bösen‹ des lyrischen französischen Dichters Charles Baudelaire (1821–1867).
252 *Said:* Beiname der Moslems, die ihre Herkunft von Fatima (606–632), der Tochter des Religionsstifters Mohammed, ableiten.
265 *Thronbesteigung Königin Viktorias:* 1837.
383 *Punch:* Figur der englischen Komödie des 18. Jahrhunderts, besonders des englischen Puppenspiels.